Gerhard Popfinger

Die Schwitzhütte

Herkunft, Bau und Ritual

Arun

In diesem Buch verwende ich im laufenden Text der flüssigeren Lesbarkeit halber häufig männliche Bezeichnungen, so wie es in der deutschen Sprache üblich ist. Ich lege aber Wert auf die Feststellung, dass ich damit männliche wie weibliche Leser und Leiter gleichermaßen meine und ansprechen will. Männer und Frauen stehen für mich absolut gleichberechtigt (wenn auch nicht gleich) nebeneinander. Speziell die Schwitzhüttenzeremonie schließt für mich die Balance zwischen Mann und Frau unbedingt mit ein.

Eine weitere Anmerkung betrifft den Gebrauch der Worte „Indianer" und „indianisch". Die Ureinwohner Amerikas verwehren sich gegen diesen Begriff, da er aus der kolonialistischen Eroberungspolitik der westlichen Welt stammt. Er wurde vermutlich von Christoph Columbus geprägt, der ja vermeintlich den Seeweg nach Indien entdeckt hatte und deswegen die Bewohner „Indios" nannte – Einwohner Indiens. Sie selbst dagegen nennen sich heute, nebst ihren Stammeszugehörigkeiten, „Natives", also Ureinwohner, um die Tatsache zu betonen, dass sie dieses Land lange vor den Weißen bewohnten. Da aber im deutschen ethnologischen Sprachgebrauch beide Worte – „natives" und „Ureinwohner" – für indigene Völker weltweit benutzt werden, bleibe ich bei der deutschen Ausdrucksweise „Indianer", natürlich ohne deswegen deren Unterdrückung und Ausbeutung, die nach wie vor tägliche Realität in den USA und Kanada ist, gutzuheißen.

Bildnachweis (Seitenzahlen in Klammern): Gary Beckerman-Racoon (237o), Edward Curtis (31, 53), Danny Gregory (75m), Corbin Harney (48), Imke Heyder (73), John Horan (225), Eaweard Muybridge (52), Ralph Obst (227, 237u), Gerhard Popfinger (16, 18, 22, 157, 167, 175-183, 186, 195-198, 208, 210, 226, 228-231, 233u-236, 240, 248, 254, 319), Walter Probst (106, 232, 233o), Martina Rudolph (75o, 76u), Aurelio Diaz Tekpankalli (77), Ulfhild Tretow (172-174, 185, 187, 189), Björn Ulbrich (13, 78-80, 100, 238-239), Westin Resort-Mexiko (76o).

Internet (Seitenzahlen in Klammern): Wikipedia (43, 66-68, 97, 162, 193, 223m), www.unityofkingman.org (75u), www.rainforestwiki.org (74o), www.memory.loc.gov (65), www.panoramio.com (74u), www.flickr.com (71u, 72, 108), www.odawa.ewebsite.com (70), www.irishmegaliths.org.uk (35, 46), www.collections.mnhs.org (57, 95), www.legendsofamerica.com (83), www.kknetwork.ning.com (96), www.sweat-lodge.de (63, 188).

Arun-Verlag, Engerda 28, D-07407 Uhlstädt-Kirchhasel,
Tel.: 036743-2330, Fax: 036743-23317,
Email: info@arun-verlag.de, Internet: www.arun-verlag.de
Titelmotiv: © Björn Ulbrich (Schwitzhütte für die Männer der Visionssuche 2008).
Buchgestaltung: Björn Ulbrich.
Gesamtherstellung: Hubert & Co, zeitbuch, Göttingen.

ISBN 978-3-86663-035-2

Danke.

Helmut Sunwalker, der mich den Weg der Schwitzhütte lehrte,
Samuel & Danièle für den Kriegerweg mit Herz und das Aufwecken,
und allen meinen Verwandten, Lehrern und Begleitern aus dieser und der anderen Welt.

Inhalt

Don´t panic – und vergiss Dein Handtuch nicht!

Nackt in einem kleinen, dunklen Zelt im Kreis sitzend, gemeinsam mit anderen, mehr oder weniger unbekannten Menschen, glühende Steine in der Nacht, und dann Gesänge, Trommeln, Danken und Bitten, Schweiß und Tränen und Lachen und Heilen. Immer mehr Menschen erleben seit einigen Jahren die Zeremonie der Schwitzhütte, einer Art Natursauna, die seit den 80er Jahren des letzten Jahrhunderts von den Ureinwohnern Amerikas nach Europa gebracht wurde. Sie ermöglicht den Teilnehmern Reinigung und Wohlbefinden auf allen Ebenen: körperlich, emotional, mental und spirituell. Daneben schenkt sie vielen Menschen eine ungewohnte und neue Erfahrung von naturorientierter Spiritualität, die tief berührt, und uralte, archaische Bewusstseinsebenen in der Tiefe der menschlichen Seele anspricht und erinnert.

Seit etwa 10 Jahren explodiert die Zahl der Schwitzhüttenanbieter in Deutschland, der Schweiz und Österreich. Therapeuten, spirituelle Lehrer und Selbsterfahrungsgruppen benutzen dieses aus dem Schamanismus stammende Werkzeug zur Öffnung und Heilung, und die Seele vieler Menschen lässt sich gerne davon berühren. Die Schwitzhütte ist ein ganzheitlicher spiritueller Wachstumsweg. Aber auch, wenn es nicht der Weg eines Einzelnen ist, bleibt doch das Erlebnis als solches in seiner Intensität unvergesslich und gibt wertvolle Impulse.

Dieses Buch vermittelt zunächst einen Überblick über die mythologischen und historischen Hintergründe der Schwitzhüttenzeremonie, das dahinter stehende ganzheitliche Weltbild und die vorhandenen Unterschiede in verschiedenen Traditionen und Überlieferungen. Danach werden ganz praktisch der Bau und die Durchführung von Schwitzhüttenritualen beschrieben, sowie wichtige Fragen im Zusammenhang mit dem Leiten von Schwitzhüttenzeremonien beantwortet. Dazu gibt es eine Sammlung geeigneter Lieder für die Schwitzhütte, sowie Informationen über verschiedene Anbieter von Schwitzhütten in den deutschsprachigen Ländern.

Die Schwitzhüttenzeremonie ist in meinen Augen das geeignete Werkzeug unserer Zeit, um Umweltbewusstsein über unmittelbar erlebten Kontakt mit den Elementen zu stärken, der zunehmenden Langeweile und Depression unserer Moderne ein zugleich erlebnisintensives, lehrreiches wie therapeutisches Instrument entgegen zu setzen und eine zeitgemäße Form von Spiritualität anzubieten. Wenn dieses Buch dazu beiträgt, Wissen über, Interesse an und die weitere Verbreitung von Schwitzhüttenzeremonien zu fördern, habe ich mein Ziel erreicht.

Was für interstellare Reisende von größter Wichtigkeit ist, kann auch in einer Schwitzhüttenzeremonie nicht ganz wertlos sein:

„Die wichtigsten Tipps für Reisende auf ihrem Weg per Anhalter durch die Galaxis:

1. Don´t panic!
2. Vergiss niemals dein Handtuch!“

(nach Douglas Adams)

Würzburg, im Sommer 2009
Gerhard Popfinger

1. Einleitung

Inipi

In mir ist dieses tiefe Sehnen,
das kaum ein Mensch versteht.
Der Drang nach der Bäume Lehnen,
der in mir stets sich dreht.

Weißt du wie der Wind singt in dunkler Nacht?
Kennst du die Farben der Erde?
Sahst du je Schönheit wenn der Tag erwacht?
Kennst du des Wassers Lehre?

Denn als der Sonne Flammenbad,
den kalten Stein erhitzte.
Und unter dunklen Zweigen dann,
wir in Ekstase schwitzten...

Da starb in mir das große Grau,
die Trommel trug mein Herz.
Erkenntnis kam im Morgengrau,
die Nacht behielt den Schmerz.

Im Kreis des Feuers spürte ich,
der kühlen Wasser Eis.
Im Wind die Stimmen hörte ich,
sie raunten gar so leis.

Und öffnete sich mein Herz der Welt,
mit ihm meine Augen.
Der Ruf der Trommel leis verschellt,
doch weiß ich was zu glauben.

Dinah Vogel

Das große Feuer ist fast herunter gebrannt und in der anbrechenden Dämmerung beginnt sich der mächtige Gluthaufen von der Umgebung immer deutlicher abzuheben. Mit feinen Bewegungen wabert und webt es durch die hell glühende Holzkohle und die Steine darin – es ist fast, als ob das Feuer ein lebendiges Wesen wäre. Ruhe ist eingekehrt im Kreis der Menschen, die rings um das Feuer sitzen und auf den Beginn der Schwitzhüttenzeremonie warten. Ich kann es mir fast nicht vorstellen, nach diesem extrem heißen Sommertag, kaum dass die Luft sich angenehm ein wenig abzukühlen beginnt, eine Art indianische Sauna zu betreten. Für mich ist es das erste Mal, dass ich an dieser Zeremonie teilnehmen werde, und ich habe noch keine Ahnung, was mich erwarten könnte. Obwohl ich mich von der Tageshitze ausgelaugt und erschöpft fühle, spüre ich jetzt, unmittelbar bevor es losgeht, doch ein wenig Spannung und Aufregung vor dem Unbekannten.

Dann ist es soweit: der Leiter der Zeremonie ruft zum Beginn. Wie die anderen entkleide ich mich, stelle mich in die Reihe, werde noch einmal mit einem großen Federfächer abgeklopft und krieche dann auf allen Vieren durch die niedrige Öffnung ins dunkle Innere der Schwitzhütte. Es wird sehr eng, ein ums andere Mal rutschen wir noch zusammen, bis alle Teilnehmer einen Platz gefunden haben. Durch die Öffnung sehe ich die Feuerglut und den Hüter des Feuers, der jetzt den ersten Stein mit einer Forke in die Hütte bringt. Der Leiter platziert ihn vorsichtig im Feuerloch, das in der Mitte der Schwitzhütte in den Boden gegraben ist, und bestreut den beeindruckend rot glühenden Stein mit Kräutern, die einen intensiv-würzigen Duft verbreiten, der mir sofort angenehm ist. Stein um Stein folgt, schließlich ein Eimer mit Wasser, und zuletzt wird die Türe von außen geschlossen. Alle beginnen gemeinsam zu singen, ein Lied, das wir schon tagsüber geübt hatten, und ich singe, etwas ungewohnt und zögerlich, mit. Der Leiter begrüßt uns in der Hütte und beginnt dann mit einem Gebet, einer Art Begrüßung verschiedener Kräfte und Geister und für jede dieser Kräfte gießt er mit seiner Kelle Wasser auf die glühenden Steine. Es zischt und dampft und es wird heiß – sehr heiß. Ich ziehe die Luft ein, will mich schützen, aber es gibt kein Entkommen. Schweiß und Wasserdampf rinnen an mir herunter, meine Haut brennt, meine Haare kleben am Kopf, die heiße Luft, die ich einatme, scheint direkt einem Vulkan zu entströmen. Die Menschen im Kreis beginnen zu beten, einer nach dem anderen, aber ich bekomme kaum noch mit, was sie sagen, so sehr bedrückt mich die Hitze. Etwas tief in mir beginnt sich zusammenzuziehen, wird eng und enger, und das Innere der Schwitzhütte scheint immer noch dunkler zu werden. Jemand stößt mich an: ich bin dran mit meinem Gebet. Ich weiß nicht mehr, was ich gesprochen habe, aber als ich ende, ertönt ein gemeinschaftliches, bekräftigendes „Ho!“ – und wie nach jedem Gebet ergießt sich eine weitere Kelle Wasser auf die Steine. Ich kann nicht mehr sitzen, finde trotz der Enge den Boden, liege wie ein Säugling eingerollt, und tauche in endlose Tiefen und Dunkelheit, namenlos, angstvoll, verzweifelt. Mein Bewusstsein wird immer enger. Ich bekomme kaum noch etwas mit, nicht die Gebete der anderen, nicht die Pausen, nicht das Wasser, das herumgereicht wird, kaum die beruhigenden Hände, die mich streicheln und berühren, nur die neuen glühenden Steine für die nächste Runde.

Es wird immer noch enger in mir, ein unbeschreiblicher Vorgang, ich weiß nicht, was da passiert, ich fühle mich wie Sand, der unaufhaltsam durch das Glas einer Sanduhr nach unten rinnt, mein ganzes Leben scheint sich aufzulösen, scheint auf diesen einen Punkt zu zu laufen, unentrinnbar, an dem das Glas am engsten ist und die Sandkörner im freien Fall nach unten, in eine neue Welt fallen.

Dann gibt etwas ganz tief in mir auf, lässt los. Ich stürze in diese Dunkelheit. Ich falle.

Ich weiß nicht mehr, wie ich es geschafft habe, aber ich erinnere mich, dass ich in diesem Moment doch wieder sitze. Der Raum in der Schwitzhütte wird plötzlich weit wie eine Kathedrale, und Licht ist da. Mit unbeschreiblicher Klarheit sehe ich das riesige Gesicht eines Wolfs vor mir, der mich aus seinen gelben Augen ruhig und durchdringend anschaut. Eine tiefe Stille ist in mir, und ich halte den Blick. Dann verschwindet er langsam, löst sich auf, die Türe der Schwitzhütte öffnet sich und alle kriechen ins Freie. Die Zeremonie ist zu Ende.

Ich liege im taufeuchten und nachtkühlen Gras auf dem Rücken, spüre es wie noch nie in meinem Leben, spüre die Erde unter mir und staune in den sternenübersäten Himmel über mir. Lange liege ich so und das einzige, was ich fühle, ist, dass etwas ganz Neues in meinem Leben angefangen hat. Zum ersten Mal fühle ich mich auf dieser Erde zu Hause.

Die Schwitzhütte – die große Schildkröte, das kosmische Ufo, Indianersauna, Gebärmutter, der Bauch der Erde, der Ort von Tod und Wiedergeburt, spirituelle Waschmaschine. Viele Andeutungen, viele Namen und Bezeichnungen für ein einfach erscheinendes Gerüst aus Zweigen und Decken und die darin statt findenden Zeremonien, die in Deutschland und Europa seit einigen Jahren immer öfter statt finden. Viele Menschen haben bereits die Erfahrung der tief gehenden Reinigung für Körper, Geist und Seele gemacht, die Erde ganz neu unter ihren Füßen erspürt, die Rückverbindung zur Erde erlebt und ihr Herz füreinander neu geöffnet. Viele haben die Erfahrung von Heilung gemacht, manche haben sich das Gebet für ihr Leben neu erschlossen. Und kaum einer kann unberührt durch diese intensive Erfahrung gehen, die uralte Erinnerungen in uns zu wecken vermag, an die Große Mutter Erde und ihre Kinder, an die vier Elemente, an die Verbundenheit allen Lebens, an archaische Lebensbilder der Menschheitsgeschichte und verschüttete Erinnerungen der persönlichen Geschichte, an unterdrückte Gefühle, Wunden und Schmerzen, sogar an die eigene Geburt.

Eine Schwitzhüttenzeremonie ist Religion im eigentlichen Sinne, ohne dabei einer bestimmten spirituellen Richtung den Vorzug zu geben: denn Religion stammt von lateinisch re-ligio, Rück-Verbindung – mit den Wurzeln, der eigenen Herkunft, der eigenen Geschichte, den Ahnen. Alles Dinge, die in unserer auf Fortschritt und Wachstum ausgerichteten Gesellschaft mit ihrem andauernden Jugendlichkeitswahn immer noch schwer ihre Berechtigung und ihren Platz finden. Ohne Verbindung zu den Wurzeln und zur Erde aber hebt der Kopf ab ins rein Geistige, verliert den Kontakt zum Lebendigen, zum fruchtbaren Boden des Lebens, zur Materie (von lat. mater = Mutter!), eben der Großen Mutter Erde, dem Ursprung unseres gesamten Lebens. Ein Kind der Erde zu sein ist nicht ein beschönigender Euphemismus, den man (nur) kleinen Kindern erzählt, sondern unmittelbarste Realität, denn unser Körper besteht aus umgewandeltem Erdmaterial, unsere Nahrung wird aus der Erde gebildet, unsere Kleidung, unsere Häuser, unsere Wärme, all unsere Errungenschaften und die Technik unserer hoch entwickelten Zivilisation bis hin zu Kunststoffen, Autos und Computern – alles ist Erde, alles sind Geschenke der großen Mutter. Wo sonst sollte es auch herkommen? Sich dessen wirklich bewusst zu sein, schafft Umsicht, Einsicht, Rücksicht, Balance, Ausgleich und ein Leben, das genug für alle bietet. Seine Wurzeln zu vergessen aber führt zu abgehobenem und isoliertem Handeln, zu Gier und Geiz, Ausbeutung, Isolierung, Ungerechtigkeit und Verwirrung. Schaut man nüchtern in unsere gegenwärtige Welt, kommt man nicht umhin zu sehen, dass die Verbindung zu unseren Wurzeln, zu den Ahnen, zur Großen Mutter Erde und generell zur weiblichen Kraft weitgehend vergessen ist.

Nun ist das ja keine neue Erkenntnis mehr, und viele Menschen arbeiten bereits daran, das Bewusstsein für menschliche und ökologische Notwendigkeiten zu stärken. In dieser Zeit verbreitet sich das uralte Ritual der Schwitzhütte um die ganze Welt und besonders in Mitteleuropa und das sicherlich nicht zufällig.

Die Zeremonie der Schwitzhütte bedeutet Rückverbindung mit der Natur und all ihren Ausdrucksformen. Bedeutet, die Große Mutter Erde als Ursprung allen Lebens, als große Gebärerin und damit generell die weibliche Kraft auf unserem Planeten wertzuschätzen und zu ehren. Bedeutet, sich zu erinnern an die eigenen Wurzeln, seine Ahnen, an die persönliche Geschichte mit all ihren Höhen und Tiefen und an die persönliche Vision. Bedeutet, sich zu verbinden mit dem Netzwerk des Lebens und den Platz und die besondere Bedeutung, die wir Menschen als bewusst schöpfende Wesen darin einnehmen, freudig auszufüllen. Bedeutet auch, wieder zu danken und zu bitten, seine Wünsche und Absichten dem Universum mitzuteilen und die Verantwortung für das eigene Leben und Handeln im Einklang mit dem großen Ganzen zu übernehmen. So kann eine Schwitzhüttenzeremonie neben einfacher Freude zugleich Therapie, Heilung und Erwachen sein für jeden Teilnehmer, der in den Bauch von Mutter Erde kriecht, für unsere gesamte Gesellschaft und für die Erde selbst. Erdheilung ist Menschenheilung – und umgekehrt!

1.1 Meine Geschichte

Die Geschichte meines Lebens ist in manchen Teilen vielleicht exemplarisch für viele andere Menschen meiner Generation, sowie auch der vorherigen und der nachfolgenden, wenn auch die Details natürlich sehr individuell sind. Geboren im Revolutionsjahr 1968 wuchs ich in den Siebzigerjahren am Rande Münchens in einer Hochhaussiedlung auf. Solange ich denken kann, bis in die frühesten Erinnerungen meiner Kindheit, begleitete mich ein Gefühl tief in mir, dass das alles nicht richtig sein kann. Ich weiß nicht, woher dieser Satz stammte, aber schon in der Grundschule war er in mir: „So war das alles ursprünglich nicht gedacht gewesen.“ Alles erschien mir falsch: die Menschen, die Lebensweise, die Stadt, die Schule. Ich vermisste Berührung und Begegnung, authentisches Sein und Naturerfahrung, ohne es so benennen zu können. Meine sicherlich gut gemeinte Erziehung entfernte mich immer mehr von meinem Selbst, und außer dieser ständig spürbaren Irritation über das Leben verlagerte sich der Widerstand gegen dieses Erleben ganz tief in mein Inneres. Ich war hochbegabt und übersensibel, durchschaute die Menschen, ihre Gefühle und ihre Beweggründe, aber war unfähig, das zu meinem oder auch ihrem Vorteil anzuwenden. Dafür machte ich mir mit meiner naiven Art viele Feinde und wurde einige Jahre lang zum Prügelknaben des Viertels. Ich war schüchtern, gehemmt, alleine, traurig, hatte keine Freunde – und versank auf meinem Bett in die Tiefen der Literatur. Zehn Jahre lang war meine einzige Beschäftigung neben der Schule, Bücher zu lesen. Im Grunde war ich zutiefst neurotisch, dissoziert, und litt unter dem, was in der Punkgeneration „Null Bock" und im Schamanismus Seelenverlust genannt wird.

Mit 17 bekam ich in meinem Dunkel eine freundschaftliche Hand gereicht, und diese einmalige Chance ergriff ich ohne zu zögern, worüber ich mich heute noch wundere. Das gehörte damals zu den später wiederkehrenden Zeiten meines Lebens, in denen ich mich nicht mehr als selbst gesteuert empfand, wo Dinge geschahen und ich handelte, als wenn eine fremde Kraft mich lenken würde – immer zu meinem Vorteil. Ich brach auf und aus, wurde Linker, Alternativer, Neohippie, Langhaariger, Drogenkonsument, Kriegsdienstverweigerer, Rastamann, Künstler, Philosophie- und Psychologiestudent, um schließlich als Biobauer im Einklang mit der Erde zu leben. Ich suchte dieses „andere", das ich vermisste, und doch noch immer tief in mir spürte. Aber ich suchte es immer wieder im Tun, im Außen. Immer war da dieses Bild, dass ich nur die richtige Lebensart finden müsse, dann wäre alles gut. Der Weg nach Innen war mir versperrt, ja unbekannt, und orientierungs- und haltlos fiel ich durch mein Leben. Im Grunde rannte ich die ganze Zeit vor meinen inneren Schmerzen, diesem großen schwarzen Loch weg. Ich konnte viele Jahre lang nicht weinen, zerbrach alle meine Beziehungen und die Herzen meiner Freundinnen, bekam schließlich einen Sohn, und auch er bekam meinen Schmerz unweigerlich ab.

Dann kam das Jahr 1996, ich war 27 Jahre alt – die Zeit der ersten großen Chaosreise, wie ich später aus dem schamanischen Wissen erfuhr, dem endgültigen Übergang vom Kind zum Erwachsenen. Nichts funktionierte mehr in meinem Leben. Nach fünf Jahren als Biolandwirt fühlte ich das Ende dieser Zeit gekommen, meine innere Suche war auch dort nicht befriedigt worden. Ich beendete die schwierige Beziehung mit der Mutter meines Sohnes, trotzdem ich diesen über alles liebte und ich ihn eigentlich nicht verlassen wollte, und es war klar, dass ich demnächst ausziehen würde. Zum ersten mal wusste ich nicht mehr weiter, hatte keine Idee mehr, was ich jetzt noch machen wollte. Im Januar dieses Jahres hatte ich eine Anzeige in einer Naturkostzeitung über einen Versandhandel für Naturreligion und Schamanismus gelesen. Ich forderte sofort den Katalog an, obwohl mich dieses Thema nie interessiert hatte. Ich wusste über so gut wie alle spirituellen Wege Bescheid, allerdings nur theoretisch, aus Büchern, außer über diesen – er interessierte mich einfach nicht. Der Katalog kam, und ohne ihn aufzublättern drehte ich ihn um. Auf der Rückseite war eine ganzseitige Anzeige: „Die Gaia-Einweihung in die Kräfte der Erde". Wie in Trance füllte ich, ohne zu überlegen, den Anmeldebogen aus und sandte ihn ein – als erster, wie ich später erfuhr. Als ich schließlich im August zu diesem Seminar fuhr, war mein ganzes Leben zerbrochen. Ich hatte keinen Job mehr, keine Beziehung, keine Heimat. Auf dem Weg dorthin hörte ich in meinem Auto plötzlich eine Stimme, die laut und deutlich zu mir sprach: „Du wirst vorbereitet auf die Kraft." Ich war so geschockt, dass ich anhalten musste, weil ich so zitterte und nicht mehr fahren konnte. Mein Bewusstsein verschob diese Erfahrung sofort ins Unterbewusste – was nicht sein kann, darf nicht sein. Erst Jahre später ist mir das, wie einiges andere, im Laufe der Rekapitulation wieder eingefallen.

Als ich in Thüringen auf dem Platz ankam, auf dem die Gaia-Einweihung stattfinden sollte, hatte ich keine Ahnung, zu was ich mich eigentlich angemeldet hatte. Dass es sich um einen schamanisch orientierten Initiationsprozess handelte, wurde mir erst hinterher klar. Dass es Schwitzhütten geben sollte und was das bedeutete, wusste ich bis dahin nicht. Bis ich dann zum ersten Mal in diese dunkle Höhle kroch, cool, unberührbar, verpanzert, ohne mir dessen auch nur irgendwie bewusst zu sein. Und in etwas völlig Neues hineingeboren wurde. Der Bericht leitet dieses Kapitel ein.

Ich ging in dieser Woche durch die ersten vier Schwitzhüttenzeremonien meines Lebens. Obwohl die Erfahrungen intensiv, die Tränen zahlreich, die Begegnungen mit Menschen nah waren, kann ich mich kaum daran erinnern. Zu viel war das alles für meinen kollabierenden Verstand, der gerade zu realisieren begann, dass seine Vorherrschaft und Kontrolle zu Ende gehen würde. Ich reiste in dieser Woche durch einen langen schwarzen Tunnel. Am Ende der Woche saß ich im Abschlusskreis, meldete mich, ohne den geringsten Zweifel zu haben, für eine schamanische Ausbildung an und hatte für die nächsten sieben Jahre meinen ersten schamanischen Lehrer gefunden. Ich fühlte mich zuhause, glücklich, angekommen, und hatte gefunden, was ich lange Zeit unbewusst gesucht hatte: eine lebendige, spirituelle Verbindung zur Erde, authentisches Sein mit Menschen im Kreis ohne Masken, den Glauben an eine mögliche Heilung der Seele, sowie einen Zugang in die Wirklichkeit geistiger Welten und transpersonaler Erfahrungen. Ich hatte endlich meine Seele wieder berührt.

„Die Hütte hat mir einen wahren Weg der Verbindung zur Erde gegeben – wodurch ich mich sicher auf der Erde und in den Wäldern und Sümpfen fühle. Sie lehrte mich, still zu sein, den sanften Stimmen des Großen Geistes in der Natur zu lauschen und den Widerschein Gottes in jedem Blatt und Stein zu sehen. Sie half mir, meinen Platz in der Beziehung zu unseren Brüdern und Schwestern auf der Erde zu finden – den Insekten, Tieren, Vögeln, Pflanzen, Menschen, die alle vom Schöpfer hierher gebracht wurden, um in einer Symphonie des Lebens gemeinsam zu existieren. Sie hat mir zu einem neuen Verständnis von Zeit verholfen, denn in der geistigen Welt gibt es keine Uhren. Die Hütte ist Gemeinschaft, Verbindung mit dem Großen Geist, innerer Vision. Die Hütte bedeutet, in der Dunkelheit voller flackernder Lichter zu beten, die Gebetsschleifen über dem Kopf zu fühlen, Hunderte von Gebetspäckchen über dem Kopf zu fühlen, Hunderte von Gebetspäckchen der Luft und dem Feuer zu überlassen, damit sie zum Großen Geist emporsteigen. Die Hütte ist das scharfe Aroma aus Salbei, süßem Gras, Tabak! Sie ist das Singen der heiligen Lieder, die die Menschen mit den Jahrtausende alten Vorfahren und Geistern verbinden. Die Hütte ist Gebet, Danksagung, Lachen, Weinen – die sichtbaren Schritte zur Heilung und die Reinigung des Geistes.“

Archie Fire Lame Deer

Den Weg der Heilung der Seele, den ich die darauf folgenden Jahre zu beschreiten begann und der im Grunde bis heute andauert, führte mich noch durch viele Tiefen. Ich musste all die Schichten von Schmerz, Enttäuschung, Verletzung und Einsamkeit viele Male durchreisen und durchspüren, viele Methoden aus dem Schamanismus, aber auch anderen spirituellen und therapeutischen Richtungen aus eigener Erfahrung kennen lernen, viele Vorstellungen über mich und die Welt fallen lassen und viele kleine und größere Tode sterben, bis ich mich halbwegs lebensfähig fühlte und mit meinem ganzen Dasein zu diesem Leben unter diesen Umständen „JA!" sagen konnte. Ohne meine beiden wichtigsten schamanischen Lehrer hätte ich das niemals geschafft. Ihnen verdanke ich mein Wissen, die Umstände meiner Heilung und meine Neugeburt. Dafür danke ich euch, Helmut und Samuel, an dieser Stelle aus tiefstem Herzen.

Es gab und gibt auf diesem Weg viele Hindernisse und Stolperfallen, in die man geraten und hängen bleiben kann, und viele Illusionen, denen man aufsitzen kann, weil man die eigenen Vorstellungen, wie die Welt zu sein hat, über die so genannte Wirklichkeit stellt. Wirklichkeit ist als solcher ein ziemlich schwieriger Begriff, da er ein fließendes und sich ständig veränderndes Kontinuum bezeichnet, das wir immer noch nur ansatzweise verstehen. Auch die Wissenschaft hat durch die Theorien der aktuellen Physik und Chaosforschung diesen dehnbaren Realitätsbegriff entdeckt und viele heilige Kühe geschlachtet, was feststehende Meinungen und Gesetze angeht. Schamanen wissen um die Geheimnisse der Veränderung von Wirklichkeit. Ihre Heilkunst besteht aus uraltem Erfahrungswissen, wie man so genannte Wirklichkeiten auflösen, umgestalten und neu schöpfen kann. Der schamanische Weg der Heilung bedeutet, eine neue, selbst gewählte Wirklichkeit an die Stelle einer alten, krank machenden oder einengenden zu setzen. Das bedeutet manchmal, die Kontrolle aufzugeben, alte Gewohnheiten über Bord zu schmeißen, eine neue Art des Denkens und des Wissens zu etablieren und zu realisieren, dass man niemals alleine ist in diesem Universum. „The wall is always at your side" war ein wichtiger Satz für mich vor einigen Jahren. Es bin immer ich, der die Mauern zu anderen Welten einreißen und durchschreiten kann, genauso wie Beziehungsgräben zu überwinden und neue Gedanken zuzulassen.

Eine der größten Illusionen, denen viele Suchende aufsitzen, ist die von mir so genannte „Licht-und-Liebe-Esoterik". Sie lockt uns mit dem großen Versprechen, dass alles gut wird, dass es keine Arbeit, keine Mühe, keine Schmerzen und kein Leid mehr geben wird, dass das Paradies auf Erden in erreichbarer Nähe ist usw. Ein großer Teil des esoterischen Supermarktes bedient sich dieser leeren Versprechen und ködert mit geschickten Worten und Angeboten die Kundschaft in die erlösenden Seminare. Das Geld fließt reichlich dort, aber was macht das schon, wenn man dort die ersehnte Initiation auf die nächste Lichtkörperstufe bekommt, auf- und abgestiegene Meister tröstende Worte für uns bereit halten, man die Erleuchtung an einem Wochenende findet und die Liebe im Herzen endlich durchbricht, wenn man nur erst für die richtige Technik bezahlt. Irgendwie muss doch was dran sein an diesem ersehnten Paradies, irgendwie muss man doch all diese Dunkelheit und Schmerzen und Leiden in der eigenen Tiefe einfach auslöschen können... und diese Sehnsucht nach dem Paradies muss doch bald ein Ziel finden! Noch ein Kurs, noch ein High, noch ´ne Heilung, eins, zwei, drei... bis zum Montag Morgen, dann kommt wieder der Absturz in den Alltag, das Leben hat einen wieder, aber macht ja nichts, am nächsten Wochenende kommt bestimmt der nächste Leuchtende.

Heute kann ich es zugeben: auch mich hat diese Illusion voll im Griff gehabt. Es hat mich Jahre auf dem schamanischen Weg gekostet, bis ich eines schönen Tages geschockt mit der Erkenntnis da stand, dass ich mir selbst nicht entkommen werde. Dass hinter all dieser Erlösungssehnsucht nur die Vermeidung meiner eigenen Schmerzen stand. Dass ich alleine all diese Schmerzen, all dieses Leiden ertragen muss. Dass ich nicht ums Fühlen all dessen drum herum komme. Dass es meine Geschichte ist, mein Leben, meine Emotionen und dass es mir nie jemand abnehmen wird. Erst ab dann begann die eigentliche Heilarbeit. Ich begann, meine Suchtstrukturen wahrzunehmen, meine Ablenkungsmanöver zu beobachten und meine Schwächen endlich anzunehmen. Es war ein harter Weg. Aber es war Aufwachen, aus all den Bildern und Träumen, aus den Illusionen eines großen, heiligen, fast schon erleuchteten Egos. Geholfen auf diesem Weg hat mir die Lehre des Zen: Kompromisslos anzunehmen, was auch immer jetzt ist. Keine Vorstellungen mehr zu pflegen, keine Bedingungen mehr zu stellen, alle Umstände meines Daseins willkommen zu heißen, so wie sie da sind. Mich nicht mehr gegen die einzige und ständige Gegenwart zu wehren, die wirklich ist. Das viel beschworene Hier und Jetzt wirklich anzunehmen. Das war noch einmal ein großer Abstieg in meine Tiefen, noch einmal ein großes Auseinanderbrechen. Noch einmal das Gefühl, dass es schlimmer nicht mehr werden kann. Bis ich eines Tages den Gedanken hatte: „Jetzt bin ich am Grund aufgeschlagen." Wenige Tage darauf flog mir ein Waldkauz – der neben der Straße saß, als wenn er auf mich gewartet hätte – an die Scheibe meines Autos. Er lebte noch und als ich ihn aufhob, sah er mich aus seinem einem unverletzten Auge ruhig an. Am nächsten Tag besuchte ich eine schamanische Pflanzenzeremonie, der Kauz begegnete mir und führte mich in die Tiefe, und mir wurde in dieser Zeremonie klar, dass meine langjährige Heilungsreise zu einem bestimmten Abschluss gekommen war. Seit diesem Tag ist ein Frieden in mir, den ich vorher nie gekannt habe. Nicht, dass es keine Arbeit mehr gäbe, dass ich nicht mehr krank werde, dass ich nicht mehr in die Fallen von Selbstwichtigkeit, mangelnder Grenzziehung, Ablenkung und Disziplinlosigkeit fallen würde. Ich bin kein Heiliger, mache Fehler, lerne, sehe nüchtern, wo ich stehe und was es noch zu tun gibt. Aber ich realisiere, dass tatsächlich Heilung statt gefunden hat. Dass dieser langjährige schamanische Weg, diese bereitwillige Konfrontation mit meinen Schatten, zu einem Ergebnis geführt hat, das ich die letzten 25 Jahre so nicht für möglich gehalten hätte. Ich weiß heute, dass es sich lohnt, kompromisslos den Weg der Heilung und den Weg der Kraft zu gehen. Für mich stand mein spiritueller Heilungsweg 13 Jahre lang über allem anderen, er war mir wichtiger als Karriere, Beziehung, Familie und Reichtum, und diese Kompromisslosigkeit hat mich auch einiges gekostet. Aber natürlich ist dieser Weg genau so auch mein Auftrag, meine Vision und meine Bestimmung.

In all diesen Jahren war mir die Zeremonie der Schwitzhütte mein ständiger und treuer Begleiter. Nach diesen ersten Erfahrungen damit auf dem Gaia-Sommercamp hatte ich zwei Ausbildungstreffen mit meinem neuen schamanischen Lehrer mit jeweils drei aufeinander folgenden Schwitzhüttenzeremonien besucht. Schon im Februar 1997 dann meldete ich mich während des nächsten Treffens, um selbst eine Schwitzhütte zu leiten. Ich weiß wieder nicht, was mich dazu trieb. Ich musste es einfach tun. Nicht ich leitete diese Zeremonie, es leitete durch mich. Ich hatte im Grunde noch kaum eine Ahnung, auf was ich achten müsse, nur das tiefe Gefühl, dass das mein Weg war, meine Aufgabe und meine Berufung. Es war, als wenn ich mein Leben lang nur darauf gewartet hätte – und jetzt war es soweit. Als mir mein Lehrer zwei Jahre später mitteilte, dass er mir jetzt grünes Licht geben könne, eigene Schwitzhüttenzeremonien zu leiten, hatte ich längst im Freundes- und Bekanntenkreis meine Zeremonien etabliert. Ich war gar nicht auf die Idee gekommen, dass ich dazu eine Erlaubnis bräuchte, so selbstverständlich erschien es mir, Schwitzhüttenzeremonien zu leiten. Uraltes Wissen erwachte in diesen ersten Jahren in mir, als wenn ich mich an etwas erinnern würde. Eine Erfahrung, die viele Schwitzhüttengänger teilen, wenn sie zum ersten Mal in der Dunkelheit im Schoß der Erde sitzen und fasziniert die glühenden Steine erleben. Ich enthalte mich der Deutung, ob das möglicherweise Erinnerungen an vergangene Leben sind, oder ob aus dem kollektiven Gedächtnis der Menschheit, an das jedes Individuum angeschlossen ist, Erinnerungen hoch steigen an Erfahrungen, die jahrtausendelang von zahllosen Generationen auf der ganzen Nordhalbkugel geteilt wurden. Auf jeden Fall begleitete mich von der ersten selbst geleiteten Schwitzhüttenzeremonie an die Gewissheit, dass es einfach ist, Dinge zu tun, die in Verbindung mit dem persönlichen heiligen Traum stehen. Das, wofür man wirklich echte und tiefe, erfüllende Freude empfindet, ist es, wofür wir wirklich auf diese Welt gekommen sind.

1.2 Spiritualität & Medizin – eine Begriffsklärung

„Wenn du jeden Schmerz gespürt und alle Tränen geweint hast, wenn sie Tropfen für Tropfen auf dein Herz gefallen sind, dann kommt die Weisheit."

(Indianischer Spruch)

Spiritualität

In diesem Zusammenhang erhebt sich vielleicht die Frage, was denn eigentlich genau Spiritualität ist. Dieser Begriff wird in den letzten Jahren inflationär verwendet und ist inzwischen einerseits mit so vielen Bedeutungen besetzt und überfrachtet, andererseits so wischiwaschi, dass es in meinen Augen einer Klärung bedarf.

Der Begriff „Spiritualität" bezeichnet im engsten Sinne das, was mit dem lateinischen Begriff „spiritus", also mit „Atem, Leben" und vor allem dem „Geist" (im transzendenten, nicht mentalen Sinne) zu tun hat. Also das Göttliche, das Nicht-Materielle, das Nagual, das Jenseitige. Wir als Menschen tragen in uns eine Verbindung in diese Welten, die individuell unterschiedlich mehr oder weniger offen und bewusst ist, und uns am Ende eines langen Weges des Erwachens bis hin zu der Erkenntnis bringen kann, dass Gott oder das Göttliche in uns ist, ja, dass ICH selbst göttlich, also Gott bin, dass es nichts Getrenntes davon gibt, was der letzten Erkenntnisstufe so gut wie aller großen spirituellen Wege entspricht. In dieser Erkenntnis, dass das universelle Göttliche dem Ich immanent ist („ICH bin, der ICH bin."), liegt der Schlüssel zur Spiritualität: sie meint eine fortdauernde und kompromisslose Ich-Werdung, nicht durch Ausbildung des Egos, das sich als getrennt von der Welt und den Mitmenschen erlebt, sondern durch die Erkenntnis, dass es nichts gibt im Leben, das nicht mit dem eigenen Sein verbunden wäre. Ich-Werdung in diesem Zusammenhang meint die tiefe Einsicht, dass das Ich in seiner tiefsten Essenz eben nichts mit dem Ego zu tun hat, das seinen Sitz im mentalen Verstand hat, sondern sich als reines, immer vorhandenes und immanentes Bewusstsein entpuppt, ja, dass das, was „Ich" sagt und unser Bewusstsein eins sind, und schließlich so weit gehen kann, dass alles, was vermeintlich dem eigenen Ich entpringt, sich als Emanation des einen, reinen, göttlichen Bewusstseins entpuppt.

Nach C. G. Jung unterscheidet man in der Entwicklung eines Lebens zwischen Ich-Werdung und Selbst-Werdung. Danach meint Ich-Werdung die Ausbildung eines eigenen Persönlichkeitsprofils, das Befolgen seiner Berufung, den Aufbau eines persönlichen und gelungenen Lebens, das Kennenlernen persönlicher Vorlieben und Abneigungen, Interessen, Stärken, Begabungen und Talente. Selbst-Werdung dagegen geht weit darüber hinaus und meint eine Hinwendung zu transzendenten Werten, zu Fragen nach Sinn und Sein, Schicksal, Karma, Leben, Seinszustand nach dem Tod, absoluten Wahrheiten usw. Darin werden häufig weltliche Bedürfnisse wie Geld, Erfolg, materielle Absicherung, Sexualität, Unterhaltung usw. weniger wichtig und rücken mehr in den Hintergrund des Lebens. Es gibt auch die Bezeichnung des höheren Selbstes im Gegensatz zum niederen Selbst. Ideal ist natürlich eine ausgewogene Verbindung dieser beiden Ebenen. Einen wirklich in die Tiefe führenden, ernsthaft spirituellen Pfad einzuschlagen gelingt den meisten Menschen allerdings erst, wenn die so genannten drei Säulen des Lebens stabil sind und nicht mehr wackeln: Wohnung, Arbeit bzw. Geld und Beziehung(en). Wohnung meint dabei, einen sicheren Wohnort zu haben, an dem man sich wohl fühlt und wo man zur Ruhe kommen kann. Geld kommt meist aus einer erfolgreichen Arbeitsstelle und meint die ausreichende Versorgung mit materiellen Gütern und Befriedigung der Grundbedürfnisse, wozu eben Geld notwendig ist. Beziehung meint eine sichere, nährende und liebevolle Paarbeziehung, kann aber bei einigen (wenigen) Menschen auch durch ein stabiles Netz an Freundschaften ausgeglichen werden. Ein anderes Modell dafür zeigt die so genannte Maslowsche Bedürfnispyramide: erst wenn die Versorgung aller menschlichen Grundbedürfnisse (physiologische, soziale, nach Sicherheit) gesichert sind, können sich höhere menschliche Werte wie Gerechtigkeitssinn, Philosophie, Ethik oder Spiritualität und Selbstverwirklichung entwickeln – vorher ist der Mensch mit reinem Überleben beschäftigt.

Im Grunde finden Ich-Werdung und Selbst-Werdung natürlich die meiste Zeit im Leben eines Menschen gleichzeitig statt. Trotzdem entwickeln viele ihre spirituelle Seite nur rudimentär, da sie die Einladungen ihres Lebens, wie sie meist durch Schicksalsschläge ausgelöst werden, nämlich die Tür zur anderen Seite zu durchschreiten und dadurch einen umfassenderen Blickwinkel des Seins zu erlangen, häufig ausschlagen. So gelingt der Schritt vom Ich zum Selbst häufig nur ansatzweise. Oft bringt erst das Alter, wenn der bevorstehende Tod als letzte, drohende Toröffnung unausweichlich ins Bewusstsein drängt, eine echte Bereitschaft, die engen Grenzen der eigenen Vorstellungen zu erweitern und die angenommenen und erlernten Glaubensvorstellungen über menschliche Existenz zu hinterfragen.

Spiritualität meint nicht Esoterik, was die so genannte „Geheimlehre“ oder auch das Wissen vom Inneren bezeichnet, und auch nicht das New Age, die beide wesentlich mehr umfassen als Spiritualität, wie zum Beispiel das Wissen von den Chakren und Energiebahnen im Körper, das Wissen um ganzheitliche Heilung und ihre Methoden, Meditation, Körperdisziplinen wie Tai Chi, Qui Gong, die asiatischen Kampfkünste usw. Auch Atemübungen durchzuführen, einem Ritual beizuwohnen, Ufos und Außerirdische zu erforschen, Magie auszuüben, Therapie zu machen, Tachyonen-Zellen anzubringen, Mantren zu singen oder Drogen zu nehmen hat mit Spiritualität nicht viel zu tun, obwohl all dies natürlich Methoden sind, um die Geheimnisse des Lebens und des Menschseins auf allen Ebenen zu erforschen und besser zu verstehen. Ganzheitlichkeit im Sinne einer umfassenden Schau und Berücksichtigung aller Seins-Ebenen des Menschen ist eine wichtige Entwicklung (oder Wiederentdeckung) unserer Zeit und unumgänglich auf dem Weg hin zu einer menschen- und naturfreundlicheren Wissenschaft und Medizin. Spirituelle Ebenen werden darin berücksichtigt werden und ihren Platz finden, aber trotzdem ist Ganzheitlichkeit ebenfalls nicht automatisch Spiritualität.

So meint also Spiritualität eine Bewusstwerdung des Daseins als transzendente Lebensform, eine Beschäftigung mit universellen Werten und Wahrheiten, mit dem Eingebundensein in große Zusammenhänge, mit Sinn- und Wertfragen des Lebens, und den Fragen nach Göttern, Gott und Göttlichkeit. Es gibt auf diesem Weg keine Abkürzungen. Ein bisschen Wohlfühl-Esoterik oder Wellness wie auch Freizeit-Schamanismus befriedigt wiederum nur die Sehnsucht nach Sicherheit und Festigkeit, die dem Ego entspringt. Echte Spiritualität bedeutet, die festen Grundannahmen unseres Lebens zu hinterfragen. Bedeutet, an den Grundmauern des eigenen Seins zu rütteln. Alles im Leben und am eigenen Sein zumindest einmal in Frage zu stellen, es abzuklopfen auf seinen tiefsten Wahrheitsgehalt. Über Bord zu schmeißen, was sich als hohl und leer erweist, als grund-los. Nichts einfach zu glauben, was einem erzählt wird. Meine schamanischen Lehrer sagten alle: Glaube nichts – überprüfe alles. Einfach ungeprüft zu glauben, was einem vorgesetzt wird, macht aus uns Menschen willenlose Schäfchen unter der Fuchtel eines Hirten (ob deswegen das Bild in der katholischen Kirche so gerne benutzt wird?). Und wer der Herde folgt, sieht eben nur Ärsche...

Echte Spiritualität ist oft ein unbequemer, ja sogar rebellischer Weg. Er führt uns zuerst durch endlose Tiefen und namenlose Ängste, durch die tiefsten erlittenen Schmerzen und Verletzungen. Um zum Selbst zu gelangen, muss das Ich bis in die äußersten Winkel durchwandert und kennen gelernt werden. Das menschliche Sein bedarf einer tiefen Transformation. In den allermeisten Fällen steht vor einer wirklichen Spiritualität der Weg der Therapie (wobei therapeutische und spirituelle Arbeit oft ineinander fließen und nicht klar getrennt werden können). Der Mensch muss zuerst Mensch werden, voll und ganz, seine Geschichte und sein Dasein bis ins Letzte enthüllt und angenommen – aber nicht nur das, sondern auch – transformiert und geheilt haben. Das Ich muss voll entwickelt werden, bevor es sich ins Selbst erweitern kann. Das Bild von der Raupe und dem Schmetterling gilt noch immer: der Schmetterling kann erst schlüpfen, wenn die Raupe ihr Dasein in Schönheit vollendet hat, was heißt, sich dick und rund gefressen, und den Impuls zur Verpuppung bekommen und befolgt zu haben. Selbstverständlich weiß sie noch nichts von der wundersamen Verwandlung, die vor ihr liegt. Und vielleicht erlebt sie ihre Verpuppung als Sterben, als Ende einer Lebensform. Bis dasselbe Wesen, völlig verwandelt, sich zum Himmel erhebt... mit dem Ziel der großen Freiheit.

Ich selbst habe in meinem Leben trotz oder gerade wegen meiner großen spirituellen Sehnsucht lange diese grundlegenden notwendigen Entwicklungswege im Irdischen verleugnet. Mein Irrtum war einer, den ich bis heute immer wieder bei vielen spirituellen Suchern sehe: dass Spiritualität heiße, nicht dem Ich zu folgen, nicht an sich selbst zu denken, nicht das eigene Sein zu entwickeln, sondern sich nur um andere und anderes zu kümmern. Das aber ist die Angst vor der eigenen Kraft und Stärke, eine Scheu vor dem Annehmen des eigenen Schicksals, und eine Vermeidung von Selbstverantwortung und Selbstschöpfung. Niemand kommt um eine Ich-Bildung herum. Betrachtet man die Lebensgeschichten großer spiritueller Lehrer wie Gandhi, Dalai Lama, Krishnamurti, Ramana Maharshi, Osho, Buddha, Graf Keyserling, Franz von Assisi oder auch Jesus, handelt es sich bei keinem von ihnen um ein graues, unscheinbares Mäuschen, sondern im Gegenteil um starke, charismatische, selbstbewusste und sehr individuelle Persönlichkeiten. Sie alle haben sich erst zu ihrem Ich und dann darüber hinaus entwickelt. Sie alle nahmen ihr Leben, ihre Geschichte, ihr Schicksal und ihren Auftrag bedingungslos an. Nur so konnten sie ihre volle Größe und Wirkkraft entwickeln.

So führt der Weg zu einer wirklichen Spiritualität immer über die Annahme des eigenen Lebens und Schicksals, über ein großes JA zu dem, was ist, oder auch über die Liebe – nicht die rosarote Wölkchen-Liebe, sondern die kraftvolle, saftige und vor Leben strotzende Liebe, die oftmals still, manchmal aber auch laut und ekstatisch ist, die führend wie ein guter Vater und sanft wie eine liebevolle Mutter, aber auch scharf und gnadenlos in der Aufdeckung von Lüge und Falschheit wie Kalis Schwert sein kann. Liebe ist immer das, was uns über die Grenzen unserer Ego-Identität hinaushebt. Liebe erweitert unseren Blick und unsere Verantwortung, bildet Netze und Kreise, zeigt uns unsere Verbundenheit und unsere Stärke, aber auch die Verletzlichkeit, Weichheit und Sensibilität. Spiritualität ist ohne Liebe nicht denkbar und möglich. Liebe ist alles – alles ist Liebe. Als zentrale Kraft des indianischen Medizinrads wie auch Essenz aller spirituellen Wege und Religionen kommen wir an dieser Kraft nicht vorbei, ob wir sie so benennen wollen oder nicht. Und Liebe ist es auch, die uns immer wieder an unseren Weg, unseren Auftrag und die Verantwortungen unseres irdischen Lebens erinnern wird.

Spiritualität ist nichts Abgehobenes, nichts, was im Jenseits stattfindet, sondern immer und kompromisslos im Hier und Jetzt beginnt. Jeder Weg, der nur auf eine bessere Zukunft oder gar eine Erlösung im Jenseits abzielt, ist ein falscher Weg. Nur in der absoluten Gegenwart findet Leben statt, nur im viel beschworenen Hier und Jetzt kann Wachstum und Transformation geschehen. Echte Spiritualität ist irdisch, dem Leben zugewandt und praktisch anwendbar. Was hilft eine Hoffnung auf ein Leben nach dem Tode, wenn das Leben vor dem Tod ein schlechtes ist. Es kann nicht darum gehen, unsere Zeit auf der Erde abzusitzen, bis endlich der Tod als Erlösung zu uns kommt. Was für eine Verschwendung! Es kann auch nicht darum gehen, sich in der Schau schöner geistiger Bilder und großartiger spiritueller Visionen zu erschöpfen, um dann wieder in den grauen Alltag zurückzukehren, und weiter auf Erlösung zu warten. Heiligkeit kann gelebt werden, Liebe ist jetzt, und Spiritualität ist, wenn man (trotzdem) lacht! Echte Spiritualität dient dem Leben, hilft dem Menschen im Diesseits, transformiert und heilt die Wunden des Egos, und fordert dabei immer radikale Wachheit, Aufmerksamkeit und Ehrlichkeit. Nur so kann uns eine Verbindung zwischen Diesseits und Jenseits gelingen, nur so wird das Göttliche im Menschen erfahrbar, und nur so wird es auf dieser Welt eine grundlegende Möglichkeit zur Veränderung zum Besseren hin geben.

Indianische Medizin

Im indianischen Weltbild ist im Zusammenhang mit spiritueller Kraft häufig die Rede von Medizin. So nennt man einen Heiler Medizinmann, man geht auf Visionssuche, um Medizin zu erlangen und fertigt oder erhält Medizingegenstände. Damit ist nicht das gemeint, was wir in unserem Sprachgebrauch als Medizin bezeichnen: eine Substanz, die man bei Krankheit einnimmt, um wieder gesund zu werden. Medizin im indianischen Sinne meint etwas Immaterielles, eine Kraft, eine Energie, ein Wissen oder eine besondere Fähigkeit, die einem Menschen von den Geistern oder Spirits verliehen wird, und mit der ein Mensch arbeiten kann oder die durch jemanden arbeitet. Im Grunde meint Medizin etwas wie ein Bündnis mit jenseitigen Kräften. Meist ist ein Auftrag zum Wohle der Gemeinschaft damit verbunden. So ist ein Medizinmann ein Heiler, der in Zusammenarbeit mit den Spirits heilt und wenn ihm starke Medizin nachgesagt wird, hat er eine intensive Verbindung zu starken Geistwesen. Medizingegenstände dienen dazu, die Verbindung zu diesen Wesenheiten herzustellen: Rasseln, Trommeln, Kraftstäbe, Schilde, besondere Steine oder andere gelten als heilig aufgrund dieser besonderen Kraft, die sie in sich tragen. Und um Medizin zu erlangen, folgen die indianischen Ureinwohner den alten Traditionen, gehen zur Visionssuche auf den heiligen Berg, opfern ihr Fleisch im Sonnentanz und halten traditionelle Zeremonien wie Schwitzhütten ab.

1.3 Schamanismus

Ein spezieller Weg von Spiritualität ist der Schamanismus. Seit der Mitte der 80er-Jahre ist Schamanismus in esoterischen, spirituellen und New Age – Kreisen immer bekannter geworden. Es gibt eine Menge Schamanen aus aller Welt, besonders aber aus dem amerikanisch-indianischen Kulturraum, die seitdem um die Erde reisen, und vor allem in westlichen Ländern Schwitzhütten, Visionssuchen und andere Seminare anbieten, in denen sie einen Zugang zum schamanischen Denken und zu schamanischen Wirklichkeiten öffnen und ihr Wissen vermitteln. Immer mehr Bücher über Schamanismus werden veröffentlicht und immer mehr Menschen in den westlichen Industrienationen finden in diesen Techniken einen funktionierenden Weg der Wiederverbindung mit Natur und der Erde. Wahrscheinlich ist ein großer Teil der Faszination des Schamanismus mit unserer zunehmenden Entfremdung von unserer natürlichen Lebensgrundlage und einem damit einhergehenden, radikalen Verlust wirklich authentischer, wilder Natur zu begründen. Immer mehr Menschen wird bewusst, was wir damit eigentlich verloren haben, und verspüren die Notwendigkeit einer Veränderung im Umgang mit unseren endlichen Lebensressourcen. Umweltschutz ist in aller Munde und endlich auch ein politisches Thema für alle Parteien geworden. Schamanismus kann uns Wege zeigen, auf spiritueller Ebene die Verbindung zwischen Erde und Mensch, zwischen Natur und Zivilisation wieder herzustellen und ein Gleichgewicht zu halten, das allen Lebewesen dieses Planeten gerecht wird.

Schamanismus ist so etwas wie eine Urreligion der Menschheit. Er dürfte die frühesten spirituellen wie auch heilerischen Strömungen der Menschheit repräsentieren. Trotzdem wird Schamanismus nicht als Religion bezeichnet – zu unterschiedlich sind die Glaubensausrichtungen der verschiedenen Ausprägungen auf der ganzen Welt. Im Grunde handelt es sich um eine Sammlung von unzähligen Techniken, um die Beziehungen zwischen den verschiedensten Bereichen des Lebens zu untersuchen und krankmachende Ungleichgewichte darin auszubalancieren: zwischen Mensch und Natur, die Pflanzen, Tiere und die

Erde als Ganzes umfasst, zwischen Mensch und den Göttern und Geistern, zwischen Mensch und Mensch innerhalb einer Gemeinschaft, aber auch im Inneren eines Menschen zwischen seinen verschiedenen Organen und Körperteilen. Ungleichgewicht führt im Außen zu Chaos, Hunger oder Krieg, im Inneren eines Menschen zu seelischer, körperlicher oder geistiger Krankheit. Das Überleben eines Stammes ist aber von Gesundheit, Nahrung und Frieden abhängig. Über viele Tausende von Jahren hinweg haben Schamanen und Schamaninnen auf der ganzen Welt daran gearbeitet, diese harmonischen Zustände durch Ausbalancierung aller beteiligten Parteien oder Teile immer wieder herzustellen. Mit Erfolg – die menschliche Rasse hat bis zum heutigen Tag überlebt. Hätten die Techniken und das Wissen um Heilung nicht ausreichend funktioniert, hätten unzählige Krisen die Menschheit längst ausgerottet.

Eine wichtige Rolle spielt im Schamanismus der Kontakt zu jenseitigen geistigen Wesenheiten, Spirits, Göttern, Hilfsgeistern usw. Der Schamane reist bewusst in diese andere Welt, um diagnostische und heilende Informationen für Krankheiten oder Ungleichgewichte zu bekommen oder um Hilfe im Kampf gegen böse Geister und Dämonen zu erbitten. Dazu beherrscht er verschiedene Trance- und Ekstasetechniken, zum Teil auch durch halluzinogene Substanzen und Pflanzen, die sein Bewusstsein in einen anderen Zustand versetzen, in dem er Zugang in diese geistigen Welten hat. Meist hat er dazu Verbündete, so genannte Hilfsgeister, die ihn auf seinen geistigen Reisen begleiten und unterstützen. Andere stellen ihren Körper für mächtige Geister zur Verfügung, die sich in ihm inkorporieren und dann durch den Schamanen sprechen, Anweisungen geben und heilen. Praktizierter Schamanismus ist ein effektives und bewährtes Heilsystem. Deswegen wurde er von der WHO im Jahre 1980 und noch einmal 2002 als Heilsystem zur Behandlung körperlicher und psychischer Erkrankungen ausdrücklich anerkannt.

Im Weltbild des Schamanismus ist alles belebt – Pflanzen, Tiere, Steine und Felsen. Auch mit dem Planeten Erde selbst, der Sonne, Mond und den Sternen kann man in Kontakt treten, kommunizieren, und so wichtige Informationen für das eigene Sein erhalten. In all diesen Lebensformen ist Bewusstsein enthalten und alles ist von derselben Kraft erschaffen und durchströmt, die auch den Menschen erschafft und belebt. So ist alles mit allem verwandt, nichts gilt als unbedeutender als anderes, und allem, was ist, wird Achtung und Respekt entgegengebracht. Diese grundsätzliche Verbindung und Liebe zur Natur und allem Lebendigen und Umgebenden hin ermöglichte indigenen Kulturen jahrtausendelang ein Leben im Einklang mit der Erde, im Gegensatz zu modernen westlichen Anschauungen, die von der christlichen Dogmatik des Menschen als Krone der Schöpfung bestimmt sind, der sich die Erde untertan machen soll – was er ja auch tut, mit dem bekannten, katastrophalen Ergebnis.

Schamanen wählten in den seltensten Fällen freiwillig ihre Aufgabe aus. Die meisten rissen sich nicht um die Verantwortung, die meist mit erheblichem zusätzlichem Zeitaufwand verbunden war. Meist mussten sie sowohl die „normalen" Aufgaben innerhalb ihrer Stammesgemeinschaft oder ihres Dorfes erfüllen, um dann am Abend zusätzlich zu schamanisieren und Rituale durchzuführen. Zudem wartete vorher eine jahre- bis jahrzehntelange Lehrzeit auf sie, die oft genug von Entbehrungen, speziellen Diäten, strengen Tabus und anderen Einschränkungen bestimmt war. Manchmal ging dieses Amt innerhalb der Familie von der älteren auf die jüngere Generation über – die Kraft gilt in solchen Fällen als erblich. Meist aber gibt es ein Berufungserlebnis, und die Geister selbst wählen ihre Verbündeten unter den Menschen aus. Eine solche Berufung besteht oft aus einer schweren Krankheit, einem Unfall, seltener auch aus einer Vision, die den zukünftigen Schamanen oft in echte Nahtodzustände bringt. Häufig ist es so, dass die Krankheit erst weicht, wenn der Ruf angenommen wird und die zukünftigen Heiler anfangen, zu schamanisieren. Man spricht deshalb auch von der so genannten „Schamanenkrankheit", die nur ausbleibt, wenn sich die Auserwählten ihrem Schicksal stellen. Man kann hier auch an das Prinzip des „wounded healer" denken: einem Menschen, der aufgrund erlittener Krankheiten und durchlebter Schwierigkeiten zu großem Wissen über den Umgang damit gelangt ist, und dieses Wissen an Andere in ähnlichen Situationen weiter gibt.

Schwitzritual der Navajo als Teil des komplexen Yebichai-Heilrituals. Der Kranke liegt in der heißen Wüstensonne unter einer schwarzen Decke, während die Heiler rasseln und singen.

1.4 Neoschamanismus

Bis in die 60er Jahre des vergangenen Jahrhunderts hinein galt der Schamanismus als ein von den Ethnologen belächeltes, pseudoreligiöses und naiv-magisches System, das sogar den Geisteskrankheiten gleichgesetzt wurde. Dann geschah es, dass einige Ethnologen die wissenschaftliche Grenze vom Beobachter zum Beteiligten überschritten. Forscher wie Carlos Castaneda, Michael Harner, Brant Secunda oder später auch Christian Rätsch fanden Aufnahme in Stämme, bekamen schamanische Lehrer, durchliefen Initiationen, wurden in uralte Stammestraditionen und Heilgeheimnisse eingeweiht und veröffentlichten ihre Erfahrungen in Büchern und Artikeln. Nicht selten wurde ihnen ein Verlassen des objektiven Beobachterstatus vorgeworfen. Aber ihre Arbeiten bildeten die Grundlage für ein neu erwachendes, breit gefächertes Interesse an schamanischen Techniken und Zeremonien in Folge der Aufbruchstimmung der Hippie-Generation und der Suche nach zeitgemäßen Formen von Spiritualität und ganzheitlicher Heilung, die schließlich in den Esoterikboom und das

New Age mündete. Einige Weiße fanden ihre spirituelle Heimat in traditionellen Formen von Schamanismus, wurden zuweilen sogar in alte Linien eingeweiht und zu Trägern der Kraft. Gleichzeitig entwickelten sich aber vom Schamanismus beeinflusste, an ihn angelehnte neuere spirituelle Techniken, die unter der Bezeichnung Neoschamanismus zusammengefasst werden.

Neoschamanismus geht in seinem Ursprung auf die Entwicklungen Michael Harners zurück, der in allen schamanischen Praktiken einen gemeinsamen, kulturunabhängigen Kern gefunden haben will, den er isolierte und in der „Shamanic Foundation" als so genannten Core-Schamanismus bekannt macht und lehrt. Dabei handelt es sich um schamanische Grundtechniken wie die schamanische Trommel-Reise in andere Welten, das Finden von Krafttieren und Geisthelfern, Extraktion von Fremdenergien, Seelenteilrückholung und anderen Techniken. Auch die Forschungen von Felicitas Goodman zu den so genannten Trancehaltungen zielen in eine ähnliche Richtung. Die Folge war ein unglaublicher Boom von angeblich erwachenden Schamanen in den westlichen Nationen. Ohne den durchaus funktionierenden, teilweise heilenden und Individuen bei ihrer Selbstentdeckung unterstützenden Techniken ihre Berechtigung und Funktion innerhalb einer zunehmenden, sinnvollen Tendenz zu Selbstheilung und Selbsterforschung abschreiben zu wollen, muss doch vor der inflationären Adaption des Schamanismusbegriffs gewarnt werden. Es ist vermessen und zeugt von Naivität wie Respektlosigkeit, sich nach einem längeren Abendkurs oder einigen Wochenendseminaren (wenn nicht sogar nach einem), in denen die neoschamanischen Techniken vermittelt werden, mit jahrelang ausgebildeten und geprüften traditionellen Schamanen aus indigenen Kulturen vergleichen zu wollen. Und wer einmal das Erscheinen der Geistwesen durch Lichter und Geräusche in einer traditionell indianischen Schwitzhütte oder durch Wind, Erdvibration und unerklärliche Heulgeräusche aus dem Himmelsraum in sibirischen Zeremonien erlebt hat, wird vorsichtig sein, seine Trommelreisen in den privaten und persönlich-individuellen Kosmos und zu seinen inneren Geisthelfern im Wohnzimmer damit vergleichen zu wollen. Nicht, dass es nicht auch bei uns Menschen mit schamanischer Begabung gibt – davon bin ich überzeugt, und solche Menschen können durchaus initiatische Erfahrungen auch mit solchen Techniken machen und zu ernstzunehmenden Helfern und Heilern für die Gemeinschaft heranreifen. Aber ich möchte vor einer Verwechslung von Reisen in Phantasiewelten und das persönliche Unterbewusstsein mit dem umfassenden Erlebniskosmos traditioneller Schamanen warnen.

Trotzdem finden wir auch im Neoschamanismus wichtige Elemente, die Menschen der Industrienationen in der heutigen Zeit helfen können, wieder ein Bewusstsein von unserem Eingebundensein in die uns umgebende Natur zu erlangen. Die Wiederverbindung mit den Kräften der Erde ist eine wichtige Voraussetzung, um Ökologie und Umweltschutz in der breiten Masse salonfähig zu machen. Was helfen Informationen über das Sterben des Regenwaldes, wenn Menschen nie die Erfahrung von persönlicher Regeneration im Wald gemacht haben? Wenn sie nie die reine Luft in ihre Lungen gesogen haben, nie an einen Baum gelehnt zur Ruhe gekommen sind, nie den Kreislauf der Jahreszeiten anhand der verschiedenen Farben der Pflanzen wahrgenommen haben? Welche Verbindung haben sie zu Bäumen, wenn ihnen nicht wirklich bewusst ist, dass sie uns Papier, Brennstoff, Bleistifte, Möbel, Klebstoffe, Brücken, Schiffe, Hausdächer, Brotzeitbrettchen, Gartenhäuschen, Bilderrahmen, Heilsubstanzen, Reisigbesen, Messergriffe, reine Atemluft und vieles mehr schenken? Was bedeutet ihnen eine lebendige und achtsame Beziehung zu Tieren, wenn

Fleisch aus dem Supermarkt, Milch von der lila Kuh und Leder nur aus dem Möbelhaus kommt? Wo erleben sie eine Achtung von Pflanzen, wenn sie in einer Großstadt aufwachsen, inmitten von Beton und Einheitsgrün, und im gesamten Umland so genannte Landwirte mehrmals jährlich die Böden unserer Erde mit giftigen Chemikalien besprühen, um unerwünschte Unkräuter zu eliminieren – genauso wie die meisten Menschen täglich bewusstlos ihre eigene Haut-Oberfläche mit künstlichen Düften und chemischen Deos traktieren? Dieser beängstigenden Entfremdung von den grundlegenden Zusammenhängen unseres physisch-biologischen Lebens, diesem zunehmenden Nichtwissen über Prioritäten und Wertigkeiten, über Lebensförderndes und Lebensfeindliches kann nur eine erlebnisorientierte und zeitgemäße Natur-Spiritualität entgegenwirken. Wir Menschen im durchtechnisierten Westen brauchen wieder die unmittelbare Erfahrung, was es heißt, sich mit der Erde verbunden zu fühlen, wie wir ein Gleichgewicht mit Tieren und Pflanzen herstellen können, und warum die Erde im wörtlichen Sinne unsere Mutter ist, warum das nicht nur ein Spruch ist, den man kleinen Kindern erzählt, sondern dass wir auf Gedeih und Verderb von ihr abhängig sind! Wir sind aus ihr geboren, leben von ihren Früchten und Kindern, und werden zuletzt von ihr gefressen. Sie ist die große Göttin, die dreifache, und wir sind und bleiben ihre Kinder. Ungezogene, freche Rotzlöffel allerdings in diesen letzten Jahrzehnten – oder sind es schon Jahrhunderte, dass wir die Achtung vor ihr verloren haben?

Neoschamanismus transportiert diese archaischen Weisheiten über die essentiellen Zusammenhänge des Lebens und unser Eingebundensein in die großen Kreisläufe in relativ einfachen Zusammenhängen, die nicht konfessionell beschränkt sind. Man muss keinem bestimmten Glauben anhängen, sondern kann praktische Erfahrungen mit den einfach zu erlernenden Techniken machen, die uns mit archaischen Weisheitsebenen verbinden, die für jeden unmittelbar spür- und erfahrbar sind. Für fast jeden Menschen ist es beispielsweise berührend, sein Krafttier zu treffen oder einen inneren Geistführer. Ob es sich dabei um wirkliche Wesenheiten handelt oder um Produkte des manifestierten Unterbewusstseins, ist dabei nebensächlich. Es erinnert uns an die vergessenen Wahrheiten der Existenz anderer Lebensformen und kann Stärkung, Trost, Kraft und Heilung bringen. Noch wichtiger aber ist die Rückverbindung zu den verschiedenen Lebensformen der Natur. Pflanzen, Tiere, gar Steine und zuletzt die ganze Erde als Lebensformen zu erkennen, die beseelt sind mit einer Art Bewusstsein, mit dem man kommunizieren kann, ist, so einfach es durch neoschamanische Techniken für die meisten Menschen erlebbar wird, meist ein wirklich transformierendes Erlebnis, das ein fundamentales Umdenken in Gang setzt. Je mehr Menschen die Erfahrungen machen, umso besser natürlich. So kommt diesen um sich greifenden neoschamanischen Erfahrungsebenen, bei aller verständlichen und häufig berechtigten Kritik, doch eine wichtige Funktion im Gefolge der aktuellen Umweltthematik zu. Die Verbindung zur Erde und unseren Mitgeschöpfen muss wieder eine Gefühlte werden, damit der dringend notwendige Umweltschutz nicht bei breiten Bevölkerungsschichten ins Leere läuft.

Nicht zuletzt hinterfragt ein dadurch ausgelöstes Bewusstsein des „alles-ist-mit-allem-verbunden" auch unser gesellschaftliches Miteinander. Das große Beziehungsnetzwerk aller Geschöpfe schließt natürlich auch den Mitmenschen mit ein und gerade da liegen viele Beziehungen im Argen. Soziales Miteinander wird zunehmend als Luxus empfunden, die Gemeinschaft zerfällt immer mehr in kastenähnliche Bereiche, der Staat – und das sind wir alle! – entzieht sich zunehmend der Verantwortung für Schwache, Randgruppen und Verlierer, und Nächstenliebe ist ein belächelter Begriff antiquierter Kirchenpolitik. Es ist schwer zu sagen, wo der Anfang gemacht werden muss, wenn es darum geht, all die vielfältigen Probleme unserer Gegenwart anzupacken. Schamanismus lehrt uns, dass im Innen wie im Außen Balance herrschen muss, damit ein Leben in Frieden und Schönheit für alle möglich wird. Diese Ebenen bedingen einander und eines ist ohne das andere nicht vorstellbar. Vielleicht ist das ein Grund für die „Rückkehr der Schamanen", wie es einmal der Spiegel titelte, das vermehrte Auftreten traditioneller wie Neoschamanen, die in uns archaische Bewusstseinsebenen öffnen, die wir gerade jetzt wieder dringend brauchen.

Das Schwitzhüttenritual ist in diesem Zusammenhang eine besonders sinnvolle und effektive Technik. Nirgendwo sonst kommen Teilnehmer, auch ohne Vorerfahrung, in so kurzer Zeit so tief in Kontakt mit sich selbst, anderen Menschen, den Elementen und der Erde. Kein anderes Ritual spricht gleichzeitig mentale, emotionale, körperliche und spirituelle Ebenen in solcher Intensität an. Der reinigende und öffnende Effekt ist einer der wichtigsten für Menschen, die sich auf den Weg machen, um aufzuwachen. Die meisten Menschen in den westlichen Industriestaaten sind auf allen Ebenen verschmutzt und bedürfen dringend einer tiefgehenden und effektiven Reinigung. Die Körper sind voll von Schlacken, Schwermetallen, Konsumgiften und verschiedensten anderen belastenden Stoffen. Gefühle werden oft jahrelang im System festgehalten und behindern das freie Fließen und den emotionalen, freudigen Selbstausdruck. Unser Gehirn ist voll von überflüssigen Informationen, Stress, behindernden und einengenden Glaubenssystemen und abstrusen Vorstellungen, und Stille ist den meisten ein Fremdwort. Auch die Seele, der göttliche Teil im Menschen, hungert nach Nahrung, nach Liebe und transzendenten spirituellen Erfahrungen. All diese Ebenen werden in einem Schwitzhüttenritual angesprochen. Und die „spirituelle Waschmaschine" Schwitzhütte bietet nebst einem Weichspüler sogar noch einen kräftigen Schleudergang...

1.5 Die Gaia-Hypothese

Mitte der 60er Jahre entwickelte der Chemiker, Biologe, Mediziner und ehemalige NASA-Mitarbeiter James Lovelock die so genannte Gaia-Hypothese. Sie ist nach der griechischen Göttin der Erde Gäa oder Gaia benannt und beschreibt unseren Planeten Erde als einen selbständigen und sich selbst regulierenden Organismus. Wenn Lovelock dies auch nie im spirituellen Sinne meinte und sich von einer animistischen Deutung als bewusstes Wesen, wie sie in indigenen Kulturen wie auch der New Age - Bewegung verstanden wird, distanziert, geht er doch von einem gigantischen Regelmechanismus aus, der ständig von sich aus versucht, den für ihn optimalen Zustand aufrechtzuerhalten. Die Erde atmet, reinigt sich, ihre Gewässer und die Luft ständig, hat einen Pulsschlag, ernährt ihre Kinder, und hält selbständig einen Zustand aufrecht, der allem Lebendigen auf ihr nicht nur Fortbestand, sondern ständige Evolution ermöglicht.

Diese Theorie basiert auf der Vorstellung, dass kein Bestandteil dieses ausgefeilten Regelmechanismus überflüssig für das Ganze ist. Jeder trägt seinen Teil zum Ablauf des Gan-

zen bei und jeder Teil hat eine Aufgabe zu erfüllen. Wenn aber jeder Teil des Ganzen sozusagen ein Organ des Organismus repräsentiert, was ist dann die Aufgabe und Funktion des Menschen auf der Erde? Das ist eine der spannendsten Fragen im Zusammenhang mit ganzheitlicher Ökologie und dem Selbstverständnis des Menschen überhaupt.

Pessimistische Stimmen gehen ja davon aus, dass der Mensch eine Fehlentwicklung sei, bis hin zu der Aussage, dass er das Krebsgeschwür der Erde darstelle. Abgesehen von der Frage, welches Selbstverständnis Menschen mit dieser Sichtweise von sich selbst haben müssen (...natürlich sind sie selbst ja gaaanz anders als alle anderen...), sind doch auch die Krebszellen eines Organismus grundsätzlich körpereigene Zellen, die sich aber aus dem gemeinsamen Wachstumsplan des Ganzen verabschiedet und einen eigenen Weg eingeschlagen haben. Im Grunde haben sie den Kontakt zum Rest des Körpers und damit zur Ganzheitlichkeit verloren. Trotzdem gehören sie dazu. Dieser Vorstellung vom entarteten Menschen implizit ist auch die Annahme, dass es etwas geben könnte auf dieser Erde, das nichts mit ihr zu tun habe. Aber dieser Planet hat uns Menschen hervorgebracht, er hat uns geboren, wir sind seine Kinder, und unentrinnbar für immer mit ihm verbunden, auch wenn wir diese tiefe Verbindung aus unserem Bewusstsein verbannt haben.

Eine andere Idee könnte sein, dass wir das Gehirn des Planeten darstellen. Als mental bewusste Wesen tragen wir eine Unmenge von Informationen mit uns herum und verknüpfen und verschalten uns zunehmend miteinander. Das Wissen, das wir über unseren Planeten gesammelt haben, füllt Bände und auch die Geschichte von Gaia haben wir über Jahrmillionen zurück erforscht, man kann auch sagen: erinnert. Aber ist es das? Sind wir vielen Menschen lediglich die Gehirnzellen des Planeten, die Wissen und Erinnerung abspeichern? Es gibt eine atemberaubende Variante, was das Gehirn von Gaia sein könnte: nach neuesten Forschungen besteht das Innerste der Erde nicht aus flüssigem Magma, sondern aus einer gigantischen Kristallkugel von etwa 1500 km Durchmesser aus reinem Silizium, das unter dem enormen Druck im Erdinnern aus dem flüssigem Magma auskristallisiert. Die Theorie wurde durch Versuche, in denen die Brechung von Wellen, die durch den Erdkern geschickt wurden, unterstützt. Silizium ist das häufigste Mineral der Erde und findet in seiner reinen Form als Material für Speicherchips in Computern Verwendung. Es ist tatsächlich ein Informationsträger, so wie es unsere Gehirnzellen sind. Einigen indigenen Kulturen ist das Bild einer Erde, die ein Kristallherz hat, wie sie es nennen, seit langem bekannt.

Was also bleibt als Funktion für uns Menschen? Haben wir überhaupt einen Sinn? Schauen wir zur Beantwortung dieser Frage doch einmal, welche spezifischen Funktionen das menschliche Dasein gerade in den letzten Jahrzehnten mit sich bringt. Was passiert eigentlich mit uns als Menschheit, was ist das Entscheidende an der menschlichen Entwicklung? Wir werden uns unserer selbst gewahr. Wir erkennen unsere Grenzen. Gleichzeitig wird uns bewusst, dass wir alle eins und alle verbunden sind: wir vernetzen uns immer mehr, kommunizieren über den gesamten Erdball, entwickeln das Internet, tauschen uns aus, verbinden uns in Groups, Vereinen, Interessensvereinigungen, Freundeskreisen. Wir erkennen die Endlichkeit unserer Ressourcen. Und wir träumen von einem globalen Erwachen. Könnte das an etwas erinnern? Ist es nicht das Gleiche, was jeder Mensch durchmacht, wenn er in die Pubertät kommt? Wenn er zu einem selbständigen, unabhängigen Wesen heranreift, sich von der spielerischen Kindheit befreit und auf die große Freiheit, aber auch die Verantwortung des Erwachsenendaseins vorbereitet? Das individuelle und unabhängige Bewusstsein erwacht in den meisten Menschen erst in der Pubertät in vollem Ausmaß. Dann beginnt man, sich unabhängig zu fühlen von Vater und Mutter. Und fühlt sich die Menschheit nicht zunehmend unabhängig von Mutter Erde und Vater Sonne? Man beginnt, sich mit anderen zu vernetzen, die die gleichen Interessen haben – Cliquenbildung. Und die Menschheit vernetzt sich zunehmend. Man erwacht für die Wirklichkeit des Lebens, bricht auf und aus alten Mustern und Fesseln, entwickelt sich (im Idealfall) zu seinen höchsten Möglichkeiten. Im New Age und der zunehmend großen spirituellen, weltweiten Bewegung geht es genau um diese Vision für die gesamte Menschheit. Viele Jugendliche verspüren in sich den Wunsch nach Gerechtigkeit und Frieden für alle – die meisten Menschen sind nie mehr so enthusiastisch wie während ihrer Pubertät. Und immer mehr Menschen auf der Erde setzen sich für Frieden und Gerechtigkeit ein. Andere Pubertierende werden zu Rowdys und Schlägern – so wie es genug Krieg und Auseinandersetzung in der Welt gibt.

Könnte es sein, dass wir Menschen trotz aller Gegensteuerung und sogar Untertreibung nach der christlichen Anmaßung zur Krone der Schöpfung vielleicht doch das Bewusstsein der Erde repräsentieren? Könnte es sein, dass die Erde zu sich selbst erwacht und die Menschheit das in sich widerspiegelt, so wie ein Mensch in der Pubertät zu sich selbst erwacht? Könnte es sein, dass die Erde in die Pubertät kommt? Vielleicht klingt das nach einer seltsamen Vorstellung. Aber trotz ihres Alters ist die Erde noch ein relativ junger Planet. Nach den mythologischen Überlieferungen der Twisted Hair, einer alten kulturübergreifenden, schamanischen Vereinigung der Schildkröteninsel (Amerika) ist die Erde die Jüngste in einem Kreis von 12 Planeten, die miteinander verbunden sind, und trägt deshalb auch den Namen „Kinderplanet".

Pubertät ist einerseits gekennzeichnet von Verwirrung, seltsamen Auswüchsen, starken Veränderungen, Abstiegen in Dunkelheit, Frust und Depression, Erprobung der eigenen Grenzen und Grenzüberschreitungen, andererseits auch von erwachendem Interesse an Sexualität, beginnenden Partnerschaften, einem großen Enthusiasmus und Aufbruchstimmung, der Suche nach stimmigen Werten und Normen, der Frage nach dem Lebenssinn und beginnender Suche nach Spiritualität und Glauben. Es geht um die eigene Berufung, das erwachende Selbst, eine beginnende Unabhängigkeit und Freiheit. Oft wird dabei übers Ziel hinausgeschossen, dann wieder bleibt man weit hinter seinen Möglichkeiten zurück. Jeder, der ehrlich an seine Pubertät zurückdenkt, wird dies nicht auch ohne unangenehme Gefühle und Erinnerungen tun. Trotzdem haben die meisten von uns diese immensen Entwicklungsschübe gut durchreist und gemeistert. Schaut man mit offenem Herzen und den Augen eines Erwachsenen auf Pubertierende, kann man sich – nebst aller Genervtheit – ein Lächeln manchmal nicht verkneifen. Das ist der Blick, mit dem wir auf die große Seele des Menschen, auf den kollektiven Menschen schauen sollten: die Erde befindet sich in der Pubertät. Wir Menschen repräsentieren das erwachende Bewusstsein des Planeten, mit allen Irrungen und Wirrungen, die wir aus der menschlich-individuellen Pubertät nur zu gut kennen, mit allen Auswüchsen und unschönen Erscheinungen, aber auch mit allem Enthusiasmus und Idealismus. Dann kann man vielleicht besser verstehen, warum manche Dinge im Moment so aus dem Ruder laufen. Warum wir oft nicht gut für uns sorgen, für unsere Nahrung, unsere Gemeinschaft, warum wir manchmal nur Sex im Kopf zu haben scheinen, warum Gewalt so allgegenwärtig ist auf dem Planeten, und warum die wirkliche Liebe im Menschen erst noch gefunden und entwickelt werden muss. Pubertät eben...

Ich möchte hier nicht falsch verstanden werden. Dieses Denkmodell soll und kann nichts am Zustand der Erde und der Menschheit entschuldigen. Genauso wenig, wie man fehl laufende junge Menschen in der Pubertät nicht sich selbst überlassen kann, sondern mit mütterlich liebevoller, aber auch väterlich-klarer und strenger Hand ihren Kurs korrigiert, bevor er in den Graben führt, so braucht auch die Menschheit klare Worte und einen klaren Kurs, damit wir nicht kollektiv vor die Wand fahren. Diese Gefahr ist ernsthaft da – die Todesgefahr eines Menschen ist nach dem ersten Lebensjahr nie wieder so hoch wie in der Pubertät. Es gibt nicht wenige, die durch Leichtsinn, Dummheit, Selbstüberschätzung und Blindheit in einen tödlichen Unfall verwickelt werden und die Selbstmordrate bei Jugendlichen aufgrund Depressionen ist ebenfalls erschreckend hoch. Dasselbe kann der Menschheit als Ganzes passieren. Wir hantieren mit Techniken, deren Risiken den meisten nicht bewusst sind. Wir benutzen Ressourcen, als ob sie endlich wären. Wir bauen uns voreinander auf wie zwei pubertäre Jungs auf dem Schulhof, um zu sehen, wer stärker ist. Wir behandeln die Erde, als ob wir eine zweite in der Tasche hätten. Und gleichzeitig leiden wir an Sinnverlust, ständig zunehmenden psychischen Krankheiten und permanent wachsenden Depressionen. Die Menschheit steckt in einer großen Krise – genauso, wie die Pubertät im Grunde eine große Krise war, die uns bis auf den Grund erschütterte. Die gute Nachricht ist: Pubertät ist (für die meisten) dann doch nicht das Ende. Über kurz oder lang stutzte doch das Leben mit seinen Realitäten die meisten von uns auf gute Weise zurecht. Und das ist die Hoffnung, aber auch die Aufgabe, die in diesem Denkmodell steckt.

Es geht also um ein Erwachen. Hin zu mehr Menschlichkeit, hin zu neuen Ebenen von Spiritualität, zu einer neuen Art von weltweiter Vernetzung, und einer bewussten Verbindung zwischen Mensch und Erde. Es geht um ein Anerkennen, dass die Welt endlich ist, und wir die vorhandenen Ressourcen achtsam, gerecht und mit Weitblick benutzen müssen. Wir stecken in einer gefährlichen Übergangszeit. Aber jede Krise beinhaltet auch die Chance zu beschleunigter Entwicklung. Das Ziel könnte ein erwachter Mensch mit spirituellem und globalem Bewusstsein sein, dem das Wohl des Ganzen wichtiger ist, als sein eigener persönlicher Vorteil. Nietzsches visionierter Übermensch wäre in diesem Sinne nicht der Einzelne, sondern die Menschheit als Ganzes, die zu einem kollektiven Bewusstsein entwickelt und erwacht ist. Aber das beinhaltet, dass jeder einzelne Mensch auf dem Weg dorthin sein höchstes Potential beginnt zu entwickeln. Wäre das nicht eine Zukunftsvision, für die es sich lohnt zu gehen?

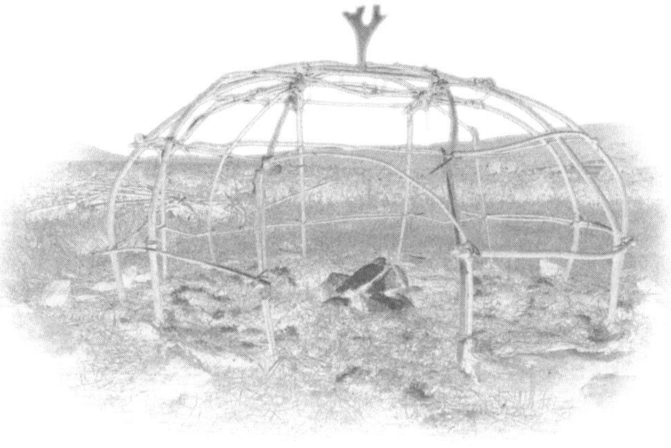

2. Der Ursprung der Schwitzhütte in Geschichte und Mythos

2.1 Schwitzen weltweit – der Ursprung

Schwitzen in der Steinzeit

Schwitzen wird bei den meisten Völkern dieser Erde als Reinigung verwendet und genossen. Es gibt vor allem in den klimatisch eher gemäßigten bis kühlen Breiten eine Kultur des Schwitzbads, die sich durch archäologische Forschungen inzwischen bis in die Steinzeit zurückverfolgen lässt. Der Ursprung dieser Tradition scheint in Ostasien zu liegen, von wo aus sich die Schwitzhöhle nach Osten über die Beringstraße nach Nord- und Südamerika und nach Westen über Asien nach Europa ausbreitete, bis sie auf der gesamten nördlichen Halbkugel bekannt war.

In ganz Nordeuropa und Nordasien kann man die so genannten Steinschwitzbäder an alten Siedlungsplätzen finden. Ging man anfangs noch von der These aus, dass es sich bei den Konstruktionen um primitive Behausungen handelt, hat man diese inzwischen als eine frühe Art von Schwitzhütte erkannt, wie sie ähnlich noch heute bei den indianischen Völkern verwendet wird. Dazu wurde eine natürliche Höhle, eine abgedeckte Erdgrube oder eine mit Fellen bedeckte Konstruktion aus Mammutknochen, wie sie im Kaukasus entdeckt wurde, mit heißen Steinen aus einem Feuer erhitzt. Ob diese auch mit Wasser übergossen wurden, kann man heute nur vermuten, aber es ist sicherlich nahe liegend. Eine solche Konstruktion diente der Ganzkörper-Reinigung, die so viel einfacher durchzuführen war als ein warmes Vollbad, für das einfach lange die technischen Möglichkeiten fehlten, um so viel Wasser ausreichend zu erhitzen.

In Nordeuropa und im russischen Raum lösten diese einfachen Zeltkonstruktionen dann in die Erde gebaute Blockhütten ab, die unter dem Namen „Sauna" (finnisch) oder „Banja" (russisch) bis heute bekannt und beliebt sind. Auch die germanischen Stämme verwendeten um 700 n. Chr. bereits Bäder, die aus einer kellerartigen Grube mit einem Holzdach bestanden. Man kann davon ausgehen, dass Waschungen und die Reinigung des Körpers bei den Germanen wie anderswo oft in religiösem Kontext geschahen – dem Göttlichen, den Göttern nähert man sich rein an Körper und Seele.

Das in Europa heute allgemein weit verbreitete Saunaritual hat seinen Ursprung in Finnland. Noch heute gehört diese Schwitzkultur dort zum Alltag. Allerdings wird dort der wöchentliche, in den Urlaubszeiten durchaus auch tägliche Saunagang auch zur Pflege sozialer Kontakte praktiziert. Im russischen und finnischen Raum ist es bis heute üblich, dass sich seriöse Geschäftspartner in der Sauna treffen, um ihre Verträge auszuhandeln. So ist die finnische Saunakultur bis heute mehr als nur Gesundheitsvorsorge, wie es bei uns üblich ist. Ausführliches dazu im dritten Kapitel.

Nach verschiedenen (teilweise umstrittenen) Thesen gab es in Irland ebenfalls eine alte Schwitzkultur. Über das ganze Land verteilt findet man heute noch kleine Hütten aus Stein errichtet, mit einem so kleinen Eingang, dass man nur auf allen Vieren in das Innere gelangen kann, und mit geschwärzten Wänden innen, was auf die Verwendung von offenem Feuer hinweist. Zudem befinden sich diese Steinhütten immer in der Nähe eines Gewässers. Mehr zu dieser These weiter unten in diesem Kapitel.

Antike Schwitzkultur

Die Wurzeln der antiken Badekultur finden sich in den alten Hochkulturen Ägyptens und Mesopotamiens, wo schon in der Bronzezeit in rituellem Kontext Bäder und Reinigungszeremonien in der Nähe von Tempeln, Kultstätten oder an heiligen Quellen vollzogen wurden.

In der Antike entwickelte sich die Badekultur der aufstrebenden Großmächte am nördlichen Mittelmeer zu einer ersten beeindruckenden Blüte. Die Griechen übernahmen mit dem Aufkommen ihrer Stadt-Staaten von den älteren Hochkulturen der Region die Reinigungssitten und errichteten bereits ab dem 5. Jahrhundert vor Christus öffentliche Badehäuser, die neben kultischen Zwecken auch der Körperreinigung und der Behandlung von Krankheiten dienten. Sie entwickelten bereits technische Finessen wie unterirdische Heizkanäle, Hypokaustenheizungen und Sitzbadewannen, die von unten geheizt wurden. Die Idee vom Warmwasserbaden geht angeblich auf die Griechen zurück. Es gab große öffentliche Räume, in denen mit Heißluft geschwitzt wurde, indem erhitzte Steine mit Wasser übergossen wurden, oder auch kleinere, trockene Heißluftbäder, die nur mit Holzkohle befeuert wurden.

Viel bekannter und oft beschrieben ist die Badehauskultur der Römer, die diese wie viele andere Errungenschaften weitgehend von der griechischen Kultur übernahmen und weiterentwickelten. Schon im 2. Jahrhundert v. Chr. war es selbstverständlich, dass jeder römische Bürger Zugang zu einer öffentlichen Therme hatte. Neben vielen anderen Bade-Varianten gab es dort immer das so genannte „tepidarium“, einen mäßig warmen Raum zum Erwärmen des Körpers, anschließend das „laconium“, ein trocken-heißer Raum, der mit Kohlebecken stark erhitzt wurde, und das feucht-heiße „sudatorium“, einen Raum, der durch eine Fußbodenheizung erwärmt wurde. Zur Abkühlung konnte man anschließend in verschieden temperierte, kalte bis warme Wasserbecken eintauchen. Massagen ergänzten das antike Wellness-Angebot. Schwitzen und Baden hatte dabei nicht nur den Zweck zu reinigen, sondern auch zu heilen. Im 4. Jahrhundert n. Chr. gab es alleine in Rom über 900 große, öffentliche Bäder, die von allen Schichten – vom Adel bis zu den Sklaven – genutzt wurden und neben der reinigenden immer auch eine soziale Funktion erfüllten.

Mit dem Untergang des römischen Reiches im 6. Jahrhundert nach Christus verschwand auch diese hochstehende Badekultur, verursacht durch die Zerstörung der römischen Aquädukte durch plündernde Germanen, zumindest im weströmischen Teil. Im oströmischen Reich aber bestand sie weiter und wurde nach der Eroberung von Byzanz wiederum zur Grundlage der arabisch-islamischen Badekultur. Da der sich schnell ausbreitende islamische Glaube im Koran allerdings die Reinigung mit stehendem Wasser verbietet, wurden die ehemaligen römischen Thermen entweder geschlossen, meist aber umgebaut, und eine neue Kultur des Schwitzbads breitete sich rasch aus – das typisch türkische Hammam entstand. Bereits im 9. Jahrhundert wurden in Bagdad unglaubliche 65.000 öffentliche Schwitz-Bäder gezählt!

In einem Hammam geht der Besucher nach dem Entkleiden erst in einen mäßig warmen Vorraum, in dem man sich langsam an die Wärme gewöhnt. Im feucht-heißen Hauptraum wird man zuerst auf einer von unten beheizten Steinliege von Bediensteten des Hammams eingeseift, gewaschen und massiert, bevor man sich in die Seitennischen zurückzieht, um ausgiebig zu schwitzen, während man sich immer wieder mit heißem oder auch kaltem Wasser übergießt. Die Feuchtigkeit im Warmluftraum entsteigt einem Wasserbecken, das von unten hypokaustisch erhitzt wird. Männer und Frauen sind in einem solchen türkischen Badehaus gemäß der islamischen Tradition selbstverständlich grundsätzlich getrennt. Wie das römische Badehaus diente auch das islamische Hammam bis in die Neuzeit neben der Reinigung vor allem als Ort der Begegnung und des Austauschs von wichtigen Neuigkeiten. Erst in der Gegenwart verschwindet diese Form des Schwitzbads durch die fortschreitende Einführung des privaten Badezimmers in türkischen Häusern und Wohnungen zunehmend aus der Öffentlichkeit.

Eine Variante des arabischen Schwitzbads ist das Rhassoulbad. Dazu wird der Körper mit einem speziellem Schlamm eingerieben, der auch heute noch im Atlasgebirge abgebaut wird, und in der Vergangenheit als so kostbar erachtet wurde, dass er sogar als Brautmitgift galt. Nach dem Antrocknen begibt man sich ins Dampfbad, wo der Schlamm immer wieder angefeuchtet wird, während er sich langsam erwärmt. Diese Art der Reinigung dringt tief in den Körper ein und löst alte Hautschichten und Hornhaut ab.

Die Hanfhütten der Skythen

Fast schon legendär (in gewissen Kreisen...) sind die Hanfhütten der Skythen. Die Skythen waren ein nomadisches Reitervolk nördlich des Schwarzmeerbereichs, die zu Zeiten der Römer durch ihre Kampfeskünste, aber auch ihre künstlerischen Goldschmiedearbeiten bekannt wurden.

Der bekannte griechische Geschichtsschreiber Herodot berichtet bereits im 5. Jahrhundert v. Chr., wie die Skythen ihre spezielle Art der reinigenden Schwitzhütte ausübten:

„Nach dem Begräbnis aber reinigen sich die Skythen auf folgende Art: nachdem sie sich die Köpfe gewaschen und gesalbt haben, machen sie mit dem Körper folgendes: nachdem sie drei gegeneinander gekehrte Stangen aufgestellt haben, breiten sie darüber wollene Filzdecken aus, und nachdem sie diese möglichst dicht zusammengestopft haben, werfen sie aus einem Feuer glühende Steine in eine Wanne, die inmitten des durch die Stangen und Filzdecken gebildeten Raumes steht. ...Vom Samen dieses Hanfes nehmen die Skythen, wenn sie unter das Filzzelt schlüpfen, und werfen ihn auf die glühenden Steine; das gibt dann einen Qualm und einen Dampf, dass kein hellenisches Schwitzbad dagegen ankommt. Die Skythen fühlen dabei ein wohliges Behagen, dass sie vor Lust aufjubeln. Das sind ihre Bäder, in Wasser baden sie sich niemals."

Auch als Grabbeigabe hat man die Ausrüstung für diese Hanfschwitzhütten gefunden. Gerade im Kontext mit der bewusstseinsverändernden und Rausch erzeugenden Hanfpflanze zeigt sich deutlich, dass es sich nicht um ein profanes Reinigungsritual, sondern um eine spirituelle Zeremonie handelte, die ausgeübt wurde, um mit anderen Bewusstseinsebenen und Geistwesen in Kontakt zu kommen. Da diese Hanfhütten wohl nur nach Begräbniszeremonien durchgeführt wurden, lässt vermuten, dass es sich um eine rituelle Art von Psychopompos (Begleitung der Seele des Verstorbenen ins Jenseits) handeln könnte.

Asiatische Badekulturen

In Japan entwickelte sich ab dem 6. Jahrhundert mit dem aus China aufkommenden Buddhismus, der großen Wert auf Reinlichkeit legt, eine Badehauskultur. Dabei waren die frühen öffentlichen Bäder, „Sento" genannt, neben den eingefassten, natürlichen heißen Quellen zumeist Schwitzbäder mit heißem Dampf, die „iwaburo" (Steinbäder) oder „kamaburo" (Ofenbäder) genannt wurden. Häufig handelte es sich dabei um natürliche oder auch künstlich geschlagene Felshöhlen aus Lavagestein, die sich entlang der Meeresküsten befanden, seltener auch um gemauerte Steingewölbe. Das Lavagestein wurde durch große Holzfeuer im Inneren erhitzt. Dann betraten die Besucher die Höhle, die bis auf einen kleinen verschließbaren Eingang zugemauert war, und Meerwasser wurde auf die heißen Lavafelsen aufgegossen. Im Inneren dieser Höhlen war es völlig dunkel. Da in japanischen Bädern lange keine Geschlechtertrennung herrschte, kam es wohl, unterstützt durch die Dunkelheit, zu vielfältigen erotischen Kontakten, weswegen diese Art von Schwitzhöhlen 1870 aus moralischen Gründen endgültig per Dekret abgeschafft wurde.

China besitzt ebenfalls eine Jahrtausende alte Kultur von Reinlichkeit und Körperpflege, das warme Waschen und Baden war hier immer selbstverständlich. Die buddhistischen Lehren legen traditionell großen Wert auf Körperpflege und -bewusstsein. Auch Schwitz- und Dampfbäder, z. B. einer Art Sauna mit Kräuteraufguss, spielen in der Traditionellen Chinesischen Medizin eine spezielle Rolle. Allerdings wird übermäßiges Schwitzen generell, wo immer möglich, vermieden und als ungünstig angesehen.

In der Mongolei sind Dampfbäder schon seit Jahrtausenden bekannt und bis heute weit verbreitet. Das nordasiatische Gebiet zwischen dem Ural und der heutigen Mongolei gilt bei Forschern als Ursprung der steinzeitlichen Schwitzhütten. Auch die skandinavischen

Ureinwohner, die Sami, und die Finnen, die die Saunakultur in Europa einführten, sind vor etwa 2000 Jahren aus dem Gebiet der heutigen Mongolei nach Europa eingewandert und haben ihre Schwitzkultur bereits damals aus ihrer ursprünglichen Heimat mitgebracht.

In Indien gibt es in der traditionellen ayurvedischen Gesundheitslehre verschiedene Methoden des Schwitzens, die unter „Svedana" zusammengefasst werden. Bekannt sind heute die hölzernen Schwitzkästen. Dazu nimmt der Patient in einem körpergroßen, geschlossenen Holzkasten Platz, einer Art Minisauna, aus der oben der Kopf durch eine abgedichtete Öffnung ragt. Dann wird ein Kräuteraufguss über heiße Steine gegeben, wobei je nach ayurvedischem Konstitutionstyp eher trocken-heiße oder feucht-warme Anwendungen bevorzugt werden. Auch die grundsätzlich vorhandene Kraft des Patienten wird berücksichtigt, danach entscheidet sich, wie sehr das Svedana erhitzt wird. Der aus der Kiste ragende Kopf wird währenddessen mit feuchten Tüchern kühl gehalten.

Es gibt einige andere Arten der Anwendung von Svedana: eine mannsgroße Steinplatte wird durch ein Feuer erhitzt, dann gereinigt, mit Wasser bespritzt, der Patient legt sich darauf, wird zugedeckt und verbleibt einige Stunden so. Oder er setzt sich auf einen Stuhl über einen in der Erde versenkten Eimer, der mit Kräuterabkochungen gefüllt ist, in den dann heiße Steine oder Eisenkugeln geworfen werden. Trockene Hitze wird in saunaähnlichen Räumen angewendet, die mit Feuer von ausgesuchten Heilpflanzen erhitzt werden. Oder ein Graben im Freien wird mit Tierdung verfüllt, dieser abgebrannt, und der Patient liegt zugedeckt auf einer Liege darüber und schwitzt. Das Abkühlen mit kaltem Wasser nach einer Schwitzbehandlung wird im Ayurveda anders als beim nordischen Saunieren als ungesund erachtet.

Das Svedana soll ursprünglich vor allem der Krankheitsbehandlung dienen, angefangen bei Husten und Grippe, verschiedenen Schmerzzuständen bis hin zu Krebserkrankungen, weniger aber der regelmäßigen Vorsorge. Die Behandlung fand unter Aufsicht von Doktoren in speziellen Häusern statt und wurde manchmal sogar von Musikern oder Poeten begleitet!

Die irischen Schwitzhäuser

In ganz Irland findet man kleine Steinhäuser, mit einem niedrigen Eingang, den man nur auf allen Vieren passieren kann, und geschwärzten Innenwänden, was auf Feuergebrauch hinweist. Diese Häuser wurden Teach-an-Alias genannt, und entsprechen (obwohl diese Deutung in Fachkreisen nicht unumstritten ist) wohl den Schwitzhütten anderer Traditionen und Kulturen. Nach verschiedenen volkskundlichen Berichten war noch um 1900 herum in der irischen Landbevölkerung die ursprüngliche Verwendung als Heilraum bei Krankheiten bekannt, die man mit Schwitzen bekämpfte, und man konnte sich sogar noch an deren Nutzung erinnern. Warum ihr Gebrauch eingestellt wurde, zum Beispiel im Gegensatz zu der Saunakultur Skandinaviens, die bis heute ungebrochen weiterlebt, ist nicht bekannt.

Die Steingebäude waren in ihrer äußeren Form meist bienenkorbartig, allerdings sind auch einige rechteckige bekannt. Angeblich waren einige von außen mit Naturfasern, Gras und Lehm verkleidet, um die Ritzen zwischen den Steinen abzudichten. Häufiger sieht man noch heute, dass sie komplett mit einem Erdhügel überschüttet sind, was sicherlich isolierenden Zwecken dienlich ist. Selten weisen sie mehr als zwei Meter Durchmesser wie Höhe auf, sodass höchstens drei bis vier Personen im Inneren Platz haben, wenn sich nicht sogar nur ein einzelner Mensch wegen einer Krankheit hinein begab. Viele zeigen noch heute Steinbänke im Inneren, auf die man sich setzen oder legen konnte. Beheizt wurden sie wahrscheinlich wie die Rauchsauna der Finnen: ein Feuer wurde in der Mitte entfacht und solange geschürt, bis die gewünschte Temperatur erreicht war. Eine manchmal vorhandene Öffnung im Dach wurde vor Benutzung mit Steinplatten verschlossen. Nach dem Ausräumen der Glut und der Asche konnte das Teach-an-Alias zum Schwitzen genutzt werden. Es gibt auch Berichte, wonach Torfsoden auf die Glut gelegt wurden, die langsam vor sich hin glimmten, und so eine feuchte und rauchige Atmosphäre im Inneren erzeugten.

Aus Monaghan gibt es Berichte, wonach Ziegelsteine in einem Feuer außen vor dem Schwitzhaus erhitzt und anschließend mit einem Weidenkorb in die Hütte gebracht wurden.

Das Teach-an-Alais galt als wichtiger Bestandteil der alten keltischen Heilkunde. Vermutlich wurden auch Kräuter verräuchert, und vielleicht auch Aufgüsse mit Kräuterabsuden gemacht. Man muss bedenken, dass in der irischen Bevölkerung aufgrund des feuchtkalten Klimas fast alle Menschen an Rheuma und Arthritis litten.

Die Schwitzhäuser liegen so gut wie immer an einem Gewässer, was darauf schließen lässt, dass die Teilnehmer während oder nach den Schwitzgängen zur Abkühlung das Wasser aufsuchten.

Es gibt nur wenige zeitgenössische Berichte über diese irischen Schwitzhäuser. Einer davon stammt von Reverend Robert Gage, einem Iren, der 1851 in seiner „History of the Island of Rathlin" schrieb:

„Kleine Bauten, Schwitzhäuser genannt, wurden in der Form von Bienenkörben errichtet, aus Steinen und Torf konstruiert, die ordentlich zusammengefügt wurden; das Dach aus dem selben Material mit einem kleinen Loch in der Mitte. Der Eingang war gerade groß genug, um eine Person auf Händen und Knien hindurchzulassen. Zur Benutzung wurde ein großes Feuer in der Mitte auf dem Boden entzündet und abgebrannt, wodurch das Gebäude ziemlich erhitzt wurde; die Asche wurde weggefegt, und der Patient ging hinein, nachdem er seine Kleidung abgelegt hatte mit Ausnahme seiner Unterwäsche, die er dann von innen einem Freund hinausreichte. Die Öffnung im Dach wurde dann mit einem flachen Stein verschlossen und der Eingang mit Soden, um den Luftzutritt zu verhindern. Der Patient blieb

solange drinnen, bis er heftig zu schwitzen begann, wonach er (wenn er jung und stark war) in den See sprang, oder die Alten und Schwachen sich für einige Stunden ins Bett legten.“

Weiter erwähnt er, dass junge Frauen darin Seetang verbrannten und dadurch ihre Gesichtshaut verbesserten, also das Schwitzhaus für eine Art kosmetischer Anwendung nutzten!

Es gibt allerdings keine Hinweise, dass irische Schwitzhäuser für kultische oder spirituelle Handlungen genutzt wurden, wie es z. B. von der skandinavischen Sauna vermutet wird. Ihre Nutzung scheint, zumindest in den letzten Jahrhunderten, auf gesundheitliche Anwendungen beschränkt gewesen zu sein.

Mittelalterliche Badestuben

Nach dem Untergang der römisch-antiken Badehauskultur, die sich über ganz Mitteleuropa erstreckte, verschwand in weiten Teilen der Bevölkerung das Bewusstsein um Reinigung und Sauberkeit. Ist für die germanischen Stämme im 7. Jahrhundert noch eine Art abgedeckter Erdkeller belegt, in der sie Schwitzbäder nahmen, fehlen solche Hinweise für die südlicheren Bereiche völlig. Arabische Berichte von Reisenden aus dem 9. Jahrhundert beklagten das häufig fehlende Reinlichkeitsbewusstsein in Mitteleuropa. Erst die Kreuzfahrer entdeckten auf ihren Kriegszügen im Nahen Osten die islamische Badekultur wieder und brachten sie, wie so viele andere arabische Errungenschaften, zurück nach Europa, wo sich im Hochmittelalter ab dem 13. Jahrhundert im städtischen Bereich wieder Badestuben etablierten. Auch damals war wieder das Schwitzbad das zentrale Element der Körperhygiene, denn wenn dort auch Wannenbäder angeboten wurden, waren diese doch die deutlich teurere Variante der Reinigung. Wieder gab es in den Badestuben holzgefeuerte Öfen, auf denen Haufen von Kieselsteinen lagen, die regelmäßig mit Wasser übergossen wurden, sodass der Raum mit den Badegästen, die ringsum erhöht auf Holzbänken saßen, voller Dampf war. Zur Förderung und Unterstützung des Schwitzens schlug man sich mit Rutenbündeln oder Quasten. Angestellte „Reiber“ oder „Reiberinnen“ boten ihre Dienste an, bei den Besuchern Schmutz und Schweiß vom Körper zu entfernen. Auch der Berufsstand des „Baders“ entstand damals, der von der Obrigkeit als Erblehen verliehen wurde, ähnlich den Müllern oder Gastwirten. Bader waren nebst dem öffentlichen Betrieb des Badehauses für Haarwäsche und Rasur, aber auch medizinische Eingriffe wie Zahnziehen, Aderlass oder Schröpfen zuständig. Das Schröpfen nach dem Schwitzbad soll zeitweise die Haupteinnahmequelle der Bader gewesen sein.

Die mittelalterlichen Badestuben waren beliebte Orte der Unterhaltung und auch der gesellschaftlichen Erotik. Männer und Frauen badeten gemeinsam und nackt in denselben Wannen, und mancher Bader machte wohl auch gute Geschäfte als Kuppler oder Heiratsvermittler. Sogar Hochzeiten wurden im Badehaus gefeiert und es wurde dort allgemein viel gegessen und getrunken. Kein Wunder also, dass diese Badestuben der aufkommenden Macht des Christentums mit ihrer Leibfeindlichkeit ein Dorn im Auge waren. Erst war es Priestern verboten, diese Stätten zu besuchen, dann wurde allgemein das Baden als Laster, das Nicht-Baden aber als Tugend angesehen, ähnlich dem Fasten und der Enthaltsamkeit.

Leibfeindliche Askese, wie sie der einflussreiche Kirchenlehrer Augustinus im 5. Jahrhundert predigte, wurde der zentrale Begriff der mittelalterlichen Frömmigkeit, den vor allem die Franziskaner und später Martin Luther predigten. Das Aufkommen und die rasche Verbreitung der Syphilis, die spanische Soldaten im 16. Jahrhundert aus Südamerika nach Europa einschleppten, brachte dann das endgültige Ende der Badehäuser und des Reinlichkeitsbewusstsein in Mitteleuropa – das dunkle Mittelalter mit seinen großen Seuchen brach an, der Adel widmete sich mit Puder und Parfum der Trockenhygiene, und erst in der Neuzeit ab dem späten 18. Jahrhundert entstand langsam wieder mit Badeanstalten, Kur- und Seebädern ein allgemeineres Bewusstsein von Reinlichkeit.

Die indianische Schwitzhütte

„Das Schwitzen ist ihr Universalheilmittel, von dem sie großen Gebrauch machen. Die Kranken werden dadurch überschüssige Gefühlsregungen los, die ihren Gesundheitszustand negativ beeinflussen und so bestimmte Krankheiten hervorgerufen haben. Die Schwitzhütte ist eine runde sechs bis sieben Fuß hohe Hütte, in der 7 bis 8 Leute Platz haben. Sie wird durch Matten und Felle luftdicht abgeschlossen. In ihre Mitte legt man ein paar Steine, die zuvor lange im Feuer erhitzt wurden. Darüber wird ein Kessel kalten Wassers gehängt. Die, die schwitzen wollen, gehen dann in die Hütte, und das ganz nackt. Beginnen die Steine abzukühlen, erwecken sie die Hitze gleichsam wieder zum Leben, indem sie gelegentlich etwas von dem kalten Wasser darüber gießen. Kaum berührt dieses Wasser die Steine, erfüllt Dampf die ganze Hütte, was die Hitze stark ansteigen lässt... Ihr Körper beginnt überall Schweißtröpfchen zu bilden, und wenn all ihre Poren geöffnet sind und ihnen überall der Schweiß rinnt, kommen sie aus der Hütte, singen und springen in den Fluss... Das Schwitzen ist jedoch nicht nur bei den Wilden Nordamerikas, sondern auch in zivilisierten Religionen gebräuchlich, um Fremde zu empfangen.“

Jesuitenpater Lafiteau, 1724

So gut wie alle indianischen Stämme Nord- und Mittelamerikas (außer den Inuit, den Yuma und Pima im Südwesten der USA und einigen Stämmen im südlichen Hochbecken des Mittelwestens) kennen auf die eine oder andere Art die Zeremonie der Schwitzhütte. Inwieweit das geschichtlich ist, kann nicht immer sicher nachvollzogen werden. Durch das Wiedererstarken des indianischen Selbstbewusstseins entstand seit den 60er Jahren so etwas wie eine panindianische Bewegung, in der viele Zeremonien unter den Stämmen ausgetauscht, deutlich vereinheitlicht und weitergegeben wurden.

Ursprünglich dürfte die Schwitzhüttenbauweise, wie wir sie heute kennen, von den Stämmen der Plains entwickelt worden sein, und sich erst in der zweiten Hälfte des 20. Jahrhunderts weit verbreitet haben. Man muss bedenken, dass viele Indianerstämme zu dieser Zeit ihr Wissen und ihre Traditionen teilweise oder sogar fast gänzlich vergessen hatten. Durch die Jahrhunderte lange Verfolgung, die Dezimierung der indianischen Bevölkerung, das staatliche Verbot von indianischer Spiritualität und der Ausübung ihrer Riten sowie die Umerziehung der Kinder, die ebenfalls mit Verboten der stammestypischen Kleidung, Haartracht, Schmuck, Lebensweise und sogar der Sprachen einherging, kam es zu einem Kulturverlust ungeahnten Ausmaßes. Uralte Traditionen fielen dem Vergessen anheim, und was an heilendem und heiligem Wissen dabei unwiderruflich verloren ging, können wir nur erahnen. Als in den 60er-Jahren mit der Neubesinnung auf indianische Werte und Kultur Treffen von verschiedenen Stämmen statt fanden, übernahmen viele die rituellen Formen der Plains, vor allem der Dakota, Nakota und Lakota, die zahlenmäßig stark waren und federführend bei den Bemühungen um Anerkennung der indianischen Rechte vor dem amerikanischen Gesetz.

Obwohl sich heute diese Form der Schwitzhütte im Plains-Lakota-Stil fast überall durchgesetzt hat, gibt es doch grundsätzlich drei verschiedene Arten, zeremonielles Schwitzen durchzuführen: eben diese bekannteste Art, in der glühende Steine in die Hütte gebracht werden, die mit Wasser begossen werden, dann die Konstruktionen, in denen das Feuer direkt in der Hütte gemacht und oft gar kein Wasser benutzt wird, wie es viele Inuit und die Indianer Kaliforniens kennen, und wie wir es auch von der schwarzen Rauchsauna Finnlands hörten, und zuletzt die Methode der mittel- und südamerikanischen Maya und Azteken, die mittels eines Heißluftkanals die Hitze in das Innere der Schwitzhäuser leiteten und die an die hypokaustenbeheizten Thermen der Römer und Griechen erinnert.

Diese Konstruktionen aus den frühen indianischen Hochkulturen der Maya und Azteken in Mittelamerika sind bis zu 1200 Jahre alte zeremonielle Schwitzhäuser, die aus Stein und Lehm als dauerhaft feste Bauten errichtet wurden und meist in der Nähe der großen Kultstätten liegen, zum Beispiel im bekannten Chichen Itza. In Mexico und Guatemala nennt man die zeremonielle Schwitzhütte aus Stein und Lehm Temescal, von aztekisch „Teme“ = baden und „calli“ = Haus. Sie haben neben dem eigentlichen Schwitzgebäude einen von außen befeuerten Ofen, der vor der Zeremonie beheizt wird und dadurch die Wand zur Temescal hin stark erhitzt. Das Aufgusswasser wird dann direkt an die heiße Wand gespritzt.

Jeder Stamm entwickelte neben den unterschiedlichsten Bauweisen, die auf regionale Verfügbarkeit von Konstruktionsmaterialien zurückgehen, seine Besonderheiten in der zugrunde liegenden Kosmologie und der Durchführung der Zeremonie. Die Himmelsrichtungen hatten unterschiedliche Bedeutung, die angerufenen Geister und Spirits entsprachen der mythologischen Stammesgeschichte, Symbole waren unterschiedlich. Auch der

Anlass, eine Schwitzzeremonie durchzuführen, wurde recht vielfältig gesehen. Vom profanen Wohlfühlritual für den Körper, über medizinische Vorsorge- und Heilbehandlungen, als Vorbereitung auf Jagd oder Kampf bis hin zu Schwitzzeremonien als kleiner, meist vorbereitender Teil komplexer, spiritueller Abläufe ist alles bekannt und überliefert. Dennoch zieht sich durch die Zeremonie der Schwitzhütte in all ihren Variationen ein roter Faden im Grundverständnis des Ablaufs und es herrscht bei allen Unterschieden eine gegenseitige Anerkennung.

Es gäbe wohl zu jeder Tradition eines Stammes etwas zu sagen. Über 500 indianische Stämme sind bekannt. Es würde aber den Rahmen dieses Buches sprengen, alle kulturellen Unterschiede aufzuweisen und zu beschreiben. So möchte ich hier einfach eine willkürliche Auswahl von Berichten und Hinweisen geben, um einen Einblick in die Vielzahl der Möglichkeiten aufzuzeigen. Die in Mitteleuropa am meisten verbreiteten Traditionen, nämlich der Lakota und die beiden „Neotraditionen" des Bear Tribe und des Deer Tribe, werden dann in Kapitel 3 ausführlicher dargestellt.

Schwarzer Hirsch beschreibt in seinem bekannten Buch „Die heilige Pfeife. Die sieben heiligen Riten der Sioux-Indianer" das kosmologische Weltbild, das hinter der Schwitzhütte der Dakota-Sioux steht: Das Weidengestell beschreibe in seiner vierteiligen Anordnung die vier Weltviertel, und die Schwitzhütte als Ganzes sei das Weltall. Im Schwitzritual werden alle Dinge und Wesen des Welthauses gereinigt und geläutert, und anschließend falle alles in den Status der Neugeburt zurück. Erst nach dieser Reinigung dürfe man seine Stimme im Gebet zu Wakan Tanka erheben. Hier wurde also erst geschwitzt und dann mit der heiligen Pfeife gebetet.

In der Mitte einer solchen Schwitzhütte befindet sich nach Schwarzer Hirsch kein Loch, sondern ein Altar, auf den die glühenden Steine erst in die Mitte, dann in die vier Himmelsrichtungen gelegt werden. Dieser Altar ist der Mittelpunkt des Weltalls, und das Feuer der heißen Steine steht für die feurige All-Macht Wakan Tankas.

Die Crow-Indianer errichteten jedes Mal, bevor sie auf den Kriegspfad gingen, eine ganze Ansammlung von Schwitzhütten, wobei eine große aus 44 Weidenruten errichtet wurde und vier kleinere aus jeweils nur 4 Ruten. Diese vier Ruten der kleinen bzw. die vier Hauptstangen der großen Schwitzhütte werden als die Arme und Beine des „Ersten Schöpfers (First Worker)" bezeichnet, und die ganze Hütte sei sein Körper, sodass man sich also im Ritual direkt in das Innere des Schöpfers begibt.

Bei den Cherokee diente die Schwitzhüttenzeremonie neben den üblicheren bekannten Zwecken wie Jagdvorbereitung, Heilbehandlungen bei Kranken oder regelmäßigen Gebetszeremonien bei Neumond auch als Schulung der Jugendlichen in den Mythen, Traditionen und Geschichten ihrer Kultur. Die Hütte wurde immer neben einem Fluss oder einem See errichtet, sodass die Teilnehmer nach der Zeremonie direkt in das Wasser springen konnten.

Die Algonkin (Lenape) kannten eine Schwitzhüttenzeremonie, die streng der Zwölferzahl folgte: zwölf errichtete Stöcke tragen das Dach des rechteckigen Schwitzhauses, zwölf Steine werden erhitzt und anschließend in die Hütte gebracht, von denen jeder eine göttliche Kraft symbolisiert (Gott selbst, die vier Richtungen, Sonne, Mond, Erde, Feuer, Wasser, Haus und Mais), und genau zwölf Männer nehmen am Schwitzritual teil. In ihrer Kosmologie ist der Schöpfer durch zwölf himmlische Sphären von den Menschen getrennt, und so wird im Ritual immer wieder auf diese heilige Kosmologie Bezug genommen.

Bei den Mandan-Indianern und anderen Missouri-Stämmen war die Schwitzhütte in erster Linie ein körperliches Reinigungsritual oder diente der Behandlung von Krankheiten. Dazu besaß jeder Haushalt einen geflochtenen Korb in der Größe einer kleinen Badewanne. Für ein Schwitzbad wurde dieser in ein kleines Tipi aus Bisonhäuten gebracht, das sich immer am Flussufer befand, und auf zwei parallele Mauern darin gestellt. Der Mann kauerte sich in den Korb und heiße Steine, die vorher in einem Ofen außerhalb des Tipis bis zum Glühen erhitzt wurden, wurden von seiner Frau oder Helfern darunter gelegt und mit Wasser übergossen. Hatte der Mann genug geschwitzt, sprang er zur Abkühlung in den Fluß, ging nach Hause und ruhte sich an der Wärme des häuslichen Feuers aus. Diese Art des Schwitzens erinnert sehr an den europäischen Gebrauch der Sauna, und ist deswegen besonders interessant, da es immer wieder Vermutungen gab, dass die Mandan-Indianer lange vor der Besiedelung Amerikas durch die Weißen Kontakt mit Seefahrern aus Europa hatten. Sie sind das einzige Volk Nordamerikas, die europäisch anmutende befestigte Siedlungen hatten, mit Palisaden, Bastionen, Wällen und Wassergräben befestigt. Außerdem gab es Berichte, wonach es unter ihnen viele auffallend hellhäutige, blond- und grauhaarige Individuen mit blauen, grauen und braunen Augen gab. Zudem ist ihre Sprache mit keiner anderen indianischen Sprache verwandt, und man meinte sogar, darin walisische Relikte zu hören. Und nicht zuletzt beherrschten sie als einziger Stamm Nordamerikas bereits die Kunst der Glasperlenherstellung, bevor die weißen Tauschhändler zu ihnen kamen. Auch ihre Boote unterscheiden sich auffallend von den üblichen Kanus der umgebenden Stämme und gleichen dem walisischen Rundboot „Coracle". Catlin vermutete in ihnen deshalb Nachfahren des walisischen Seefahrers und Prinzen Madoc, der um 1170 mit 10 Schiffen über den Atlantik fuhr, nachdem er auf einer vorherigen Reise ein „großes Land im Westen" entdeckt hatte. Man hat in Europa nie mehr etwas von ihm gehört. Leider sind die Mandan schon Mitte des 19. Jahrhunderts durch eine Pockenepidemie komplett ausgestorben, und man ist in der Forschung auf die spärlichen, alten Berichte angewiesen. Damit gäbe es hier aber Anhaltspunkte für den Mythos der Cherokee, die von „weißen Männern, die über das große Wasser kamen", berichteten, und für die Theorie, dass die Schwitzhütte von Weißen nach Amerika zu den Indianern gebracht wurde.

Bei den Stämmen des großen Zentralplateaus bestand die Schwitzhütte aus aneinander gelehnten Holzstämmen oder Ästen, die mit Lehm verschmiert wurden und so mit ihrem Türrahmen wie ein kleines festes Haus aussahen. Das Loch für die Steine befand sich dabei nicht in der Mitte, sondern links vom Eingang.

Auch die Navajo bauten ähnliche feste Schwitzhäuser, die durch ihre Ähnlichkeit mit der traditionellen Behausung auch Hoghan genannt werden. Früher war dies ein Ort, den die Krieger sowohl vor als auch nach einem Kampf aufsuchten, um sich zu reinigen. In heutiger Zeit dient die Schwitzhütte vor allem als sozialer Treffpunkt, um persönliche Probleme zu lösen, aber auch um Gespräche zu führen und Pläne zu schmieden. Außerdem ist sie nach wie vor wichtiger Bestandteil des Tlleeji-Rituals, einem aufwendigen neuntägigen Heilungsritual. Während der ersten vier Tage dieser Zeremonie wird jeden Tag eine Schwitzhütte für den Kranken abgehalten. Diese wird in der erwähnten Form täglich neu errichtet, und zwar jeden Tag vom zentralen Heilhoghan aus in einer anderen Himmelsrichtung, um am Abend nach der Benutzung – wie die zeremoniellen Sandbilder der Navajo auch – wieder zerstört zu werden. Das Schwitzhaus wird von außen bemalt. 12 Pfähle, die mit Adler- und Truthahn-(„Erdadler"-)Federn geschmückt sind, bilden einen zusätzlichen Schutzkreis. Nur der Patient kriecht in das kleine Schwitzhaus und verbringt etwa 10 bis 15 Minuten darin, während die Heiler von außen ihre Medizingesänge singen.

Traditionelle Schwitzhütte der Paiute

Die Haida, ein Stamm der Nordwestküste, errichteten große, rechteckige Wohnhäuser aus Zedernplanken mit kunstvollen Verzierungen, die für mehrere Familien Platz boten. Jedes dieser Holzhäuser besaß im Inneren einen abgetrennten Schwitzraum, der von einem außen liegenden Ofen befeuert wurde. Allerdings war er sehr klein und wurde nur jeweils von einer einzigen Person benutzt.

Von den Creek wiederum gibt es vom Amerikareisenden William Bartram Berichte aus dem 18. Jahrhundert, wonach jede Familie bei ihrem Wohnhaus eine kleine Schwitzhütte in konischer Form besaß, die von allen Familienmitgliedern regelmäßig zur Gesundheitsvorsorge genutzt wurde.

Nach einem Bericht des Amerikareisenden Ploss gebaren bei dem im Westen Alaskas ansässigen Stamm der Kenai-Indianer die Frauen ihre Kinder im Inneren der Schwitzhütte, in der durchgängig eine hohe Hitze gehalten wurde – verständlich bei den vorstellbaren Temperaturen im hohen Norden! Dasselbe wurde von den spanischen Konquistadores aber auch von den Temazcal-Schwitzhütten im heißen Mexiko berichtet.

Bei den Cree-Indianern Kanadas gab es nach Berichten der Franklin-Polarexpedition 1819 wohl den Brauch, Statuen der Stammesgottheiten mit in die Schwitzhütte zu nehmen, denen während der Zeremonie sogar die heilige Pfeife an den geschnitzten Mund gehalten wurde, damit sie mitrauchen konnten.

Auch die Native American Church entwickelte eine eigene Form der Schwitzhüttenkosmologie. Diese in den USA offiziell anerkannte Kirche zelebriert die rituelle Einnahme von Peyote, einem bewusstseinserweiternden und heilsamen Kaktus. Als Vorbereitung dieser nächtlichen Heilrituale werden Schwitzhüttenzeremonien durchgeführt. Bisweilen gibt es auch welche, während denen ein aus Peyote zubereiteter, nur sehr milde Effekte verursachender Tee während der Zeremonie im Kreis der Teilnehmer gereicht wird.

Peyoteschwitzhütte – man beachte den glatt gestampften Boden

Eine sogenannte Peyote-Schwitzhütte besteht dabei aus 10 Stäben. Diese Form ist in der schnell an Teilnehmern gewinnenden Glaubensgemeinschaft nicht immer einheitlich, geht aber auf alte Überlieferungen zurück.

Vor vielen Jahren traf ich einen inzwischen in Deutschland lebenden Indianer aus Kanada, der in den 60er und 70er-Jahren auf traditionelle Weise im Reservat aufgewachsen war. Er erzählte mir, dass er dort die übliche Initiation ins Erwachsenendasein durchlaufen hatte. Dazu nahm er im Rahmen einer Zeremonie halluzinogene Pilze zu sich, die im Gegensatz zu den bekannten mittelamerikanischen zwar deutlich schwächer, dafür wesentlich länger wirken, nämlich bis zu drei Tagen. Und diese drei Tage verbrachte er durchgehend alleine in einer Schwitzhütte, die aber nur mäßig warm war. Immer wenn die Steine ihre Wärme abgegeben hatten, kamen neue nach. Am dritten Tage verließ er die Schwitzhütte und galt anschließend, nach weiteren rituellen Handlungen, als Erwachsener. Leider fragte ich ihn damals nicht, von welchem Stamm er war.

2.2 Entstehungstheorien der indianischen Schwitzhütte

Importierte Rituale?

Eine Theorie, die sich auf indianische Mythen stützt, besagt, dass die Schwitzhütte wie auch der Sonnentanz von bärtigen Menschen, die mit Schiffen über das Meer gekommen sind, nach Amerika zu den Indianern gebracht worden sei. Nun ist es ja schon länger geschichtliches Allgemeinwissen, dass Kolumbus nicht der erste Weiße war, der amerikanischen Boden betrat, sondern dass Hunderte Jahre vor ihm bereits die Wikinger (z. B. Gunnbjorn um 875, Bjarni Herjúlfsson 986, und nicht zuletzt Leif Eriksson um 1000) mehrfach Amerika erreichten und nachweislich sogar stellenweise besiedelten. Auch die Phönizier im 6. Jahrhundert vor Christus, die Chinesen um 480, die Araber um 889, der walisische Prinz Madoc um 1170 sowie verschiedene portugiesische und dänische Expeditionen erreichten den unbekannten Kontinent, und auch griechische und römische Historienschreiber berichten vom großen „Land im Westen“.

Vielleicht ist es aber gar nicht nötig, einen Erfinder oder Überbringer der Schwitzhütte zu definieren. Wie im geschichtlichen Abriss des Schwitzens beschrieben ist diese Form der Körperpflege und Heilung in all ihren reinigenden, spirituellen und sozialen Formen schon seit der Steinzeit des Menschen wohl auf der gesamten nördlichen Halbkugel bekannt und verbreitet gewesen. Wären die vielfältigen Effekte auf die Benutzer nicht förderlich gewesen, hätten sich diese Gewohnheiten niemals zu essentiellen Bestandteilen der verschiedensten Kulturen und Traditionen entwickeln können. Das Leben der Menschheit war über Jahrtausende von der Notwendigkeit des Überlebens geprägt und diese Gnadenlosigkeit siebte alles Überflüssige und Sinnlose aus. Deshalb kann man davon ausgehen, dass Schwitzbäder und -zeremonien einen wichtigen und wahrscheinlich bislang unterschätzten Nutzen und Anteil an der kulturellen, sozialen wie spirituellen Evolution der Menschheit haben.

So ist es durchaus denkbar, dass die Vorfahren der heutigen Ureinwohner bei ihren Einwanderungswellen über die Beringstraße vor 10-15.000 Jahren die Schwitzhüttenzeremonie bereits aus Asien mitbrachten und so seit Anfang der Besiedelung des amerikanischen Kontinents die Schwitzhütte als ein zentraler Bestandteil der Kultur galt.

Schamanismus ist weiblich

Betrachtet man mehr die soziokulturelle und religionsgeschichtliche Entwicklung, hier besonders die Entstehungstheorien des Schamanismus, fällt bei genauer Betrachtung auf, dass dieser viele Elemente enthält, die als weiblich gelten könnten. Viele Schamanen hüllen sich für ihre Arbeit in lange, wallende und weite Kleidung, wie sie üblicherweise von Frauen getragen wird. Auch von germanischen Priestern wird berichtet, dass sie Frauenkleidung trugen, genauso wie von verschiedenen Priestern antiker Kulte. Zudem waren sie mit buntem Schmuck ausgerüstet, und trugen oftmals ihre Haare nach weiblicher Sitte. (Sogar die Mitra, die dreifache Krone des Papstes geht bis heute auf eine die Mondrhythmen symbolisierende Kopfbedeckung der Kybelepriesterinnen zurück!) Es scheint, dass es im traditionellen Schamanismus ein Element gibt, in dem die männlichen Schamanen bewusst in eine weibliche Rolle schlüpfen – was bei vielen indianischen Stämmen soweit geht, dass spezielle Schamanen sogar Männer heirateten und mit ihnen lebenslang in Partnerschaft zusammenlebten. Verschiedenen Autoren zufolge ist der Schamanismus als solcher in seinem Ursprung grundsätzlich weiblich, und Schamaninnen waren vor den männlichen Schamanen die Heilerinnen und Priesterinnen der Stämme. Das wundert nicht, trugen doch die Frauen als Abbild der großen Göttin allen Lebens und Sterbens die für die Gemeinschaft überlebenswichtige, dabei grundsätzlich geheimnisvolle Fähigkeit in sich, neues Leben zu gebären. Die Geheimnisse des Mondbluts, das mit dem Kommen und Gehen des wichtigsten nächtlichen Himmelskörpers in Zusammenhang steht, bargen auch das Geheimnis der weiblichen Kraft. Und wer Leben geben konnte, hatte wohl auch die Macht über den Tod. So sind die Thesen eines ursprünglichen Matriarchats auf der Erde, das aus der Wertschätzung und Achtung der Gebärfähigkeit und der damit zusammenhängenden grundsätzlichen Kraft der Frauen entstanden war, wohl nachvollziehbar und stimmig. Deshalb erscheint es auch folgerichtig, dass männliche Priester und Schamanen sich durch Aussehen und Habitus dieser weiblichen Kraft annähern, um an ihr teilzuhaben und sie in sich wachzurufen. Im psychologischen Sinne könnte man auch von einem Wachrufen der Anima, des weiblichen Seelenanteils im männlichen Schamanen sprechen.

Vor diesem Hintergrund wird die These verständlich, dass auch die Zeremonie der Schwitzhütte der Versuch ist, als Mann am weiblichen Geheimnis des Lebens teilzuhaben. So wie sich die Frauen von Natur aus einmal monatlich durch den Fluss ihres Mondbluts reinigen, und dadurch wieder erneuert und offen sind für den Empfang neues Lebens, so begannen die Männer – denn ihnen war die Schwitzhüttenzeremonie bis vor nicht allzu langer Zeit ausschließlich vorbehalten –, sich ebenfalls regelmäßig im „Bauch", in der „Gebärmutter" der Erde zu reinigen und zu erneuern. Ich halte es für durchaus denkbar, dass diese These einen tiefen, archetypischen Wahrheitsgehalt in sich trägt. Regelmäßige Schwitzhüttenbesuche, vielleicht noch im Rhythmus des Voll- oder Neumondes, verbinden mit dieser mondigen, weiblichen Kraft, machen die Teilnehmer weicher und empfänglicher, öffnen und reinigen, und lehren über die Geheimnisse des Lebens und des Sterbens – etwas, worin die Frauen erst durch ihre regelmäßige Menstruation und dann durch die Initiation einer Kindsgeburt (die übrigens von Männern ebenfalls, nämlich durch den Sonnentanz adaptiert wird!) durch das Leben selbst eingeweiht werden. Nicht dass ich glaube, dass den männlichen Teilnehmern dadurch ihre geschlechtsspezifische Kraft abhanden kommen könnte – im Gegenteil! Aber ich glaube, dass dadurch die den Frauen naturgemäß leichter zugänglichen, weiblichen Mysterien von Gebären, Nähren und auch Auflösen und Sterben für Männer emotional erfahrbarer werden, was zu einem verbesserten Verständnis und damit zur Heilung der Beziehung zwischen den völlig aus der Balance gekommenen Kräften des Männlichen und des Weiblichen auf diesem Planeten beitragen kann. Nicht zuletzt handelt es sich dabei schlicht um eine Ehrung der weiblichen Kraft, wobei man trotzdem nicht vergessen sollte, dass bei einer Schwitzhüttenzeremonie archetypisch trotzdem immer beide Pole der Dualität beteiligt sind, und das Männliche darin seinen stimmigen Platz im Gefüge des Lebens hat.

Zum Wohle der Gemeinschaft

In allen Kulturen sind Kreiszeremonien bekannt und in die zeremoniellen Abläufe der traditionellen Feste integriert. Sei es bei Tänzen, bei Gebets-Zeremonien, bei Gesang und Musik, bei Sonnentänzen, oder eben auch in der Schwitzhütte – das Zusammenkommen einer Gemeinschaft im Kreis verbindet, erneuert die Gemeinschaft und schafft ein Gefühl von Zusammengehörigkeit und Stärke. Im spirituellen Sinne verbinden sich viele Einzelbewusstseine zu einem größeren Kollektivbewusstsein, und Erkenntnisse können einfließen, die ein Einzelner vielleicht gar nicht kanalisieren könnte. Das Erlebnis dieser gemeinsamen Kraft wiederum fließt zurück zum Einzelnen und unterstützt ihn auf seinem persönlichen Weg. So dient das Individuum dem Kreis, und zugleich nützt und stärkt der Kreis das Individuum.

In einem Kreis zeigen sich alle Teilnehmer gegenseitig ihre Gesichter, alle können sich anschauen, niemand ist ausgeschlossen, es gibt keine Hierarchie, jeder ist gleichbedeutender Bestandteil des Kreises. Und jeder steht dabei trotzdem auf seinem individuellen Platz.

Diese Botschaft vermittelt uns so auch die Schwitzhütte. Nackt, im Kreis der Dunkelheit werden alle Teilnehmer gleich. Soziale Unterschiede werden egalisiert, Streitigkeiten können ausgesprochen und bereinigt werden, Gemeinschaftsgefühl erwacht. Echte Kommunikation entsteht. Gemeinsam diese Grenzerfahrung durchstanden zu haben, schafft hinterher wiederum ein vertieftes Zusammengehörigkeitsgefühl. Maskenlos hat man sich gezeigt, hat seine Seele geöffnet und zu den Göttern und Spirits gebetet. Man weiß jetzt um die tiefen Gefühle und Gedanken des anderen. Das macht verletzlich, und fordert zugleich Aufrichtigkeit, Loyalität und Integrität aller Teilnehmer bei der anschließenden Rückkehr ins alltägliche Leben. Man muss darauf vertrauen können, dass dieses Sich-Zeigen – nackt und schutzlos vor dem Anderen – nicht ausgenutzt werden wird.

So wirkt die Schwitzhütte wohl schon immer als stark Gemeinschaft stiftendes Element in einer Gruppe oder einem Stamm. Für manche Menschen heute ist es ein Schock, dass sich Menschen, die gemeinsam geschwitzt haben, hinterher plötzlich näher und vertrauter sind als alte Freunde, und das oft sogar, ohne etwas von der persönlichen Geschichte des Anderen zu kennen. Für viele aber ist es ein Geschenk und trägt etwas vom oft beschriebenen Nachhausekommen in sich.

Der Kreis des Lebens

Alles Leben ist rund. Auf diesen einfachen Satz kann man eine Vielzahl indianischer wie allgemein schamanischer Weisheiten reduzieren. Der Kreis ist ein allumfassendes Symbol für Leben, Erde, Jahresablauf, den Lebenskreis, für den Himmel und den ganzen Kosmos. Das Verstehen dieses archetypischen Symbols ist einfach: ausgehend von der Urerfahrung des Sehens der Welt können wir uns einmal um uns selbst drehen und die Welt dabei in alle Richtungen bis zum Horizont erblicken – wir sind immer von einem Kreis umgeben. In diesem Kreis erhebt sich jeden Morgen die Sonne auf einer definierten, im Jahreslauf langsam fortschreitenden Marke, steigt auf zu einem Höchststand, schreitet weiter und sinkt wieder bis zu dem Punkt, an dem sie hinter dem Horizont verschwindet. Teilt man den verbleibenden Teil des Kreises in zwei Hälften, erhält man den Mitternachtspunkt, den Punkt der tiefsten Dunkelheit. Verbindet man nun diese vier Markierungen auf dem Kreis mit zwei sich kreuzenden Linien, erhält man ein Ursymbol der Menschheit: das buddhistische Lebensrad, das keltische Kreuz, das indianische Medizinrad.

Dieses Ursymbol, das in allen alten Kulturen auf der ganzen Welt bekannt ist, steht für den Tageslauf wie den Jahreslauf, für den Lebens-Kreis der Erde und den Kreis des Erden-

Lebens. Auf einem Kreis gibt es keinen Anfang und kein Ende, alles fließt immer weiter, auf Geburt folgt Tod und auf Tod folgt neues Leben. Jahr folgt auf Jahr, Lebensabschnitt auf Lebensabschnitt, die Zyklen des Lebens durchlaufen immer wieder ähnliche Grundmuster. Oder wie es der Dichter Rainer Maria Rilke ausdrückte:

> *„Ich lebe mein Leben in wachsenden Ringen,*
> *die sich über die Dinge ziehen.*
> *Ich werde den letzten vielleicht nicht vollbringen,*
> *aber versuchen will ich ihn."*

Ohne definierten Anfang und Ende, mit Markierungspunkten, die täglich, jährlich und vielmals im persönlichen Leben immer wieder durchschritten werden, ist dieses Weltbild weit entfernt von den modernen europäischen Vorstellungen, die mit linearer Zeitmessung verbunden sind. Ewigkeit und Glückseligkeit sind dann nicht etwas, was „danach" kommt (wann auch immer das sein wird), sondern die immer wieder erlebt werden können. Die Beendigung eines Zyklus und sogar der Tod verlieren ihren Schrecken, wenn Neuanfang und Wiedergeburt (nicht im esoterischen Sinne) erfahrbare Wirklichkeiten der Natur, in die man sich eingebettet fühlte, darstellen. Alles hat in einem Kreis Platz, und so hat auch jeder Mensch seinen Platz im Kreis – alles ist miteinander verbunden, alles ist eins.

Diese Weisheit finden wir natürlich auch im Rund der Schwitzhütte wieder. Die meisten (wenn auch nicht alle) zeremoniellen Schwitzhäuser der indianischen Kultur sind kreisförmig konstruiert und beziehen das Wissen der so genannten Medizinräder mit ein. In diesen werden den Kräften der vier Himmelsrichtungen analoge Zustände, Lebensbereiche, Farben, Spirits usw. zugeordnet, sodass sich ein geordneter Kosmos ergibt. Ein Medizinrad trägt das indianische Weltbild kreisförmig in sich. In vielen Schwitzhüttenzeremonien wird dieses Weltbild auf die Himmelsrichtungen der Schwitzhütte angewandt, sodass jede Richtung und damit jeder Platz in der Hütte eine besondere Bedeutung und ein bestimmtes Thema in sich trägt, mit der ein Teilnehmer auf diesem Platz konfrontiert ist. Es ist ein magischer Raum, der so aufgebaut wird – und er wirkt. Durch die Anrufung der Hüter der Himmelsrichtungen geschieht die Manifestation eines energetischen Kreises, der auf alle Teilnehmer einer Hütte einwirkt. Nur so ist es zu erklären, dass die Themen, die einen Menschen in der Zeremonie auf seinem Platz im Kreis bewegen, fast immer mit dem Thema der jeweiligen Himmelsrichtung korrespondieren, bzw. umgekehrt sich Menschen mit ihrem Thema bei freier Platzwahl immer auf den „richtigen" Platz setzen.

Da es in der Zuordnung der unterschiedlichen Kräfte, Elemente und anderen Deutungsebenen zu den einzelnen Himmelsrichtungen, die ja durch den Kompass definiert und immer gleich sind, erhebliche Unterschiede gibt, was soweit geht, dass viele Stämme ihr eigenes Medizinrad hatten, das sich in der Auslegung deutlich vom Nachbarstamm unterschied, trotzdem aber jedes dieser Räder einen eigenen Kosmos in sich birgt und in den zugehörigen Zeremonien, in denen es angewandt wird, seine magische Wirksamkeit beweist, muss diese Wirksamkeit jenseits einer westlich verstandenen Wahrheit liegen. Wie kann es funktionieren, dass einmal die Kraft der Erde im Westen empfunden wird, einmal aber im Süden? Wie kann das Feuer einmal im Osten beheimatet sein, einmal aber im Süden – und bei beiden Modellen kann der Feuergeist, der Spirit des Feuers und meine Verbindung dorthin erfahren werden, bei beiden Medizinrädern werde ich mich in die entsprechende Richtung setzen, wenn ich ein Thema mit Feuer zu bearbeiten habe. Was wirkt da?

Die Kraft der Glaubenssysteme

Es ist wichtig, dieses Thema zu verstehen, da es die Grundlage zum allgemeinen Verständnis von Glaubenssystemen und Welterklärungsmodellen einerseits bildet, andererseits vielen Diskussionen die Streitgrundlage entzieht, wo es um den „richtigen" Weg geht. Wir müssen uns dabei immer wieder bewusst machen, dass es bei der Verständnisgrundlage für das Medizinrad, für Weltbilder generell und für Schamanismus als solchen (wie auch für jeden anderen Glauben und jede Religion!) immer nur um Modelle der Wirklichkeit geht, mit deren Hilfe wir uns Koordinaten für unseren Verstand setzen, um die Wirklichkeit begreifen und erfassen zu können. All das aber findet statt in der Welt der Worte und Gedanken, in der Welt der Ratio. In der westlichen Welt sind wir durch eine Jahrhunderte lange Tradition des Denkens und der Aufklärung gewohnt, alles erklären zu können und zu wollen, und verwechseln dann nur allzu oft eine Erklärung mit der damit beschriebenen Erfahrung und der dahinter stehenden innewohnenden Wirklichkeit. Jedes Erklärungsmodell der Wirklichkeit ist (und bleibt) nur ein Modell, niemals die Wirklichkeit selbst. Diese kann nur erfahren werden. Wirklichkeit ist ohne Beschreibung, ohne Worte, ist unmittelbar, immer gegenwärtig, immer anders. Dorthin durchzubrechen ist eine tiefe spirituelle Erfahrung des Erwachens, wie sie von vielen Mystikern beschrieben wird. Es ist das viel beschworene reine Sein im Hier und Jetzt. Im Grunde bilden alle Worte, Gedanken und Erklärungsversuche nur eine Schranke, die verhindern, dass wir dorthin durchbrechen. Deshalb gilt das Beruhigen des Geistes und die Stille als solche in vielen spirituellen Traditionen als eine der wichtigsten Stufen auf dem Weg zur Entwicklung des menschlichen Bewusstseins.

Nun gehört natürlich diese Welt des Verstandes auch zu unserer Lebenswirklichkeit und will ihren Platz einnehmen. Es geht auch nicht darum, diese zu verurteilen, sondern dem Verstand einen angemessenen Platz zu geben. Dazu können wir uns einige Tatsachen bewusst machen, um uns selbst und unser Leben besser zu verstehen.

Unser Denken gilt allgemein als frei und selbstbestimmt. Untersucht man aber genau, wie das Denken entsteht, dann kann man erkennen, dass es im Grunde erst einmal aus lauter eingespeicherten Programmen besteht. Wenn wir als Kind auf diese Welt kommen, ist unser Verstand völlig leer und frei, absolut unkonditioniert. Staunend blicken wir in dieses Leben und alles ist, wie es ist: reine, unmittelbare Erfahrung, da wir weder Worte noch Beurteilungen für all das Geschaute haben. Lernen wir dann, die Dinge zu benennen, entgleitet uns diese direkte Wahrnehmung und wir ersetzen sie durch einen Begriff, der im Grunde ein Modell der Wirklichkeit darstellt. Man sieht diesen Vorgang auch bei einem Kind, dessen Zeichnungen sich im Laufe der Jahre immer ähnlicher werden. Ein Haus, ein Baum, eine Wolke wird immer gleich dargestellt, da es eben so aussieht – es entsteht ein Symbol, das dem erinnernden Verstand entspringt und nicht mehr der unmittelbaren Schau der Welt. Zum anderen begegnen wir während unseres Heranwachsens den so genannten Weltbildprägern: Eltern, Lehrer, Priester, Politiker, und heute auch das allgegenwärtige TV erklären uns die Welt und ihre Regeln. Und wir übernehmen sie. Nicht immer direkt und wörtlich. Aber jeder kann sich vorstellen, dass unser Denken in einer modernen, von Technik, Geschwindigkeit und vielfältigsten Informationen geprägten Großstadt des Westens trotz aller Freiheit ganz anders konditioniert wird, als wenn wir in einem kleinen Dorf im Regenwald aufwachsen würden, das größtenteils noch von Subsistenzwirtschaft lebt. Und so werden wir alle geprägt: mit unseren Vorstellungen der Welt, vom Selbst und vom Transzendenten,

Göttlichen. Sehr viele Menschen verlassen zeitlebens diesen angelernten Käfig ihrer Denkstrukturen nicht mehr. Von Freiheit zu sprechen ist deshalb meist eine Illusion. Dabei wäre unser Verstand grundsätzlich fähig, eine unvorstellbare Vielfalt an Denkmöglichkeiten zu ermöglichen. Dazu aber muss er dekonditioniert werden. Das bedeutet, eingefahrene Denkstrukturen zu erweitern, feste Vorstellungen über das Leben und die Welt aufzuweichen, sich einzugestehen, was die moderne Physik heute erkennt, dass wir eigentlich gar nichts wissen. Und dass unser Verstand alles gibt, um diese Erkenntnisse zu vermeiden.

Es ist aber nicht nur so, dass unser Verstand die allermeiste Zeit unseres Lebens nur angelernte und eingeübte Denkmuster wiederholt und neu variiert. Er arbeitet auch kreierend, schöpferisch in unserem Leben. Das bedeutet, dass sich Gedanken über kurz oder lang manifestieren. Ich bin kein Anhänger der zurzeit sehr beliebten These, dass wir unser gesamtes Dasein selbst erschaffen mit allem, was darin passiert. Dazu gibt es zu viele Kräfte, die in diesem Universum mitschöpfen, und zu viele Gesetze, denen wir unterworfen sind. Trotzdem beeinflusst unser Denken die Art und Weise, wie wir durch unser Leben gehen, bis in viele Kleinigkeiten hinein. Es gibt einen schönen Spruch aus dem Talmud, der das illustriert:

„Achte auf deine Gedanken, denn sie werden Worte.
Achte auf deine Worte, denn sie werden Taten.
Achte auf deine Taten, denn sie werden Gewohnheiten.
Achte auf deine Gewohnheiten, denn sie werden dein Charakter.
Achte auf deinen Charakter, denn er wird dein Schicksal.“

Wie durch eine Schablone erkennen wir die Welt mit unserem Verstand, deren Form von unseren Glaubenssystemen und Erwartungen gebildet wird. Jeder kennt wahrscheinlich den Effekt, dass man sich für etwas interessiert und plötzlich überall etwas zu dem Thema hört, sieht und findet. Wie durch ein Sieb strahlen unsere Gedanken in diese Welt und sortieren im Empfangen aus, welche Erfahrungen für uns brauchbar sind und welche nicht. Wollen wir also unseren Horizont erweitern über das bekannte Maß unseres Denkens hinaus, müssen wir die einengenden Schablonen unserer Konditionierungen demontieren. Dann kann Wachstum geschehen, Wissen und Weisheit strömt zu uns, der Blick auf die Welt wird weit, und wir können erkennen, dass die Welt voller Fülle, Vielfalt und Wunder ist.

Ein weiterer, in diesem Zusammenhang wichtiger Aspekt ist, wie wir mit unseren regelmäßig wiederholten Gedanken Wirklichkeiten schaffen. Dazu hilft uns die Theorie der so genannten morphogenetischen (oder morphischen) Felder, die von Rupert Sheldrake formuliert wurde. In aller Kürze besagt sie, dass alle Dinge wie auch alle Gedanken ein Feld besitzen, das auf einer noch unbekannten Ebene der Wirklichkeit existiert. Es ist ein Informationsfeld, das sozusagen die Blaupause oder den Bauplan eines materialisierten Dings oder Wesens enthält. Genauso, wie man einen Plan eines Hauses zeichnet, bevor es gebaut wird, oder zumindest die Idee eines Gegenstands da sein muss, bevor er in der dreidimensionalen Realität erschaffen wird, so braucht Alles und Jedes ein morphogenetisches Feld, das den Bauplan enthält. Diesen Bauplan aber können wir erschaffen – durch unsere Gedanken. Jeder Gedanke, den wir denken, erzeugt ein morphogenetisches Feld (– was für ein Durcheinander!). Je öfter wir einen Gedanken denken, umso stärker und größer wird dieses Feld, und auch viele Menschen gemeinsam können dasselbe Feld durch ihre mentale Energie nähren. So gibt es sehr große, uralte Felder, die starke Informationen enthalten, die aus immer wiederkehrenden Gedanken bestehen: „Ohne Essen muss ich sterben“, oder „Geister gibt es nicht“, oder „Wenn ich sündige, straft mich Gott“. Aber nicht nur negative Glaubenssätze erhalten so Nahrung, sondern auch ganze Weltbilder. Ein morphogenetisches Feld, das beispielsweise aus einem Gebet oder einem Mantra besteht, das millionenfach reproduziert und damit immer wieder genährt wird, ist ein sehr starkes. Und wirkt auf die Schöpfung zurück. Das also ist die Erklärung, wie Medizinräder genau so wie alle anderen Glaubenssysteme funktionieren, und ihre Wirkung innerhalb einer Zeremonie entfalten können. Ein bestimmtes Weltbild wird von einem Schamanen genutzt, und innerhalb der Zeremonie arbeitet er damit. Durch seinen starken, ausgerichteten Geist und das unterstützende Ritual verbindet er sich mit dem gewünschten morphogenetischen Feld und nutzt so dessen Kraft, die auf alle Teilnehmer einwirkt. Nun spräche das vielleicht dafür, alten Traditionen den Vorzug vor neueren zu geben. Aber ein starkes morphogenetisches Feld mit damit zusammenhängenden Denk- und Glaubenssystem lässt eben auch wieder weniger Platz für eigene und neue Gedanken. Beides hat also seinen Platz und seine Berechtigung. Und wieder möchte ich daran erinnern, dass die hinter allem stehende Kraft immer dieselbe ist.

Eine der wertvollsten Lehren, die ich aus der Arbeit mit dem Medizinrad gewonnen habe, ist die Erkenntnis, dass der Mensch der westlich orientierten Nationen einen fundamentalen Fehler im Begreifen der Aufgabe des Verstandes begeht. Seit Descartes Erkenntnis „Ich denke, also bin ich!“ gilt im Abendland das Diktat des Verstandes als oberster Richter und Instanz – bis heute, wo wir all die bekannten Folgen in Form von Zerstörung unserer Lebensgrundlage und „Zuvielisation“ zu spüren bekommen. Wir bestimmen unsere Welt mit unserem Verstand. Wir glauben, das Leben kontrollieren zu können. Aber der Verstand als solcher ist kühl, berechnend und egoistisch. Was fehlt, ist die Liebe. Liebe aber ist das so genannte Göttliche in uns, ist das Feuer, die Flamme, das Lebendige, das Spirituelle, die Seele. Und dieser Anteil in uns ist genau dafür da, unser Leben zu bestimmen. Wir aber bestimmen nicht aus der Tiefe unserer Seele heraus, sondern warten allzu oft darauf, dass uns ein außen stehender Gott sagt, was wir machen sollen. Wir warten auf Eingebungen, Aufträge, Visionen, und darauf, dass uns ein gnädiger Gott erhört und beschenkt. Dieser Gott aber lebt nicht im Außen, sondern tief in uns. Er ist unser Lebensfunke, unser Feuer, unsere Begeisterung, unsere Inspiration. Und der Quell, aus dem wir unser Leben gestalten und bestimmen können. Der Verstand wird so zum Diener einer echten Spiritualität und kann uns helfen, unsere Vorstellung, unsere Vision eines Lebens auf der Basis von Liebe, Freude, Gemeinschaft und Verantwortung zu verwirklichen.

Die Symbolik der Schwitzhütte

Nichts, was Teil einer Schwitzhüttenzeremonie ist, ist ohne Bedeutung. Die indianischen Völker bezeichnen sich bisweilen selbst als Träumervolk, ihre Medizin ist die so genannte Traumkraft. Tatsächlich scheint ihnen die Welt der Träume, Bilder und Visionen viel näher zu liegen als den mental orientierten weißen Völkern. So hat jede Handlung innerhalb einer Zeremonie eine ganz genaue Bedeutung, jede Farbe einer Bemalung, jedes Bauteil einer Schwitzhütte ist voll von mythologischen und archetypischen Inhalten. Auch deshalb ist es oft schwer für uns, die vielen Details indianischer Zeremonien in ihrem vollen Bedeutungsausmaß nachzuvollziehen.

Das eigentliche Schwitzhüttengestell wird oft als Bauch oder Gebärmutter der Erde bezeichnet, die sich aus dem großen Körper der Erde aufwölbt. Manchmal ist sie aber auch der ganze Leib des Schöpfers. Die heißen Steine sind die feurigen Samen der Sonne, die in den Bauch der Erde kommen. So kann man sich eine Schwitzhüttenzeremonie im Grunde auch als eine Vereinigung, ein großes Liebesritual der beiden schöpferischen Urkräfte Großvater Sonne und Großmutter Erde vorstellen, diesem uralten Liebespaar, aus deren Liebesspiel alles Leben immer wieder hervorgeht: ohne die Strahlen der Sonne, die täglich tief in den Körper der Erde eindringen und ihn erwärmen, gäbe es kein Leben auf diesem Planeten. Ihre sich verbindende Kraft wird in der Zeremonie dazu benutzt, den Menschen, der als Kind zurück zu seinen Eltern kommt, zu heilen, zu stärken und zu erneuern.

Auch der gegabelte Stock auf dem Altar bedeutet diese Liebesvereinigung, die Zweiheit, die aus der Einheit entspringt, die Dualität und Polarität des ewig Weiblichen und Männlichen, die dabei doch immer eines sind.

Manchmal werden die Steine auch als die Knochen der Erde gesehen, das Grundgerüst, das sie stabil macht und ihr ältester Körperteil ist. In ihnen liegt alle Erinnerung, an die uralten Zeiten und an den Beginn der Schöpfung. Deshalb werden sie auch die Uralten genannt, oder die Steinahnen.

Wenn der Mensch sich tief bücken muss, um auf allen Vieren durch den niedrigen Eingang zu kriechen, soll er vor der Zeremonie demütig werden, und sich an seine Abhängigkeit von seiner Mutter Erde erinnern.

Die Grube in der Mitte der Schwitzhütte ist kreisförmig, und auch die Schwitzhütte selbst ist es, sodass dadurch ein Kreis in einem Kreis geformt wird. Ein Kreis gilt als Symbol des Lebens selbst: das, was ohne Ende ist.

Manchmal steht die Halbkugel des Gestells für das ganze Universum. Aber auch das Quadrat in der Kuppel über dem Feuerloch steht dafür, und die Kanten für die Einteilung in vier Himmelsrichtungen. Zudem sind in einer Schwitzhütte immer alle vier Elemente vertreten, die das gesamte Leben auf der Erde bilden: das Feuer in der Feuerstelle und den glühenden Steinen, das Wasser zum Aufgießen und im Schweiß der Teilnehmer, die Luft im Atem und im Dampf und die Erde im Material, den Steinen und der Schwitzhütte selbst.

Die Zahl Vier gilt in vielen indianischen Stämmen als heilige Zahl, da sie das vierteilige Weltbild der Himmelsrichtungen anzeigt, wie auch die Jahreszeiten, die Lebensalter, die Ebenen des Menschen usw. Aber auch die Sieben wird oft als heilig gesehen und mit dem Siebengestirn der Plejaden und den sieben heiligen Schwestern, die von ihnen zur Erde herunterstiegen, in Verbindung gebracht.

Ein weiterer symbolischer Aspekt der Zeremonie ist die archetypische Reise durch Tod und Wiedergeburt. Mit der zunehmenden seelischen und geistigen Öffnung durch das lange Schwitzen und die Gebete kann das Ego immer mehr das alte Bild vom individuellen Sein loslassen – es stirbt im symbolischen Sinne einen Egotod. Oft wird dieser Tiefpunkt in der dritten Runde erreicht, in der nach einigen Traditionen auch vom Loslassen und Weggeben gesprochen wird. Diese Runde wird manchmal dem Element Erde zugeordnet, die ja den Anfang und das Ende des menschlichen Daseins markiert: aus Erde werden wir geformt, zu

Erde werden wir wieder. Anschließend, in der vierten Runde, erfolgt dann die Wiedergeburt oder Neugeburt durch das Verlassen der Gebärmutter. Es gibt einige indianische Mythen, in denen eine Ahnung dieses archetypischen Prozesses anklingt, wenn davon gesprochen wird, dass die Schwitzhüttenzeremonie Tote wieder zum Leben erwecken kann (siehe z. B. Die Lakota-Legende vom Steinkind).

Im Kreislauf von Tod und Wiedergeburt in der Schwitzhütte, der immer wieder durchlebt werden kann, wird so die Menschwerdung, das grundlegende Mysterium der Schöpfung Mensch, für den Teilnehmer immer wieder erlebbare Wirklichkeit. Er wird darin Teil des ganzen Lebens um ihn und das Leben Teil von ihm. Alles ist mit allem verwandt – Einheit und Eins-Sein ist nichts Abstraktes mehr, sondern unmittelbar Erleb- und Fühlbares. Eine Schwitzhüttenzeremonie macht Naturverbundenheit zu Wirklichkeit.

2.3 Indianische Mythen von der Entstehung der Schwitzhütte

In allen Stammeskulturen, die keine Schrift besaßen, wurde das Wissen mündlich von Generation zu Generation weiter gegeben. Diese Gemeinschaften besitzen in der Regel einen erstaunlich reichen Schatz an Geschichten, Mythen und Legenden, in denen viel vom typischen Wissen der jeweiligen Kultur enthalten ist, das durch das ständige Wieder-Erzählen auch für nachfolgende Generationen erhalten bleibt. Daneben geschieht ganz spielerisch die ethische und spirituelle Erziehung der Kinder und Jugendlichen, und auch Erwachsene profitieren immer wieder von den in den Geschichten enthaltenen Lehren und Weisheiten. Die meisten indianischen Völker gelten als großartige Geschichtenerzähler und „*storytelling*“ nimmt einen breiten Raum im sozialen Miteinander ein. Auch von vielen Medizinleuten wird gesagt, dass sie mit der richtigen Geschichte zur richtigen Zeit wichtige Lehr-, Entwicklung- und sogar Heilimpulse setzen können.

Viele Stämme haben ihre eigene mythische Version der Geschichte, wie die Schwitzhütte zu den Menschen kam, von ihnen entdeckt oder wie sie ihnen geschenkt wurde. Diese Geschichten unterscheiden sich teilweise stark voneinander. Ich habe hier einige von ihnen versammelt, um zu zeigen, welch unterschiedliche archetypische Mythologien dahinter stecken und welch unterschiedliche Bedeutung der Schwitzhütte durch die Schöpfungsgeschichten gegeben wird.

Die Legende des Steinkindes (Lakota)

Vor langer Zeit lebte einmal ein Mädchen alleine mit ihren fünf Brüdern. Die Jungen verbrachten ihre Zeit auf der Jagd, während das Mädchen für sie kochte und nähte. Ihr Tipi stand im Tal eines stillen Canyons. Dort gab es Wasser und viel Wild zu jagen. Im Sommer blieb die Schlucht kühl, im Winter beschützte sie sie vor den kalten Winden.

Jedes Mal, wenn ihre Brüder auf die Jagd gingen, hatte das Mädchen große Angst. Es hörte Schritte um das Zelt, doch es konnte niemanden sehen. Eines Abends kamen nur noch vier Brüder von der Jagd zurück. Sie wachten die ganze Nacht und rätselten, was dem fünften wohl geschehen sein mochte. Am nächsten Tag jedoch kamen nur noch drei Brüder von der Jagd zurück, und auch am folgenden fehlte wieder einer. Sie fürchteten sich sehr. Am nächsten Tag kam nur noch der Jüngste von der Jagd zurück. Trotz der Tränen und dem Flehen seiner Schwester ging er am nächsten Morgen wieder auf die Jagd. Und wie die anderen kehrte auch er nicht wieder heim.

Da verließ das Mädchen das Lager und stieg weinend auf den Gipfel eines Hügels. Sie wollte sterben. Und als sie einen runden Stein auf dem Boden liegen sah, nahm sie ihn und schluckte ihn in der Hoffnung, er könne ihr den Tod bringen. Beruhigt kehrte sie ins Tipi zurück, um etwas Wasser zu trinken.

Am nächsten Tag aß sie nur ein paar Beeren und etwas getrocknetes Fleisch. Doch hatte sie eigentlich gar keinen Hunger. Am nächsten Morgen überkam sie ein nie gekanntes Glücksgefühl. Am vierten Tage ihrer Einsamkeit jedoch überfielen sie große Schmerzen, und sie dachte, sie würde nun sterben, doch stattdessen brachte sie einen kleinen Knaben zur Welt. „Woher kommt nur dieses Kind? Was soll ich mit ihm tun? Ob es wohl der Stein ist, den ich verschluckt habe?“, fragte sie sich.

Das Kind war stark und hatte glänzende Augen. Trotz ihres schwachen Körpers kümmerte sie sich um den Jungen, bedeckte ihn mit den Kleidern ihrer Brüder und nannte ihn Inyan Hoksi, das Steinkind.

Schnell wurde der Junge größer, viel schneller als ein gewöhnliches Kind. Sein Körper war makellos und seine Mutter wusste, dass er über große Macht verfügte. Eines Tages machte er sich Pfeil und Bogen. Als sie die steinerne Pfeilspitze näher betrachtete, fragte sich seine Mutter, wie er so etwas nur fertig bringen konnte. „Vielleicht weiß er, dass er von einem Stein stammt, den ich geschluckt habe?“ Bald war er groß genug, um auf die Jagd zu gehen. Doch erfüllte dieser Umstand seine Mutter mit großer Trauer und sie musste bitterlich weinen.

„Weine nicht, Mutter“, versuchte der Junge sie da zu trösten. Doch erwiderte sie ihm: „Du hattest einmal fünf Onkel, die auf die Jagd gingen und einer nach dem anderen verschwanden.“ Nun erzählte sie ihm auch die Umstände seiner Geburt. „Ich weiß“, sagte er

Schwitzhütte in einem Sioux-Lager

Schwitzhütten der Cheyenne

Schwitzhütten der Nez Percé

Eingang zu einem unterirdischen Schwitzhaus der Jurok

Ein kalifornischer Ureinwohner
am Eingang der Schwitzhütte

Diese Schwitzhütte der Odawa ist mit Rinde abgedeckt

Schwitzhütte - Kanada, um 1900

Schwitzhütte im Yosemite-Nationalpark

Das Innere einer Navajo-Schwitzhütte

Traditionelle Bauweise einer Diné/Navajo-Hütte

Schwitzhütte der Huetar
im Regenwald von Costa Rica

Traditionelle Schwitzhütte der Chesapeake aus Virginia

Eine moderne Temascal-Schwitzhütte
in einem Luxushotel in Mexiko
(Westin Resort Mexiko)

Aus Lehmziegeln erbaute Temascal-Schwitzhütte in Mexiko

Von Aurelio Diaz Tekpankalli bemalte Temascal-Schwitzhütten in Tamoanchan, Mexiko

Schwitzhüttenwochenende mit Whoopé & Michael Two-Feathers
Impressionen - Beuerhof/Eifel 2005 (S. 78 - 80)

nur, „doch will ich ausziehen, meine Onkel zu finden und mit ihnen wiederkehren. Bleibe bis zu meiner Rückkehr im Tipi."

Am nächsten Morgen zog Inyan Hokshi los. Er ging jeden Tag von morgens bis abends, bevor er sich einen Schlafplatz suchte. Am Abend des vierten Tages roch er Rauch. Er folgte dem Geruch und gelangte an ein verwahrlostes Zelt. In seinem Inneren saß eine schreckliche Frau, die dreimal so groß war wie ein normaler Mensch. Ihre Zähne glichen denen eines Wolfes, ihre Augen einer Schlange und statt Finger hatte sie Krallen. Ihr weißes Haar reichte bis an den Boden. „Sei willkommen", sprach sie, „Komm herein, iss und ruh dich aus." Sie schmiss etwas trockenes Fleisch in den Topf auf dem Feuer, um es zu kochen. Das Essen schmeckte nicht gut, doch aß er es trotzdem. Die Alte warf ihm ein altes, schmutziges Bisonkleid für die Nacht zu, doch fühlte er sich in Gefahr und blieb wach. Als sie das merkte, sagte sie zu ihm: „Ich habe Rückenschmerzen. Willst Du mich vor dem Schlafen nicht massieren, um meine Schmerzen zu lindern?"

Sie legte sich auf den Boden und Inyan Hokshi ging auf dem Rücken der Hexe herum. Unter ihrem Kleid jedoch spürte er etwas, das sich anfühlte wie eine stählerne Speerspitze. Da wusste Inyan Hokshi, dass die Alte seine Onkel getötet hatte. Er sprang in die Luft, so hoch er konnte und ließ sich mit all seinem Gewicht so schwer auf sie fallen, dass er ihr das Rückrat brach. Dann untersuchte er ein paar Fellsäcke, die in der Ecke herumstanden, und fand fünf vertrocknete Körper darin, die kaum noch Menschen ähnelten.

Als er aus dem Zelt schritt, hörte er einen Haufen Steine zu ihm sprechen: „Steinkind, Du bist einer der unseren. Du kommst aus uns, bist aus Tunka entstanden und von Inyan gezeugt. Hör gut zu!" Nach ihren Anleitungen baute er aus Weidenstäben, die er zurechtgebogen hatte, eine kleine Hütte, die aussah wie ein Bienenstock. Er bedeckte sie mit Bisonhäuten und legte die fünf Körper hinein. Draußen entfachte er ein großes Feuer, in dem er die Steine erhitzte und die Alte verbrannte. Als die Steine glühten, trug er sie mit einem Hirschgeweih in die Hütte. Dann nahm er eine Bisonblase, füllte sie mit Wasser und legte die fünf vertrockneten Körper im Kreis in die Hütte.

Darauf verschloss Inyan Hokshi den Hütteneingang, damit keine Luft herauskommen konnte. Er bedankte sich bei den Steinen, indem er das Wasser über sie leerte. Die Hütte erfüllte sich mit Dampf, und er sah nichts mehr als den weißen Dunst in der Dunkelheit. Als er ein zweites Mal Wasser über die Steine gegossen hatte, fühlte er eine Bewegung. Beim dritten Aufguss fing er an zu singen. Beim vierten Mal fingen auch die „Toten" an zu singen und zu sprechen. Vier mal öffnete und schloss er die Tür. Beim letzten Mal kam der Dampf aus der Hütte und bildete eine sanfte, weiße Wolke am Himmel. Im Licht des Feuers und des Mondes erkannte er fünf Männer. Er sagte zu ihnen: „Hau, ihr müsst also meine Onkel sein." Da lachten die fünf und waren froh, am Leben zu sein. „So hat es sich meine Mutter, Eure Schwester, gewünscht."

Er sprach: „Die Steine haben mich gerettet und euch das Leben wiedergegeben. Wir müssen lernen, Inyan Tunka, dem Fels, dem Großvater zu danken. Diese kleine Hütte, diese Steine, das Wasser und das Feuer sind heilig. Ab dem heutigen Tag werden wir sie zur Reinigung, für das Leben und die Gesundheit benutzen. All das wurde uns nämlich für unser Leben gegeben. Wir werden einen Stamm bilden."

Nachzulesen in: „Inipi – das Lied der Erde" (Arun, 1998, leicht gekürzt)

Die weiße Büffelfrau (Lakota)

Die bekannte indianische Legende der weißen Büffelkalbfrau, die in ähnlichen Fassungen bei verschiedenen anderen Stämmen bekannt ist, berichtet davon, wie die Schwitzhüttenzeremonie als eine von sieben heiligen Riten von der Kulturbringerin zu den Lakota kam.

Die nachfolgende Fassung stammt von Lame Deer, der sie 1967 auf der Rosebud Reservation erzählte.

„In einem Sommer vor langer Zeit kamen die Stämme der Lakota zusammen und campten. Es gab aber kein Wild und die Menschen hungerten. Jeden Tag schickten sie Scouts aus, um nach Beute zu suchen, aber sie fanden nichts. Eines Morgens schickte der Häuptling zwei seiner jungen Männer los, um nach Wild zu jagen. Die Jäger suchten überall, aber sie konnten nichts finden. Als sie einen Hügel sahen, beschlossen sie hinaufzuklettern, um weit ins Land hineinsehen zu können. Sie hatten ungefähr die Hälfte des Weges hinter sich, als sie aus der Entfernung etwas auf sich zukommen sahen, aber die Gestalt lief nicht, sie schwebte. Deshalb wussten sie, das diese Person wakan war – heilig.

Zunächst konnten sie nur einen kleinen Punkt sehen, so klein, dass sie blinzeln mussten, um zu erkennen, dass es ein Mensch war. Als die Gestalt näher kam, erkannten sie eine schöne junge Frau mit zwei roten, aufgemalten Kreisen auf ihren Wangen. Sie trug ein wunderschönes Kleid aus weißem Leder, mit solch heiligen und farbkräftigen Motiven, dass es von keiner gewöhnlichen Frau gemacht sein konnte. Diese heilige Fremde war Pte San Wi, White Buffalo Woman, die Büffelkalbfrau. In ihren Händen hielt sie ein großes Bündel und einen Fächer aus Salbeiblättern. Ihr blauschwarzes Haar trug sie lose. Ihre Augen waren dunkel, glänzend und voller Kraft. Die zwei Männer bestaunten sie mit offenem Mund. Der eine konnte sich vor Furcht nicht bewegen, aber der andere begehrte die junge Frau und streckte die Hand aus, um sie zu berühren. Doch die Frau war lila wakan – sehr heilig – und durfte nicht so respektlos behandelt werden. Der ungestüme junge Mann wurde deshalb auf der Stelle vom Blitz getroffen und verbrannte. Die Frau wandte sich an den anderen Krieger und begann zu sprechen: „Ich bin gekommen, um deinem Volk eine Botschaft vom Volk der Büffel zu überbringen. Geh zurück zum Lager und sage deinen Leuten, sie sollen sich auf meine Ankunft vorbereiten. Dein Häuptling soll eine Medizinhütte mit 24 Pfählen aufstellen."

Der junge Jäger kehrte zum Camp zurück und erzählte dem Häuptling, was die heilige Frau gesagt hatte. Die Leute stellten das große Medizintipi auf und warteten. Vier Tage später tauchte die Weiße Büffelkalbfrau auf, mit dem großen Bündel in der Hand. Der Häupling lud sie in die Medizinhütte ein. Sie ging hinein und wanderte einmal durch das Kreisrund des Tipis. Der Häuptling sprach sie voller Respekt an und sagte: „Schwester, wir sind froh, dass du gekommen bist, um uns zu unterrichten." Sie erzählte ihm, was getan werden sollte. In der Mitte des Tipis sollte ein heiliger Altar aufgestellt werden, gefertigt aus roter Erde, mit einem Büffelschädel und einem Gestell aus drei Stöcken für einen heiligen Gegenstand, den sie ihnen bringe. Die Menschen taten, was ihnen gesagt wurde. Dann öffnete sie ihr Bündel. Der Gegenstand, der darin lag, war die heilige Pfeife. Sie nahm sie heraus. Den Stiel hielt sie mit ihrer rechten Hand und den Kopf mit ihrer linken, und so wird die Pfeife seit jener Zeit immer gehalten. Und wieder sprach der Häuptling: „Schwester, wir sind froh. Aber wir haben schon lange kein Fleisch mehr. Alles, was wir dir anbieten können, ist Wasser." Er tauchte etwas Süßgras in einen Wasserbeutel und gab es ihr, und seit diesem Tag tauchen die Menschen Süßgras oder eine Adlerfeder in Wasser und besprenkeln damit eine Person, um sie zu reinigen. Die Weiße Büffelkalbfrau zeigte den Leuten, wie man die Pfeife benutzt. Sie füllte sie mit rotem Tabak aus Weidenrinde. Viermal lief sie um die Hütte, ganz so wie es die Sonne tut. Damit symbolisierte sie den niemals endenden Kreis, den heiligen Reifen, die Straße des Lebens. Dann hielt sie den Splitter eines getrockneten Büffelknochens ins Feuer und brachte damit die Pfeife zum Brennen. Die Büffelkalbfrau erklärte den Menschen, dass der Rauch der Pfeife der Atem Tunkashilas ist, der lebendige Atem des großen Großvaters Geheimnis. Dann lehrte sie die Menschen, wie man betet, und welche Zeremonien sie wie abhalten sollten. Dies sind die heiligen sieben Zeremonien der Lakota:

1. Die Schwitzhütte (Inipi)
2. Visionssuche
3. Sonnentanz
4. Stammes-Adoption
5. Das rituelle Ballspiel
6. Pubertätsritus
7. Pflegen der Seelen Verstorbener

Damit verließ die Frau die Menschen. Sie sahen sie in die gleiche Richtung davon gehen, aus der sie gekommen war. Sie lief, blieb aber plötzlich stehen und rollte sich viermal über den Boden. Beim ersten Mal verwandelte sie sich in einen schwarzen Büffel, das zweite Mal in einen braunen, das dritte Mal in einen roten, und schließlich – beim vierten Mal – verwandelte sie sich in ein weißes, weibliches Büffelkalb. Dann verschwand sie hinter dem Horizont.

Sobald sie verschwunden war, erschienen große Büffelherden. Und damit die Menschen überleben konnten, erlaubten die Tiere ihnen, sie zu töten."

Me'jo und der Bär (Naskapi)

Eines Tages war Me'jo, der alte Mann, draußen und lief umher, bis er zum großen Berg kam. Da tauchte direkt auf dem Pfad vor ihm ein großer Bär auf. In den alten Tagen waren die Bären viel größer als heute! Sie waren schreckliche Monster, die Jagd auf die menschlichen Wesen machten. Wenn sie einen Menschen sahen, war es klar, dass sie ihn fressen würden. Der Bär stellte sich auf seine Hinterbeine und lief auf Me´jo zu. „Was wirst du tun?“, fragte Me´jo. „Ich werde dich fressen“, sagte der große Bär. „Warte“, sagte Me´jo, „es gibt etwas, dass ich vorher noch tun muss. Ich muss ein Schwitzhüttenbad nehmen. Das ist eine schwierige Angelegenheit, aber wenn du mutig bist, kannst du auch mitmachen. Sobald wir es durchgeführt haben, kannst du mich essen.“ „Das ist gut“, sagte der Bär. „Ich fürchte nichts. Ich werde bei diesem Ding mitmachen.“

Dann baute Me´jo eine Hütte aus Holz. Er dichtete die ganzen Spalten säuberlich mit Moos und Matsch ab. Er baute eine Tür aus dicht gewebten Zweigen. Dann entzündete er ein Feuer und legte Steine ins Feuer. Nachdem das Feuer eine Weile gebrannt hatte und die Steine rotglühend waren, schälte er die Rinde von zwei grünen gegabelten Stöcken und brachte mit ihnen die Steine in die Mitte der kleinen Hütte.

Dann legte Me´jo seine Kleider ab. Der Bär aber konnte seinen eigenen, schweren Mantel nicht ausziehen. „Nun können wir hineingehen“, sagte Me´jo, „sofern du keine Angst hast.“ „Ich habe vor nichts Angst“, sagte der Bär, und er folgte Me´jo in die kleine Hütte hinein. „Ich werde hier sitzen“, sagte Me´jo und nahm seinen Platz neben der Tür ein. „Du wirst dort sitzen, auf der anderen Seite der Hütte.“ Der Bär setzte sich und es wurde heiß. „Ist es zu heiß?“, fragte Me´jo. „Es ist nicht zu heiß“, sagte der Bär, aber er japste, als er sprach. „Das ist gut“, sagte Me´jo, „nun werde ich die Tür schließen.“ „Was?“ sagte der Bär, und japste noch schlimmer. „Gut, schließe ruhig die Tür. Mach weiter. Ich hab keine Angst.“ Me´jo schloss die Tür und die Hütte wurde noch heißer. „Ist es zu heiß?“, fragte Me´jo. Der Bär konnte kaum noch atmen, aber niemals würde er zugeben, dass Me´jo stärker ist. „Es ist nicht zu heiß,“ sagte der Bär. Dann nahm Me´jo den Eimer, den er aus Birkenrinde gemacht und mit Wasser gefüllt hatte. „Wenn es dir nicht zu heiß ist“, sagte Me´jo, „werde ich nun das Wasser aufgießen. Aber falls du Angst haben solltest, kannst du auch einfach gehen.“ „Ich habe keine Angst“, keuchte der Bär. „Gieße das Wasser. Lass es heiß sein.“ Dann begann Me´jo zu singen. Er goss das Wasser auf die Steine und diese sangen mit ihm. Rauch stieg auf und füllte die Hütte aus, und es wurde tatsächlich sehr heiß. „Ist es nun zu heiß?“, fragte Me´jo. Aber der Bär konnte nicht antworten. Er war tot.

So war es Me´jo, der das erste Schwitzhaus zu den Leuten der Naskapi und der Montagnai brachte. Und seit dieser Zeit gingen die Naskapi und die Montagnai in das Schwitzhaus, um sich für die Jagd nach einem großen Bären vorzubereiten.

Der erste Mensch und die Zedernholzhütte (Santee/Dakota)

Der Eine, der als erster erschaffen wurde, lebte vor langer Zeit mit seinem jüngeren Bruder nahe am großen See. Eines Tages, als der Bruder des Ersten Menschen am See entlang lief, wurde er von den Monstern angegriffen, die dort in der Tiefe lebten. Sie zogen ihn ins Wasser und fraßen ihn auf. Alles, was vom jüngeren Bruder übrig blieb, waren seine Knochen, die auf den Grund des großen Sees sanken.

Da ging Erster Mensch zum See, um mit den Wassermonstern zu kämpfen. Er bezwang sie, und tauchte anschließend hinab in die Tiefe, um die Knochen seines toten Bruders aufzusammeln. Dann grub er am Seeufer zwei große, runde Löcher. Er bog die Enden von Weidenruten über dem einen Loch zusammen und verknotete sie. Dann bedeckte er die Bögen mit Zedernzweigen. Auf diese Weise entstand eine kleine Hütte. In diese Hütte legte er die getrockneten Knochen seines jüngeren Bruders. Im zweiten Loch entzündete er ein Feuer und in diesem Feuer erhitzte er vier große, runde Steine. Als diese Steine sehr heiß waren, rollte er sie in die Zedernholzhütte hinein. Dann setzte er sich außen an die Hütte und begann zu singen. Neben sich hatte er eine Tierhaut, die mit Wasser gefüllt war, und in seiner Hand hielt er ein Bündel Salbei. Während er sang, tauchte er dieses Salbeibündel ins Wasser, streckte seinen Arm in die Zedernholzhütte und bespritzte die Steine mit Wasser. Dampf stieg auf, und im Dunkel der Hütte gab es eine Bewegung. Erster Mensch fuhr fort, zu singen und die Steine mit dem Wasser zu besprenkeln. Wieder stieg Rauch auf und dann gab es ein Geräusch, als ob die Knochen seines Bruders sich zusammensetzten. Er goss ein drittes Mal Wasser auf, und da hörte er den Atems seines Bruders und eine sanfte Stimme, die mit ihm sang. Er streckte seinen Arm ein viertes mal in die Zedernholzhütte, goss ein viertes mal Wasser auf, und da ertönte seines Bruders Stimme klar aus der Hütte: „Bruder, lass mich hinaus!“

So kehrte der jüngere Bruder des Ersten Menschen durch die Zedernholzhütte wieder ins Leben zurück.

Die Entstehung der Medizin (Creek)

Vor langer Zeit begannen die Menschen, Tiere zu jagen. Wenn sie ein Reh töteten, verwendeten sie aber nur einen Teil davon und ließen den Rest verderben. Wenn sie Fische aus den Flüssen und Seen fingen, warfen sie die Gräten ins Feuer oder zurück ins Wasser. Sie vergaßen, dafür zu danken, dass sie die Tiere töten durften, damit die Menschen weiterleben konnten. Sie jagten die Tiere, bis diese immer seltener wurden.

Da hielten die Tiere eine Versammlung ab, um zu überlegen, was sie tun sollten. Einige wollten gegen die Menschen in den Krieg ziehen. Aber der Bär warnte sie. „Die menschlichen Wesen haben inzwischen Pfeil und Bogen. Sie können Tiere aus großer Entfernung töten und darum sind wir ihnen nicht mehr gewachsen.“ Sie beratschlagten hin und her, bis sie einen Weg fanden. Sie würden Krankheiten schicken, um die Menschen zu bestrafen. Das Reh schickte geschwollene Gelenke und rheumatische Beschwerden und Kopfweh, die Vögel sandten Magenbeschwerden. Sie schickten den Menschen viele verschiedene Krankheiten und die Menschen begannen, sehr darunter zu leiden. Sie litten so sehr, dass die Tiere Mitleid mit ihnen bekamen. Deshalb sprachen sie mit einigen Menschen im Traum und erzählten ihnen, warum die Menschen nun solche Probleme hätten. Zu bestimmten Menschen sandten sie durch Träume und Visionen Heilmittel für diese Krankheiten. Sie schickten Medizinlieder und sagten ihnen, wer ein Heiler sei, wie man spezielle Pflanzen benutzt, um die Krankheiten zu heilen und wie man Schwitzhüttenzeremonien abhält.

Weil die Krankheiten zu den Menschen geschickt wurden, werden diese nun für immer mit ihnen sein. Aber wenn die Heiler, also die Menschen, denen Gesänge in Träumen und Visionen gegeben wurden, die Medizinlieder singen, die ihnen von den Tieren gelehrt wurden, wenn sie so nackt wie die Tiere in die Schwitzhütte kriechen, um sich zu reinigen, dann ist es ihnen möglich, Krankheiten zu heilen. Wenn die Heiler mit den Tieren zusammen die Krankheiten heilen, können sie die Leute wieder gesund machen. Wenn die Geheilten sich immer daran erinnern, nicht zu viel zu jagen, und wenn sie die Überreste der Tiere, die sie getötet haben, in einer guten Art und Weise verwenden, werden solche Krankheiten nicht mehr zu ihnen zurückkehren. So wurden die Medizin, die Schwitzhüttenzeremonie, die Heilgesänge und vieles andere, was man braucht, um Krankheiten zu heilen, den Menschen gegeben.

Die Namensgebung der Tiere (Okanagan)

Vor langer Zeit rief Großer Häuptling alle Tiere zusammen. „Neue Leute kommen auf diese Welt", sagte großer Häuptling, „ihr müsst alle Namen bekommen. Kommt morgen in meine Hütte, sobald sich das erste Licht zeigt. Ihr könnt euch irgendeinen Namen aussuchen, sofern ihr der erste seid, der ihn haben will."

Kojote hörte gut zu, was der große Häuptling sagte. Er hatte zwar schon einen Namen, aber er mochte ihn nicht. Jeder nannte ihn Sin-ka-lip, was „Nachahmer" bedeutete. Sobald Großer Häuptling aufgehört hatte zu sprechen, wusste Kojote, dass er der erste sein wollte, der in der Morgendämmerung in der Hütte des Großen Häuptlings sein würde, um einen neuen Namen zu bekommen, einen sehr beeindruckenden Namen natürlich. Kojote begann herumzulaufen und prahlte überall mit dem neuen Namen, den er wählen würde. „Da ich morgen der erste beim großen Häuptling sein werde, werde ich den mächtigsten Namen von allen auswählen. Vielleicht wähle ich „Grizzlybär". Vielleicht wähle ich auch „Adler". Aber alle werden meinen Namen hören und wissen, dass ich der Anführer von allen bin!" „Sin-ka-lip", sagte die Frau von Kojote, „warum möchtest du deinen Namen ändern? Bist du nicht damit glücklich, was du bist?" „Morgen", sagte Kojote und ignorierte völlig die Worte seiner Frau, „werde ich den mächtigsten Namen von allen Tieren haben."

Kojote prahlte so sehr, dass seine Frau sich Sorgen machte. „Wenn Sin-ka-lip einen mächtigen Namen bekommt", dachte sie, „wird er mit mir nicht mehr glücklich sein, nicht mehr mit mir leben wollen und mich verlassen." Kojote prahlte und gab an, bis es späte Nacht wurde. Dann endlich beschloss Kojote, dass es Zeit war, zu schlafen. „Wecke mich vor dem ersten Licht der Morgendämmerung", sagte er zu seiner Frau. „Dann bin ich mir sicher, dass ich den besten Namen bekomme." Aber Kojotes Frau, die besorgt darüber war, dass Kojote nicht bei ihr bliebe, tat nicht wie ihr geheißen war. Als die Morgendämmerung kam, ließ sie ihn schlafen. Tatsächlich schlief er sogar bis zur Abenddämmerung. Dann endlich weckte sie ihren Mann auf. „Das ist gut", sagte Kojote, „die Sonne geht noch nicht einmal auf. Ich werde sicherlich der erste sein, der die Hütte von großem Häuptling aufsucht."

Er rannte so schnell wie möglich und war erfreut, als er die Hütte von Großem Häuptling erreichte und kein anderes Tier dort sah. „Dieses faule Pack schläft noch immer", lachte Kojote. „Es ist eindeutig, dass ich derjenige bin, der Anführer sein soll." Dann lief Kojote in die Hütte von Großem Häuptling. Neben dem Platz von Großem Häuptling war ein Stock. Auf diesen Stock hatte Großer Häuptling viele Ringe mit eingravierten Namen gesteckt, und die mit den mächtigsten Namen waren ganz oben. Nun aber war nur noch ein Ring übrig.

„Großer Häuptling“, sagte Kojote, „ich werde Adler sein.“ „Dieser Name ist schon vergeben“, sagte großer Häuptling. „Ich wusste es“, sagte Kojote, aber dennoch war er überrascht, „ich wollte sagen, dass ich Grizzlybär sein möchte.“ „Dieser Name ist auch schon vergeben“, sagte Großer Häuptling. Kojote war sehr überrascht, aber er erholte sich schnell. „Dann werde ich Lachs sein“, sagte Kojote. „Dieser Name ist schon weg“, sagte großer Häuptling. „Alle Namen bis auf einen sind schon vergeben.“ Er hob den Ring mit dem einen Namen auf. „Es ist der Name ganz unten. Kein anderer wollte diesen. Es ist Sin-ka-lip. Dies ist dein Name.“

Kojote setzte sich neben das Feuer, unfähig irgendetwas zu sagen. Aber großer Häuptling war noch nicht fertig. „Sin-ka-lip“, sagte großer Häuptling, „jeder hat seine Aufgabe. Derjenige, der als letztes kommt muss sich um alles kümmern, was übrig gelassen wurde. Somit ist dein Name ein sehr mächtiger. Die Neuen, die kommen, sind die Menschen. Aber es gibt auch viele Monster, die diese töten wollen. Es ist deine Aufgabe, die Erde von diesen Monstern zu befreien. Wenn du nicht weißt, was du tun sollst, schaue tief in dich hinein und du wirst die Hilfe finden, die du brauchst.“ Großer Häuptling meinte, Kojote solle in sein Herz schauen, aber Kojote war so aufgeregt, dass er nicht genau zuhörte, und er verstand, dass er in seinen Magen lauschen soll. Deswegen lauscht Kojote bis heute in seinen Magen, um Führung zu erhalten.

„Deine Aufgabe wird nicht leicht sein“, sagte großer Häuptling, „und es wird auch nicht leicht für die Menschen, die bald auf die Erde kommen werden. So gebe ich dir eine besondere Medizin. Weil du viele Monster bekämpfen musst – und weil es so aussieht, dass du viele Fehler machst – wird es Zeiten geben, in denen du getötet wirst. Wenn nur ein Haar von deinem Körper übrig bleibt und dein Bruder Fuchs über das schreitet, was von dir übrig ist, kann er dich ins Leben zurückholen, fünf Mal.“ Kojote war so überglücklich, dass er hinaus rennen wollte und etwas Närrisches tun, um herauszufinden, wie es war, zu sterben und wieder ins Leben zurückgebracht zu werden. Aber Großer Häuptling war noch nicht fertig. „Die Menschen werden viel Hilfe brauchen. So werde ich mich selbst in etwas verwandeln, was ihnen helfen wird. Es ist noch ein Name übrig, der nicht an dem Stock war. So muss ich diesen Name tragen. Der Name heißt Quil-sten, die-Eine-die-wärmt. Ich werde keine Augen, keine Arme und keine Beine mehr haben, da ich die Schwitzhütte sein werde. Wenn die Menschen Führung brauchen, können sie mich nutzen. Meine Rippen werden über diese Menschen gewölbt sein und ich werde dort alles hören, was sie sagen. Ich werde den Menschen helfen, wenn sie Ärger haben oder krank sind. Das wird für immer meine Aufgabe sein.“ Und so wurde Großer Häuptling zur Schwitzhütte.

Das ist die Geschichte, wie die Tiere zu ihren Namen kamen, Kojote seine Medizin bekam und Quil-sten, die Schwitzhütte entstand. Das ist, wie es vor langer Zeit geschah, und wie es bis zum heutigen Tag geschieht.

Die Geschichte von der heiligen Schildkröte (Wolfsclan)

Im Stamm war der Hunger ausgebrochen. Nach einer langen Trockenheit waren die Ernten verdorrt, die Tiere waren in fruchtbarere Gegenden abgewandert und nun hatte keiner mehr etwas zu essen. Alten und Jungen, Männern wie Frauen knurrte der Magen. Das einzig Verwertbare im ganzen Stamm war die heilige Schildkröte des Medizinmanns. Aber diese war tabu, das wussten alle, und der Medizinmann wachte eisern über sie. So hungerten alle eine weitere Woche. Dann aber trieb es sie zur Hütte des Medizinmannes und einer forderte, dass er das Tabu brechen und die heilige Schildkröte zum Wohle des Volkes opfern solle. „Kommt nicht in Frage! Geht und betet!“, rief der Medizinmann von innen durch die geschlossene Türe und der Stamm zog murrend ab.

Sie beteten, opferten Tabak und Salbei, aber der große Geist erhörte sie nicht und es geschah keine Besserung. So versammelten sie sich nach einigen Tagen wieder vor der Hütte des Medizinmanns und forderten ihn energisch auf, endlich die Schildkröte zu opfern. Er war ein guter Medizinmann und so wusste er, dass sie es ernst meinten, und dass es jetzt keinen Ausweg mehr gab. „Nun gut“, meinte er, „lasst uns die Schildkröte zubereiten!“ Dem Stamm lief das Wasser im Munde zusammen, sie riefen „Hurra!“ und „Ahoe!“ und „Hoch lebe die Schildkröte!“, und alle freuten sich auf die unerwartete Mahlzeit.

Der Medizinmann bat sie alle zu sich in die Hütte. Feierlich nahm er seine heilige Schildkröte, räucherte sie mit heiligem Salbei, dankte ihr für alles und verabschiedete sie. Dann öffnete er seine Mikrowelle, setzte die Schildkröte hinein, schloss die Türe, drehte die Zeitautomatik – und setzte sich in den Kreis der erwartungsvollen Stammesmitglieder. 10 Minuten später machte es „Bing!“, die Tür sprang auf, die heilige Schildkröte wankte heraus, wischte sich den Schweiß von der Stirn und rief mit tiefer Stimme: „Für alle meine Verwandten, bitte acht Steine!“

2.4 Von Prophezeiungen und Visionen

Überall auf der Welt brechen Wissensträger, Schamanen, Medizinleute und Heiler aus ihren angestammten Regionen auf und reisen um die Welt, um ihre Weisheit und ihr Wissen, das Jahrtausende lang nur von Lehrer zu Schüler innerhalb der Gemeinschaft weitergegeben wurde, jetzt öffentlich zu machen. Vor allem im Westen stoßen sie dabei auf neugierige und weit offene Augen, Ohren und Herzen. Hier, wo die Verbindung zu den eigenen spirituellen Ahnen und Wurzeln, zum alten Wissen über das Zusammenleben mit der Erde so gründlich eliminiert, verboten, verbrannt, verhetzt und wegrationalisiert wurde wie nirgendwo sonst auf der Erde, treffen diese Wanderer und Botschafter auf eine tiefe Sehnsucht in vielen Menschen, wieder an das alte Wissen anzuschließen. Der Grund für diese völlig neue weltweite Bewegung liegt direkt bei den Göttern und Geistern, kommt also aus den transzendenten Welten der Spiritualität. Denn sie sind es, die entweder vor langer Zeit den Stämmen Prophezeihungen über die zu erwartende Zukunft und ihre Aufgabe darin gegeben haben, oder heute zu ihren menschlichen Kontaktpersonen und Verbündeten sprechen, die aus Berufung als Kanal und Verbindung zu den Geistwesen tätig sind. Immer aber ist die Botschaft die selbe: jetzt erfüllen sich die Zeichen und Omen, jetzt ist die Zeit angebrochen, jetzt muss das alte, geheime Wissen nach und nach geöffnet werden, da es gebraucht wird, die Erde leidet, die Menschheit steht am Scheideweg, es ist die Zeit des Erwachens. Und so machen sich viele auf, bekannte und unbekannte, vom Stamm legitimierte und selbstberufene, mit Unterstützung ihrer Gemeinschaft oder auch ohne. Sie alle aber folgen dabei ihren persönlichen Visionen und einer inneren Berufung. Und mag es durchaus Unterschiede in der Qualität und Effizienz ihrer Arbeit und ihres Wissens geben, so trägt doch jeder den Aufruf zum Anbruch einer neuen Zeit in sich.

Gerade im indianischen Kulturkreis gibt es einige interessante Prophezeihungen über den Weg und die Zukunft der Menschheit. Einige davon sind inzwischen relativ bekannt geworden, andere sind es weniger. Allen gemeinsam ist aber, dass eine Zeit der Verwirrung, des Streits und des Chaos unter den Menschen ausbrechen wird und dass die Verbindung zum Ursprung, zur Mutter Erde und das alte Wissen verloren gehen wird – bis der Tag kommt, an dem einige sich wieder diesem Wissen zuwenden werden, um eine neue, lebenswertere Welt zu schaffen.

Schaut man nüchtern in unsere Welt, kommt man nicht umhin, diese prophezeite Zeit angebrochen zu fühlen. Während einerseits unsere Umwelt immer mehr zerstört wird, das Artensterben zunimmt, der Regenwald abgeholzt wird, das Ozonloch immer größer und die Eispole zugleich immer kleiner werden, und dabei ein Großteil der Menschheit weiter in Zwistigkeiten, Krieg, Uneinigkeit, Macht und Gier verstrickt ist, gibt es auf der anderen Seite immer mehr Menschen, die erwachen. Sie erinnern sich, oft nach tiefen Krisen und langen Zeiten persönlicher Suche, dass es die Möglichkeit eines Lebens im Einklang mit der Erde gibt. Dass wir uns erinnern müssen an unsere Herkunft, an unsere große Mutter Erde und den Vater Himmel, an die grundlegenden Gesetze des Lebens auf diesem Planeten, um das Überleben auf menschliche Art und Weise zu sichern. Überall auf der Welt entsteht ein großes Interesse an den alten Wegen und dem Wissen indigener Völker und Stämme. Schamanismus ist ein großes Thema unter den Suchenden, und viele Menschen entdecken dadurch den Zugang zu einer echten Kommunikation und Verbindung mit allen Welten von Großmutter Erde.

Die sich im Westen rasant ausbreitende Zeremonie der Schwitzhütte hat dabei vielen dieser Menschen auf unterschiedlichste Weise geholfen, den Kontakt zu den grundlegenden Gesetzmäßigkeiten des Lebens, zu diesen einfachen Wahrheiten wieder herzustellen.

Im Folgenden stelle ich kurz einige indianische Prophezeihungen vor, von denen auch viele Indianer sagen, dass sie sich jetzt, in unseren Tagen, erfüllen.

• Die Prophezeihungen der Hopis – das Ende der Erdenhüter

Die Hopi sehen sich selbst als Hüter der Erde. Sie glauben, dass durch ihre Zeremonien und Gebete die Welt im Gleichgewicht gehalten wird, dass am Ende der Zeit der Stamm der Hopi verschwinden wird und die Aufgabe des Erdenhütens dann von anderen Menschen übernommen werden muss, die sich freiwillig dafür entscheiden. In ihren Prophezeihungen, die sie seit 1949 vor Regierungen, in Fernsehen und allen Medien öffentlich machen, und die noch aus der Zeit vor der Besiedelung Amerikas durch die Weißen stammen, gibt es erstaunliche Aussagen. Sie sprechen von neun Zeichen, die sich erfüllen werden, bevor die so genannte fünfte, gereinigte und erneuerte Welt anbrechen wird, wobei acht dieser Zeichen schon eingetroffen sind. So sagten sie unter anderem die Ankunft der Weißen, die Planwagen, die Herden aus Longhornrindern, die Eisenbahn und die Stromleitungen voraus. Besonders interessant und bekannt ist das achte Zeichen: „Ihr werdet viele Junge sehen, die ihr Haar lang tragen wie unsere Leute, die kommen und sich mit den Eingeborenen treffen, um unsere Weisheit und unsere Lebensweise zu lernen.“ Spätestens seit der Zeit der Hippies ist eingetroffen, was bis dahin als undenkbar galt: dass weiße Jugendliche sich geben wie Angehörige der verachteten indianischen Kulturen. Ist es möglicherweise also Aufgabe der Generationen der Nach-68er, die Aufgabe als Hüter und Bewahrer der Erde zu übernehmen? Es gibt auch einen bekannten Stein mit eingeritzten Bildern und Symbolen, der die beiden möglichen Wege der Menschheit aufzeigt: zu einem Leben im Einklang mit allen Welten, oder einem anderen, das zum Ende des Lebens führt. Aber – laut den Hopi hat der Mensch noch immer die Wahl.

- **Die Regenbogen-Vision der Hopi**

Ebenfalls eine Hopiprophezeihung, die in eine ähnliche Richtung weist, besagt, dass eine Zeit kommen wird, in der die Welt in großen Schwierigkeiten steckt und in der sich ein neuer, weltweiter Stamm unter Führung der Hopi bilden wird, dessen Mitglieder im Einklang mit den Gesetzen des Lebens handeln werden, und der sich aus Menschen aller Rassen und Nationen zusammensetzen wird – das Regenbogenvolk. Dieser Stamm soll die Welt wieder vereinen und ein neues Zeitalter einleiten. Der so genannte Rainbow Tribe, ein loser Zusammenschluss von bunten Menschen aus aller Welt, der jährliche regionale und überregionale Treffen im Geist der Erde abhält, sieht sich als Vorläufer dieses Stammes.

- **Die Rückkehr der Weißen Büffelfrau (Lakota)**

Nach einer Prophezeihung der Lakota, die auch bei vielen anderen Indianerstämmen Amerikas bekannt ist, wird am Ende des Zeitalters, während großer Umwälzungen und zum Beginn der großen Reinigung, die so genannte Weiße Büffelfrau zurückkehren. Diese ist die Kulturbringerin der Lakota und übergab ihnen die heiligen sieben Riten, darunter die Schwitzhüttenzeremonie, die heilige Pfeife und den Sonnentanz. Ihre Rückkehr kündigte sie durch die Geburt weißer Büffel an. Nun wurden seit 1994 auf einer Ranch in Wisconsin sowie 1996 auf einer in North Dakota eine Reihe von weißen Büffelkälbern geboren, die keine Albinos sind, sondern tatsächlich (mehr oder weniger) weißes Fell haben, und dieses auch weiter vererben. Eines dieser Kälber wurde weiß geboren, veränderte dann das Fell zu gelb, dann zu rötlich, und schließlich zu braun, so wie es in der Legende von der weißen Büffelkalbfrau prophezeit wurde. Viele Lakota und andere Indianer sehen dies als ein deutliches Zeichen, dass sich die Welt bald wieder zum Guten verändern wird. Die Rückkehr der weißen Büffelfrau meint im speziellen eine Rückkehr zu den weiblichen Werten, besonders zu Mutter Erde, deren Geist alle Menschen beschützen wird, die im Einklang mit der Natur leben und handeln, aber auch eine Wiederherstellung des verlorenen Gleichgewichts zwischen Männern und Frauen auf der Erde, indem die weibliche Kraft wieder voll anerkannt wird.

• **Der Fels von Dighton Rock (Wampanoag)**

Die Wampanoag-Indianer berichten über einen Felsen mit Petroglyphen, der die Geschichte ihres Propheten Weetucks trägt. Er war ein Ausgestoßener seines Volkes, der aber durch direkte Verbindung mit Großmutter Erde die alten Weisheiten erinnerte und sie zu seinem Volk, das sie bereits vergessen hatte, zurückbrachte – darunter auch die Schwitzhüttenzeremonie. Damit sie nicht wieder vergessen würden, gab er ihnen als dauernde Mahnung den Stein mit den beiden Wegen, die der Mensch gehen könne: der eine hört auf die Natur und geht den heiligen Weg des Lebens, der andere geht den Weg der Zerstörung und endet in einem großen Blitz. In den Überlieferungen der Wampanoag sind die so genannten ursprünglichen Weisungen enthalten.

• **Das Eis in den Herzen der Menschen (Inuit)**

Eine uralte Inuit-Prophezeihung besagt, dass das Eis in den Herzen der Menschen erst schmelzen kann, wenn das Eis an den Polen schmelzen wird. Dann wird das Feuer nach Grönland zurückkehren, mit dort gewachsenem Holz genährt werden und eine neue Zeit wird anbrechen. Im Jahr 2009 war es soweit. Die Polkappen schmelzen, seit den 50er-Jahren wachsen dadurch wieder die ersten Bäume in Grönland, die nun groß genug sind, um Brennholz zu liefern, und in einer großen Zeremonie mit indigenen Vertretern aus aller Welt wurde das heilige Feuer in Grönland wieder entzündet, was dann auch das spirituelle Feuer im Menschen entzünden soll. Angaangaq, ein Inuit-Schamane, reist im Auftrag der Ältesten um die Welt, um auf die großen kommenden Veränderungen hinzuweisen.

Bei all diesen Prophezeihungen, von denen es noch viele andere mit ähnlicher Botschaft gibt (unter anderem von den Maya, den Quechua-Inka, den Mohawk, den Cherokee usw.), fällt auf, dass es immer um Versöhnung in einer besseren Welt geht. Die Ureinwohner öffnen den Menschen aller Hautfarben ihre Türen. Ihre Ältesten rufen dazu auf, „sich der ursprünglichen Anweisungen zu erinnern", als jeder Stamm und jedes Volk vom Schöpfer eine Aufgabe erhalten hatte. Dieser Aufgabe zufolge ist die Zeit nun reif, um die Wunden der Vergangenheit zu heilen, sich in harmonischer Zusammenarbeit mit dem Planeten Erde zu verbinden und gemeinsam ein neues Zeitalter des Friedens und des Mitgefühls zu begründen.

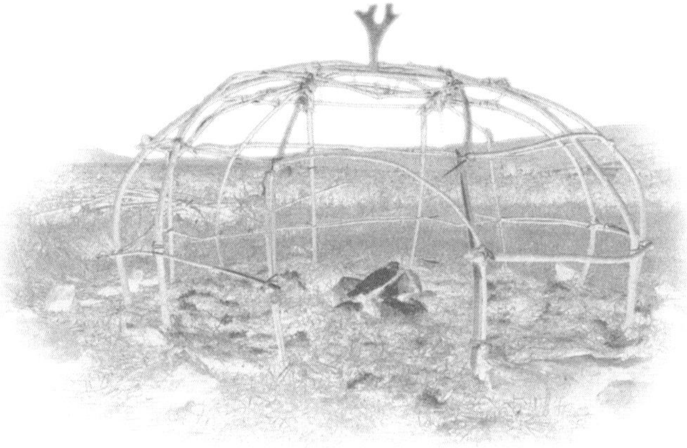

3. Schwitzhütten-traditionen

In Deutschland wie anderen europäischen Ländern haben sich mit dem Ausbreiten des Schwitzhüttenrituals vor allem drei verschiedene Arten der Durchführung etabliert, die ich hier etwas ausführlicher vorstellen will: die Schwitzhüttenzeremonien nach der Tradition der Lakota, hier vor allem von Wallace Black Elk und Archie Fire Lame Deer inspiriert, dann die Schwitzhütten aus dem Bärenstamm (Bear Tribe), der von dem vor allem aus Büchern und seiner Erdastrologie bekannten Schamanen Sun Bear gegründet wurde, sowie die Hütten in der Art des Deer Tribe, die auf den Metis-Medizinmann Harley Swift Deer Reagan zurückgehen. Daneben wird die spirituelle Wurzel unserer Saunakultur aufgezeigt und über verschiedene weniger bekannte Anhaltspunkte für zeremonielle Schwitzrituale in alten Kulturen berichtet.

In erster Linie möchte ich dabei klar machen, dass es auf der ganzen Welt schon immer eine Vielzahl an Möglichkeiten gab, das Schwitzen in rituellen und spirituellen Kontext einzubetten und dass es den „richtigen" Weg nicht gibt.

Klassische Holzsauna

3.1 Die skandinavische Saunatradition

Die Sauna hat seit vielen Jahren ihren festen Platz in der Wellnesskultur vor allem Deutschlands, aber auch in vielen anderen Ländern Europas eingenommen. Nirgends gibt es so viele Saunagänger wie in Deutschland – allerdings nutzen sie die Finnen, bezogen auf ihre Bevölkerungszahl, nach wie vor am häufigsten. Aber auch in den anderen skandinavischen Ländern und in der russischen Variante des „Banja" gehört der Saunagang zum festen Bestandteil der Alltagskultur, vor allem in den nördlichen Gegenden, wo es z.B. bis heute üblich ist, dass sich Geschäftsleute in der Sauna zu Verhandlungen treffen.

Das Wort „Sauna" entstammt der samischen Sprache, bedeutet so viel wie „Erdgrube" und verweist damit auf den uralten Ursprung dieses Schwitzrituals.

Es gibt im europäischen Raum bereits Funde aus der Steinzeit, die von einigen Forschern als eine Art Schwitzhütte gewertet werden: kleine Gerüste aus Mammutknochen errichtet, die vermutlich mit Fellen abgedichtet wurden, in der Mitte Vertiefungen, in die heiße Steine gelegt wurden. Wann die ersten Saunen als feste Blockhäuser aus Holzstämmen errichtet wurden, lässt sich schwer feststellen. Die Vorfahren der Samen, der skandinavischen Ureinwohner, sind vor 4000 Jahren, die Vorfahren der Finnen dann vor etwa 2000 Jahren aus dem ostasiatischen Raum zwischen dem Ural und der Mongolei in ihre heutige Heimat eingewandert, und haben sicherlich die Kultur des Schwitzhauses von dort mitgebracht, denn die ältesten Funde von steinzeitlichen Schwitzhütten stammen aus Ostasien.

Über lange Zeiten waren Saunen wohl zur Hälfte in den Boden eingelassen, so wie viele Wohnhäuser damals auch. Nur im oberen Teil wurde aus Blockholzstämmen ein Dach errichtet. Das hatte den Grund, dass die Erde isoliert und Wärme sich im Boden besser speichert. Man muss bedenken, dass die Saunakultur in einer für die dort lebenden Menschen sehr unwirtlichen Umgebung entstanden ist, die sich durch wenige Monate Vegetationszeit, dafür extrem lange und kalte Winter mit viel Schnee ausweist. Die ältesten schriftlichen Überlieferungen über eine solche Erdsauna stammen aus dem Jahr 912. Viel ältere Schriften sind aus dem nordischen Raum sowieso nicht bekannt, weswegen die Tradition weitaus älter sein kann.

Fast jedes Haus in Finnland besitzt bis heute eine Sauna. Über lange Zeiten war die Sauna im bäuerlichen wie städtischen Kulturraum des Nordens Badezimmer, Treffpunkt, Entspannungs- und Heilraum zugleich. Da es meist der einzige wirklich saubere Raum mit heißem Wasser war, wurde er nicht nur zur Behandlung von Krankheiten, sondern sogar als Kreißsaal genutzt: bis in die Neuzeit hinein gebaren die Frauen dort ihre Kinder! Nach der Geburt verbrachten Mutter und Kind eine ganze Woche in der warmen Sauna, bevor das Neugeborene dann dem Vater und den anderen Verwandten gezeigt wurde.

War jemand trotz der regelmäßigen, abhärtenden Saunabesuche krank geworden, ist aus Finnland überliefert, sich beim Aufguss durch Gebete und alte Zaubersprüche an die Geister zu wenden, und dass auch das rituelle Schlagen mit dem Birkenbüschel einen den bösen

Alte finnische Sauna mit Grasdach als Isolierung

Geist austreibenden Charakter hatte, was man nicht nur bei Kranken, sondern auch bei ungezogenen Kindern anwandte. Nach G. Suolahti waren in diesem Zusammenhang verschiedene Arten der Beheizung des Saunaofens bekannt. So heilte man plötzlich Erkrankte mit Holz, das vom Sturm umgeworfen worden war, während Bäume, die vom Blitz getroffen wurden, für Fieber-Krankheiten wirksame Heilenergien in die Sauna frei setzten.

Im Rahmen der damals üblichen bäuerlichen Subsistenzwirtschaft wurde die Sauna aber auch für ganz praktische Zwecke genutzt: zwischendurch wurden Getreide, Fleisch und Fisch getrocknet und geräuchert und dadurch für die Lagerung haltbar gemacht. Diese vielfache Nutzungsstruktur führte manchmal zu Saunagrößen von über 30m^2! Die überwiegende Zahl der älteren Saunabauten bewegt sich aber dennoch im mittleren Bereich von sechs bis zehn m^2.

Trotz dieser teilweisen profanen Nutzung, oder gerade deshalb, wurde dieser Ort immer sehr wertgeschätzt und beschützt. Bis heute sagt man in Finnland, dass es verboten ist, in einer Sauna „böse Worte" auszusprechen, zu schimpfen, zu fluchen und schlecht über andere Menschen zu reden. Auch Unsittlichkeit zwischen den Geschlechtern war bei gemeinsamer Nutzung, die sowieso eher selten war, nicht geduldet. Sogar lautes Sprechen oder Singen war verpönt. Das weist klar auf den ursprünglich sakralen Charakter hin. Saunen galten lange als heilige und gesegnete Plätze.

So sagte man in vergangenen Zeiten auch, dass in der Sauna ein Geist wohne, der aber gutmütig sei und niemanden belästige, der die in der Sauna vorgeschriebenen Verhaltens-Regeln einhielt.

Da wohl jeder den Vorgang des modernen Saunierens aus eigener Erfahrung kennt, erspare ich mir hier eine allgemeine Beschreibung davon.

Das Innere einer finnischen Rauchsauna

Weniger bekannt, dabei ursprünglich die allgemein gebräuchliche Form der finnischen Sauna, ist bis heute die Rauchsauna (finn. *savusauna*). Ein offener Ofen aus lose zusammengefügten Steinen wird in der Sauna, die aus groben, offenporigen Holzstämmen erbaut ist, über mehrere Stunden (etwa drei bis sechs) durch ein großes Feuer beheizt, bis die Steine richtig heiß sind, wobei sich der Rauch im Innern der Sauna sammelt. Wenn das Feuer erloschen ist, wird die Asche ausgeräumt, und der restliche Rauch zieht durch spezielle Öffnungen in Wänden und Decke ab. Nach einem starken ersten Aufguss noch ohne Saunagänger, durch den der restliche Rauch aus der Sauna getrieben wird, kann die Sauna dann für mehrere Stunden benutzt werden. Der Steinofen heizt dabei den Saunaraum ständig weiter auf und dient gleichzeitig als *kiuas* (Steinhaufen für den Aufguss), der immer wieder mit Wasser übergossen wird. Eine solche Rauchsauna ist von innen durch Ruß und Rauch des offenen Feuers komplett geschwärzt. Deshalb bringt sich jeder Saunagänger ein sauberes Holzbrett als Sitzunterlage mit. Bis zur Einführung von Öfen aus Gusseisen und dem Einbau von Kaminen im 19. Jahrhundert war dies die übliche Form der Sauna in Finnland.

Eine andere spezielle Form, dabei im Grunde die ursprünglichste, ist die Erdsauna. Oft ist dies eine Art Wanne, die in die Erde eingelassen ist. Sie wird mit Steinen vermauert und mit einem kleinen Blockhäuschen überbaut. Ein offener Ofen im Inneren wird ständig mit dicken Scheiten befeuert, sodass Temperaturen bis 110 °C entstehen, die allerdings durch die kühlen Erdwände abgepuffert werden. Heute gibt es kaum noch Erdsaunen, und wenn, sind viele von ihnen im Inneren wie übliche Saunen ausgestattet.

Eine Besonderheit der finnischen und russischen Saunakultur im Frühjahr und Sommer sind die zu Büscheln gebundenen grünen Birkenzweige, genannt „Vasta“ oder „Vihta“, im russischen „Wenik“. Das leichte, gegenseitige Auspeitschen mit den grünen Büscheln zwischen den einzelnen Saunagängen hat einen anregenden Massageeffekt auf die Haut. Die Birkenblätter geben dabei eine seifenartige Substanz ab, die reinigend und belebend wirkt. Diese Birkenbüschel werden im Frühjahr gebunden und eingelagert, und es gibt sie sogar ganzjährig tiefgekühlt im Supermarkt zu kaufen! Früher wurden sie getrocknet und für die Anwendung in der Sauna in heißem Wasser gebrauchsfertig gemacht. Dieses Wasser wurde dann als spezieller Aufguss mit anregendem Duft verwendet.

Andere Aufgüsse mit Duftölen, wie sie hierzulande inzwischen üblich sind, werden in der nordischen Saunakultur nicht verwendet. Der reine Wasseraufguss wird überall bevorzugt. Eine Ausnahme ist bekannt: oft wird einem Aufguss Teer beigegeben, sodass es in der Sauna wie in einem alten Segelschiff riecht. Allerdings handelt es sich hier um Birkenteer, also einer aus Birkenrinde destillierten Substanz, die unter anderem zum Abdichten von Holzzwischenräumen auf Schiffen oder zum Einschmieren von Leder, um es wasserdicht zu machen, verwendet wurde und schon seit der Steinzeit bekannt ist. Wieder wird also ein Teil der Birke verwendet.

Birkenblätter enthalten Flavonoide, Gerbsäuren, Bitterstoffe, Saponine, Vitamin C und ätherische Öle. Vor allem in jungem Zustand sind sie mit feinen Drüsen besetzt, die ein wohlriechendes Harz enthalten und einen klebrigen Überzug bilden. In der Pflanzenheilkunde hat Tee aus Birkenblättern nachgewiesenermaßen entwässernde und schweißtreibende Wirkung, und gehört auch für Schulmediziner zu den besten Mitteln bei Blasen- und Nierenentzündungen. In älterer Literatur wird die Birke deshalb oft als „Nierenbaum“ bezeichnet. Auch bei Gicht und Rheuma ist eine Heilwirkung nachgesagt. Birkenrindenabsud soll gegen Hauterkrankungen helfen und wird auch in heutigen Hautsalben verwendet. Außerdem regt der enthaltene Wirkstoff Betulin die Durchblutung an und fördert sogar das Haarwachstum.

Die Fastenkursleiterin Regi Brugger aus der Schweiz hat beobachtet, dass Birkensaft auch auf seelischer und geistiger Ebene entschlackend und reinigend wirkt. „Birkensaft wirkt nicht nur entwässernd auf die Nieren, sondern auch auf feinstofflicher Ebene. Beispielsweise finden Fastenteilnehmer für unbewältigte, quälende seelische Probleme endlich eine Lösung oder alte Überzeugungen werden überdacht und verworfen, wodurch Platz für Neues entstehen kann."

Kein Wunder also, dass die Birke seit alters her zum nordischen Saunaritual gehört. Sie wurde überall im europäisch-indogermanischen Raum als heiliger Baum verehrt und spielt in vielen Fruchtbarkeitsritualen eine Rolle. Bis heute wird sie als Maibaum aufgestellt oder mit ihrem frischen Frühlingsgrün sogar in christlichen Kirchen als Pfingstbaum und damit als Symbol des erneuerten Lebens verwendet.

Zurück zu den Aufgüssen. In Russland sind alkoholische Aufgüsse in der Sauna bekannt und beliebt, also Schnaps oder Wodka, gelegentlich auch Bier. Da der Mensch mit Abstand das Kühlste in einer Sauna ist, kondensiert tatsächlich ein guter Teil des Alkohols mit dementsprechender Wirkung in der Lunge und gerät sehr schnell in die Blutbahn. Möglicherweise handelt es sich auch dabei um alte rituelle Gebräuche – interessant wären z. B. Versuche mit Met, dem heiligen Trunk der Germanen, den ich einmal als „Wikingeraufguss" in einer Sauna angeboten sah.

3.2 Die Lakota-Tradition

Die Tradition der Lakota-Indianer, eines Stammes der Sioux, ist eine der am Besten überlieferten und zugleich lebendigsten aller Stämme Nordamerikas. Viele Schwitzhüttenleiter in Europa beziehen sich in der rituellen Form der Ausübung auf spirituelle Lehrer der Lakota, die nach Europa gekommen sind, um ihr Wissen weiter zu geben. Die bekanntesten unter ihnen waren Wallace Black Elk und Archie Fire Lame Deer, die beide bereits verstorben sind. Auch Schwarzer Hirsch ist durch seine beiden ins Deutsche übersetzten Bücher für viele eine Anregung geworden. Andere sind z. B. Charles und Godfrey Chips, Michael Two-Feathers oder David Little Elk. Da die Nation der Lakota eine der zahlenmäßig Stärksten unter den indianischen Völkern ist, gibt es auch innerhalb dieses Stammes verschiedene Überlieferungen und Meinungen über das „richtige" Abhalten der Schwitzhüttenzeremonie und folglich keinen einheitlichen Kodex. Den meisten Lehrern aus der Lakotatradition und ihren europäischen Schülern ist es aber wichtig, dass der Ablauf der Zeremonie möglichst unverändert beibehalten wird, so wie er gelehrt wurde, um die Kraft nicht zu verlieren. Die Tradition soll aufrecht erhalten werden. So findet man in diesen Schwitzhütten wahrscheinlich die meisten „original" indianischen Elemente. Lieder in der Sprache der Lakota werden gesungen, die eine gewisse Magie besitzen, die Zeremonie der Heiligen Pfeife ist fest in den Schwitzhüttenablauf integriert und viele Schüler sind Pfeifenträger.

In der Sprache der Lakota heißt die Schwitzhüttenzeremonie Inipi, was „sie schwitzen" bedeutet, und findet im Initi statt – im „Schwitz-Haus". Wallace Black Elk nennt sie Tunkan tipi, von lakota: tun = Geburt, kan = Alter und tipi = Windbrecher, sinngemäß also ein Tipi, in dem man Geburt und Alter erleben kann, oder auch „Haus der heißen Steine", und das

Ritual heißt die „Zeremonie der Steinvölker“. Es wird abgehalten, um mit Großmutter Erde zu kommunizieren. Da sie aber schläft, muss ein kleines Loch in die Erde gegraben werden, damit sie atmen und mit den Menschen kommunizieren kann.

Zur Vorbereitung einer Schwitzhüttenzeremonie werden in der Lakotatradition so genannte „*tobacco ties*“ gebunden. Dies sind kleine Stücke Baumwollstoff, entweder nur in rot oder den heiligen Farben weiß, schwarz, rot, blau, grün und gelb. Auf jedes Stückchen Stoff wird eine kleine Prise Tabak gegeben. Im indianischen Wissen ist Tabak die Pflanze, die menschliche Gedanken und Gebete am Besten aufnimmt, und wird deshalb für Gebetszeremonien mit der Pfeife verwendet – nicht etwa, weil er so gut dröhnt. Während der Tabak mit dem Stoff und starkem Baumwollfaden zu einem Säckchen gebunden wird, spricht die Person ein Gebet. Diese Gebete sind gemäß der Lakotatradition immer für andere, niemals für sich selbst. Diese tobacco ties werden dann von innen an das Gestell der Schwitzhütte gebunden. Für jede Schwitzhüttenzeremonie werden neue tobacco ties hergestellt. Nach einer Zeremonie werden sie im Feuer verbrannt.

Es können auch *tobacco ties* mit in die Schwitzhütte genommen werden. Dazu werden 5, 15, oder bei schwerwiegenden Themen wie persönlicher Krankheit oder großen Problemen 25 rote *ties* an eine Schnur gebunden und diese um den Hals gehängt. Auch diese Kette aus *tobacco ties* wird nach der Zeremonie dem Feuer übergeben, damit die Gebete durch die Flammen transzendiert werden.

Das Schwitzhüttengestell besteht traditionell aus 16 Ruten von Weiden für Heilzeremonien der Medizinmänner, oder aus 12 Ruten für Familienhütten. Archie Fire Lame Deer sagte, dass wir in Europa erst einmal viele Heilhütten mit 16 Stangen bräuchten... Im Sommer wird das Baumaterial manchmal geschält, sodass die Ruten weiß sind.

In einem Kreis von etwa 3 m Durchmesser werden die 12 oder 16 Löcher gleichmäßig verteilt. Bevor die Ruten in den Boden gesteckt werden, kommt in jedes Loch eine Prise Tabak. Der Eingang der Schwitzhütte ist bei den Lakota normalerweise im Westen, nach Schwarzem Hirsch auch im Osten. Manche Lakota sagen, dass die Tür nach Osten nur für Heyokah-Schwitzhütten passend ist. Ein Heyokah ist ein heiliger Narr, dessen besondere Aufgabe darin besteht, alles verkehrt zu machen.

Bei einer 16er-Hütte wird zuerst das Rutenpaar von Nordost nach Südwest parallel gebogen und verbunden, anschließend das Paar von Nordwest nach Südost. Es folgen jeweils die Paare von Nord nach Süd, und zuletzt von West nach Ost.

Für eine 12er-Hütte wird in die Zwischenrichtungen nur jeweils ein Stab gesteckt, in den Hauptrichtungen je zwei. Das Binden erfolgt in derselben Reihenfolge der Himmelsrichtungen wie vorher beschrieben, nur dass eben in den Zwischenrichtungen jeweils nur eine Rute mit der gegenüberliegenden verbunden wird.

Anschließend werden um das Gerüst vier horizontale Reifen gebunden. Diese symbolisieren nach Archie Fire Lame Deer die vier Phasen der Schöpfung: der erste spart den Eingang aus und steht für die höheren Geister. Der zweite, auf Höhe des oberen Türabschlusses, steht für verbündete Geister. Der dritte Reifen, den restlichen Raum nach oben mittig teilend, steht für untergeordnete Geister, und der Abschlussring ganz oben für niedere Geister. An diesen werden für Reinigungshütten 104 *tobacco ties* angebracht. Für Heilungshütten braucht man dagegen 405 *tobbacco ties*, die an allen Stäben der Hütte verteilt werden.

Von oben betrachtet ergibt sich durch diese Konstruktion nun ein achteckiger Stern. Bei den Lakota stehen die acht Zacken für die Planeten Merkur, Venus, Mars, Jupiter, Saturn, Uranus, Neptun und Pluto. Einer anderen Deutung zufolge ist dieser Stern der Morgenstern, also die Venus.

Familienhütten werden nur mit drei Reifen umgeben. Die Welt der niederen Geister wird weggelassen. Von oben gesehen bilden die zwölf Stäbe ein Quadrat mit einem Kreuz über die Ecken, das für die Erde steht.

Die Erde, die aus dem Feuerloch in der Mitte der Hütte ausgehoben wird, wird – von außen gesehen – rechts von der Türe zu einem Altar aufgehäuft. Lame Deer umzäunte den Altar mit 24 in den Boden gesteckten Weidenstäbchen. Andere Lakota platzieren ihn auch direkt auf den Verbindungsweg zum Feuer. Auf jeden Fall dient er zum Ablegen der Medizingegenstände und der Heiligen Pfeife. Traditionell liegt darauf auch ein Bisonschädel mit Blick nach Osten oder Süden. Der Bison gilt als heiligstes Tier der Erde, da von ihm alles verwertet werden kann.

Die Feuerstelle ist etwa sechs bis sieben Schritte vom Eingang der Schwitzhütte entfernt. Wenn dafür eine Mulde ausgehoben wird, kann man die Erde halbmondförmig an den Rand platzieren. Manchmal wird der Weg zwischen Hütte und Feuerstelle links und rechts mit zwei Reihen von Kieseln eingefasst, die um die Feuerstelle herumlaufen und sich dort treffen.

Ein Holzstoß wird aus zwei parallel gelegten, großen Holzscheiten errichtet, darüber quer zwei weitere parallel, der Zwischenraum mit viel Kleinholz ausgefüllt und mit einem Rost aus Scheiten abgedeckt. Darauf werden die zu erhitzenden Steine gelegt – meist 32 für eine Reinigungszeremonie oder 64 für eine Heilungshütte. Diese Steine sollten alle verbraucht werden, es sollen also nach dem Ende der Inipi keine mehr übrig sein! Die ersten sechs Steine werden in einer bestimmten Reihenfolge gelegt: West, Nord, Ost, Süd, den fünften und sechsten in die Mitte für die Erde und den Himmel. Die restlichen Steine werden ohne feste Anordnung aufgehäuft. Rings um die Steine werden dann noch rundum große Scheite angelehnt, bevor der Feuerhüter Tabakopfer in die sechs Richtungen macht und das Feuer von der Ostseite her entzündet.

Der Verbindungsweg „Unci“ zwischen der Feuerstelle und der Schwitzhütte soll danach nicht mehr gekreuzt werden, mit Ausnahme des Feuerhüters und des Ritualleiters.

Manchmal wird eine Trompetenmuschel in die vier Himmelsrichtungen geblasen, um die Kräfte dieser Richtungen einzuladen.

Obwohl z. B. der Lakota-Medizinmann Charles Chips die Meinung vertritt, dass wir „nackt auf die Welt kamen und daher alle Kleidung ablegen, bevor wir in die Schwitzhütte gehen, ganz so wie im Bauch der Mutter“, ist es in den allermeisten Schwitzzeremonien nach Lakotatradition üblich, bekleidet in die Hütte zu gehen. Männer tragen meist Shorts oder Badehosen, Frauen ein langes T-Shirt oder spezielle lange und weiche Kleider.

Vor dem Beginn geht jeder Teilnehmer einmal im Uhrzeigersinn außen um die Schwitzhütte. Der Schwitzhüttenleiter betritt die Hütte als erster und sitzt rechts vom Eingang. Manchmal räuchert er das Innere der Inipi zuerst mit Salbei und Süßgras, bevor sich die anderen Teilnehmer einer nach dem anderen jeweils rechts von ihm in den Kreis setzen. Beim Betreten sagt jeder Teilnehmer „mitakuye oyasin“ – alles ist mit mir verwandt, was so viel heißt, dass alles Leben mit allem anderen Leben untrennbar verbunden ist. Häufig sind Frauen und Männer getrennt, wobei die Frauen in der Süd- und Männer in der Nordhälfte sitzen. Es gibt einige spezielle Plätze im Kreis: professionelle Sänger, die die traditionellen Gesänge der Schwitzhütte gut kennen, sitzen im Osten und Süden. Der Platz am Eingang bleibt frei, da dort die vier Elemente Feuer, Wasser, Erde und Luft zusammenkommen.

Für die ersten vier Steine gibt es eine spezielle Regel für den Feuerhüter: bevor er den Stein in die Hütte reicht, soll er sich auf dem „Unci“, dem Weg, einmal um sich selbst drehen, beim ersten gegen, beim zweiten im Uhrzeigersinn, und so weiter immer abwechselnd. Diese Drehung soll an die Bewegungen der Morgensterne erinnern. Die ersten sechs Steine werden folgendermaßen im Feuerloch platziert: der erste im Zentrum, der zweite in den Westen, der dritte in den Norden, der vierte in den Osten, der fünfte in den Süden, der sechste wiederum ins Zentrum. Alle weiteren haben keinen festen Platz. Die heißen Steine werden wie üblich mit Kräutern begrüßt.

Gebetet wird in einer Schwitzhütte nach Lakotatradition meist im Stillen und jeder für sich. Nur wenn die Türe zwischen den einzelnen Gängen geöffnet ist, wird laut gesprochen. Eine Ausnahme bildet nur der Leiter der Schwitzhütte. Der Fokus der Gebete soll dabei auf dem Anderen liegen, auf Freunden, Verwandten und Mitmenschen, dem Himmel und der Erde, den Pflanzen und Tieren, weniger auf dem persönlichen Selbst. Es geht darum, was wir geben und tun können, nicht, was wir bekommen wollen. Hat man ein Anliegen, bitte man andere darum, dass sie in der Schwitzhütte für einen beten. Bei großen persönlichen Themen richtet man eine ganze Zeremonie aus, in der dann alle für das eigene Anliegen beten.

Einer der zentralen Gedanken des Lakota-Weltbildes ist: alles muss im Gleichgewicht sein. Da wir in einer dualen Welt leben, muss es, wenn es einem Teil der Menschen gut geht, auch einen anderen Teil geben, dem es schlecht geht, da sonst kein Gleichgewicht herrscht. Indem wir das Leiden in der Hitze der Schwitzhütte auf uns nehmen, sorgen wir dafür, dass das Leiden eines anderen aufhört, und für denjenigen wird während der Schwitzhüttenzeremonie gebetet.

Die erste Runde steht für das Danken, die zweite für das Bitten. In der dritten Runde kann man loslassen, was man verabschieden möchte. Die vierte Runde ist für Empfangen, für Stille und Meditation. Nach einer anderen Interpretation steht die erste Tür für den Körper, die zweite für den Verstand, die dritte für die Gefühle, wobei in dieser Runde reihum laut oder leise gebetet und jedes Gebet mit „mitakuye oyasin“ beendet wird, bevor der nächste dran ist. Die vierte Tür ist für die spirituelle Welt.

Es gibt spezielle Heilzeremonien, die vier Mal vier Gänge, also insgesamt 16 Runden beinhalten, wobei die Teilnehmer dann nach jeweils vier Runden die Hütte allerdings für eine Pause verlassen!

Jedes mal, wenn die Tür nach einer Runde geöffnet ist, wird Trinkwasser in die Hütte gereicht, das im Kreis gegeben wird, damit jeder einen Schluck nehmen oder auch seinen Körper erfrischen kann.

Wird es einem der Teilnehmer zu heiß, kann er jederzeit „mitakuye oyasin“ sagen, und der Leiter der Hütte wird dem Feuerhüter zurufen, dass er die Türe öffnen soll und die Runde damit beenden.

Nach dem Ende der Zeremonie verlässt zuerst der Leiter die Schwitzhütte, dann die Teilnehmer, indem sie den Kreis zu Ende gehen, den sie beim Betreten begonnen haben. Wieder durchschreitet jeder den Eingang mit den Worten „mitakuye oyasin“.

Die Heilige Pfeife wird meist nach dem Anzünden des Feuers, doch vor dem Beginn der Schwitzhüttenzeremonie gefüllt. Manchmal geschieht dies in der Schwitzhütte, manchmal auch draußen am Altar. Sie wird während der Zeremonie, meist in der zweiten Runde, bei offener Türe geraucht. Nach Schwarzer Hirsch wird sie zu Beginn und in jeder Pause einmal geraucht, also insgesamt viermal. Dazu stopft der Feuerhüter die Pfeife jedes Mal neu, während die Tür geschlossen ist. Manchmal wird sie auch erst nach dem Ende der Schwitzhütte geraucht. Dabei wird die Pfeife im Kreis immer im Uhrzeigersinn weitergereicht.

3.3 Sun Bear und der Bärenstamm

Sun Bear (1929 - 1992) war ein Medizinmann der Chippewa-Indianer. Er hatte mehrere große Visionen, denen er zeitlebens folgte. Eine davon war ein Rad der Sonne durch die Jahreszeiten und ihre verschiedenen Ausdrucksformen, das zur inzwischen recht bekannten indianischen Erdastrologie mit indianischen „Sternzeichen“ führte. Einer anderen Vision folgend, die eine große Anzahl Menschen aller Rassen und Nationen in einem großen Kreis zeigte, gründete er den so genannten Bärenstamm (Bear Tribe), eine internationale Vereinigung von (v. a. weißen) Menschen, in dem indianisches Wissen über die Wiederverbindung mit der Erde gelehrt und weitergegeben wird, vor allem Medizinradwissen, Pfeifenzeremonien, Schwitzhütten und Visionssuchen. Auch seine Visionen einer bevorstehenden großen Reinigung der Erde fasste er in einem Buch zusammen, und lehrte im Bear Tribe Überlebenswissen und Techniken zur Balancierung und Reinigung. Ende der 80er-Jahre nahmen an Veranstaltungen des Bear-Tribe jährlich etwa 10.000 Menschen weltweit teil!

Da seine Stammesangehörigen das Teilen seiner persönlichen Visionen mit den Weißen nicht gut hießen, löste er sich von der Tradition der Chippewa. Die „indianischen" Lehren, die er verbreitete, sind höchstens als panindianisch zu bezeichnen, und entstammen größtenteils seinen eigenen Visionen und Erkenntnissen. Nichtsdestotrotz sind sie ein in sich stimmiges und schlüssiges System von moderner Erdspiritualität mit archaischen Wurzeln, das vielen Menschen im Westen einen neuen Zugang zur Natur, Großmutter Erde und zu sich selbst ermöglicht hat.

Eine der wichtigsten Lehren Sun Bears sagt, dass man sich zuerst selbst heilen muss, bevor man für die Heilung von Mutter Erde sorgen kann. Erst, wenn man sein eigenes Gleichgewicht gefunden hat, beginnt man, für das Heil „aller seiner Verwandten" zu sorgen. Deshalb spielen im Bear Tribe neben den so genannten Medizinrad- die Schwitzhüttenzeremonien eine wichtige Rolle für die Reinigung, Stärkung und Heilung von Mensch und Erde.

Die Schwitzhütte wird als der Panzer einer Schildkröte verstanden. Die Schildkröte ist bei vielen indianischen Stämmen mit der Erde verbunden. Häufig wird Amerika als Schildkröteninsel bezeichnet und die Mythologie erzählt, dass eine Schildkröte den amerikanischen Kontinent auf ihrem Rücken trägt.

Das Schwitzhüttengestell in der Bear Tribe-Tradition besteht meist aus 16 Ruten für Gemeinschaftshütten, kleinere auch aus 12 Ruten für Familienhütten. Meist werden jeweils 4 parallele Halbkreise gebogen, einmal längs, einmal quer. Der Eingang zeigt nach Osten. Dem Feuerhüter wird eine große Mitverantwortung für den spirituellen Raum der Zeremonie zugeteilt. Er ist für den Ablauf bis zum Beginn der Schwitzhütte verantwortlich.

Der Aufbau des Feuers erfolgt nach folgender Methode: zwei dicke Stämme werden in Ost-West-Richtung parallel in die Feuerstelle gelegt, darüber zwei weitere in Nord-Süd-Richtung. Nach dem Auffüllen mit gut brennbarem Zundermaterial und Kleinholz bilden sieben quer gelegte Stämme die Auflage für die Steine. Das Auflegen der Steine auf die vorbereitete Feuerstelle ist in der Bear Tribe-Tradition gemeinsame Sache aller Teilnehmer. Jeder soll beteiligt sein und seine Energie mit in den Prozess einbringen, anstatt dass nur der Feuerhüter, unbemerkt von allen anderen, das Feuer alleine entzündet.

Die Steine haben beim Auflegen folgende Bedeutung:

Erster Stein: der Schöpferstein
Zweiter bis fünfter Stein: für die Hüter der vier Himmelsrichtungen
Sechster Stein: für Vater Sonne
Siebter Stein: für Großmutter Mondin
Achter Stein: für Mutter Erde
Neunter Stein: für die Sternenvölker

Ab dem neunten Stein werden die weiteren immer in Vierer-Gruppen aufgelegt, wobei sie vom Feuerhüter benannt werden: für die Elemente, die Jahreszeiten, die vier Rassen, etc., bis genügend Steine vorhanden sind. Dies solange, bis die vom Leiter vorgegebene, nicht immer gleiche Zahl erreicht ist. Die letzten drei haben dann wieder feste Bedeutung:

Drittletzter Stein: für die Ahnen
Zweitletzter Stein: für die folgenden Generationen
Letzter Stein: für den Hüter des Platzes
Zuletzt wird der Feuerstapel mit Holz abgedeckt.

Vor dem Entzünden des Feuers wird die Gruppe aufgefordert, alle eventuell vorhandenen Spannungen zu verbalisieren und zu klären, um die Gesamtenergie nicht zu belasten.

Frauen in der Mondzeit waren nach Sun Bears ursprünglichen Weisungen nicht zur Schwitzhütte zugelassen, durften allerdings dienende Aufgaben wie Tür- oder Feuerhüterin erledigen. 2004 gab es im Bärenstamm Deutschland einen Beschluss, Frauen auch während ihres Mondes in die Schwitzhütte mit einzuladen. Dies ist allerdings nicht unumstritten und wird von den Wassergießern nicht einheitlich gehandhabt, sodass sie jetzt an manchen Zeremonien teilnehmen können, aber an anderen draußen bleiben müssen.

Die Schwitzhütte besteht gewöhnlich aus vier Runden, zwischen denen die Teilnehmer Wasser zu trinken bekommen und auch die Hütte verlassen können. Die Runden sind den vier Hütern der Himmelsrichtungen des Sun Bear-Medizinrads zugeordnet, wobei in jeder Runde vom Leiter Geschichten und Erläuterungen erzählt werden, die die Qualität der jeweiligen Himmelsrichtung und seiner Vertreter darstellen. In der folgenden Stille kann jeder Teilnehmer für sich hinspüren, welche Botschaft diese Kraft für sein Leben hat, wo sie in seinem Leben gerade am meisten gebraucht wird, und wie er sie integrieren kann:

1. Runde – Wabun – Adler – Osten: Er steht für den neuen Morgen, den Frühling, den Anfang, das Neue, Ungeformte, die freudige Energie des Kindes, unkonditioniert und spielerisch. Es geht um den Umgang mit Neuem im Leben, ob und wie es Platz hat, und was es braucht, um zu wachsen. Aber Wabun bringt auch den scharfen Adlerblick, der Zusammenhänge erkennt und Hindernisse, und wie man sie überwindet.

2. Runde – Shawnodese – Coyote – Süden: Er steht für den Mittag, den Sommer, das Ungestüm der Jugend, die alle Grenzen sprengt, alles (zu) Festgefügte in Bewegung bringt und vor Erstarrung und Stagnation schützt. Der Coyote-Trickster kommt immer unerwartet, bringt Gefühle in Wallung und fördert so auf unkonventionelle Weise das Wachstum.

3. Runde – Mudjekewis – Bär – Westen: Der Bär steht für den Herbst, den Abend, und er lehrt die Verantwortung des Erwachsenendaseins. Es geht um Ernte und Überfluss, aber auch um Vorschau und Vorsorge. Er ruft zu Innenschau auf, zum Erforschen dunkler und unbekannter Bereiche im Inneren, und um Integration aller Anteile. Sanftmut und Gelassenheit lehrt er, aber auch die sprichwörtliche Bärenkraft.

4. Runde – Waboose – Büffel – Norden: Hier geht es schließlich um die Qualitäten der Nacht und des Winters. Stille und Rückzug, Meditation, Reflektion des Vergangenen, damit aus dem, was hinter einem liegt, Kraft und Neubeginn für das Kommende werden kann. Und so wie im Winter in der Tiefe der Erde sich das Leben auf die Neugeburt vorbereitet, so geht es in dieser Runde um Vorbereitung auf das Kommende im Leben. Aber es geht auch um das Geben, bedingungslos sich zu verschenken mit allem, was man hat.

Jede Schwitzhüttenzeremonie der Bärenstammtradition endet mit einem gemeinsamen Essen.

3.4 Der Deer Tribe und die Tradition der Twisted Hair

Die Deer Tribe Metis Medicine Society, kurz Deer Tribe genannt, wurde Ende der 70er-Jahre von Harley Swift Deer Reagan gegründet, einem Halbblutindianer, der mit einem Bein in der indianischen und mit dem anderen in der weißen Welt steht. Der moderne „Stamm" steht allen interessierten Menschen jeder Hautfarbe, Nationalität und Religion offen, die sich für das Wissen der Twisted Hair interessieren, einer Stammes übergreifenden Vereinigung von Medizinleuten aus Nord- und Südamerika, die neben ihrem eigenen Wissen auch spirituelles Wissen anderer Kulturen sammeln, es wie geflochtene Haare miteinander verbinden und mit anderen teilen. Ein großer Teil des Wissens geht auf den Navajo-Medizinmann Tom Wilson Two Bears zurück, dessen Lehrling Swift Deer war, aber auch auf Hyemeyhosts Storm.

Auch der Deer Tribe steht (wie der Bear Tribe) in der Kritik verschiedener traditioneller Stammesführer. Nichtsdestotrotz findet man hier einen ernsthaften und tiefgehenden Weg der Persönlichkeitsschulung und -heilung und der Wiedereingliederung des Menschen in die Zusammenhänge des Lebens auf der Erde.

Neben dem Wissen der Medizinräder und anderen Zeremonien spielen die Schwitzhütten ebenfalls eine wichtige Rolle. Sie dienen der Öffnung und Entpanzerung des Körpers sowie natürlich als Ort des Gebets und der Ausrichtung.

Der Aufbau des Schwitzhüttenplatzes erfolgt in einer festen Weise. In der Mitte zwischen der Schwitzhütte und dem Feuerplatz liegt der Altar, und alle drei Orte sind durch eine Linie (z. B. aus Steinen) verbunden. Rund um die Schwitzhütte stehen in den vier Haupthimmelsrichtungen gegabelte und bemalte Stöcke, die für den Zeitraum der Zeremonie einen zusätzlichen Schutzraum um die Schwitzhütte bilden.

Die Teilnehmer betreten die Schwitzhütte von der rechten Seite des Altars aus und bewegen sich innen im Uhrzeigersinn um das Feuerloch. Die Zeremonie beginnt mit einer traditionellen Anrufung, dem so genannten Twenty-Count (siehe Kapitel 6), sowie weiteren Invokationen, die ein starkes, kreisförmiges Energiefeld in der Hütte erzeugen. Wie üblich wird der Ablauf in vier Runden gegliedert:

1. Runde – Süden: Beten für sich selbst
2. Runde – Norden: Beten für andere
3. Runde – Westen: Loslassen, was einen belastet
4. Runde – Osten: Empfangen

In jeder Runde beten alle Teilnehmer, beginnend mit dem Leiter, reihum im Uhrzeigersinn, entsprechend dem Thema der Runde und der Ausrichtung der Schwitzhütte.

Nach dem Ende der vierten Runde verlassen alle die Schwitzhütte, indem sie sich entgegen dem Uhrzeigersinn wieder nach draußen begeben.

Das Energiedesign der Schwitzhütten des Deer Tribe ist vielschichtig und komplex, und kann hier nicht ausführlich wiedergegeben werden. Obwohl die Hütten grundsätzlich allen offen stehen, sind die meisten Teilnehmer doch Lehrlinge auf dem Weg ihrer Ausbildung oder Gruppenteilnehmer der offenen Angebote. Trotzdem sind sie sehr zu empfehlen, vor allem für Menschen, die tiefer in das Wissen der Medizinräder und funktionierender schamanischer Zeremonien eintauchen wollen.

3.5 Freie und keltische Schwitzhütten

Ausgehend von den Schwitzhüttentraditionen der Ureinwohner Amerikas, die ihren Weg nach Europa gefunden haben, haben einige Gruppierungen und spirituelle Strömungen diese Zeremonien übernommen und in abgewandelter oder weiterentwickelter Form neue Varianten dieser uralten Rituale gefunden. Sie berufen sich dabei entweder auf verloren gegangene europäische Traditionen unserer keltischen oder germanischen Vorfahren, wie die irischen Schwitzhäuser oder die skandinavische Saunatradition, deren spiritueller Hintergrund ebenfalls weitgehend vergessen zu sein scheint, oder einfach auf das freie Recht eines jeden Menschen, vorhandenes Wissen aus welchem Wissensgebiet auch immer zu nehmen und weiterzuentwickeln. So sind im Gefolge der um sich greifenden und stark wachsenden spirituellen Bewegungen seit den 70er-Jahren zum Beispiel keltische Schwitzhütten entstanden, oder so genannte freie Schwitzhütten, die frei von jedem festen Rahmen abgehalten werden. Dass man freie Schwitzhütten nicht beschreiben kann, liegt in der Natur der Sache... und auch die keltischen Varianten folgen keinem einheitlichen Ablauf. Dennoch sollen im Folgenden einige Details des Ablaufs einer Schwitzhüttenzeremonie beschrieben werden, wie er so oder ähnlich im neoheidnischen keltischen Kontext abgehalten wird.

Die Form von keltischen Schwitzhütten entspricht häufig der bekannten Form der indianischen Schwitzhütten. Es gibt aber auch einige Leiter, die sich feste Schwitzhäuser aus

Schwitzhütte in keltischer Tradition mit 12-eckigem Grundriss und 24 Stäben

Holz, oft im Blockhausstil, gebaut haben. Diese Hütten haben in etwa dieselben Ausmaße. Das Gefühl ist aber in einem festen Gebäude deutlich anders, zudem teilweise auch noch Holzböden eingezogen sind. Meist sind diese dann auch nicht rund, sondern vier- oder auch achteckig. Eine weitere Variante, die ich einmal sah, war eine elliptische Schwitzhütte, die einen Drachenleib symbolisieren sollte, und in ihrer Grundform hinten, gegenüber der Türe, eine deutliche, spitz zulaufende Verlängerung hatte, die den Drachenschwanz darstellte.

Manche Schwitzhüttenleiter bezeichnen die Schwitzhütte als Kessel der Cerridwen, einer keltisch-walisischen, dreifachen Fruchtbarkeits- und Mondgöttin. Dieser mythologische Kessel beinhaltet alles Wissen dieser Welt. Die Teilnehmer werden in diesem Kessel gleichsam gekocht und verlassen als die Kesselgeborenen, die „Cauldron Born" die Hütte. Nur im Zusammenwirken des Kessels, der für das weibliche Element steht, mit dem Feuer, das das männliche Element repräsentiert, kann die Alchemie der Reinigung und Wandlung, das „Garen" im Kessel geschehen.

Keltische Schwitzhütten beinhalten oft nur drei Runden, in Anlehnung an das dreigestaltige (triadische) Weltbild der Kelten, das zum Beispiel im Symbol der Triskele sichtbar dargestellt wird, und für Körper-Geist-Seele, Geburt-Leben-Tod, Vergangenheit-Gegenwart-Zukunft wie auch andere Ebenen der Dreiteilung stehen.

1. Runde – die Ahnen: Nach dem Begrüßen der vier Elemente Feuer, Wasser, Erde und Luft werden die Ahnen eingeladen und für sie gebetet. Es geht um eine Balancierung dieser Elemente in den Teilnehmern und um Rückverbindung mit den eigenen Ahnen, um stabilisiert und gestärkt zu werden.

2. Runde – die Menschen: In der zweiten Runde wird für die Menschen, mit denen man sich verbunden fühlt, gebetet, für alle anderen Menschen und die kollektive Seele aller Menschen sowie für die Mutter aller Menschen, die Göttin Erde.

3. Runde – Sonne, Mond und Sterne: Die dritte Runde steht für die Gestirne am Himmel sowie für die Sphären des Göttlichen, für Geister, Götter und Helfer der Anderswelt. Jetzt können die Teilnehmer für sich selbst beten, und Altes und Überflüssiges loslassen und weggeben, damit es im Schwitzhütten-Kessel wieder verrührt wird.

4. Erfahrungsberichte

Wenn du irgendwo ankommst, prüfe, ob dein Herz sich wohlfühlt.
Wenn nicht, ändere die Richtung.
Folge so lange deinem Herz, bis du den richtigen Ort findest.

Bear Heart

Dieses Kapitel ist ein Querschnitt von Erfahrungen unterschiedlicher Art, die Menschen im Zusammenhang mit Schwitzhüttenzeremonien gemacht haben. Neben vielen Gemeinsamkeiten im Erleben wird doch auch jeder dieses archaische Geschehen anders bewerten, bei jedem wird ein anderer Seelenteil, eine andere Sehnsucht angesprochen, jeder wird andere Worte finden, um seine Erfahrung zu beschreiben. Und doch zieht sich die Intensität der Schwitzhüttenerfahrung als roter Faden durch alle diese persönlichen Berichte.

Im ersten Teil des Kapitels kommen erfahrene Schwitzhüttenleiter zu Wort, Männer und Frauen, die seit vielen Jahren intensiv den Weg der Schwitzhütte gehen und sie zu einem Teil ihres Lebens und ihrer Arbeit gemacht haben. Sie haben sich bereit erklärt, an einem Interview teilzunehmen und von ihren Erfahrungen und Gedanken zur Schwitzhütte zu berichten. In ihren teilweise sehr unterschiedlichen Ansichten repräsentieren sie das breite Spektrum von streng aus dem Indianischen übernommenen Traditionen bis hin zu dem, was in Europa daraus entstanden ist.

Im zweiten Teil folgen dann verschiedene Erfahrungsberichte von Teilnehmern.

4.1 Interviews mit Schwitzhüttenleitern

Helmut Christoph Sunwalker, Kassel, 56 Jahre, Seminarleiter, Schamane und Begründer des GAIA-Schamanismus, Vater von 4 Kindern

1. Wie bist du zur Schwitzhütte gekommen?

Ich traf 1986 auf einem Kongress über Schamanismus Harley Swift Deer Reagan und hatte die Gelegenheit, bei ihm in die Schwitzhütte zu gehen. In den darauf folgenden Jahren besuchte ich dann einige Hütten von ihm und seinen Lehrlingen, und fühlte mich dort sehr zuhause.

2. Willst du von deiner ersten Schwitzhüttenerfahrung erzählen?

Die Erfahrung meiner ersten Schwitzhütte war nicht sonderlich spektakulär. Ich saß direkt neben Swift Deer, und er grinste mich an wie einen alten Kumpel und sagte nur zu mir: „Ziemlich kalt hier, meinst du nicht auch?“ Wenn es nach mir gegangen wäre, hätte es durchaus wärmer sein dürfen. Doch nach der Zeremonie erlebte ich eine Art von Geerdetsein, die ich bis dahin noch nicht kannte. Ich stand am Feuer und konnte mich selbst in der Erde fühlen. Das war so großartig, dass ich wusste: davon will ich mehr erleben.

3. Wie hast du das Leiten von Schwitzhüttenzeremonien erlernt?

Menschen aus meinem Freundeskreis baten mich, eine Schwitzhütte zu leiten. Ich lehnte zuerst ab, da ich keinerlei praktische Übung darin hatte, aber sie ließen nicht locker. Als es so weit war, gab es eine Menge Organisationsprobleme, und ich war nach wie vor etwas im Zweifel über meine Leitung, bis eine Frau einen epileptischen Anfall bekam. Da wusste ich intuitiv, dass sie eine Heilungshütte brauchte. Sie entschied sich auch sofort dafür. Mit dieser Entscheidung begann alles in den Fluss zu kommen, alle Schwierigkeiten lösten sich auf, und die Organisation der Zeremonie gelang plötzlich leicht und schnell. Es war sicher nicht die technisch perfekte Zeremonie, aber die Frau konnte ihre Anfälle in der Hütte lassen und erlebte eine tiefe Heilung. Sie war mindestens in den nächsten 3 Monaten, in denen ich noch Kontakt mit ihr hatte, frei von weiteren Anfällen. Das hat mich so sehr beeindruckt, dass ich dieses Instrument der Kraft angefangen habe, tiefer zu erforschen, und meine eigenen Schwitzhüttenzeremonien daraus entstanden sind.

4. Was war (eine der oder) deine wichtigste oder beeindruckendste Erfahrung mit der Schwitzhütte?

Einmal schossen mir meine leuchtenden Fasern wie Raketen aus meinem Bauch, ein andermal stürzte ich in ein tiefes dunkles Loch, einmal raste eine Energiewelle wie eine Betonmauer auf mich zu und es fühlte sich an, als ob sie mich zermalmen könnte. Einzig der Gedanke, dass ich ihr mit Liebe begegnen könnte, ließ mich diese Welle überstehen.

5. Was bedeutet die Schwitzhütte für dich?

Ein Raum der Kraft, ein Tempel der Erdgöttin, eine perfekte Mutterleib- und Geburtssimulation, eine Tür zum Unbewussten, ein heiliger Ort, an dem Spirit sich mitteilen und mit uns arbeiten kann, ein körperlicher, geistiger und seelischer Jungbrunnen und noch vieles mehr.

6. Leitest du die Schwitzhütten in einer bestimmten Tradition? Wie stehst du generell zu Überlieferung und Tradition beim Schwitzhüttenleiten? Brauchen wir in Europa eine eigene Form der Schwitzhütte?

Ich leite und lehre sie in der Tradition des GAIA-Schamanismus. Diese Tradition entstand 1990 aus der Verbindung verschiedener schamanischer Überlieferungen und lehnt sich dabei etwas an die Idee der Twisted Hair an, einer Kultur übergreifenden Schamanenvereinigung aus dem alten Mexiko, in der verschiedene Linien (Haare) zusammenfließen. Mir war es wichtig, einen Weg zu schaffen, der sich auf das Verständnis unserer westlichen Kultur mit all ihren Problematiken und Macken bezieht und auch darauf eingehen kann. Auch wenn Schamanismus ein weltweit verbreitetes Phänomen ist, so ist er doch immer geprägt von der jeweiligen Situation des Stammes/Volkes, in dem er entstanden ist. Wir haben andere Probleme als die Jäger- und Sammlergesellschaften der Steinzeit, und zu vielen Dingen auch einen anderen Blickwinkel. Deshalb ist der Hauptfokus im GAIA-Schamanismus auch die Einweihung in das schamanische Bewusstsein, in der Menschen überhaupt wieder den Wert ihrer Verbindung mit der Erde erleben und entdecken. In vielen indianischen Überlieferungen ist die Schwitzhütte ein wichtiger Bestandteil ihrer Religion und Kultur und bezieht sich auf spezifische spirituelle Kräfte, die wir hier nur sehr schwer nachvollziehen können, wie z. B. die Verehrung des Büffels oder der Sonnentanz. Ich habe einiges von den roten Menschen lernen dürfen, weiß aber um die Wichtigkeit unserer eigenen Identität. Schamanismus ist keine Religion, sondern mehr eine Verbindung von praktischer Religionswissenschaft mit therapeutischem Potential. Glaube nichts, halte alles für möglich und folge den Wegen der Kraft, dann werden sich dir alle Türen und Möglichkeiten zeigen, inner- oder außerhalb von Traditionen.

Wenn ich als Europäer einn Schwitzhütte leite, dann ist sie auch europäisch, da kann ich noch so gut Indianer spielen. Wir brauchen Schwitzhütten, in denen wir so ehrlich wie möglich sein können, in denen wir weinen, lachen, schreien und beten dürfen, ohne dass dadurch die Zeremonie etwas von ihrer Heiligkeit oder Kraft verlieren muss. Manches, was uns gut tut oder sogar heilt, wäre für andere Kulturen schwierig anzunehmen und umgekehrt.

7. Kann jeder, der möchte oder sich berufen fühlt, eine Schwitzhütte leiten? Oder was wären die Voraussetzungen für dich?

Es gibt ein so breites Spektrum an Schwitzhütten, angefangen von der Natursauna bis hin zu komplexen Heilungs- oder Initiationszeremonien, dass es schwierig ist, zu sagen, wer etwas leiten darf und wer dazu wirklich berufen ist.

Wenn du Menschen in und durch hochenergetische Räume führst, solltest du ein gewisses therapeutisches Grundwissen besitzen, du solltest etwas über Retraumatisierung wissen und die Symptomatik von Missbrauch kennen. Schamanismus führt in Grenzbereiche des Geistes und des Verstehens. Es ist sicher wichtig, dass ein Schwitzhüttenleiter mit Extremsituationen umgehen kann, dass er Menschen gut durch und aus Krisen begleitet, und dass er etwas von Projektionsmustern und Übertragungen weiß. Daneben wären gewisse magische Grundkenntnisse wie das Verbannen von negativen Kräften und der Umgang mit archaischen Energiemustern sicher auch hilfreich. Er braucht auch ein gesundes Maß an Selbsteinschätzung, Nüchternheit und Humor und viel Vertrauen in den Großen Geist oder die Göttliche Kraft. Dazu sollte er sich nicht allzu wichtig nehmen, nicht im Selbstmitleid baden und sich als ein Instrument von Spirit sehen. Okay, das sind Idealvorstellungen, aber eine gewisse Ausbildung ist schon wünschenswert und wird auch von den Ureinwohnern als essentiell angesehen.

Ich bilde Schwitzhüttenleiter bis zu 7 Jahre lang aus, weil es mir wichtig ist, dass dieses wunderbare Instrument Schwitzhütte einen beachteten Platz in unserer Welt findet und immer mehr Menschen ihre segensreichen Wirkungen zu spüren bekommen. Dazu braucht es sowohl theoretisches Wissen als auch praktische Erfahrung.

8. Gibt es noch etwas, das dir wichtig ist, dass du teilen oder erzählen möchtest im Zusammenhang mit Schwitzhüttenzeremonien?

Ich halte die Schwitzhüttenarbeit für eines der besten ganzheitlichen Werkzeuge, die uns z. Zt. weltweit zur Verfügung stehen. In der Schwitzhüttenzeremonie kann der Große Geist direkt auf vielen Ebenen mit uns arbeiten. Es ist sicherlich nicht immer ein bequemer Weg, aber ein relativ schneller und hochwirksamer, und ich hoffe und wünsche, dass ganz viele Menschen den Weg in die Gebärmutter der Erde bald wieder finden werden.

9. Was bietest du selbst im Zusammenhang mit Schwitzhüttenzeremonien an? Möchtest du deine Internetadresse im Buch abgedruckt haben als Anlaufpunkt für Interessenten, die die Schwitzhütte kennen lernen möchten? Dann gib sie bitte hier an.

Im GAIA-Schamanismus werden oft mehrere Schwitzhütten mit verschiedenen Themen miteinander kombiniert. Dadurch entstehen hohe Energiewellen, die eigentlich jeden spürbar berühren und mitnehmen. Für mich ist das erlebbare Evolution und die Chance, an pla-

netaren kollektiven Strömungen teilzunehmen. GAIA-Schamanismus steht nach 20 Jahren erfolgreicher Arbeit an einer neuen Schwelle und ich versuche, die Codes zu erfassen und in meiner schamanischen Arbeit umzusetzen. Menschen erzählen mir gerade von völlig neuen Gefühlen, die durch die Initiationsarbeit in den Schwitzhütten in ihnen erwachen. Mein eigenes Körperbild wandelt sich gerade rasend schnell und es fühlt sich super gut an. Wer wirklich bereit ist, in Neues zu gehen, den lade ich gerne zu meinen Initiationsworkshops und in meine Schwitzhütten und die meiner Lehrlinge ein.

www.gaia-net.de

Maria Dott-Carmon, Oberrot, Betreiberin eines Seminarhauses, Fastenkur- und Schwitzhüttenleiterin, Mutter von 2 Kindern

1. Wie bist du zur Schwitzhütte gekommen?

Viele Seminare hatte ich besucht, viele Therapeuten kennen gelernt. Aber ich hatte das Gefühl, mich bei meiner spirituellen Suche im Kreis zu bewegen und in mir wuchs der Wunsch nach einem richtigen Lehrer. Wie das gehen sollte, war mir völlig unklar, denn zu diesem Zeitpunkt lebte ich im Osten Deutschlands, und die Grenze war gerade ein Jahr offen.

Wenig später fiel mir durch einen Freund ein Buch des Lakotahäuptlings John Fire Lame Deer in die Hände. Beim Lesen bekam ich eine Gänsehaut nach der anderen – was ich dort las, sprach mich von innen heraus an, war das, was ich irgendwie schon in mir trug. Leider war der Autor schon lange tot.

Ich sandte ein inniges Gebet ins Universum, dass ich so einen Lehrer brauchte. Wenige Tage später fuhren wir in die Nemitzer Heide in den Urlaub. Dort verirrten wir uns auf der Suche nach einem See im Wald. Und plötzlich auf einer Lichtung sah ich Tipis stehen. Etwas schüchtern ging ich hin und fragte, was da los wäre. „Wir haben hier ein Seminar mit Lame Deer“, rief jemand. „Aber der ist doch tot!“, antwortete ich. „Nein, mit dem Sohn, Archie Fire Lame Deer“, erfuhr ich.

Manchmal ist es erstaunlich, wie das Leben Dinge arrangiert. Ziemlich aufgeregt, bat ich ihn zu treffen. Man ließ mich lange warten und schickte mich dann doch fort, ohne dass ich ihn sehen konnte. Vier mal kam ich wieder, und jedes Mal machten sie das mit mir. Am 4. Tag, ich hatte schon 4 Stunden gewartet, nahm ich mir vor, nie mehr wieder zu kommen. Da rief er mich zu sich.

Ein Mann wie ein Bär, ein Vollblutindianer um die fünfzig Jahre, mit immenser Präsenz und wissenden Augen. Ich fiel sofort in Liebe. Er lud mich für dieselbe Nacht um 4 Uhr zur Morgenschwitzhütte ein. Ich hatte keine Ahnung, was auf mich zukommen würde. Während dieser Hütte ging ich durch einiges, aber ich hatte meinen Lehrer gefunden.

2. Willst du mir von deiner ersten Schwitzhüttenerfahrung erzählen?

Ich hatte keine Ahnung, was mich erwartete. Dann, als ich in der Hütte saß, bekam ich furchtbare Angst. Es ging sofort in mein Nabelchakra, bevor noch die Tür zu war. Ich spürte dort ein Pochen und ein Rufen, eigentlich wollte ich nur noch weg laufen. Als dann die Tür geschlossen wurde, bekam ich total Panik. Ich hatte nicht gewusst, dass es dunkel sein würde, ich hatte nicht mit der Hitze gerechnet. Recht schnell öffnete Lame Deer die Tür wieder.

Als er zu mir sah, lächelte er und wechselte meinen Platz. Ich saß nun zwischen ihm und einer erfahrenen Frau, die schon oft in der Schwitzhütte war. Dort fühlte ich mich etwas sicherer. Wie gut, dass ich vorher nicht wusste, was in einer Schwitzhütte passiert, denn sonst wäre ich vielleicht gar nicht hin gegangen. Ich habe nämlich eine sehr ausgeprägte Klaustrophobie. Wenn man bedenkt, wie eng, dunkel und heiß es in einer Schwitzhütte ist, noch dazu die Trommel und die mystischen Gesänge, so kann jeder nachvollziehen, wie es mir ging. Mir wurden alle Knöpfe gedrückt. Aber wie durch ein Wunder hielt ich durch bis zum Ende der Hütte. Lame Deer hielt meine Hand, und ab und zu gab er mir etwas zu tun, wie zum Beispiel Kräuter auf die Steine zu geben. So wurde es leichter für mich.

Am Ende war ich unendlich stolz, durch gehalten zu haben und fühlte mich super. Das war der Anfang eines langen Weges, der anhalten wird, so lange ich atme.

3. Wie hast du das Leiten von Schwitzhüttenzeremonien erlernt?

Zuerst besuchte ich von 1991 bis 1996 einfach so gut wie jedes Seminar mit Lame Deer, das für mich erreichbar war. An das Leiten einer Schwitzhütte dachte ich zu dem Zeitpunkt noch nicht.

Als ich 1996 den Platz kaufte, an dem einmal das Seminarhaus Stiersbach entstehen sollte, fragte ich Lame Deer mit der heiligen Pfeife während einer Heilungszeremonie (das ist der Zeitpunkt, wo man den heiligen Mann wichtige Dinge fragen kann), ob ich seine Koordinatorin sein dürfte an dem Platz des Seminarhauses. Er lächelte und sagte ja. Die Einzelheiten der Daten sprach ich dann mit seinem damaligen Hauptkoordinator ab. Als Koordinator leitete man auch einmal pro Monat die so genannten Monatshütten. Dort wurden die Menschen auf die Seminare mit Lame Deer vorbereitet. Ich glaube, ich war die einzige weibliche Koordinatorin, die Archie hatte. Das war ziemlich anstrengend für mich. Mein damaliger Mann hatte leider nicht den Wunsch, mir bei dieser Arbeit zu helfen. Eine Zeit lang half mir ein anderer Schüler von Archie dabei, zumindest die Männerhütten zu leiten. Aber sehr oft tat ich das auch alleine. Erstaunlicherweise und obwohl ich noch heute jedes Mal Angst verspüre, nicht genug Kraft zu haben, wird mir doch immer wieder die Fähigkeit gegeben, eine gute Hütte geschehen zu lassen.

4. Was war (eine der oder) deine wichtigste oder beeindruckendste Erfahrung mit der Schwitzhütte?

Ich hatte eine Woche gefastet und ging dann auf ein Seminar mit Lame Deer. Wir Frauen hatten eine 24!-türige Heilungszeremonie. Danach, während Archie das Gleiche für die Männer tat, legte ich mich ein wenig hin. Hier erfasste mich dann eine meiner wichtigsten Visionen, während derer ich etwas von einem Bären bekam. Diese Vision ist sehr privat und ich möchte sie nicht näher beschreiben.

5. Was bedeutet die Schwitzhütte für dich?

Ich liebe die Schwitzhütte. Sie gibt mir die Möglichkeit, mich zu reinigen und auf meinem Weg der Wahrheit zu bleiben.

6. Leitest du die Schwitzhütten in einer bestimmten Tradition? Wie stehst du generell zu Überlieferung und Tradition beim Schwitzhüttenleiten? Brauchen wir in Europa eine eigene Form der Schwitzhütte?

Ich leite die Schwitzhütte genau so, wie Archie es mich gelehrt hat. Das ist eine Frage des Respektes. Von Natur aus bin ich kein fanatischer Mensch und kann gut alle Mitwesen so lassen, wie sie sind. Daher möchte ich mir nicht anmaßen über andere Schwitzhüttenformen zu urteilen.

Allerdings, in einer Sache bin ich sehr klar, es geht nicht an, eine Schwitzhütte zu besuchen und dann die Woche später selbst eine zu leiten oder ähnliches.

7. Kann jeder, der möchte oder sich berufen fühlt, eine Schwitzhütte leiten? Oder was wären die Voraussetzungen für dich?

Nur Menschen mit reinem Herzen und langer Erfahrung, sowie einer wirklichen Berufung sollten Schwitzhütten für andere leiten. Nur für sich selber wäre das schon eher möglich, aber auch dort ist Erfahrung von Nöten, denn man hat es mit wirklich intensiven Kräften zu tun.

8. Gibt es noch etwas, das dir wichtig ist, dass du teilen oder erzählen möchtest im Zusammenhang mit Schwitzhüttenzeremonien?

Nein, das muss man erleben. Ich kann auch nicht erklären, was nass bedeutet, ohne Euch ins Wasser zu werfen.

Ab dem Jahr 1997 bin ich auch zum Satsang mit Samarpan gegangen. Nachdem ich die Essenz dieser Lehre verinnerlicht hatte, gab ich einige Zeit auch selber Satsang. Heute mache ich nur noch Schwitzhütten, und zwar nach Archies Tradition. Allerdings schimmert aus jedem Wort von mir auch die Erfahrung des Satsangs in Form von Energie hindurch. Denn das Ziel dieser beiden Wege ist das Gleiche. Liebe ist Liebe und Gott ist Gott.

www.indianische-schwitzhuette.de

Hermann Strohmeier, Extertal, 62 Jahre, Seminar- und Schwitzhüttenleiter

1. Wie bist du zur Schwitzhütte gekommen?

Ich habe mich als Sozialarbeiter von 1977 - 1985 intensiv mit alternativen Heilmethoden beschäftigt. 1984 habe ich die Biografie von Rolling Thunder gelesen und war fasziniert von den dargestellten Heilritualen. Ich suchte nun in Deutschland einen Schamanen, und habe im März 1985 an einem Wochenende „Einführung in die schamanische Reise und Schwitzhütte" bei Hugo-Bert Eichmüller teilgenommen. Da wusste ich, dass ich das, was ich suchte, endlich gefunden hatte. Die Welt der Krafttiere war offen für mich, und die Schwitzhütte hat vieles in mir bewegt. Nach ein paar Lehrjahren bin ich 1988 in die Gemeinschaft „Lebensgarten Steyerberg" bei Nienburg gezogen, und dort begann ich, Schwitzhütten und andere Seminare anzubieten.

2. Willst du mir von deiner ersten Schwitzhüttenerfahrung erzählen?

Bei dem Wochenende mit Hugo-Bert Eichmüller 1985 mussten wir eine Schwitzhütte für 6 Personen bauen, und Holz und Steine sammeln. Irgendwann saßen wir dann drin, der Wassergießer, ein katholischer Priester mit seiner „Haushälterin", ein Werbefachmann, eine Studentin der Religionswissenschaften und ich. Es war wie ein „endlich zuhause angekommen zu sein". Ich hatte meine „Kirche" gefunden, meinen Ort für Gebete, es war nur toll, und so toll auch für die anderen, dass wir noch eine oder zwei Runden mehr gemacht haben.

3. Wie hast du das Leiten von Schwitzhüttenzeremonien erlernt?

Nach diesem ersten Wochenende habe ich mich gleich der Ausbildungsgruppe beim Hugo-Bert Eichmüller angeschlossen. An den Wochenenden wurde jedes mal auch eine Schwitzhüttenzeremonie durchgeführt. Die vier Runden beinhalteten „danken" für die erste, „bitten" für die zweite, „geben" für die dritte und „nehmen" für die vierte Runde. Ein für mich sofort stimmiges Erleben.

Mit einigen der Gruppe haben wir uns bei mir auf dem Lande getroffen, haben für die Krafttiere getrommelt und sind gereist. Ja, und dann kam die Frage auf: Warum machen wir hier an diesem schönen Ort keine Schwitzhütte? So bauten wir beim zweiten Treffen eine Schwitzhütte. Als Platzhüter wurde ich gebeten, die Hütte zu leiten. Wir haben sie alle überlebt, und es gab mir ein gutes Gefühl. Ich erzählte begeistert anderen davon, und bald war eine kleine Gruppe zusammen, die sich zu den Jahreskreisfesten bei mir traf und schwitzte. Im Sommer 1988 zog ich nach Steyerberg in eine große Lebensgemeinschaft. Dort wurde regelmäßig der Vollmond gefeiert. Für den August-Vollmond wurde ich um eine Schwitzhütte gebeten, und ein Kreis von 10 Menschen erlebte „meine" Zeremonie mit „danken, bitten, geben und nehmen". Ich habe dann sieben Jahre lang jeden Vollmond die Zeremonie durchgeführt. Anfangs nur für die Menschen vom Lebensgarten, später auch für Menschen außerhalb der Gemeinschaft. Ab 1991 haben Wolfgang Peham (Sun Bear Tradition) und ich gleichzeitig in zwei unterschiedlich geführten Zeremonien in der Schwitzhütte den Vollmond gefeiert, und dieses bis Oktober 1995.

Neben den eigenen Schwitzhüttenzeremonien bin ich von Anfang an bei einigen anderen – zumeist indianischen – Wassergießern in die Schwitzhütte gegangen, um zu erleben, wie sich die verschiedenen Traditionen anfühlen.

Ein wichtiger Lehrer war für mich der Lakota-Medizinmann Archie Fire Lame Deer, den ich im Herbst 1989 in den Lebensgarten eingeladen habe. Er war ein Coyote Lehrer, und der wichtigste Satz, den ich von ihm mitgenommen habe, war: „Mach deine eigenen Erfahrungen, kopiere mich nicht". Er gab bei den Heilungsschwitzhütten mit 16 Runden oft die Leitung von 3 Runden an seine Schüler ab, und irgendwann war ich dran, eine Runde zu leiten. Es war für mich nochmals eine wichtige Bestätigung, dass ich das, was ich schon einige Jahre machte, nun auch „offiziell" durfte.

4. Was war (eine der oder) deine wichtigste oder beeindruckendste Erfahrung mit der Schwitzhütte?

Als Wassergießer kann ich bei der Runde beginnen, die ich im Rahmen der 16-Runden-Heilungsschwitzhütte gießen sollte. Als die 15. Runde begann, eine sehr sehr heiße Runde, versuchte ich mich am Erdboden liegend vor der Hitze zu schützen bzw. mich der Hitze hinzugeben. Es war eine absolute Grenzerfahrung. Die Tür öffnete sich, und dann wurde ich von meinem Nachbarn angestoßen, der mir sagte, das Lame Deer mich als Wassergießer für die nächste Runde bestimmt hatte. Ich antwortete, dass ich nicht kann! Du musst, er ist schon draußen. Auf allen Vieren robbte ich hinter den Menschen zum Platz am Eingang. Langsam kam mein Körper in Sitzhaltung und dann war mir, als wenn ein Ventil sich in meinen Unterleib bohrt und mich aufpumpt. Ich orderte die 12 Steine und goss die heißeste

Runde der Schwitzhütte. Da habe ich erfahren, dass man als Wassergießer in einer anderen Energie ist als als Teilnehmer.

Als Teilnehmer einer Heilungsschwitzhütte hat mich die (Wunder)Heilung eines jungen Menschen sehr beeindruckt. Durch eine Nervenentzündung konnte er seine Beine nicht mehr bewegen, kam im Rollstuhl, rollte auf Lame Deer zu, der nach den ersten 4 Runden seinen Tee genoss, und bat ihn um eine Heilung. Er begann mit den Worten: „Ich habe ein Problem". Lame Deer sagte daraufhin: „Das sehe ich, du brauchst neue Bremsen." Uns fiel der Kinnladen runter und wir dachten, wie kann er so etwas sagen. Heute glaube ich, dass dieser Scherz die halbe Heilung war, um die Problemenergie aus der Situation raus zu nehmen. Der junge Mann wurde dann von seinem Freund in die Schwitzhütte gezogen. Steine kamen in die Hütte, Wasser und dann Tür zu. Lame Deer sprach über Heilung, betete mit der Pfeife und bat ihn noch zu drei weiteren Schwitzhütten zu kommen. Der junge Mann wurde wieder herausgezogen. Ich war bei seiner 4 Schwitzhütte wieder dabei, und dieser Mann, dem die Ärzte ein Leben im Rollstuhl prophezeit hatten, kroch, zwar unbeholfen, aber alleine in die Hütte und danach wieder heraus. Er kann wieder gehen, hat bei Lame Deer das Wassergießen gelernt und gießt heute selbst die 16 Runden Heilungsschwitzhütte, um anderen zu helfen.

5. Was bedeutet die Schwitzhütte für dich?

Sie ist meine Kirche für all die göttlichen Kräfte, an die ich glaube und die mich begleiten. Ich kann meine eigenen Worte benutzen, und werde gehört. Sie ist die Zeremonie, die mich am schnellsten erdet. Sie ist ein Gemeinschaftserlebnis.

6. Leitest du die Schwitzhütten in einer bestimmten Tradition? Wie stehst du generell zu Überlieferung und Tradition beim Schwitzhüttenleiten? Brauchen wir in Europa eine eigene Form der Schwitzhütte?

Ich habe das System „danken – bitten – geben – nehmen" als Grundgerüst nicht verändert. Ich gieße dieses System seit 24 Jahren und von daher ist es, zusammen mit meiner eigenen Entwicklung, eine „Hermann Tradition" geworden. Nach dem Lernen bei Lame Deer verkündete ich, dass ich jetzt Lakota-Schwitzhütten mache. Nachdem ich dann meinen Platz im Lipperland vor 12 Jahren bezogen habe, sagte ich, dass ich „lippisch-lakota" gieße. Ich habe auch bei einigen Lakota Wassergießern in der Schwitzhütte gesessen und irgendwann begriffen, das Lame Deer seine Schwitzhütten als Lakota und die anderen auch als Lakota, aber auf ihre Art und Weise, bezeichnen. Eine Tradition kann helfen, aber sie sollte nie ein Zwangskorsett sein.

Ich selbst habe auch noch die Sun Bear Tradition gelernt und dürfte sie auch gießen, aber sie ist nicht mein Ding.

Meiner Meinung nach brauchen wir keine europäische Form der Schwitzhütte. Aber auch nicht die andere Sichtweise eines Deutschen, der mir einmal sagte: „Hermann, wenn du keine Lakota-Lieder singst, dann kommen die Spirits nicht." Die armen über 300 indianischen Stämme, die kein Lakota sprechen und singen... sind da die Spirits nicht gekommen?

Jeder Mensch sollte als Wassergießer seine Fähigkeiten und seine Erlebnisse in die Zeremonie einbringen, dann ist er so, wie er ist. Wer gut und viel singt, sollte auch in der Hütte singen. Wer gut schweigen kann, kann auch in der Hütte schweigen. Wer gut Geschichten erzählen kann, kann diese auch in der Schwitzhütte erzählen.

7. Kann jeder, der möchte oder sich berufen fühlt, eine Schwitzhütte leiten? Oder was wären die Voraussetzungen für dich?

Früher habe ich gesagt, das jeder, der gießen möchte, sich die Frage beantworten muss: Ist es mir eine Herzensangelegenheit, oder das EGO, das gießen möchte. Ein weiterer Rat war, er solle bei anderen Wassergießern in die Hütte gehen, um zu erfahren, was alles möglich ist im Rahmen einer Schwitzhüttenzeremonie. Wie wird das Feuer aufgebaut? Welche Funktion hat der Altar? Welche Verhaltensregeln gibt es usw.? Und wichtig ist mir, das die Menschen des Öfteren als Feuermensch das Feuer und seine Energie, möglichst bei allen Wetterlagen, kennen lernen.

Seit ein paar Jahren biete ich 2 Wochenenden an, in den ich meine Erfahrungen aus 24 Jahren Wassergießen weitergebe. Ich baue eine neue Hütte mit dem Kreis, und jeder gießt möglichst eine Runde und kann sich an meine Tradition anlehnen, aber auch seine eigene Zeremonie entwickeln. Ob man Wassergießer wird, entscheiden andere Menschen, die entweder einen darum bitten, oder es kommen Menschen auf Einladung des Wassergießers. Wenn keiner einen bittet und keiner kommt, dann hat sich das Thema Wassergießen von selbst erledigt.

Da hilft auch kein Diplom.

8. Gibt es noch etwas, das dir wichtig ist, dass du teilen oder erzählen möchtest im Zusammenhang mit Schwitzhüttenzeremonien?

Der Kreis ist wichtig und mein Bestreben ist, dass wir gemeinsam hinein und möglichst gemeinsam wieder alle hinausgehen und uns neugeboren fühlen. Wichtig ist mir, eine Zeremonie als Nahrung für die Seele zu erleben und nicht nur als Grenzerfahrung mit der Hitze.

Wichtig ist, dass möglichst alle Teilnehmer an den Vorbereitungen teilnehmen, Holz sägen, Steine auflegen, das Feuerlied singen, wenn der Feuermensch das Feuer anzündet, sich in Ruhe auf die Zeremonie vorbereiten. Auch das gemeinsame Verspeisen der Suppe gehört dazu.

Wichtig ist mir auch das Geschenk für den Feuermenschen als Anerkennung. Ich empfehle als Geschenk einen Briefumschlag mit ein paar Euros, weil der Feuermensch mit der 85sten kleinen Kerze oder dem 10ten Massageöl nichts anfangen kann, egal wie gut es gemeint ist.

Wichtig ist mir, dass viel gelacht wird. Ich versuche durch bewusstseinserheiternde Geschichten die Menschen zum Lächeln und zum Nachdenken zu bringen. Denn wer lächelt, ist sofort in einer viel offeneren Energie in der Hütte.

Anfang 1990 bat mich eine Frau, die in meiner Jahresgruppe war, für ihre 3jährige Tochter eine Kinderschwitzhütte anzubieten. Wer Schwitzhütten leitet, sollte auch Erfahrungen mit Kindern sammeln. Kinder sind spontan und sagen, welches Lied oder welche Geschichte dran ist. Man lernt, ebenso spontan zu agieren, oder ist vielleicht auch mal gezwungen, Grenzen zu setzen. Kinder lieben Rituale, und mögen es auch heiß. Eltern staunen oft, wie heiß es auch in einer Kinderschwitzhütte zugehen kann.

www.lebenskreise.de

Santoshi Sternenfalke, 52 Jahre, Norddeutschland, leitet Jahreszeitenfeste, Retreats und Schwitzhütten

1. Wie bist du zur Schwitzhütte gekommen?

2. Was war deine erste Erfahrung mit der Schwitzhütte?

In der Zeit von 1984 bis 1989 habe ich einige Jahre in verschiedenen Staaten der Westküste der Schildkröteninsel (Nordamerika) gelebt und mich dem Studium ethnischer Musik sowie naturheilkundlicher und ganzheitlicher Therapiemethoden gewidmet. Ich traf dort zwei schamanische Lehrerinnen, die mir erste Einblicke in verschiedene Methoden des schamanischen Heilens vermittelten und mein Interesse an der Geschichte der Ureinwohner der Schildkröteninsel erneut weckten. In dieser Zeit wurde ich zum ersten Mal zur Teilnahme an einer Schwitzhütten-zeremonie eingeladen. Sie fand in einem entlegenen und einsamen Canyon südlich von San Francisco statt. Da ich mich gerade in einer sehr herausfordernden Zeit des Abschieds von meinem damaligen Freund befand, war mein größter Wunsch, Frieden in mir zu finden. Mit dieser Absicht ging ich in meine erste Schwitzhütte, nachdem ich meinen Freund an diesem Vormittag am Flughafen von San Francisco verabschiedet hatte. Es war ein warmer Sommertag und ich kann mich noch daran erinnern, wie ich den Platz nach einer langen Fahrt durch die hügelige Landschaft schließlich fand. Nachdem ich mein Auto geparkt hatte, musste ich einen Fußmarsch zurücklegen und befand mich an einem wunderbar geschützten Ort inmitten der Natur. Welchem Stamm der Medizinmann, der die Schwitzhütte leitete, angehörte, ist mir leider nicht in Erinnerung geblieben. Er war ein Sonnentänzer, seine vernarbte Haut im Bereich seiner Brust erzählte die Geschichte seiner Tänze. Er hieß die Gruppe willkommen und bat jeden von uns, seine Absicht für die Teilnahme an der Schwitzhüttenzeremonie zu erklären. Ich fühlte mich auf sehr warmherzige Weise in der Schwitzhütte willkommen geheißen. Während ich in der Dunkelheit und Hitze saß und in die glühenden Steine blickte, den Gebeten und Gesängen des Medizinmannes und der Anwesenden lauschte, hatte ich das Gefühl, nach Hause zu kommen und in den Schoß von Großmutter Erde zu sinken. Nachdem alle die Schwitzhütte verlassen hatten und mit kaltem Wasser abgeduscht worden waren, fand ich mich nach einem Moment der Ewigkeit, in dem ich – wie ich später erfuhr – das Wachbewusstsein verloren hatte, weich und sicher gebettet im Gras liegend wieder, liebevoll gehalten von Menschen, die ich nicht kannte und die mich nicht kannten. Über mir der weite unendliche Himmel, in mir der weite Ozean tiefen Friedens.

3. Wie hast du das Leiten von Schwitzhüttenzeremonien erlernt?

Erst viele Jahre später, in denen ich zu verschiedenen Zeiten in verschiedenen Ländern immer wieder Gelegenheiten hatte, an Schwitzhüttenzeremonien teilzunehmen, erinnerte ich mich während der Vorbereitungszeit für eine Visionssuche hier in Norddeutschland daran, dass es seit meiner ersten Erfahrung in der Schwitzhütte in mir den Traum gab, einen Ort zu finden, an dem ich eine Schwitzhütte bauen könnte. Ich war zu dem Zeitpunkt schon mehrere Jahre Lehrling der Metis Medizinfrau Arwyn Dreamwalker, ohne bisher eine klare Vorstellung entwickelt zu haben, welches Ziel ich mit dieser Lehre verfolgte. Es begann eine Zeit von vielen Jahren, in denen ich auf traditionelle Art gelehrt wurde, mich auf das Leiten von Schwitzhütten vorzubereiten. Zunächst musste ich die verschiedenen Dienste, die zur Unterstützung einer Schwitzhüttenzeremonie von verschiedenen Helfern wahrgenommen werden, mehrere Mal übernehmen: Feuerhüterin und Steinebringerin, Tür- und

Wasserhüterin, Wächterin des Heiligen Raumes, Halten des Nordostens in der Schwitzhütte, das Leiten des Aufbaus einer Schwitzhütte. Traditionell musste ich jede dieser Aufgaben fünf Mal getan haben, bevor ich zum ersten Mal selbst eine Schwitzhütte leiten durfte. Das Leiten von Schwitzhütten erlernte ich danach in einem Kreis von Lehrlingen unter Supervision meiner Lehrerin. Dazu gehörte, dass ich jede Schwitzhütte schriftlich vorbereitete und nach der Zeremonie einen schriftlichen Bericht verfasste, in dem ich meine Erfahrungen reflektierte und Fragen sammelte, die während des Leitens aufgetaucht waren. Nachdem ich dies über einen Zeitraum von zwei Jahren viele Male getan hatte, durfte ich mich zur Prüfung anmelden und während des Regenbogentraumtanzes in Großbritannien im Beisein einer erfahrenen Schwitzhüttenleiterin und meiner Lehrerin eine Schwitzhütte leiten, meine bis dahin erworbenen Fähigkeiten selbst einschätzen und Feedback entgegennehmen. Da mir vor Aufregung ein Protokollfehler unterlief, erhielt ich die Auflage, ein weiteres Jahr ausschließlich im Kreis der Lehrlinge Schwitzhütten zu leiten, bevor ich schließlich die Erlaubnis erhielt, meine erste öffentliche Schwitzhütte zu leiten. Bis zum Abschluss meiner 11-jährigen Lehrzeit war ich verpflichtet, Schwitzhütten nur unter Supervision zu leiten.

5. Was bedeutet die Schwitzhütte für dich?

Die Schwitzhütte ist für mich ein Ort der Rückkehr in den Schoß der Erde, in ihre Dunkelheit und Geborgenheit, ein Ort der äußeren und inneren Reinigung, Erneuerung und Wiedergeburt, Heilung und Wiederherstellung des Gleichgewichtes und des inneren Friedens, ein Ort des Dankens und des Gebetes, des Gebens und Empfangens, ein Ort, an dem es möglich ist, meine Verbindung zu Großmutter Erde, zum Geist, zu den Elementen und zu meiner Seele immer wieder aufs Neue zu stärken.

6. Leitest du die Schwitzhütten in einer bestimmten Tradition? Wie stehst du generell zu Überlieferung und Tradition beim Schwitzhüttenleiten? Brauchen wir in Europa eine eigene Form der Schwitzhütte?

Ich bin in der Tradition des Schönheitsweges ausgebildet und habe außerdem bei verschiedenen Medizinleuten unterschiedlicher Traditionen an Schwitzhütten teilgenommen. Dabei habe ich erlebt, dass jede Tradition ihre Eigenheiten und sich voneinander unterscheidende Protokolle hat. Auch unsere Vorfahren in Europa kannten die Schwitzhütte. Ich glaube, dass das ein Grund dafür ist, dass auch wir als Europäer durch diese Zeremonie die Erfahrung machen können, in der Schwitzhütte zu unseren Wurzeln zurückzukehren – und natürlich auch deshalb, weil wir alle, unabhängig von unserer Herkunft und Tradition, Kinder unserer Mutter und Großmutter Erde sind. Für mich ist es wichtig, diese Zeremonie im Respekt für die Lehren und Lehrer zu begehen, die mich ausgebildet, begleitet und ermächtigt haben. Aus meiner Sicht dient es gleichwohl niemandem, eine fremde Kultur nachzuahmen oder gar die Bräuche einer fremden Kultur der eigenen überzustülpen, im Gegenteil, von vielen Medizinleuten der Ureinwohnertraditionen wird ein solches Aneignen als Missbrauch ihrer Heiligen Traditionen erlebt und kritisiert. In diesem Sinne finde ich es wichtig, dass wir in Europa eigene Traditionen finden und entwickeln, ohne dabei den Respekt für die Traditionen, Lehrerinnen und Lehrer zu leugnen, von denen wir lernen durften.

7. Kann jeder, der möchte oder sich berufen fühlt, eine Schwitzhütte leiten? Oder was wären die Voraussetzungen für dich?

Ich glaube nicht, dass jeder, der möchte oder sich berufen fühlt, eine Schwitzhütte zu leiten, die nötigen Voraussetzungen dafür ohne eine fundierte Ausbildung mitbringt. Die

Schwitzhüttenzeremonie sehe ich als eine heilige Zeremonie, die uns ermöglicht, mit Schichten unseres Bewusstseins in Kontakt zu kommen, zu denen wir im Alltag oft keinen einfachen Zugang haben. Eine solche Erfahrung kann für Menschen, die zum ersten oder aber auch wiederholten Mal an einer Schwitzhütte teilnehmen, beängstigend oder sogar überwältigend sein, und sie birgt die kostbare Chance einer tief greifenden Wandlung, die über die üblichen Grenzen des Verstandes hinausgeht. Eine fundierte traditionelle Ausbildung ermöglicht der Leiterin oder dem Leiter einer Schwitzhütte ebenso wie den Teilnehmenden, sich den erprobten Protokollen und der Erfahrung vieler Jahrhunderte anzuvertrauen und aus dieser Rückverbindung heraus die Anwesenden zu begleiten und in Sicherheit gehalten zu sein. Andere Menschen einzuladen, sich in eine herausfordernde und potentiell transformierende Erfahrung zu begeben, erfordert großes Verantwortungsgefühl und eine realistische Einschätzung der eigenen Fähigkeiten und auch Grenzen.

8. Gibt es noch etwas, das dir wichtig ist, dass du teilen oder erzählen möchtest im Zusammenhang mit Schwitzhüttenzeremonien?

Mein Dank gilt der Großzügigkeit und Inspiration der Ältesten und Medizinleute der Ureinwohnertraditionen, die ihr Heiliges Wissen mit uns geteilt haben, insbesondere den Großmüttern und Großvätern der Schildkröteninsel.

Nähere Infos und Kontakt: pegasushof@aol.com

Martina Mali Rudolph, Fürth, 49 Jahre, Medizinfrau, Heilpraktikerin und Masseurin in eigener Praxis, Mutter von 4 Kindern

1. Wie bist du zur Schwitzhütte gekommen?

Ich lerne seit 1994, also seit 15 Jahren, von Aurelio Diaz Tekpankalli, einem Medizinmann der Purepecha aus Mexiko. Allerdings war ich schon vorher auf Schwitzhütten und habe, ehrlich gesagt, auch schon vorher welche geleitet ohne Segen oder Erlaubnis. Es fiel mir immer sehr leicht, und meine Hütten waren auch anfangs schon sehr intensiv und gut! Dann habe ich Visionssuchen gemacht, erst 4, dann 7, dann 9 und dann 13 Tage. 2002 war ich damit fertig, habe aber die Schwitzhütteneinweihung schon 2000 bekommen, weil es hier in der Gegend niemanden sonst gab, der Schwitzhütten leitete.

2. Willst du von deiner ersten Schwitzhüttenerfahrung erzählen?

Meine erste Erfahrung war ein sehr schönes Erlebnis, es war im Schnee, im Sauerland mitten in der Natur. Ich war in meiner Mondzeit und der Leiter setzte mich gleich auf den Kriegerplatz (gegenüber der Tür), weil er meinte, Frauen wären sehr kraftvoll in ihrer Mondzeit. Ich kam sehr gut damit klar, und war irgendwie daheim. Das hat mich sehr berührt und viele Erinnerungen angetriggert. Es war ein Neuanfang auf meinem Weg. Das muss 1989 gewesen sein.

3. Wie hast du das Leiten von Schwitzhüttenzeremonien erlernt?

Erstmal learning by doing, ich hab mir alles notiert, die Bedeutung der vier Himmelsrichtungen, die Bedeutung jeder einzelnen Runde in der Hütte. Und dann kam das durchs Tun. Als ich dann endlich soweit war auf dem Weg, und befugt wurde zu leiten, habe ich sehr viele Hütten besucht, manchmal bis dreimal täglich, und war bei jedem Feuer dabei, habe sehr viel vom jeweiligen Feuermann gelernt. Viel lerne ich in den verschiedenen Hütten, die ich selber besuche, jeder Leiter hat seine eigene Art und seine eigene Schönheit, das inspiriert mich. So wie ich meine eigene Art habe, Jeden sein zu lassen, wie er ist und die Dinge geschehen zu lassen. Und viel Rücksicht auf jeden Einzelnen zu nehmen.

4. Was war (eine der oder) deine wichtigste oder beeindruckendste Erfahrung mit der Schwitzhütte?

Meine beeindruckendste Erfahrung war, als ich in der Schwitzhütte Rebirthing machte, dabei meinen Körper verließ, indem ich durch einen Regenbogen tauchte, und mich plötzlich in einem fremden Körper wieder fand. Ich sprach etwas zu der Person und war völlig bewusst dabei. Das war aber so intensiv, dass ich zusah, ganz schnell wieder in meinen Körper zurückzukommen, und ich musste in der nächsten Pause die Hütte verlassen. Mit mir verließ ein Mann die Hütte und sagte draußen zu mir: „Seltsam, mir war, als ob eine Stimme in mir war, die mir etwas sagte." Er sagte mir den Satz. Und ich war völlig baff – das war genau das, was ich erlebt hatte! Ich erzählte es ihm, es erschien ihm unglaublich, mir auch, und wir waren beide ganz ergriffen. Eine andere Hütte, die ich nie vergessen werde, war mit Wallace Black Elk, einem bedeutenden Medizinmann der Lakota-Indianer, der schon in den Sternen ruht. Diese Hütte war voller Lichter und Geistwesen, es war unglaublich, ich werde es nie vergessen.

5. Was bedeutet die Schwitzhütte für dich?

Ein ganz mächtiges und kraftvolles Ritual, wieder zu unseren Wurzeln zu finden, unsere Erinnerungen tief in uns zu wecken, die Möglichkeit, uns mit den Elementen bewusst zu verbinden, Eins zu Sein, neugeboren zu werden, tiefe Reinigung zu erleben auf allen Ebenen.

6. Leitest du die Schwitzhütten in einer bestimmten Tradition? Wie stehst du generell zu Überlieferung und Tradition beim Schwitzhüttenleiten? Brauchen wir in Europa eine eigene Form der Schwitzhütte?

Ich leite die Schwitzhütte nach Lakota Tradition. Ich finde die Tradition sehr wichtig und auch, die Regeln zu wahren. Ich habe gelernt, bekleidet in die Hütte zu gehen, was auch bestimmte Gründe hat. Wieso sollten wir eine eigene Form der Schwitzhütte haben? Dazu müssten wir erstmal wieder unsere eigene Kultur entdecken und Werte, die wir verloren haben. Die Indianer haben das gut bewahrt und ich habe höchsten Respekt davor! Ich möchte das auch nicht verfälschen, auch wenn ich immer sehr viel Rücksicht auf die Menschen hier nehme.

7. Kann jeder, der möchte oder sich berufen fühlt, eine Schwitzhütte leiten? Oder was wären die Voraussetzungen für dich?

Ich denke, es ist sehr wichtig, innere Prozesse erlebt und gelebt zu haben, schon eine gewisse Reife, eine gewisse Selbstfindung und Reinigung mit sich selber vollzogen zu haben. Jemand, der ein großes Ego hat, sollte keine Hütte leiten, weil es einfach ein sehr kraftvolles Ritual ist, wo ganz viel Verantwortung dazu gehört. Man braucht sehr viel Einfühlungsvermögen dazu und ein feines Gespür für Energien. Und wenn man bestimmte Geistwesen oder Krafttiere in die Hütte ruft, sollte man auch in der Lage sein, diese Energien zu handhaben. In unserer Tradition ist es Voraussetzung, vier Jahre die Visionssuche erfolgreich gemacht zu haben und dann auch eine Lehrzeit zu absolvieren. Das finde ich auch richtig so. Sonst können wir ja Saunas machen oder Natursaunas.

8. Gibt es noch etwas, das dir wichtig ist, dass du teilen oder erzählen möchtest im Zusammenhang mit Schwitzhüttenzeremonien?

Die Achtsamkeit mit den Menschen, die uns das Vertrauen schenken, diesen Prozess mit uns zu teilen, zu behalten. Da können heftige Dinge hochkommen. Damit gut umzugehen, auf jeden Einzelnen einzugehen, so wie er das braucht, ist sehr wichtig. Viel Rücksicht zu nehmen auf die Menschen, hinzuspüren, wo jeder steht, wie es ihm geht. Ich selber werde jetzt um den Segen bitten, auch Medizinschwitzhütten zu leiten, das ist dann noch mal ein Schritt weiter. Schwitzhütten sind ein sehr kraftvolles Werkzeug zur Heilung!! Ach ja, in Mexiko haben wir Schwitzhütten, die ausschauen wie UFOs. Viele haben schon gesagt, das sind die Ufos, die kommen, um uns zu retten. Ich kann mir das auch gut vorstellen.

9. Was bietest du selbst im Zusammenhang mit Schwitzhüttenzeremonien an?

Ich habe in diesem Jahr, am 25.6.2009 die Auszeichnung als Spiritual Leader der Native American Church bekommen, das heißt, ich bin befugt, alle religiösen Handlungen durchzuführen, wie zum Beispiel Medizinzeremonien, Taufen, Hochzeiten, etc. Wir machen gerne eine Medizinzeremonie im Vorfeld und die Schwitzhütte dann am nächsten Morgen, um noch mal nachzuspüren. Auch möchte ich spezielle Schwitzhütten für Frauen und junge Mädchen anbieten nach der ersten Menstruation. Oder für Geburten. Normalerweise wird um eine Schwitzhütte mit Tabak gebeten, das heißt, wenn jemand eine Schwitzhütte braucht, das heißt, eine bestimmte Absicht hat, dann macht er ein Tabakgeschenk an den Schwitzhüttenleiter und bittet ihn um eine Heilhütte. Viel Wissen ist verloren gegangen und ich möchte gerne, dass das Wissen wieder aktualisiert wird.

www.sanfte-heilende-haende.de

Andreas Jackisch, Freiberg/Sachsen, 55 Jahre, Vater von 2 Kindern, Kunstlehrer, Autor, Schwitzhüttenleiter

1. Wie bist du zur Schwitzhütte gekommen?

Seit meiner frühesten Kindheit war mein Interesse für indianische Kulturen sehr stark. Über viele Jahre habe ich, noch zu DDR-Zeiten, musikalische Programme aufgeführt, mit poetisch-spirituellen Texten indianischer Künstler.

Das erste Mal bei einer Inipi, der Schwitzhüttenzeremonie, war ich 1991, bei Leonhard Crow Dog (Rosebud). 1996 war ich einige Zeit bei indianischen Freunden an der Nordwest-Küste. Dort habe ich unter vielem anderem auch gelernt, indianische Lieder zu singen. Diese Freunde brachten mich zu Janet McCloud, die das Sapa Dawn Center nahe Yelm leitete. Hier fanden Schwitzhütten und Sonnentänze statt, und viele AIM (American Indian Movement)-Aktivisten trafen sich damals dort. In dieser Zeit habe ich die indianische Denkweise verstehen und quasi indianisch denken gelernt. Bis zum Jahr 2000 saß ich immer wieder in Schwitzhütten, auch bei dem Blackfoot-Medizinmann Devalon Small Legs. Eigene Schwitzhütten durchzuführen kam mir nicht in den Sinn.

Ein Jahr später leiteten er und ein Medizinmann mit dem Namen Bruce Starlight eine Nachtzeremonie („Yuwipi" nennt man sie bei den Lakota). Und die Spirits, welche durch Bruce sprachen, kamen auf den verrückten Gedanken: „Andreas soll Schwitzhütten leiten".

Bruce kannte mich damals noch gar nicht. Und ich sollte ihn erst richtig kennen lernen, denn in viele Dinge, von denen ich noch keine Ahnung hatte, weihte er mich ein. Gleichwohl lernte ich von Devalon. Er gab mir am Anfang, wenn wir zusammen in der Schwitzhütte saßen, „die Tannenzweige in die Hand“ (die Blackfoot nehmen einen Bund Zweige zum Wasser aufsprühen). „Its your turn, sing soft and pray hard!“

Ich hab mich also nicht darum gerissen, Schwitzhütten zu leiten. Die Verantwortung wollte ich auf keinen Fall übernehmen. Und ich hatte auch nicht vor, so intensiv auf dem spirituellen indianischen Pfad zu sein. Ich musste viel mehr Lieder lernen, die Pfeifenzeremonie sollte ich lernen und wovor ich mich auch vergeblich versuchte zu drücken, war die Visionssuche in Kanada auf einem Fels in dreitausend Meter Höhe.

Dann hat mich Devalon auch noch zum „heiligen Mann“ für seinen Blackfoot-Sonnentanz gemacht. Immer wenn ich versuchte, Argumente zu finden, dass das nicht nötig wäre und ich eben die Aufgabe nicht erfüllen könne, gab es nur eine einzige Antwort: „Die Spirits haben entschieden“.

2. Willst du mir von deiner ersten Schwitzhüttenerfahrung erzählen?

Die habe ich ja in meinem Buch ausführlich beschrieben. Aber ich berichte mal von meiner aller allerersten „Schwitzhütte“, welche ich mit meinem Cousin durchführte. Wir waren 12 oder13 Jahre. Es war im Winter und es lag viel Schnee damals. Es sollte eine echte Indianer-Schwitzhütte werden, genau wie es in den Büchern steht. Aber vor über vierzig Jahren, was stand da schon ausführlich über Schwitzhütten drin!

Wir bauten uns also eine Hütte – vier Holzlatten wurden an jeder Ecke in den Schnee gerammt, und darauf nagelten wir als Verbindung noch mal vier Zaunlatten. Wir dachten, wie sonst sieht wohl eine Hütte aus! Darüber spannten wir Plasteplanen, durchscheinende, sonst sieht man ja nichts in der Hütte... Damit wir nicht im kalten Schnee sitzen mussten, legten wir ein Brett über zwei Holzklötze, als Sitzbank. Gleich vor dem Planenverschlag eine Feuerstelle. Gehackte Holzscheite auf einen Haufen geschüttet. Darauf kamen die Steine: Bruchsteinstücke aus einem großen Eimer, welchen wir im Keller entdeckt hatten... Das Feuer ging nicht an! Also ordentlich Benzin dazwischen. Es gab irgendwie eine Explosion... Nach dem Schreck warteten wir, bis die Steine heiß sein könnten. Ein Plastikeimer mit Wasser stand schon im Plastikgehäuse. Wir schaufelten alle Steine, die wir fanden, aus der Glut ins Innere der Hütte dicht vor das Bänkchen. Dann ging es los. Nackt setzen wir uns auf das Brett. Das vordere Feld der Hütte hatten wir sorgfältig geschlossen. Gemeinsam ergriffen wir nun den Eimer mit Wasser und schütteten den gesamten Inhalt auf einmal auf die Gesteinsbrocken. Sofort war unsere „Schwitzhütte“ mit entsetzlich heißem Wasserdampf erfüllt. Dazwischen irgendwie auch beißender Rauch. Nur wenige Sekunden vergingen, dann durchbrachen wir, jeder in eine andere Richtung stürzend, die Planen und fanden uns jammernd im Schnee. Tja, Indianer müssen Schmerzen ertragen. Zumindest haben wir es versucht...!

3. Wie hast du das Leiten von Schwitzhüttenzeremonien erlernt?

Diese Frage hab ich eigentlich schon beantwortet. Ergänzend vielleicht, dass ich, um Schwitzhütten offiziell leiten zu können, wichtige Lieder, die in der Schwitzhütte gesungen werden dürfen, auch durch die Medizinleute in Zeremonien übertragen bekam. Ähnlich das Recht, Zeremonialpfeifenträger zu sein. Und dazu immer und immer wieder neben Medizin-

leuten in den Schwitzhütten sitzend, um schwitzend zu lernen. Es dauerte mehrere Jahre, bis ich so einen kleinen Einblick hatte, wie Schwitzhütten durchgeführt werden.

4. Was war deine wichtigste oder beeindruckendste Erfahrung mit der Schwitzhütte?

Immer noch die erste bei Leonard Crow Dog! (Siehe mein Buch) Aber gleichzeitig, jede Schwitzhütte ist anders erstaunlich, wundervoll, immer neu, einzigartig.

5. Was bedeutet die Schwitzhütte für dich?

Die spirituelle Welt, die um uns herum in nicht erfahrbaren Dimensionen existiert, ist als Gewebe oder Struktur vorstellbar. Sie umhüllt die erfahrbare Welt in verschiedenen Schichten. Gleichzeitig hat sie zur diesseitigen Welt eine Art Pforten. In den Jahrtausende alten Zeremonien ist eine Art Abbild dieser Struktur entwickelt worden. Die Zeremonie macht es möglich, wenn man der Struktur folgt, diese „Kontaktstellen“, die „Pforten“ zu finden. Diese sind nicht in Ort oder Zeit bestimmbar. Weil aber innerhalb einer Zeremonie wie der Schwitzhütte Ort und Zeit aufgehoben werden können, schafft sie Verbindungen zum Gewebe der spirituellen Welt. Dann bündeln sich Energien, die stärker fließen, intensiver werden, weil sie durch die Impulse einer Zeremonie harmonische Richtungen erhalten. Der so genannte „rote Pfad“, eine Jahrtausende alte Erfahrung, bietet eine Orientierung, diese notwendigen „Pforten“ zu finden. Ständig und immer wieder aufs Neue da dran zu bleiben, das bedeutet Schwitzhütte für mich im eigentlichen Sinn.

6. Leitest du die Schwitzhütten in einer bestimmten Tradition? Wie stehst du generell zu Überlieferung und Tradition beim Schwitzhüttenleiten? Brauchen wir in Europa eine eigene Form der Schwitzhütte?

Das habe ich ja in der Beantwortung der vorangegangenen Fragen schon angerissen. Ich folge in diesem Sinne sehr streng dem „roten Pfad“. Rot bezieht sich übrigens nicht, wie viele glauben, auf die Hautfarbe der Indianer (haben sie ja auch nicht), sondern auf das Rot, das im Verständnis der indianischen Medizinleute die Grenzfarbe zur spirituellen Welt darstellt. Das hat bei allen Ureinwohnern Amerikas diese gleiche Bedeutung. Meine Zeremonien führe ich in der Tradition der Lakota, Blackfoot und der panindianischen Tradition durch. Das ist aber keineswegs eine Vermischung, sondern die meisten Riten innerhalb der Zeremonien sind ja identisch. Die „geringen Unterschiede“ sind nötig und ermöglichen, dichter am roten Pfad zu bleiben, und das individuelle Anderssein oder grundsätzliche unterschiedliche Gegebenheiten auszugleichen. Meine Stimme klingt anders als die von Bruce Starlight, ich muss das Lied daher langsamer singen als er, dann bleibe ich auf dem roten Pfad, der Sinn des Liedes und seine Wirkung bleiben erhalten. Die Schwitzhütte ist aber individueller geworden, durch mich geprägt. Die Erfahrungen, wie Zeremonien durchgeführt werden, sind in indianischer Tradition uralt und wurden ja immer mit dem Ziel entwickelt, Fenster zur spirituellen Welt zu öffnen, Schwitzhütten also so durchzuführen, dass sie „wirken“. In diesem Sinne brauchen sie weder verformt, noch neu erfunden, und schon gar nicht auf Europa umgedichtet zu werden. Es gibt keine europäische spirituelle Welt. Wenn ich nach indianischer Philosophie mit allem verwandt und verbunden bin, warum wäre ich es nicht mit den Europäern. Wer legte denn fest, wo Europa zu Ende ist! Geh mal nach Ungarn. Da gibt es eine über eintausend Jahre alte Schwitzhüttentradition, welche der Taltos (ein ungarischer Schamane) leitet. Die ersten Vorfahren der Ungarn kamen aus dem Altai. Und die erhaltenen, überlieferten Zeremonien sind nun wieder den indianischen ähnlich. Warum haben sie die Schwitzhütte nicht verändert? Es gibt Leute, die vermischen verschiedene Ebenen miteinander, lassen wesentliche Dinge weg, behaupten, es modernen Erfordernissen und der heutigen Lebensart anzupassen. Dabei begehen sie fatale Fehler. So eine Art Zeremonie kann nur das Gegenteil von dem bewirken, was sie eigentlich erreichen soll.

7. Kann jeder, der möchte oder sich berufen fühlt, eine Schwitzhütte leiten? Oder was wären die Voraussetzungen für dich?

Selbst ich hinterfrage mich immer wieder aufs Neue, ob es erlaubt ist, dass ich Schwitzhütten leite, ob ich in der Lage dazu bin. Wenn ich dann Small Legs frage, kommt die Antwort: „Die Spirits haben entschieden". Aber sollte ich mal die Antwort bekommen „die Spirits sind dagegen", dann höre ich sofort auf.

Es gibt einige Voraussetzungen, die ich noch nicht erwähnte. Die Wesentlichste ist: absolut ohne das eigene Ego zu arbeiten. Das ist sehr schwer, beinahe das schwerste. Wenn du auch nur ein Lied „vorführst", geht alles schief. Fast immer lassen dich das die Spirits deutlich wissen. Davon frei zu werden ist harte Arbeit. Wer das nicht schafft, kann's lassen. Es gibt angebliche „Schamanen", die viel Geld für ihre „Zauberkunststückchen" verlangen, welche sie vorführen. Sie richten großen Schaden an, aber er richtet sich Schritt für Schritt auch gegen sie selbst, sie werden es schon merken.

8. Gibt es noch etwas, das dir wichtig ist, dass du teilen oder erzählen möchtest im Zusammenhang mit Schwitzhüttenzeremonien?

Ganz allgemein bin ich der Meinung, dass mit den Zeremonien, all den spirituellen Dingen, sehr sehr achtsam, ehrfürchtig und vorsichtig umgegangen werden muss. Nicht allein deshalb, weil es Gefahren in sich birgt. Vor allem, weil diese Zeremonien, ihre, die der Ureinwohner Amerikas, sind und bleiben. Auch wenn sie uns erlauben, einige davon selbst durchzuführen. Gerade deswegen, weil sie diese mit uns teilen, haben wir die riesige Verantwortung und Pflicht, sehr würdevoll und achtsam damit umzugehen.

www.freenet-homepage.de/jackisch

Od*Chi, Bad Reichenhall in Bayern, 43 Jahre, Musiker, Künstler, Alpenschamane

1. Wie bist du zur Schwitzhütte gekommen?

Durch die „Rainbow Gatherings", selbstorganisierte Treffen in der Wildnis. Dort wurden Schwitzhütten angeboten. Wobei sich die Abläufe dort nicht unbedingt an überlieferte Lakota- oder sonstige Traditionen hielten.

2. Willst du mir von deiner ersten Schwitzhüttenerfahrung erzählen?

Meine erste Schwitzhütte war nicht auf einem Rainbow Gathering, sondern mit Leuten, die dort öfter sind. Das war 1991 bei einem WG-Bauernhof im Landkreis Erding, bei dem ich mit meinem Bauwagen wohnte. Überraschender Weise fühlte ich mich gleich wie zu Hause, und nichts war mir wirklich fremd.

In Anbetracht dessen, dass ich später bei einer mehrtägigen Visionssuche in den Bergen erfahren durfte, dass ich in einem Vorleben ein nordamerikanischer Ureinwohner war – was mein grundsätzliches Faible, schon von Kindheit an, für das „Indianische" erklärt –, war das natürlich nicht so überraschend.

Grundsätzlich hatte ich hier das Gefühl, meine wahre Familie wieder gefunden zu haben und seither lebe ich auch in dem Bewusstsein, ein Kind der Erde zu sein. Damals war ich noch Tabak-Konsument, doch nach der Schwitzhütte wollte ich, so gereinigt wie ich mich fühlte, erstmal gar keine mehr rauchen. So war der Grundstein dafür war gelegt, zwei Jahre später dem Tabak gänzlich zu entsagen, was ich bis zum heutigen Tage so beibehalten habe.

3. Wie hast du das Leiten von Schwitzhüttenzeremonien erlernt?

Meinen gesamten spirituellen Weg über hatte ich keine expliziten Lehrer, aber sehr bald direkten Kontakt mit meinem inneren Selbst, und ich lernte sehr schnell, diesen inneren Impulsen zu folgen und die äußeren Zeichen zu erkennen. Dabei half mir insbesondere auch die praktische Anwendung der Runen.

Nachdem ich einige Schwitzhütten mit „Rainbow People" mitgemacht und auch an einer Schwitzhütte nach Lakota-Tradition teilgenommen hatte, war es bei einem Rainbow-ähnlichen Treffen in der Wildnis, die wir TING´s nennen, dran, eine Schwitzhütte zu machen. Und da mich die anderen als den Erfahrensten auf diesem Gebiet sahen, wurde ich mit der Leitung betraut. Da mir der gesamte Vorgang eh sehr vertraut war und ich inzwischen auch wusste, dass ich auch vor diesem Leben bereits in vielen Schwitzhütten saß und leitete, fiel mir das auch überhaupt nicht schwer.

Nach dieser TING-Schwitzhütte folgten noch etliche weitere, bis ich dann irgendwann das Angebot vom Seminarhotel Jonathan am Chiemsee bekam, dort öffentliche Schwitzhütten anzubieten.

4. Was war (eine der oder) deine wichtigste oder beeindruckendste Erfahrung mit der Schwitzhütte?

Wie schon oben erwähnt, bin ich ja praktisch ein alter „Indianer". Beeindruckend war für mich allerdings der Moment, als ich das erste Mal in der Schwitzhütte wirklich der war und in einer alten, indigenen Sprache artikulierte. Mein Verstand „verstand" kein Wort davon, aber tief im Inneren war völlig klar, was ich da von mir gab. Es waren Worte des Heils und der guten Wünsche für alle Beteiligten in der Hütte, aber auch für alle „Kinder der Erde", die die Erde als ihre Mutter sehen und respektieren.

Ansonsten finde ich es stets beeindruckend, wie oft aus einem zusammen gewürfelten Haufen von Menschen in der Schwitzhütte eine Einheit erwächst und fortan eine besondere Verbindung mit allen Beteiligten besteht. Hier habe ich schon einige meiner Stammesbrüder und -schwestern getroffen.

5. Was bedeutet die Schwitzhütte für dich?

Eines der intensivsten und tief gehendsten Reinigungsrituale, die ich kenne, um sich von altem Ballast zu befreien, und eine gute Möglichkeit mit allen Kräften, Elementen, Spirits, den Ahnen und allen Kindern der Erde in Kontakt zu treten.

6. Leitest du die Schwitzhütten in einer bestimmten Tradition? Wie stehst du generell zu Überlieferung und Tradition beim Schwitzhüttenleiten? Brauchen wir in Europa eine eigene Form der Schwitzhütte?

Im Laufe der Jahre hat sich bei den von mir geleiteten Schwitzhütten eine neue Form entwickelt, die ich als „Bairisch-Global" bezeichne. Die wesentlichen Formen der überlieferten Traditionen, die für mich Sinn machen, habe ich zwar beibehalten, aber doch einige eher fremde Elemente mit einbezogen. Da ich ja zum Beispiel ein professioneller Musiker mit Naturinstrumenten, wie Didgeridoo, allen Formen von Trommeln, Maultrommel und dergleichen bin und zudem nicht nur eine gute Gesangstimme, sondern auch Oberton- wie Untertongesang beherrsche, finden diese Elemente bei meinen Schwitzhütten entsprechenden Raum. So rufe ich die spirits nicht im herkömmlichen Sinne, sondern mittels Musik und entsprechenden Liedern. Denn wenn ich singe und musiziere, dann bete ich.

Zudem habe ich einige „Rainbow-Spirit-Songs" vom englischen ins bajuwarische übersetzt und singe sie dann auch bei dieser Gelegenheit zusammen mit den Teilnehmern. Deshalb auch die Bezeichnung Bairische Schwitzhütte.

Der globale Aspekt rührt daher, dass ich alle wohltätigen Kräfte der Welt willkommen heiße und sowohl am Feuer als auch in der Schwitzhütte heilige Lieder und Mantren aus aller Welt mit den Teilnehmern singe. Dazu gehören auch alte Sanskrit-Mantren wie „OM Mani Padme Hum" oder das „Gayatri Mantra", die ich als sehr wohltätig und kraftvoll empfinde.

Ein wichtiger Inhalt bei den von mir durchgeführten Schwitzhütten-Zeremonien sind auch die Runen, die ja nicht nur zum Orakeln dienlich sind, sondern ein komplettes nordisches Yogasystem darstellen. So können sie nicht nur mit dem Körper gestellt werden, sondern ihre Namen der Kraft auch als Mantra gesungen werden. Ich heiße sie stets bei meinen Schwitzhütten willkommen und jeder Stein, der in die Schwitzhütte von meinem Herzensbruder und vertrautesten Feuermann Sebastian hereingereicht wird, entspricht bei mir einer Rune, die ich dann auch artikuliere.

Bei den „Bairisch-Globalen Schwitzhütten" werden zwar alle Teilnehmer abgeräuchert, das Pfeifenritual findet jedoch nicht statt. Aber auch dieses Ritual hat 4 Runden, wobei jede ein bestimmtes Thema hat: danken, bitten, loslassen und Stille. Sobald jemand gesprochen hat, kann er mit einer Schöpfkelle aus dem Wassereimer Wasser auf die heißen Steine geben und das Gesagte mit einem kraftvollen „Ahou!" (jawohl, so ist es!) bekräftigen. Das ergibt eine sehr kraftvolle Dynamik!

So hat sich also fast von selbst eine eigene Tradition entwickelt und das nicht aus kopfigen Konzepten heraus, sondern einfach durch Intuition, Achtsamkeit und Respekt gegenüber den hiesigen Gegebenheiten und natürlichen Umständen.

Eines Abends stand ich mit einem Lakota namens „Sunheart" an einer Feuerstelle und erzählte ihm davon, dass ich auch Schwitzhütten – jedoch in einer hiesigen Form – durchführe. Das begrüßte er sehr, vor allem, dass ich nicht deren Tradition eins zu eins abkupfere, sondern neue Wege gehe. Er bekundete, dass er es für sehr wichtig hält, dass wir Europäer unsere eigenen Wege und Traditionen finden, und ermunterte mich, in dieser Weise weiter zu machen. Die Prophezeiung eines alten Häuptlings – „Wenn Eure Kinder lange Haare tragen mit Blumen darin, dann sind wir wieder unter Euch, die Regenbogenkrieger, denn unseren Körper könnt Ihr nehmen, aber unser Geist wird wiederkehren…" – war ihm auch nicht unbekannt, und er wusste durchaus, dass ich praktisch einer seiner wiedergeborenen Ahnen bin und somit in jedem Fall befugt bin, Schwitzhütten zu machen, wie er mir explizit mitteilte. Was er nicht gut findet, sind die Europäer, die deren Traditionen eins zu eins übernehmen, diese dann strenger als sie selbst durchführen und gar nicht merken, dass das für Europa gar nicht passt. Noch verwerflicher findet er allerdings jene, die damit auch noch unangemessen viel Geld verdienen.

7. Kann jeder, der möchte oder sich berufen fühlt, eine Schwitzhütte leiten? Oder was wären die Voraussetzungen für dich?

Sofern sich jemand berufen fühlt und das Ganze nicht aus irgendwelchen egoistischen, profilierungssüchtigen oder kopfigen Gründen durchführt, bzw. meint, damit viel Geld einheimsen zu können, halte ich das auf jeden Fall für begrüßenswert. Jemand, der von Herzen Schwitzhütten macht, zu dem werden gewiss immer wieder Menschen finden und der Unterschied zu den ganzen „Scharlatamanen" wird klar erkennbar sein.

Glücklicherweise gibt es noch keinen „Schwitzhütten-Schein", der einen dazu legitimiert, und es hat auch kein verbitterter Indianer – auch wenn die Verbitterung verständlich ist, aber damit kommt man auch nicht weiter – darüber zu bestimmen, ob ein hellhäutiger Europäer eine Schwitzhütte durchführen darf oder nicht. Die Qualität und die Formen werden stets anders sein, doch auf Dauer werden sich diejenigen, die das selbstlos von Herzen und aus höherer Berufung tun, durchsetzen. Und diejenigen, die an einen „Scharlatamanen" geraten, benötigen wohl gerade diese Erfahrung und sind damit in Resonanz. Richtig und Falsch sind halt relativ!

8. Gibt es noch etwas, das dir wichtig ist, dass du teilen oder erzählen möchtest im Zusammenhang mit Schwitzhüttenzeremonien?

Jeder, der sich auf einen erdigen-spirituellen Weg begibt, sollte eine Schwitzhütte mitmachen, denn sie kann einem sehr schnell den Weg eröffnen, in Kontakt mit seinem inneren Selbst zu kommen. Zudem ist es eine sehr gute Möglichkeit, sich von allem unnötigen Ballast zu befreien, seine Wünsche klar zu formulieren und abzuschicken, wie auch, einfach mal allen und allem zu danken. Und um die verschiedenen Qualitäten von diesem alten heiligen (also Heil bringenden) Ritual zu erfahren, empfehle ich durchaus, an unterschiedlichen Schwitzhütten-Formen teilzunehmen. Für den Einstieg dürfte meine Schwitzhüttenform sehr geeignet sein, da ich all zu strenge Regeln nicht übernehme.

3 bis 4 Mal im Jahr biete ich Bairisch-Globale Schwitzhütten beim Seminarhotel Jonathan am Chiemsee an. Geplant sind auch Schwitzhütten an einem wildromantischen Platz in den Berchtesgadener Bergen.

www.urwurz.de

Vicky Gabriel, Alsfeld, 40 Jahre, Buchautorin, Tanztherapeutin, Seminar- und Schwitzhüttenleiterin und William Anderson, 50 Jahre, Buchautor, Seminarleiter

1. Wie seid ihr zur Schwitzhütte gekommen?

Der Verleger unserer Bücher war der Ansicht, wir müssten so etwas einmal erlebt haben, um seine Arbeit besser verstehen zu können. Also schenkte er uns (und einer ganzen Reihe weiterer Mitarbeiter) nicht nur eine, sondern gleich vier Hütten – nämlich die sogenannte GAIA-Einweihung bei Helmut Christof.

2. Wollt ihr von eurer ersten Schwitzhüttenerfahrung erzählen?

Die erste Hütte war stockfinster und verdammt heiß. Sauerstoff schien Mangelware zu sein – Panikgefühle gab's dafür im Überfluss. Aber eben auch die wunderbare Erfahrung, mit der Angst nicht alleine zu sein, sondern vom Leiter und den erfahrenen Mitglie-

dern der Gruppe mit ganzer Kraft unterstützt und durch die Zeremonie getragen zu werden. Und danach ein neuer, ein klarer, reiner und unglaublich kraftvoller Mensch zu sein. Keiner von uns beiden hatte jemals zuvor in so kurzer Zeit so gewaltige Erkenntnis- und Entwicklungssprünge machen können wie in dieser einen Woche, im Laufe derer sich die GAIA-Einweihung vollzieht. Das hat uns damals schon mächtig beeindruckt. Es war aber auch unglaublich fordernd für uns, so dass wir auf der Rückfahrt von diesem Seminar zwar überaus dankbar waren, es mitgemacht zu haben, aber beide beschlossen, so etwas nicht unbedingt noch einmal machen zu müssen. Die sich im Zuge des folgenden Jahres vollziehenden, eindeutig auf diese Zeremonie zurückführbaren Veränderungen in unserem Leben waren jedoch so kraftvoll und positiv, dass wir uns schlussendlich sogar dafür entschieden, uns selbst zu Schwitzhüttenleitern ausbilden zu lassen.

3. Wie habt ihr das Leiten von Schwitzhüttenzeremonien erlernt?

Dadurch, zwei Jahre lang anderen dabei zuzusehen, welche Fehler man dabei so machen kann und es dann selbst zu tun, um unter Aufsicht noch mehr Fehler zu machen, auf die die anderen gar nicht gekommen waren. Sprich: durch eine mehrjährige Ausbildung bei einem sehr erfahrenen schamanischen Lehrer und Schwitzhüttenleiter, bei Helmut Christof nämlich. Und diese Ausbildung ist noch lange nicht zu Ende: Nach jedem Seminar, jeder Schwitzhütte, die wir geleitet haben, führen wir etwas durch, das wir „Manöverkritik" nennen. Wir gehen den gesamten Verlauf gemeinsam durch, um zu schauen, was gut funktioniert hat und was nicht – und dann den Grund dafür herauszufinden. In diesem Sinne zählt jede Schwitzhütte, die wir anleiten, zu unserer Ausbildung, und jeder Mensch, der daran teilnimmt, ist auch unser Lehrer.

4. Was war eure wichtigste oder beeindruckendste Erfahrung mit der Schwitzhütte?

Vicky: Sie vollzieht sich jedes Mal, wenn ich die Hütte nach der letzten Runde endgültig verlasse und besteht in der Wahrnehmung dessen, was und wie ich dann bin. Dann weiß ich wieder, wer ich wirklich bin, wie ich vom Großen Geist von Anfang an gemeint war. Ich bin mir dann meiner tatsächlichen Kraft wieder bewusst und befinde mich in klarer Verbindung damit. Es ist für mich ein Wunder, immer wieder mit so (relativ) einfachen Mitteln so intensiv in meine Kraft gehen zu können.

William: Außer, dass ich sie mal wieder überlebt habe? Die Veränderungen in den Menschen wahrzunehmen, die sich im Laufe einer solchen Zeremonie vollziehen. Die seelische und körperliche Heilung erleben zu dürfen, die sich bei machen Leuten einstellt.

5. Was bedeutet die Schwitzhütte für Euch?

Eine Menge Schlepperei für Holz, Steine und Wasser – viel Hitze – acht bis fünfzehn Menschen in ihren Prozessen, die uns jederzeit um die Ohren fliegen können (und das natürlich auch regelmäßig tun, schließlich sind wir ja genau dafür da) – die ständige Frage „Bin ich eigentlich total verrückt, mir das immer wieder anzutun?" – vollständig und bedingungslos so angenommen zu werden, wie wir sind – auf dem schmalen Grat zwischen kraftvollsten Energien und gesellschaftlichem Ausstieg zu tanzen – dem Heiligen, Göttlichen zum Anfassen nah zu sein – sich wie eine wunderschöne Blüte Hütte für Hütte immer mehr entfalten zu dürfen – so zu leuchten, dass es noch am Morgen nach der Zeremonie alle sehen können – binnen drei Stunden mehr persönliche Probleme lösen, mehr hinderliche Verhaltensweisen und negative Denkstrukturen loswerden zu können, als es in mehreren Monaten der Psychotherapie möglich wäre – und endlich, endlich wieder dahin zurückzu-

kehren, wo wir herkommen, wo wir wirklich hingehören, wo unsere wahre Kraft liegt: ins Herz von Mutter Erde und Vater Himmel.

6. Leitet ihr die Schwitzhütten in einer bestimmten Tradition? Wie steht ihr generell zu Überlieferung und Tradition beim Schwitzhüttenleiten? Brauchen wir in Europa eine eigene Form der Schwitzhütte?

Wir gehören zu jenen Menschen, die an der Schaffung von schamanischen Praktiken arbeiten, die für unsere Zeit und Kultur angemessen sind. Wir haben indigene schamanische Strukturen deshalb studiert, um ihre Grundstrukturen heraus abstrahieren zu können, also um zu lernen, nach welchen Prinzipien ein gutes schamanisches System funktioniert. Jetzt sehen wir unsere Aufgabe darin, das Gelernte auf die Verhältnisse Mitteleuropas im einundzwanzigsten Jahrhundert zu übertragen. Entsprechend folgen wir keiner Tradition, sondern betrachten den oft schmählich gebrauchten Begriff des „Neo-Schamanen" genau genommen als treffendste Bezeichnung für unsere Aktivitäten. Unserer Ansicht nach ist es an der Zeit, damit aufzuhören, andere Kulturen zu imitieren. Das war keineswegs schlecht – die Japaner haben Jahrzehnte lang nichts anderes getan, als fremde Technik zu kopieren, bis sie diese genug kannten, um aus diesem Wissen heraus eigene Produkte zu entwickeln, die ihren Bedürfnissen noch besser entsprachen. Genau das tun wir auch. Dabei kommt es immer wieder zu Fehlschlägen, aus denen wir zumindest lernen, wie wir es nicht machen sollten – was alleine schon jeden Fehlschlag in einen Erfolg verwandelt. Oft aber entdecken wir auf diesem Weg Elemente, die uns kraftvoll tragen und auch andere Menschen unterstützen können.

Wir finden, dass Traditionen in zweierlei Hinsicht von großer Bedeutung sind. Erstens bewahren sie eine enorme Menge an Wissen, aus dem ja schließlich auch wir lernend und erfahrend geschöpft haben und immer noch schöpfen. Alle, die so gerne auf die Traditionalisten schimpfen, vergessen unserer Ansicht nach nur allzu schnell, dass wir ohne diese Menschen noch mehr kostbare Informationen für immer verlieren würden, als eh schon der Fall ist. Zweitens aber gibt es viele Menschen, die sich nur in tradierten Systemen sicher und wohl genug fühlen, um soweit loslassen zu können, dass echtes Persönlichkeitswachstum möglich wird. Für diese Menschen ist die Existenz traditioneller Wege von allergrößter Bedeutung, weshalb wir froh sind, dass es sie gibt. Andere jedoch fühlen sich von traditionellen Systemen eher in ihrer Entwicklung behindert, weshalb sie eher nicht-traditionelle Zugänge wie den unseren bevorzugen. Wir beide haben nicht den Anspruch, mit unserer Arbeit die Bedürfnisse jeder Person erfüllen zu können. Wir wissen um die Vielfalt menschlichen Seins und sind zufrieden damit, eine der vielen Facetten bieten zu können, die benötigt werden – so, wie es andere Formen und Systeme auch tun.

Wir beide sind grundsätzlich der Ansicht, dass tradierte Inhalte immer darauf überprüft werden sollten, ob sie den aus der momentanen Situation entstehenden Bedürfnissen und Anforderungen nach wie vor gerecht werden. Warum sollten wir nicht dankbar darauf zurückgreifen, wenn das der Fall ist? Und warum sollten wir nicht ohne schlechtes Gewissen neue Wege suchen dürfen, wenn wir erkennen, dass die alten nicht mehr mit unserer Lebenswirklichkeit in Verbindung stehen? Den Traditionen macht das überhaupt nichts aus. Nur manche Menschen haben ein Problem damit, weil sie die scheinbare Sicherheit starrer und dogmatischer Gerüste brauchen. Vicky hat von ihrem Großvater einen Satz erhalten, der das auf prägnante Weise zusammenfasst:

Lasst uns an dem Alten,
so es gut ist, feste halten,
und auf diesem alten Grunde
Neues bauen jede Stunde.

William wiederum meint: Wer die Tradition nur um ihrer selbst willen lebt, erschafft ein Dogma.

7. Kann jeder, der möchte oder sich berufen fühlt, eine Schwitzhütte leiten? Oder was wären die Voraussetzungen für euch?

Natürlich kann es jeder tun – die Frage ist jedoch, ob es auch jeder tun sollte. Bei uns und auch anderen Leitern, die wir kennen, haben wir die Schwitzhüttenarbeit meist als enorm prozess-orientiert erlebt. Sie hat oft kathartische Wirkung; da werden lange verdrängte und äußerst schmerzhafte Themen bearbeitet, Traumata aufgelöst und tiefste psychische Wandlungserfahrungen durchlaufen. Gleichzeitig sind in der Hütte enorme seelische wie auch spirituelle Kräfte im Spiel. Die Schwitzhütte katalysiert psychische Wachstums- und Heilungsprozesse, was bedeutet, dass sich die Teilnehmer oft in einer emotionalen Extremsituation befinden, die es gemeinsam zu einem heilsamen, Kraft spendenden Erleben zu wandeln gilt. Dafür bedarf es eines gehörigen Maßes an Wissen, aber auch an praktischer Erfahrung mit dieser Situation – und auch die Arbeit am eigenen Heilungsprozess darf während dessen unserer Ansicht nach nie zu kurz kommen.

Wer Schwitzhütten leiten möchte, sollte also unserer Ansicht nach eine mehrjährige Ausbildung bei einem guten Lehrer hinter sich haben, unter dessen Anweisung es möglich ist, im geschützten Rahmen einer Ausbildungsgruppe jene Fehler machen zu können, die einem „draußen" auf keinen Fall mehr passieren dürfen. Wir sollten das Wirksamkeitspotential der Schwitzhütte nicht unterschätzen. Und alles, was wirksam ist, kann eben auch an falscher Stelle oder auf unangemessene Weise eingesetzt werden. Solche Zeremonien ohne eine angemessene Ausbildung anzuleiten entspricht für uns dem Versuch, einen Krebspatienten ohne Medizinstudium mit dem behandeln zu wollen, was gerade im Medizinschrank ist. Natürlich befindet sich nicht jeder Teilnehmer einer Schwitzhütte in einer dem Krebspatienten vergleichbaren Krise, aber dummerweise haben die Menschen, die zu uns kommen, keinen „Beipackzettel", der vor ihren psychischen Problemen oder Defiziten warnt. Wir wissen nicht, welcher Prozess sich in ihnen vollziehen wird, sobald sie die Hütte betreten haben. Gerade dem spirituellen bzw. alternativen Bereich zuordenbare Wachstums- und Heilungstechniken ziehen jedoch grundsätzlich auch eine große Zahl von psychisch überaus instabilen Menschen an, weshalb auf diesem Gebiet arbeitende Anleiter unserer Ansicht nach erst recht für den Umgang mit ihnen gewappnet sein müssen.

Spätestens dann jedoch, wenn wir für uns in Anspruch nehmen, auch mit Menschen arbeiten zu wollen, die sich mit definierten seelischen Störungen oder Erkrankungen herumschlagen, setzt, wenn schon nicht die Vernunft, dann doch wenigstens das Gesetz klare Grenzen und verlangt vom Anleiter den Erwerb einer Heilerlaubnis. Wir finden das absolut angemessen, weshalb sich auch einer von uns beiden einer entsprechenden Ausbildung und Prüfung (HP Psychotherapie sowie Tanztherapie) unterzogen hat.

8. Gibt es noch etwas, das dir wichtig ist, dass du teilen oder erzählen möchtest im Zusammenhang mit Schwitzhüttenzeremonien?

Es ist jedes Mal wichtig, den Menschen zu erklären, dass sie aus einer Schwitzhüttenzeremonie nur soviel erhalten, wie sie hineinstecken. Sie können nur soviel Heilung erlangen, wie sie sich zu öffnen bereit sind. Auch diese Zeremonien können keine Wunder ermöglichen, aber viel mehr bewegen, als die meisten anderen, die uns bisher begegnet sind.

Schamanische Ausbildung, Schwitzhütten, Seminare und Zeremonien: www.deraltepfad.de

Karin Enzbrunner, Oberbayern, 40 Jahre, Mutter von 3 Kindern, Heilpraktikerin, Seminar- und Schwitzhüttenleiterin

1. Wie bist du zur Schwitzhütte gekommen?

Ich bin im Rahmen einiger schamanischer Seminare zur Schwitzhütte gekommen, in denen es um schamanisches Reisen ging, und der Leiter gab auch Schwitzhütten.

2. Willst du von deiner ersten Schwitzhüttenerfahrung erzählen?

Meine erste Schwitzhütte war ein sehr beeindruckendes und kraftvolles Ritual. Sie wurde in der Tradition der Lakota geleitet. Die glühenden Steine, die Atmosphäre, die Leitung, alles war stimmig. Ich hatte keine unangenehmen Empfindungen, und auch die Hitze war gut auszuhalten.

Am nächsten Tag nahm ich nochmals an einer teil und diesmal war es ganz anders. Es war eine sehr starke Energie spürbar und ich kann mich erinnern, dass die Leute draußen sagten, es wirkte, als ob die ganze Hütte geschwebt wäre. Ich saß auf einem anderen Platz als am Vortag und diesmal wurde ich ganz schön gebeutelt. Wie ich gingen viele der Teilnehmer durch tiefe Prozesse und ich war beeindruckt, wie intensiv die Elemente und die Ahnengeister zu spüren waren.

Nach der Zeremonie empfand ich Dankbarkeit und konnte das „Alles ist mit Allem verbunden" wahrhaft empfinden.

Ich bin froh, gleich zwei Mal hintereinander so unterschiedliche Schwitzhüttenerlebnisse erfahren zu haben, denn keine Schwitzhütte gleicht der anderen trotz gleicher Tradition und Leitung.

3. Wie hast du das Leiten von Schwitzhüttenzeremonien erlernt?

Schon nach meinem zweiten Schwitzhüttenerlebnis wusste ich, dass ich auch Schwitzhütten geben möchte, allerdings keine indianischen Schwitzhütten. Ich schätze die indianischen Schwitzhütten sehr, aber ich empfinde mich selbst nicht als der indianischen Tradition zugehörig. Ich nahm in den folgenden Jahren an verschiedenen Schwitzhütten teil und machte schließlich in Kärnten ein Seminar mit einer keltischen Schwitzhütte mit. Danach hatte ich gezielt gesucht, da ich schon immer eine starke Verbundenheit zur keltischen Mythologie empfand und mir dachte, es müsse auch Schwitzhütten in einer europäischen Tradition geben.

Ich habe von diesem Seminar viel mitgenommen, was den Aufbau der Hütte betrifft. Es gibt acht Stäbe und somit acht Plätze mit verschiedenen Qualitäten. Die Hütte selbst wird nochmals durch einen Steinkreis begrenzt, der den Ritualraum einfasst. Die Schwitzhütten-

zeremonie selbst habe ich für mich aus verschiedenen Ideen und Erfahrungen heraus weiter entwickelt, in dem Wissen, dass es zwar auch bei unseren Vorfahren Schwitzhütten gab, es allerdings an genauen Beschreibungen und Überlieferungen mangelt und wir uns nur auf individuelle Art wieder an diese Wurzeln anbinden können. Grundlage für meine Schwitzhütte ist das europäische Medizinrad, der mythologische Hintergrund ist keltisch, und die Gestaltung an sich orientiert sich zusätzlich am Jahreskreis.

5. & 6. Was bedeutet die Schwitzhütte für dich? Leitest du die Schwitzhütten in einer bestimmten Tradition? Wie stehst du generell zu Überlieferung und Tradition beim Schwitzhüttenleiten? Brauchen wir in Europa eine eigene Form der Schwitzhütte?

Die Schwitzhütte ist für mich in erster Linie ein Erlebnis in dem wir uns außerhalb unseres regulären Empfindens von Raum und Zeit befinden und so grundsätzlich alles möglich ist. Für mich repräsentiert die Schwitzhütte den Kessel der walisischen Göttin Keridwen. Dem Kessel kommt in vielen Traditionen, besonders auch in der keltischen, eine wichtige Rolle zu. Er ist das magische Gefäß der Reinigung, Heilung und Inspiration. Nach der Zeremonie verlässt man den Kessel, ähnlich wie in anderen Traditionen den Mutterschoß, neu geboren als die „Cauldron born" – die Kesselgeborenen. Mal brodelt der magische Kessel, mal köchelt er sanft vor sich hin. Das hängt unter anderem vom Inhalt, also den Teilnehmern und ihren Themen und davon ab, wie leicht oder wie schwer wir uns dem Prozess des „Garens" hingeben können.

Der Kessel steht bei der Schwitzhüttenzeremonie für das weibliche und das Feuer für das männliche Prinzip. Nur im Zusammenwirken kommt es zu den transformatorischen Prozessen. Als ganz entscheidendes Element kommen aber noch die Pflanzen hinzu, die als Aufguss in der Zeremonie verwendet werden, und vorher von den Teilnehmern selbst im Rahmen einer kleinen Medizinwanderung gesucht werden. Die keltische Schwitzhütte wird in drei Runden durchgeführt, wobei die Hütte nicht verlassen wird.

Ich denke, wir brauchen keine eigene europäische, festgelegte Schwitzhüttenzeremonie. Was wir brauchen sind gewissenhafte Menschen, die sich berufen fühlen und verantwortungsbewusst dieses wunderbare Ritual durchführen. Ganz besonders wichtig finde ich, dass der/die Leiter/in authentisch ist.

7. Kann jeder, der möchte oder sich berufen fühlt, eine Schwitzhütte leiten? Oder was wären die Voraussetzungen für dich?

Wer sich zum Schwitzhüttenleiten berufen fühlt, sollte schon einige Fähigkeiten mitbringen bzw. sich einiger Punkte bewusst sein. Die Teilnehmer sind natürlich für sich selbst verantwortlich, aber sie begeben sich vertrauensvoll in die Obhut eines Menschen, von dem sie denken, dass er Erfahrung und auch die nötige Stabilität hat, durch dieses Ritual zu führen. Dieser Mitverantwortung sollte man sich unbedingt bewusst sein. Man sollte auf jeden Fall kompetent im Umgang mit Menschen sein und auch wissen, wie man in Krisensituationen (seien sie körperlicher, aber v. a. auch seelischer Art) handelt. Diese Fähigkeiten lassen sich natürlich in vielen Berufen/Ausbildungen erlernen. Dass der/die Leiter/in an Schwitzhüttenzeremonien selbst teilgenommen und dort auch unterschiedliche Selbsterfahrungen durchgemacht hat, versteht sich von selbst.

www.schlangenpfad.de

Gela Hake, Hatzfeld (Eder), 40 Jahre, betreibt zusammen mit ihrem Mann ein Seminarhaus, Heilerin, Seminar- und Schwitzhüttenleiterin

1. Wie bist du zur Schwitzhütte gekommen?

Es war 1995, eine Freundin erzählte mir von einem Indianer, Beautiful Painted Arrow, den man für ein Treffen aufsuchen konnte. Ich befand mich gerade in einer intensiven Zeit, zwei Jahre vorher war meine Kundalini erwacht, ich war in Auflösungsprozessen, mit veränderter Wahrnehmung, Lichterfahrungen, wer bin ich? Bei diesem Treffen sagte Beautiful Painted Arrow zu mir, dass ich mich nicht sorgen müsste, dass mein Weg schon bereitet wäre und ich nur weiter meinem Herzen folgen sollte. Er riet mir, noch an diesem Tag nach einem Hinweis Ausschau zu halten, der mein Herz berührt, dies würde meinen weiteren Lebensweg zeigen.

So wurde ich noch am gleichen Tag in einen Laden geführt, fand einen Schwitzhüttenflyer, in dem ein Einweihungszyklus mit vier Schwitzhütten in Folge beschrieben wurde. Ich wusste sofort: „Das ist es!", und meldete mich umgehend an.

Es wurde für mich eine tiefe Initiationserfahrung, die mich erdete und mir half, fest verwurzelt das Licht in den Alltag zu integrieren. Bis heute ist dieser schamanische Lehrer, den ich dort traf, mein „Spirit Führer" und ich nenne Ihn liebevoll und dankbar meinen Nagual Lehrer.

So kam die Schwitzhütte zu mir, und ich liebte sie und liebe sie noch immer.

2. Willst du mir von deiner ersten Schwitzhüttenerfahrung erzählen?

Wie bereits erwähnt, war ich damals gerade in für mich Furcht einflößenden Auflösungsprozessen, d. h. ich konnte teilweise kein Auto mehr fahren, da die Umgebung sich zeitweise auflöste, die Straße, die Bäume in einer flimmernden Masse verschmolzen, mit anderen Worten: der Alltag war kaum mehr möglich. So hatte ich einen ordentlichen Respekt vor den mir bevorstehenden Zeremonien, da ich befürchtete, alles würde nur noch schlimmer. Ich erzählte dem Leiter davon, aber der lachte nur und sagte: „Geh du mal in die Schwitzhütte...".

Bei der ersten Zeremonie dauerte es nicht lange und ich bekam entsetzliche Angst, da ich befürchtete, mich komplett aufzulösen. Ich konnte nichts dagegen tun, ich fiel und fiel in ein schwarzes Loch und wurde für kurze Zeit ohnmächtig (ohne Macht). Ich kam wieder zu mir und ergab mich, da ich keine Macht-Kontrolle mehr hatte. Ich fiel durch dieses schwarze endlose Etwas hindurch, begleitet von einem Urangstschrei und den Worten „Jetzt gehst du da durch".

Neugeboren lag ich dann unter dem nächtlichen Sternenhimmel auf Gaia – Mutter Erde. Die Äste der Bäume bogen sich zu mir herab und wiegten mich. Die Sterne flogen rasant schnell am Himmel, und ich erlebte mich auf diesem runden Erdball liegend wie der kleine Prinz von Antoine de Saint Exupery. Mein Herz schaute und lachte, und alles war gut.

3. Wie hast du das Leiten von Schwitzhüttenzeremonien erlernt?

Durch die geistige Verbindung zu meinem Nagual Lehrer. Von Mutter Erde und den Kräften des Himmels, den Spirits und meinem Herzen, dessen Ruf ich folgte und immer wieder folge. Durch die liebevolle und erfahrene Begleitung von meinem Mann, der mich immer wieder ermutigt, im Vertrauen und im einfachen Sein zu sein. Von der Kraft des hei-

ligen Kreises sowie dem Sternenmädchen-Kreis und den Teilnehmern lerne ich immer weiter, die Zeremonien über die äußere Form hinaus auszudehnen, in das was ist, und mit dem zu sein, was ist.

4. Was waren deine wichtigsten oder beeindruckendsten Erfahrungen mit der Schwitzhütte?

• *dass alles Eins ist.*

• *die Verschmelzung mit allem Leben.*

• *dass alles so sein darf, wie es ist.*

• *die Kraft des Herzens, die Wählen und Bestimmen und Entscheiden kann. Immer wieder neu der Schönheit und Wahrhaftigkeit, der Leichtigkeit und der Liebe zu folgen.*

5. Was bedeutet die Schwitzhütte für dich?

Mit meiner Wahl-Familie zusammen zu sein. Die Schönheit des Lebens zu feiern. Zu sterben und mich zu erneuern. Im Tanz des Universums zu spielen. In der Liebe von Urgroßmutter Gaia und Urgroßvater Sonne vollkommen zu sein.

6. Leitest du die Schwitzhütten in einer bestimmten Tradition? Wie stehst du generell zu Überlieferung und Tradition beim Schwitzhüttenleiten? Brauchen wir in Europa eine eigene Form der Schwitzhütte?

Ich nutze die Kraft des Medizinrades, des Sternenmädchenkreises, der Kreisintelligenz.

Ich leite die Schwitzhütten in keiner bestimmten Tradition. Gewiss in der „Tradition des Herzens". Für Überlieferung und Tradition empfinde ich Dankbarkeit und Achtung. Ob mit oder ohne Tradition, wichtig ist für mich die Lebendigkeit und Authentizität der Zeremonien.

Die universelle Form der Schwitzhütte ist eine von vielen Wegen, die ich stimmig finde für unsere Zeit.

7. Kann jeder, der möchte oder sich berufen fühlt, eine Schwitzhütte leiten? Oder was wären die Voraussetzungen für dich?

Optimal sind für mich Leiter, die vom inneren Wissen erfüllt und geführt sind. Mit dem Herzen zu sehen und danach zu handeln, in Verantwortung für sich und den Kreis. Letztendlich kann nur jeder selbst dies für sich spüren.

8. Gibt es noch etwas, das dir wichtig ist, dass du teilen oder erzählen möchtest im Zusammenhang mit Schwitzhüttenzeremonien?

Bei Schwitzhütten fördern Struktur und (göttliche) Ordnung, sowie eine klare Absicht und Hingabe die Zeremonien!

www.ederlust.dc

Arcelia Flores Rios, Mexiko, 53 Jahre, Medizinfrau des Huichol-Stammes, Mitglied der Native American Church, leitet Schwitzhütten- und Medizinzeremonien in Europa und Mexiko

Mein Name ist Arcelia Flores Rios. Ich bin eine 53-jährige Großmutter vom Stamm der Huichol in Mexiko. Ich bin lange sehr krank gewesen, nachdem ich mich mit Alkoholkonsum, Kokain- und Methadonmissbrauch fast selbst umgebracht hätte. 1999 wurden bei mir starke Herzprobleme und Fibromyalgie diagnostiziert (Chronische Depression, chronisches Schmerz- und Müdigkeitssyndrom). Dr. Wagner und Dr. Thorne, orthopädische Fachärzte im Scripp Greene Hospital in La Jolla, Kalifornien (USA), erstellten diese Diagnose und teilten mir mit, dass es keine Heilungsmöglichkeiten gäbe.

Mein damaliger Ehemann, Tomas Marquez Rosas, empfahl mir als erster, an einer Schwitzhütte teilzunehmen. Sein Neffe Christian und dessen Frau Hilda gossen das Wasser auf. Eine Temascal (mexikanische Schwitzhütte) ist Nahrung für Körper, Geist und Seele. Sie wurde von unseren Vorfahren als Heilungszeremonie überliefert. Als ich 2001 zwei Jahre regelmäßige Schwitzhüttenbesuche hinter mir hatte, traf ich Großvater Tim Red Bird, einen indianischen Ältesten der Kiowa. Er gab mir zum ersten Mal Peyote während einer Schwitzhüttenzeremonie, und das war das eindrücklichste Erlebnis meines ganzen Lebens. Danach empfand ich zum ersten Mal über einen längeren Zeitraum Freude in meinem Leben. Ich begleitete dann Großvater Red Bird über lange Zeit, und er wurde mein Lehrer, während ich meine Therapie mit Schwitzhütten- und Peyotezeremonien fortführte. Nach vier Jahren war ich komplett geheilt, und begann, nach einer ganzen Reihe von Prüfungen und Visionssuchen, wie sie in der Tradition der Native American Church üblich sind, selbst das Wasser in der Schwitzhütte aufzugießen.

Nach meinem ersten Peyote-Erlebnis in der Schwitzhütte und einer weiteren Peyotezeremonie in der kalifornischen Wüste mit Andres Custodios, dem ältesten singenden Maracame (mexikanischer Schamane) aus der Region von Tepic, traf ich Dr. Wagner wieder, und er war völlig erstaunt, dass meine Herzprobleme völlig verschwunden waren. Bei Nachforschungen fand ich heraus, dass bereits die Azteken in vorkolumbianischer Zeit Peyote sowohl präventiv als auch als heilende Medizin bei Herzkrankheiten verwendeten. Die Ärzte waren sehr interessiert an meinen Fortschritten durch die Schwitzhüttentherapie. Sie empfahlen, die Schwitzhütten fortzusetzen, und einen Fachmann für den Umgang mit Schmerzen zu kontaktieren. Die Spezialisten für Schmerztherapie waren für mich dann die Peyotemedizinleute der Native American Church. Jeden Samstag besuchte ich einen ihrer Gottesdienste in Kalifornien. Außerdem lebte ich selbst eine Weile in der Wüste von Virikuta in Mexiko, und nahm dort viel von dieser Medizin zu mir, um meinen sterbenden Geist zu heilen.

In allen Huichol-Gemeinden bin ich heute als Peyote-Medizinfrau anerkannt. Jeder, der den Mut hat, die Peyote-Medizin selbst zu sammeln und dafür in die Berge und die Wüste zu gehen, um die geforderten vier mal Visionssuche zu machen, soll das tun! Es ist ein Ruf des Lebens, für das wir alle ermächtigt sind. Ich arbeite mit meinem zukünftigen Ehemann Dr. Kurt Winter zusammen und wir machen unter anderem Heilzeremonien in Holland, Italien, Nord- und Süddeutschland. Meiner Beobachtung nach laufen in diesen Ländern viele Menschen herum, die krank sind, ohne es zu wissen. Ich denke, eine heilsame Pflanzenzeremonie sollte in Europa bekannt werden, die Schwitzhütte, Tanz, Feuerzeremonien und Medizinkreise beinhaltet. In Mexiko haben in den letzten 10 Jahren Ärzte und Medizinleute, wie z. B. ich eine bin, in Krankenhäusern zusammen gearbeitet, um ein Behandlungsprogramm für unheilbare Krankheiten zu entwerfen. Manche unserer Patienten leiden unter Autismus, chronischer Depression, Alkoholismus, Drogensucht, Krebs, Diabetes usw. Ich denke, so etwas bräuchte es auch in Deutschland und Europa. Ich arbeite mit sehr kleinen Dosen, aber effektiven Ergebnissen, und reise um die Welt, um diese Arbeit bekannt zu machen.

Kontakt: arteagaarcelia@yahoo.com

Udo Lindtner, Wilhelmshaven, 46 Jahre, Technischer Redakteur und Schwitzhüttenleiter

Der Weg meiner Heilung oder wie ich zur Schwitzhütte gekommen bin

Im September 1993 verbaute ich mit einem guten Freund in einem Neubau Isolierwolle. Einige Tage danach bekam ich ein Gefühl wie ein Sonnenbrand vom Bauchnabel abwärts. Als ich dann aber einige Tage später meine Beine nicht mehr richtig bewegen konnte, bin ich am 03.10.1993 ins Krankenhaus gefahren. Am 06.10.1993 ist eine Querschnittlähmung eingetreten, die durch eine Entzündung im Rückenmark entstand.

Wenn mir zu diesem Zeitpunkt jemand etwas von Naturheilung, Reiki, Schwitzhütte oder Ähnliches erzählt hätte, hätte ich ihn nur ausgelacht.

Dann, nach vielen Untersuchungen, die Diagnose der Ärzte: ich müsse den Rest meines Lebens im Rollstuhl sitzen, es wäre keine medizinische Heilung möglich.

Für mich brach eine Welt zusammen. Doch ich wollte nicht glauben, was die Ärzte gesagt hatten.

Rolf, der Bruder von meinem besten Freund Bernd, hat mir dann Mut gemacht. Er erzählte mir von dem indianischen Medizinmann Archie Fire Lame Deer, und ich war sofort Feuer und Flamme.

Das nächste Seminar mit Archie war in Steierberg. Rolf hat uns beide sofort dort angemeldet. Bernd hat sich dann um alles Weitere gekümmert, ein Wohnmobil gemietet, Verpflegung eingekauft, und so dafür gesorgt, dass ich zur ersten Heilungsschwitzhütte kam.

Das erste Gespräch mit Archie hat Rolf für mich geführt, da ich nicht so gut Englisch spreche. Nachdem Archie gehört hatte, das ich ein Problem habe, hat er nur gelacht und gesagt: „Ja, ich sehe, dass du ein Problem hast, die Bremsen an deinem Rollstuhl funktionieren nicht!" Daraufhin sagte er, dass wir es den Ärzten zeigen werden, und dass ich nach vier Heilungen wieder laufen könne. Ich hockte in meinem Rollstuhl und war nur noch am weinen, aber ich hatte auch wieder Hoffnung.

Dann kam der Zeitpunkt der ersten Heilung. Bernd und Rolf trugen mich in die Schwitzhütte. Archie, drei ältere Männer und ich waren in der Schwitzhütte. Die anderen waren vor der Schwitzhütte und machten dort eine kleine Zeremonie. In der Hütte war es völlig dunkel. Archie sagte mir, das ich mich mit dem Rücken zu den heißen Steinen legen solle. Dann hat er gesungen, gebetet und mir etwas auf die Entzündung gerieben. Archie wusste genau, wo die Entzündung war, obwohl es ihm keiner gesagt hatte.

Nach der ersten Schwitzhütte haben Rolf und Bernd mich vor der Schwitzhütte auf eine Decke gelegt. Die Zeremonie für alle anderen ging weiter. Ich lag vor der Schwitzhütte auf der Decke. Dann fing es an zu regnen, aber keinen hat es gestört, dass ich im Regen lag.

Als die Zeremonie zu Ende war, ist Archie noch einmal zu mir gekommen. Er gab mir eine Medizin, die ich nehmen musste. Er sagte mir, wie es weiter gehen werde: dass ich am nächsten Morgen etwas in meinem rechten Bein spüren werde, und dass bei der nächsten Heilung das linke Bein dran sei.

Das, was Archie vorausgesagt hat, ist genau so eingetreten. Nach der vierten Heilung konnte ich wieder auf meinen eigenen Beinen stehen. Als Archie das gesehen hatte, weinte er vor Freude.

Einige Monate später, bei einem Seminar in Frankfurt, sagte Archie dann zu mir, dass ich den Weg der Schwitzhütte gehen solle, und so bin ich seit 1994 Hüter einer Lakota Schwitzhütte.

Zwei Jahre später hat Chief Archie in einer Schwitzhütte in Dübbekold über meine Heilung gesprochen, und ich bekam die Aufgabe, als Dank für meine Heilung, Schwitzhütten mit 16 Türen zu machen und meinen Freunden zu zeigen, wie heiß Heilungshütten sind. Diese schwere Aufgabe habe ich, aus Respekt und Dankbarkeit für meine Heilung, angenommen. Auch wenn es nicht allen Recht ist, dass ich Schwitzhütten mit 16 Türen mache, werde ich dieses Versprechen an Chief Archie so lange, wie ich es kann, weiterführen.

www.die-inipi.de

Adelheid Boll, Graz, 43 Jahre, leitet schamanische Seminare, Schwitzhütten, Aufstellungen, Naturerfahrung und Frauenkreise

Gabriels Geburt in der Schwitzhütte

Mein Sohn Gabriel erblickte das Licht dieser Welt in der Schwitzhütte! Geleitet wurde diese unvergessliche Zeremonie von meiner Lehrerin Marrhué, bei der ich damals in Ausbildung zur Schwitzhüttenritualleiterin war. Da wir in einem tiefen Vertrauensverhältnis zueinander standen, war es selbstverständlich, dass Gabriel in der Schwitzhütte auf die Welt kommen sollte. Im Grunde bot er mir damit die Möglichkeit, in der Erfahrung der Inipi-Heilarbeit ein ganzes Stück tiefer gehen zu können. Das Inipi repräsentiert ja die Gebärmutter der Großen Mutter Erde, und stellt damit den perfekten Ort für eine Geburt dar.

GeburtsbegleiterInnen waren: Marrhué, die stundenlang rasselte; Rosa, die unaufhörlich trommelte; Antonia, die sang und lachte. Die volle Mondin, die das Geschehen überwachte; das Feuer, stark und lodernd; ein paar glühende Steine und brennende Kerzen, die im Inneren der Inipi für wohlige Wärme und gedämpftes Licht sorgten, und schließlich Rafael, der Kindsvater, in dessen Armen ich den Geburtsvorgang in der Schwitzhütte erfuhr.

Ein paar Tage vor Gabriels Ankunft baute Rafael die Schwitzhütte für die Geburt neu. Göttin sei Dank rechtzeitig, ging es doch drei Wochen „früher" als errechnet los, da Gabriel sich die Vollmond-Nacht im September 1997 ausgesucht hatte, um auf dieser Erde anzukommen.

Als die Wehen begannen, versammelten sich meine Helfer um mich. Rafael, der über eine Stunde Autofahrt entfernt auf der Arbeit war und telefonisch nicht erreichbar, tauchte plötzlich auf – er hatte einen starken Impuls vernommen, sich ins Auto zu setzen... die Spirits waren bereits für uns am Arbeiten und hatten ihn hergeführt.

Während ich von den einen mit Reiki versorgt, berasselt und besungen wurde, bauten die anderen das Feuer auf und deckten die Schwitzhütte ab. Einmal spazierte ich am Feuer auf und ab und kommunizierte mit der vollen Mondin. In diesem Moment ging mir der Gedanke durch den Kopf: „Was, wenn etwas schief geht?“ Wir waren ziemlich weit weg vom nächsten Spital, aber ganz tief in Verbindung mit dem Feuer, der Mondin, dem Ritual, den anwesenden Spirits und Menschen – kurz mit der Existenz selbst. Eingebettet in dieses kraftvolle Setting, wusste ich, dass alles, so wie es war, stimmte und richtig war. Selbst die Möglichkeit, dem Tod zu begegnen, wenn es Teil des Geschehens gewesen wäre, konnte ich in diesem Moment voll und ganz bejahen.

Diese Erfahrung von tiefstem Urvertrauen in die Abläufe der Natur, das Erleben von Eins-Sein mit dieser Existenz, war für mich und uns alle wesentlich und nachhaltig. Die Kraft des Rituals und der Elemente gaben uns absolute Sicherheit und Hingabefähigkeit.

Gabriel ließ sich viel Zeit um herauszukommen, offenbar gefiel ihm sehr was er erlebte und wollte alles für sich auskosten. Als er nach einigen Presswehen schließlich seinen Kopf aus meinem Körper rausstreckte, sah er sich erstmal in der Schwitzhütte um und staunte. Mit der nächsten Wehe rutschte dann der restliche Körper heraus, wurde unter Lachen, Singen und Jubeln aufgefangen, und landete auf meinem Bauch. Er ergriff einen kleinen Finger von Rafael und hielt ihn. In diesem Moment ging Rafaels Kronenchakra auf und er hatte eine Erleuchtungserfahrung. Gabriel begrüßte die Runde mit einem Bieps und begann genüsslich an meiner Brust zu trinken. Es war sechs Uhr morgens, draußen ging gerade die Sonne auf.

Wir waren alle überglücklich und beschenkt und wussten darum, unserem Kind einen wunderbaren Eintritt in diese Erdenwelt ermöglicht zu haben.

Ich selbst stand auf und war voller Kraft. Ein bisschen müde, aber nicht erschöpft. Die Spirits hatten gut für uns gesorgt.

Am nächsten Tag begrub ich die Plazenta unter dem Mandelbaum neben der Schwitzhütte und erinnerte den Geburtsprozess noch einmal in der nun aufgedeckten Hütte.

Ich wünschte, dass alle Frauen dieser Welt inmitten der Natur und ihrer Kräfte, begleitet von den Spirits und guten Menschen, ihre Kinder auf die Welt brächten.

www.adelheid.boll.at

4.2 Teilnehmerberichte

• **Peter Gabriel, 59 Jahre, Sänger**

San Jacinto

Thick cloud, steam rising, hissing stone on sweat lodge fire.
Around me buffalo robe, sage in bundle, rub on skin.
Outside cold air, stand, wait for rising sun.
Red paint, eagle feathers, coyote calling, it has begun.
Something moving in, I taste it in my mouth and in my heart
It feels like dying, slow, letting go of life.

Medicine man lead me up though town, Indian ground so far down.
Cut up land, each house a pool, kids wearing water wings, drinkin cool.
Follow dry river bed, watch Scout and Guides make pow-wow signs,
Past Geronimo's disco, Sit 'n' Bull steakhouse – white men dream.
A rattle in the old man's sack, look at mountain top, keep climbing up.
Way above us the desert snow. White wind blow.

I hold the line, the line of strength that pulls me through the fear,
San Jacinto, I hold the line,
San Jacinto, the poison bite and darkness take my sight.
I hold the line,
And the tears roll down my swollen cheek, think I'm losing it, getting weaker,
I hold the line, I hold the line,
San Jacinto, yellow eagle flies down from the sun, from the sun.

We will walk on the land,
We will breathe of the air,
We will drink from the stream,
We will live, hold the line.

Deutsche Version, ebenfalls so von Peter Gabriel gesungen:

Der Dampf steigt hoch, Wasser zischt auf heißem Stein,
Schwitz im Büffelfell, Salbeistrauch auf Haut verteilt.
Draußen so kalt, warte, bis die Sonne steigt.
Rot bemalt, Adlerfedern, Coyote heult. Es ist soweit.
Etwas ist jetzt da, ich schmeck es im Mund, der Puls schlägt
Als würd' was sterben, sacht...

Medizinmann geht durch die Stadt, Indianer waren hier zuhaus.
Parzellenland, Pool türkis, Kind mit Schwimmflügeln, Liegestuhl.
Das Flussbett trocken, Scouts und Führer grüßen Pow-Wow
Bei Geronimos Disco, in Sitting Bulls Steakhouse, träumt weißer Mann.

Rassel im Gepäck, der Alte sagt: „Schau zum Berg, schau nicht zurück.
Hoch hinauf zum Wüstenschnee – weißer Wind weht.“

Weitergehen, die Kraft, die mich durch alle Ängste bringt,
San Jacinto, weitergehen,
San Jacinto, das Gift brennt, die Augen werden blind,
Ich halt es aus,
und ich hab‘ Tränen im Gesicht.
Es schwillt an,
Ich schaff‘ es nicht.

Weitergehn, Weitergehn,
San Jacinto, der gelbe Adler stürzt aus dem Licht, aus dem Licht.

Ja, wir gehen auf dem Land.
Ja, wir atmen tief die Luft.
Ja, wir trinken aus dem Strom.
Ja, wir leben, wir leben.
Halt nur aus, halt nur aus.
Weitergehen, weitergehen.

• Peter Jäger, 48 Jahre, Musiklehrer

Zur Schwitzhütte kam ich über Freunde und Bekannte, die des Öfteren darüber gesprochen hatten. Aufgrund der intensiven Gespräche und dem Erfahrungsaustausch wurde ich immer neugieriger, um was es dabei eigentlich wirklich geht. Das war vor ungefähr acht Jahren. Vor dem „ersten Mal“ wurden alle Erfahrenen von mir ausgefragt, regelrecht ausgehorcht. Doch ich merkte schnell, da hilft nur die eigene Erfahrung. Und so wagte ich den Schritt ins Unbekannte.

Kontakte waren schnell hergestellt, und ich muss sagen, dass es keinen Tag gab, oder gibt, an dem mir die Entscheidung Leid getan hätte oder hat. Schwitzhütte hat Bedeutung bekommen.

Hingabe war es, die mir in der ersten Hütte begegnete. Mich mir selbst hinzugeben und vor allem der Natur. Dem, was mir täglich gezeigt wird, und was ich doch so wenig wahrnehme. Es entsteht wieder Verbindung zum Innen und zum Außen. Das ist sehr schön.

Obwohl auch in der Schwitzhütte tiefe eindrucksvolle Ereignisse stattfanden, hatte ich mein intensivstes Erlebnis außerhalb, nämlich als Feuerhüter. Es entstand eine Verschmelzung zu den Leuten in der Hütte, zum sternenklaren Himmelszelt und dem prasselnden Feuer. Ein „Eins Sein“ mit den Seelen, den Leibern, den Freuden, den Sorgen und Nöten in mir und um mich herum. Da fühlte ich ein stilles Dankeschön und dieses laute, rollende Grollen, die Kraft, und hinter allem eine zufriedene Stille. Frieden. Irgendwo ist Ruhe. Vertrauen.

Das hilft im Alltag und fürs Leben.

• Claudia Raja Siebler, 46 Jahre, Grafikerin, Yogalehrerin und Schwitzhüttenleiterin

Es liegt nun bereits mehr als 16 Jahre zurück, als ich das erste Mal in einer Schwitzhüttenzeremonie dabei sein durfte. Viele weitere Eindrücke sind im Laufe der Zeit hinzu gekommen, und doch erinnere ich mich sehr genau an dieses unbeschreibliche Gefühl des Angekommenseins, was mich damals so sehr wachrüttelte, meinem Leben eine neue Richtung gab und mich seither nie wieder ganz verlassen sollte.

Wie sehr viele Menschen, war auch ich auf der unbestimmten Suche nach etwas, dass ich verloren zu haben schien, dessen ich mich aber nicht wirklich erinnerte. In dieser ersten Schwitzhütte begegnete es mir wieder.

Es war in einer sternklaren Rauhnacht, bei mindestens 20 Grad minus an einem wunderschönen Platz in der Eifel. Der Boden war knallhart gefroren, und ich konnte mir kaum vorstellen, mich nackt auszuziehen und mehrere Stunden auf der Erde sitzend in dieser Hütte, aus Weiden gebaut und mit Decken verhangen, zu verbringen. Das erschien mir nahezu verrückt, doch meine Neugierde war stärker.

Die andächtige Stimmung der Zeremonievorbereitungen und die Kraft des Feuers berührten mich tief. Alles schien sich auf magische Weise an seinen ganz eigenen Platz der Kraft zu rücken. Und dann kam dieser unvergessliche Moment, als die Tür der Schwitzhütte geschlossen wurde. Wir Menschen saßen eingehüllt in die Dunkelheit und die Stille der Erde, nackt im Kreis um diese wundervollen glühenden Steine in unserer Mitte, und in mir gab es nur noch diesen alles ausfüllenden Gedanken: „Endlich – bin ich zuhause!“ Ich durfte endlich wieder fühlen, dass ich ein Kind der Erde bin, ein Teil unserer großen Mutter, tief verbunden mit dem singenden und betenden Kreis der Menschen, eingetreten in den heilenden Raum des Einseins. Für dieses Erinnern bin ich von ganzem Herzen dankbar.

Heute leite ich selber Schwitzhütten zu Ehren unserer Mutter Erde und dieser Moment des Angekommenseins, wenn die Hütte sich schließt, ergreift mich immer wieder aufs Neue.

• Ralph Obst, 45 Jahre, Archäologe

Wie viele Hütten habe ich in den letzten 10 Jahren gemacht? Vielleicht hundert, eher noch mehr, aber egal – so wie man die Zeit in der Hütte vergisst, so spielt ihre Anzahl keine Rolle. Jede Hütte ist anders, jede neu, viele ganz tief, manche vielleicht oberflächlich, die nächste wieder traurig, ernst oder albern – so wie ich eben... Mittlerweile weiß ich es, und doch bin ich jedes Mal von neuem überrascht: welch ein unglaublich genialer Ort! Meine intensivsten Reisen habe ich mit erfahrenen Schwitzern über mehrere Hüttentage hinweg erlebt. Das wirkt sehr lange nach...

Wie will man darstellen, was in der Schwitzhütte geschieht? Vielleicht ein Bild malen, ein Lied schreiben, Metaphern, Archetypen. Die singen Kinderlieder und machen Indianersauna – so mag es jemandem von außen erscheinen. Dann komm rein und lass dich überraschen, schau, was die Kraft mit dir macht, lass dich reinigen, den Körper, das Herz, und reinige deine Mutter, die Erde. Sei ihr ganz nah, sei sie. Und mehr...

Gerne bin ich auch Feuerhüter, manchmal ganz heiß darauf, alleine mit den Flammen, mit den Steinen zu sein. Ein ganz eigener Prozess, ein Tanz, ein ganz anderes Schwitzen, der Sonne nah – feurige, freudige Befruchtung!

Was geschieht mir nun an so einem Tag?

Ankommen, Aufbauen, Auftauen.
Begeisterung, Bedenken, Beherztheit.
Bäume aus Erde, Wasser, Luft und Sonne.
Holz, Feuer, Steine, Transformation.
Einzig der Wandel hat Bestand.
Alles ist mit mir verwandt!
Krabble in den kugeligen Bauch,
sitze mit euch im Kreis um die runde Mitte.
Das Ganze ist mehr als die Summe der Einzelteile.
Ein Kreis im Kreis im Kreis auf der kreisenden Kugel.
Angekommen.
Stein. Stein. Steine kommen, glühen,
einige kenne ich, andere nicht, verzaubern mich,
seid willkommen, ihr Uralten, ihr schönen Sonnensamen.
Alles lebt, alles fließt, es dampft, es schwitzt, es wirkt.
Freude, Schönheit, Glück, Dank, Liebe will ich geben.
Ganz klar sehe ich, wo ich fließe, stehe, mich verweigere.
Wie viel Hitze, Enge, Dunkel, Schatten kann ich nehmen?
Zulassen, Loslassen, Hingabe: die Zauberwörter.
Alles wird rund, der Raum öffnet sich weit und weiter, ich gehe mit.

Reden, hören, singen, schreien, lachen, stöhnen, atmen, weinen, schweigen.
Und eine Ahnung von Stille.
Aus dem Herzen.
Mitteilen, teilen, sich schenken, nehmen.
Du bist wie ich, ich bin Du.
Tochter, Sohn, Kind und Mann und Frau, Stein, Pflanze, Tier,
die Gefühle, die Bilder, die Gedanken, Lichter.
Und doch nur Spielereien vor dem Nichts,
aus der Leere, aus der Fülle, im Grunde unbenannt,
Mein Herz rast, ich will, ich will nicht.
Abstand, Kontakt, ein Bein, eine Hand.
Ich kann nicht mehr, ich lass es zu,
es zieht mich runter, steh wieder auf.
Welch eine Kraft!
Stille.
In den Herzen.
Welch eine Verbundenheit!
Zum Ende wie eine Presswehe.
Draußen. Nacht. Ein Feuer. Geschwister. Ja, Geschwister.
Auf dem Schoß der Erde,

lieg ich hier und seh in den Himmel,
bin federleicht, bin tonnenschwer,
falle ich gleich in den Sternenhimmel runter?
Ich bin ich, neu geboren, oder gestorben? Egal.
Ich bin angekommen. Ich bin da, immer schon. Endlich.
Ein wunderbares Geschenk.
Dankbarkeit.
Staunen.
Stille.

• Dr. Kurt Winter, 40 Jahre, Arzt

Selbst als Arzt langjährig in einem großen Klinikum tätig, in dem es hauptsächlich um Profit und kaum um Heilung ging, litt ich mehr als mein halbes Leben lang (seit 21 Jahren) unter starken Schmerzen aufgrund von Arthritis, die als unheilbar galt. Aufgrund damit zusammenhängendem, langjährigem Schmerzmittelmissbrauch sowie Alkoholkonsum an jedem Wochenende kam ein chronisches Schmerzsyndrom sowie das „Vergessen" meiner Kindheitsträume hinzu.

Als ich schließlich vor 3 Jahren eine Hüftprothese benötigte, kam das einem Erwachen gleich. Ein Jahr später erlebte ich mein endgültiges Erwachen, als ich in einer kurzen Pause während eines Nachtdienstes eine Dokumentation über Nahtoderfahrungen im Fernsehen verfolgte, in der auch über alte Heilmethoden indigener Völker berichtet wurde. In meinem Kopf gab es eine „Explosion", und wochenlang fühlte ich mich euphorisch. In der Zeit erinnerte ich mich daran, dass ich schon als Kind sehr am Wissen alter Völker, insbesondere aus Amerika, interessiert war. Da wurde mir klar, dass ich das alles ausprobieren wollte und auch musste.

Nur 2 Wochen später erzählte mir ein Freund „zufällig", dass Bekannte von ihm genau diese Art von Heilungszeremonien, die ich in der Dokumentation gesehen hatte, mit Medizinleuten aus Mittel- und Südamerika hier in Deutschland organisierten. Nach kurzem Zögern sagte ich zu und zwei Monate später nahm ich dann an meiner ersten Heil-Zeremonie einschließlich Schwitzhütte teil. Und von da an wusste ich, dass das der Weg war, nachdem ich mein Leben lang gesucht hatte, der aber erst zu mir kam, als ich bereit dafür war.

Mein erstes Erlebnis in der Schwitzhütte war ein harter Kampf mit mir selbst gegen das Gefühl der Hitze – auf meinen eigenen Wunsch hin war ich auf dem Platz des Kriegers, dem heißesten Platz in der Hütte. Doch das Gefühl danach war unbeschreiblich – die Welt war einfach wunderschön!

Kurz darauf wurde ich nach Mexiko zu Sonnentanz und Visionssuche nach Lakotatradition eingeladen – diesmal zögerte ich keine Sekunde mehr! Oben auf dem Berg lernte ich, ohne Wasser bei großer Hitze mehrere Tage zu überleben, indem ich meinen nackten Körper der Kühle und Feuchte von Mutter Erde anvertraute. Seitdem muss ich in der Schwitzhütte nicht mehr kämpfen, ich weiß jetzt, wem ich mich anvertrauen kann!

Meine erste Visionssuche und mein erster Sonnentanz haben mein gesamtes Leben grundlegend verändert, mehr als ich je zu hoffen wagte! Nicht nur, dass ich Alkohol und pharmazeutische Schmerz-Medikamente nicht mehr benötige, auch mein Umfeld (Familie, Kollegen, Freunde) hat sich zusammen mit mir verändert. Es war, als ob mein Umfeld langsam ebenfalls aufwachte.

Inzwischen habe ich meinen Job und meine Wohnung gekündigt und werde in Kürze mit Arcelia, einer Huichol-Medizinfrau, die ich direkt nach meiner Visionssuche unter ungewöhnlichen Umständen kennen lernte, nach Mexiko ziehen, um dort mit ihr zusammen alles zu erlernen, indem ich sie bei ihrer Arbeit unterstütze.

Meiner Erfahrung nach ist die Visionssuche ein äußerst wirkungsvolles Werkzeug auf dem Weg zur Wahrheit und hilft, die Erlebnisse in der Schwitzhütte besser zu begreifen und im Alltagsleben umzusetzen. Auch der emotionale und physische Heilungserfolg einer Schwitzhütte ist nach den Erfahrungen einer Visionssuche deutlich effektiver. Um selbst Schwitzhütten leiten zu können, sollte die Visionssuche Voraussetzung sein, um sich vorher von allen Illusionen und falschen Erwartungshaltungen befreien zu können, da man diese ansonsten unbewusst an die Schwitzhüttenteilnehmer weitergibt.

So hoffe ich, dass meine Geschichte alle ermutigt, ebenfalls ihren wahren Weg zu finden. Der Weg bis zum Erwachen ist meist von Schmerz geprägt, aber das Erwachen selbst ermöglicht, die Zukunft in die eigenen Hände zu nehmen. Ich musste mich lediglich an meine Kindheitsträume erinnern...

• Albert Reinhart, 47 Jahre, Geschäftsmann

Als mich mein Freund Anton ansprach, ob ich Lust hätte, mit ihm in eine Schwitzhütte zu gehen, zögerte ich und war der Meinung: „Das brauche ich nicht". Ich konnte mich dann aber doch dazu entschließen, und es fügten sich die klare Absicht und der Wille hinzu, mich in einen mir noch unbekannten Prozess hinein zu geben.

Ich wusste nicht, was mich erwartete, und stand dann vor einer für mich extremen Herausforderung. Schon nach kurzer Zeit lag ich auf dem Boden, konnte mich im Sitzen nicht mehr halten und musste nach jeder Runde raus an die frische Luft. Ständig kam ich nach kürzester Zeit an meine Grenzen. Und zum Schluss sagte der Leiter zu mir: „Dir fehlt die Männlichkeit!"

Das waren harte Worte für einen Mann, der niemals seine Männlichkeit angezweifelt hatte. War ich doch ein sehr erfolgreicher Geschäftsmann, der gut mit Menschen umgehen konnte und speziell für Frauen ein besonderes Feingefühl entwickelt hatte.

Dieser Satz ließ mich nicht mehr los. Es begann sich in mir ein Prozess zu entwickeln, der immer größer und mächtiger wurde. Noch heute bin ich dem Leiter dieser Schwitzhütte dankbar für diesen Satz. Ich begann ganz neu zu fühlen und zu denken.

Heute gehe ich öfters in Schwitzhütten, habe ein anderes Denken und hole mir jeden Morgen die Kraft aus Mutter Erde. Ich gehe in Schwitzhütten, um auf spirituelle Art zu schwitzen, um mich körperlich, geistig und seelisch zu reinigen. Frauen reinigen sich regelmäßig auf natürliche Art und wir Männer? Eine Schwitzhütte ist für mich ein Ort der Reinigung, und hier komme ich unseren Ahnen, der Mutter Erde und unserem Schöpfer besonders nahe. In der Hitze merkt man schnell, wie nutzlos die Masken des Alltags sind. Die

Schwitzhütte ist für mich ein Ort, um Freud und Leid mit anderen im Kreis zu teilen. Ich erfahre unsere tiefe Verbundenheit mit der Schöpfung und unsere Verantwortung für deren Erhalt in all ihrer wunderbaren Schönheit. Mit dem Gang in die Schwitzhütte begebe ich mich in den Leib unserer Mutter Erde zurück. Mit den glühenden Steinen fühle ich in der Dunkelheit den Herzschlag der Erde. Unser Schweiß tränkt die Erde. In der Schwitzhütte kann ich dankend von dem etwas zurückgeben, das ich täglich ungefragt nehme.

• Dimitrios Petropulos, 21 Jahre, Student

Es ist doch so, dass wir selbst uns auf unseren Weg bringen, weil unsere Seele weiß, wo es lang geht. Konkret kann das heißen, dass wir in die Schwitzhütte gehen, in dieser Urdunkelheit sitzen und heiße, dampfige Luft atmen. Ein bisschen beten und singen und schon sind wir da. An dem Platz in uns, wo es gerade brennt, wo wir hinschauen sollten: ich zum Beispiel habe im Laufe meines Erwachsenwerdens eine enorme Wut auf die Erwachsenen entwickelt, weil ich dachte: „Verdammt, habt ihr eine beschissene Welt aufgebaut, und anstatt die Probleme endlich anzupacken, versucht ihr sie wegzureden."

Jedenfalls war diese Erfahrung, die diese Wut ausgelöst hatte, längst eine Erinnerung geworden und ins Unbewusste abgesunken, aber das alte Gefühl wirkte von dort aus immer noch im Hier und Jetzt und blockierte mich für das Neue, für die Möglichkeit, mein Leben endlich wirklich selbst in die Hand zu nehmen und einen neuen Weg zu gehen, anstatt mich mit den alten Schmollgeschichten rum zu schlagen, wie schlecht doch alles sei und mich gleichzeitig vor der Veränderung zu fürchten.

Ich bin jetzt am Brandort angekommen, das macht sich bemerkbar durch ein Brennen und Pulsieren in der Magengegend. Die Energie im Raum der Schwitzhütte bringt mich richtig in Schwingung! Ich bin offen, diesen Brand noch einmal in mir zu erleben, ich kann ihn nicht weiter verdrängen, er steigt auf, entfesselt sich aus den tiefsten Tiefen unseres Unterbewussten und überflutet mein Bewusstsein.

In einer konkreten Situation habe ich dieses Wutgefühl in der Schwitzhütte noch einmal durchlebt, habe das wütende Feuer ausgelebt, laut geschrieen und es nieder brennen lassen, bis es schließlich von alleine ausging. Es ist eigentlich so, wie der Bauer einmal im Jahr sein Feld entzündet und niederbrennen lässt, damit die Asche den Boden wieder befruchten kann für das kommende Wachstum.

Aus Erfahrung wird schließlich Erkenntnis, dass wir nicht wieder den selben Fehler oder das selbe negative Verhaltensmuster begehen, und falls es doch noch klemmen sollte, bekomme ich vom erfahrenen Begleiter (Schwitzhüttenleiter) noch einen geistigen Schubser, oder der Kreis von Menschen, die mit in der Hütte sind, spiegelt mir den richtigen Weg.

• Lukas Gitzinger, 15 Jahre, Schüler

Was mich bei meiner ersten Schwitzhütte, die ich vollständig mitgemacht habe, selber überraschte, war, dass ich, ohne es zu merken, meine Scheu davor, bei Schwitzhütten nackt zu sein, abgelegt, verloren oder überwunden habe. Das Handtuch benutzte ich nur, um mich darauf zu setzen und später mein Gesicht darauf zu legen. In der ersten Runde war ich ziemlich geschockt, wie heiß es wurde und ich bekam Zweifel ob ich bis zum Ende durchhalten konnte. Deshalb war es eine große Erlösung, als der ersehnte Ruf „Tür auf!" erklang und man nach draußen konnte. Man kann sich hinterher und auch davor gar nicht richtig vorstellen, wie schön es ist aus dieser Hitze, dieser Schwüle und dieser Nässe raus zu kommen und im feuchten Gras zu liegen, kühle frische Luft einzuatmen und etwas zu trinken zu bekommen. Dann geht es wieder hinein. Und nur etwa zehn Minuten später wünscht man sich wieder nach draußen. Jedenfalls ging es mir so. Sicherlich gibt es einige Menschen, die es schaffen, überhaupt nicht raus zu gehen, aber ich gehörte nicht dazu, was natürlich keine Schande ist. Die Leiter der Schwitzhütten sind natürlich „alte Hasen" und bleiben die Pausen über drinnen. Als ich nach der letzten Runde eine Weile draußen am Feuer saß, bevor ich mich abtrocknen und anziehen ging, da habe ich mich so toll gefühlt. Ich habe einfache Dinge wieder zu schätzen gelernt. Ich dachte mir: „Wie schön Regen sein kann. Wie toll und gemütlich ein einfaches Feuer sein kann. Wie lecker ein einfaches Stück Brot sein kann." Und es war nicht nur das, es war ein unglaubliches Gefühl. Und wie man merkt, ist es unbeschreiblich für mich.

Eine Schwitzhütte ist ein wunderschönes Ereignis, dass jeder einmal mitmachen sollte. Ich freue mich auf jeden Fall schon auf meine nächste. Man kann es nicht erklären... man muss es erleben.

• Ulfhild Tretow, 39 Jahre, Sozialpädagogin

Meine erste Schwitzhütte, die ich bei der Navaho-Medizinfrau Arwyn Dreamwalker erleben durfte, liegt ungefähr 11 Jahre zurück.

Im August diesen Jahres hatte ich die Freude, Feuerhüterin bei einem schamanischen Sommercamp mit 4 Schwitzhütten in einer Woche zu sein. Als Feuerhüterin bin ich genauso Teil der Zeremonie, als wenn ich in der Schwitzhütte wäre. Ich liebe es, Energien im Allgemeinen zu lesen und zu spüren. Da komme ich hier ganz auf meine Kosten, da dies schon mit dem Entzünden des Feuers beginnt. Ich kann dem Feuer alle möglichen Fragen stellen: Wie leicht lässt sich das Feuer entfachen? Wo brennt das Feuer schneller durch? Welche Punkte sind bei den Leuten in diesem Kreis am Schwächsten? Was brauchen wir für Heilung und Transformation? Die Antworten auf all diese Fragen kann ich aus der Art und Weise, wie das Feuer brennt, lesen.

Meine persönliche Reinigung beginnt auch für mich als Feuerhüterin schon, bevor die Leute in die Schwitzhütte gehen. Ich übertrete jedes Mal Schwellen, wie viel Hitze ich aushalte, und wie nah ich dem loderndem Feuer sein kann und darf. Mir wird hier auch immer wieder bewusst, dass ich im Grunde keinerlei Kontrolle über das Feuer (wie auch die anderen Elemente) habe. Ich kann mich lediglich spirituell mit dem Feuer verbinden und es bitten, keinen zu verletzen und mein Bestes tun, es zu hegen, pflegen und zu behüten. Während der Zeit der Zeremonie bete ich am Feuer für mich und für andere. Was ich loslassen möchte, übergebe ich den Flammen, und ich empfange auch Segnungen. Es ist einfach schön zu sehen, dass man alles, was man braucht, auch bekommt. Das Feuerhüten hat für mich auch deswegen einen speziellen Stellenwert, da ich ganz im Dienst für andere da sein kann. Die

Schwitzhüttenzeremonie, ob am Feuer oder „drinnen“, bringt mich immer wieder zu den Wurzeln, zu Großmutter Erde, sowie zu mir selbst, und dadurch zu Wakan Tanka. Es erfüllt sich, was man sich wünscht. Man lernt wieder, den Moment im Jetzt und Hier zu genießen – auch wenn es heißt, manchmal kleine (Hitze-)Tode zu sterben, die es allerdings im Nachhinein immer wieder wert waren, zu sterben, da ich durch diese Zeremonie auf Dauer eine wesentlich höhere Lebensqualität bekommen habe.

• Norbert Hüsslein, 44 Jahre, Polizist

Ich wurde mit Anfang Vierzig auf die indianische Schwitzhüttenzeremonie aufmerksam. Kurz vorher hatte ich mich spirituellen Ebenen geöffnet, die ich bis dahin ausgeklammert hatte. Bei einem Männertreffen ein Jahr später bot sich jemand als Ritual-Leiter für eine Schwitzhütte an. Der Sozialpädagoge lud am Vorabend alle interessierten Männer ans Lagerfeuer ein. Zwanzig Interessierte kamen, die Hälfte mit, die andere Hälfte ohne Schwitzhüttenerfahrung. Der Leiter brachte zur Sprache, dass ein „Feuermann“ noch fehle, sich aber finden lassen würde. In dem Moment trat ein Neuer hinzu, der erklärte, er sei der Feuermann.

Am nächsten Morgen teilten wir uns in vier Gruppen auf: Holz sammeln, Flusssteine suchen, Weidenruten schneiden und das gemeinsame Nachtessen zum Abschluss vorbereiten. Die Gruppen trafen sich am späten Nachmittag wieder. Am oberen Rand einer Lichtung wurde das Feuerloch ausgehoben, darüber die Weidenruten zur Kuppel verbunden. Der Leiter bot mir an, dass ich, ganz wie mein Gefühl mir sagen würde, ein weites Viereck um die Hütte abstecken solle. So steckte ich mit vier Ästen den Kraftort ab. Manche dieser Dinge kamen mir befremdlich vor, aber ich ließ es auf mich wirken, ohne den Sinn zu hinterfragen.

Am Abend stand die Schwitzhütte. Mit Nachteinbruch krochen wir, den Ahnengruß murmelnd, in das Rund der Schwitzhütte. Vier mal brachte der Feuermann auf Zuruf je sieben Steine, rot glühende Granitbrocken, die mit Salbei begrüßt wurden. Alles neu für mich. Mir wurde klar, dass der Erfolg der Schwitzhütte auch sehr vom Feuerhüter abhängig war. Er brachte die Steine auf einer Forke zum Hütteneingang. Sein dienendes Wesen ermöglichte mir die Erfahrung von dampfender, auf der Haut brennender Hitze.

In der Hütte war eine soziale, andächtige Atmosphäre, frei von Zwang und Ansprüchen. Der Leiter gab uns Erläuterungen zum Ablauf. Ich fühlte mich in der Gemeinschaft gut aufgehoben. Wie gleich wir waren, nackt auf Decken kauernd oder liegend, jeder für sich ähnliche Dankesworte und Bitten an das „Höhere Wesen“ richtend. Wenn einundzwanzig Menschen ihre Wunschenergien gebündelt an ein „Kosmisches Büro“ schicken, könnte da nicht beim Einen oder Anderen eine Bereitschaft zum Vergeben und eine Vision zum Guten entstehen? Für mich ist die Schwitzhütte vor allem eine Methode, um uns von uns selbst entfremdeten Menschen zu helfen, Respekt vor unseren Ahnen sowie der „Einen Welt“ und der „Einen Menschheit“ zu entwickeln.

Danach fing ich an, Bücher über Schamanentum zu lesen. Ich weiß, dass die Schwitzhütte bei den Indianern auch den Nutzen hatte, Streit zu schlichten und die Sozialhygiene zu verbessern. Schade, dass wir diese Tradition in unserer Kultur nicht flächendeckend haben.

• Regina Falk, 43 Jahre, Natur-Kosmetikerin

Schwitzhütte hat für mich viele Bedeutungen. Vielleicht sagt sie jedem einzelnen, welches der nächste anstehende Schritt zur Wahrheit seines Individuums ist. In jedem Fall ist sie ein praktischer Weg zur emotionalen Nivellierung. Ein Weg, um unsere eigenen Energien ins Gleichgewicht zu bringen, besonders für die Männer, die keine monatliche Reinigung durch die Blutung haben wie wir Frauen. Frauen, die ihrer Weiblichkeit fern sind, reinigen sich durch die Schwitzhütte heute jedoch auch und kommen dadurch ihrer Weiblichkeit wieder näher. In einer Gemeinschaft kann sie auch die Kraft einer Art Fürbitte haben. Denn sie gibt gemeinsamen Raum, in dem wir unsere Herzen füreinander öffnen können. Schwitzhütte erdet. Sie kann uns vermitteln, was wirklich wichtig ist. Sie kann unser Bewusstsein erweitern, wenn wir mutig und geduldig genug werden. Sie macht stark und respektvoll.

Jede Handlung, die nötig ist, um dieses Ritual abzuhalten, kann Antwort geben. Und dann werden alle Teil des heiligen Ringes, des Geheimnisses, das keinen Anfang und kein Ende hat.

Über Erlebnisse in der Schwitzhütte spreche ich nur mit Menschen, die in der Hütte dabei waren. Denn jedes Inipi bringt hervor, was hineingebracht wird.

• Sabine Cowley, 42 Jahre, Kauffrau

Mein Erlebnis war so beeindruckend, dass ich allen Menschen denen ich in dieser Zeit begegnet bin, davon erzählt habe. Meine Freude ist noch immer da.

Ich hatte nach einer Schwitzhütte aufgehört zu rauchen. Ich habe 25 Jahre geraucht und sehr, sehr viel, die Menschen in meinem Umfeld kannten mich nur mit Zigarette. (Das war für viele ein Wunder, da kannst Du sicher sein.)

Ich weiß, dass dies durch die Hilfe der Spirits, mithilfe der Menschen, die damals bei der Schwitzhütte dabei waren, und natürlich auch durch meinen Willen geschehen ist.

Das Wunderschöne dabei war, dass es so leicht war, dass die ganzen Dogmen über: du wirst Aggressionen haben, mindestens aber schlechte Laune, und du gehst besser allen die nächsten 14 Tage aus dem Weg, nicht stimmten...

Meine Begeisterung für Schwitzhütten war danach so überschwänglich, dass ich, wenn ich es gekonnt hätte, „Nichtraucher"-Schwitzhütten geleitet hätte!

5. Der Bau einer Schwitzhütte

Wie bereits beschrieben, gibt es natürlich unterschiedlichste Bauweisen für eine Schwitzhütte. Doch obwohl man vereinzelt auch immer wieder ungewöhnlichere Versuche wie Erdschwitzhütten oder Blockhäuser in Mitteleuropa vorfindet, hat sich in den vergangenen Jahren der typische Kuppelbau aus Zweigen mit einer Außenhülle aus Decken und Planen, wie er von den Stämmen der Plains-Indianer stammt, weitgehend durchgesetzt. Das mag mehrere Gründe haben, vor allem aber ist eine solche Schwitzhütte in wenigen Stunden errichtet und kann hinterher (fast) ohne Spuren wieder entfernt werden, was einem Grundsatz von Wildnisarbeit genauso wie überlieferter indianischer Weisheit entspricht: keine Spuren zu hinterlassen.

Deshalb soll im Folgenden ausführlich der Bau einer solchen Kuppelschwitzhütte beschrieben werden. Was natürlich nicht heißt, dass nur solche Bauten verwendet werden sollen. Im Gegenteil finde ich gerade auch ganz andere Bauweisen spannend und wäre neugierig auf die unterschiedliche energetische Qualität z. B. einer Erdschwitzhütte oder einer aus Steinen oder Lehm errichteten Schwitzhütte!

5.1 Der richtige Ort

In den meisten überlieferten Traditionen repräsentiert die Schwitzhütte einen Ort, an dem zum einen natürlich die Verbindung zur Anderswelt, zum anderen aber besonders zum Element Erde erinnert und erneuert werden kann. Viele indianische Traditionen bezeichnen die Schwitzhütte als Bauch oder Gebärmutter von Großmutter Erde. Gleich dem schwangeren Bauch einer Frau kurz vor der Geburt wölbt sich die Kuppel aus Zweigen und Decken über die Ebene der Erdoberfläche, und gibt den Menschenkindern von Großmutter Erde einen geschützten Raum, um in ihren Bauch zurückkriechen, und dort in einem archetypischen Prozess den Kreislauf von Tod und Wiedergeburt am eigenen Leib zu durchlaufen.

Es ist klar, dass an den Ort, an dem eine Schwitzhütte errichtet werden soll, besondere Anforderungen gestellt werden, um einen sicheren Rahmen für die dort statt findenden Zeremonien zu gewährleisten.

Der äußere Rahmen

In den meisten indianischen Reservaten ist die Schwitzhüttenzeremonie bis heute bekannt, angewandt und kulturell integriert und sorgt deshalb nicht für besonderes Aufsehen. In unsere mitteleuropäische Kultur dagegen kehrt diese Zeremonie erst langsam wieder zurück. Der Anblick eines kahlen oder bereits abgedeckten Schwitzhüttengerüsts erregt bei vielen Menschen zu Recht Neugier und Interesse, und wird auch bestimmt den einen oder anderen dazu bewegen, einmal an einer solchen Zeremonie teilzunehmen, falls ihm jemand den

Zweck eines solchen Baus erklären kann. Ist dagegen eine Zeremonie im Gange, ist es mehr als unpassend, wenn die Teilnehmer nur leicht bekleidet oder je nach Tradition auch ganz nackt auf den Beginn wartend, am Feuer stehen, und neugierige Zuschauer drum herum das Ganze aus mehr oder weniger Distanz betrachten. Auch in der Schwitzhütte gesprochene Gebete oder emotionale Ausbrüche sind nicht für Außenstehende gedacht. Ein geschützter Rahmen mit ausreichend Abstand um das Zeremonialgelände sollte deswegen selbstverständlich sein. Ich empfehle, dass der Ort, an dem eine Schwitzhüttenzeremonie statt finden soll, unbedingt gegen ungebetene Besucher und neugierige Blicke von außen geschützt ist. Das heißt zum einen, dass es sich vorzugsweise um Privatgrundstücke handeln sollte. Der öffentliche Raum ist eben öffentlich, das heißt, dass jederzeit Spaziergänger, Wanderer, Förster, Jäger, Waldarbeiter, Landwirte, Polizisten und andere mehr oder weniger freundliche Menschen vorbeikommen und sich im ungünstigsten Falle beschweren können. Wo haben wir in Deutschland schon weite und unberührte Wildnis, die uns ausreichend Raum im Freien geben könnte? Und wo es sie noch gibt, ist der Naturschutz nicht weit. Auch wenn man davon ausgehen kann, dass Schwitzhüttenleiter und -teilnehmer in den seltensten Fällen zur Kategorie der aktiven Umweltzerstörer gehören und ein gewisses Maß an Umweltbewusstsein vorausgesetzt werden kann, werden doch unter Umständen Büsche beschnitten, ein Platz wird geebnet und ein relativ großes Feuer abgebrannt (was die Sichtbarkeit im Gelände deutlich erhöht...). Im Moment wird es vielen Naturschutzbehörden schwierig zu vermitteln sein, dass es sich dennoch um Grundlagenarbeit zum Naturschutz handelt. Trotzdem möchte ich betonen, dass ich für die Gegenwart spreche, und wo es bestimmt noch manch verständnisvolle Menschen in den Behörden gäbe, sprechen doch die bundesdeutschen Gesetze eine deutliche Sprache dagegen. Zur Erinnerung: es ist z.B. grundsätzlich verboten in Deutschland, im Außenbereich außer so genannten „Grillfeuern" Feuer zu entzünden! Mag hinter solchen Regelungen durchaus eine gute Absicht stecken, die von unachtsamen Zeitgenossen nötig gemacht wurde, zeigt sich in solchen Gesetzen dennoch wieder deutlich unser Verhältnis zu den Elementen und der Natur. Es bleibt in der Hand von engagierten und berufenen Aktivisten, sich für eine Änderung in den bestehenden Verhältnissen einzusetzen. Wildnispädagogik und Outdoor-Seminare liegen im Bündnis mit Umwelt schützenden Interessen durchaus im Trend der Zeit, und je mehr Pädagogen Schwitzhüttenzeremonien erleben, umso mehr wird auch das Verständnis für diese heilende und mit der Natur verbindende Zeremonie in den Ämtern und Behörden wachsen.

Bis wir eine Änderung in diesen Verhältnissen erreicht haben, ist es also wichtig, auf eine geschützte Umgebung zu achten. Der Schwitzhüttenplatz sollte gänzlich gegen neugierige Blicke und zufällige Besucher abgeschirmt sein, entweder indem das benutzte Grundstück durch seine Größe genügend Abstand zur Verfügung stellt, oder indem ein schützender Rahmen durch blickdichte Bäume oder Büsche besteht. Die meisten Teilnehmer werden sich einfach besser entspannen können. Auch sollte der Abstand zu anderen Wohnstätten nicht zu gering sein, damit keine akustische Belästigung entsteht. Der Klang von einigen rhythmisch oder ekstatisch geschlagenen Schamanentrommeln, lauter Gesang oder auch einmal vielstimmiges Geschrei aus 20 oder mehr Mündern sollte niemanden so stören können, dass es zu Beschwerden kommt. Natürlich kann man auf Privatgrund einfach ein Fest mit zahlreichen Besuchern ankündigen und schon im voraus in der Nachbarschaft um Verständnis bitten – dieses Recht steht schließlich jedem auch in dichter besiedelten Wohngebieten mehrmals im Jahr zu.

Ich habe Schwitzhüttenzeremonien im Garten einer engen Reihenhaussiedlung erlebt, an der äußeren Seite einer Friedhofmauer im Dorf, am Rande einer Ortsverbindungsstraße, im Steinbruch eines Naturreservats, am öffentlichen Badegrundstück am Mainufer, am Spazierweg entlang eines Kanals dicht bei einem Dorf, auf einem Fabrikgelände, während der Schichtwechsel im Gange war – alles Orte, die den obigen Kriterien absolut widersprechen. Dennoch handelte es sich durchwegs um kraftvolle und v. a. ungestörte Zeremonien. Manchmal ruft der Spirit an solche Orte, manchmal ist schlicht kein anderer verfügbar. Vielleicht will Erdheilung stattfinden an bestimmten Punkten, und vielleicht ist es auch so, wie Arcelia, eine Huichol-Schamanin, einmal während einer nächtlichen Heilzeremonie auf der Terrasse eines Nürnberger Reihenhauses sagte:

„Was sollen wir uns verstecken, wir haben schließlich etwas zu sagen, wir sind die, die Heilung für die Erde bringen, lasst uns laut singen, lasst uns Musik machen, lasst uns lachen, lasst es alle wissen, dass wir zurückkehren, und dass eine neue Zeit im Anbruch ist!"

Und niemand hatte sich am nächsten Morgen beschwert...

Das Feuer

Nicht zu vergessen ist der Umstand, dass man für eine Schwitzhüttenzeremonie ein beachtlich großes Feuer über mehrere Stunden am Brennen hält.

Will man also Schwitzhüttenzeremonien abhalten, sollte man auf jeden Fall im Umgang mit großen Feuern Erfahrung haben. Eine spirituelle Verbindung zum Feuergeist zu haben ist dabei sicherlich eine gute und wichtige Sache. Aber der praktische Sachverstand darf auch nicht fehlen. Dazu gehört, ein sicheres Gefühl für die unbändige Kraft des Feuers zu entwickeln, und im Vorfeld alle wichtigen Vorsichtsmaßnahmen zu treffen. Ist ein Feuer erst einmal außer Kontrolle, können wir als „normale" Menschen meist nichts mehr machen, und die Feuerwehr rufen zu müssen, sollten wir natürlich, wenn irgendwie möglich, vermeiden.

Trotzdem möchte ich auch erwähnen, dass ich bei den mehreren hundert Schwitzhütten, an denen ich teilgenommen habe, nie auch nur ansatzweise ein Problem mit einem entfesselten Feuer erlebt habe.

Wenn es um die Erlaubnis für große Feuer geht, sind die entsprechenden Verordnungen von Bundesland zu Bundesland unterschiedlich. Natürlich ist es am einfachsten, wenn die Zeremonie auf einem Privatgrundstück stattfindet und relativ unbemerkt von außen stehenden Personen durchgeführt werden kann. Grundsätzlich ist die Gesetzeslage so, dass jedes große Feuer, ob auf privatem oder öffentlichem Grund, angemeldet werden müsste. Aber: wo kein Kläger, da kein Richter... und auch das spiegelt wieder unser schwieriges Verhältnis zur Natur und den Elementen wider. Feuer zu machen, und es unter menschlicher Kontrolle zu halten, war vor vielen Jahrtausenden die entscheidende Initialzündung auf dem Weg der menschlichen Entwicklung. Heute sind wir soweit, dass jedes Feuer genehmigt werden müsste.

Feuermachen in der Natur ist meist im Naturschutzgesetz geregelt, teilweise auch in den Landeswaldgesetzen. Hierzu müssen folgende Punkte beachtet werden, die mit gesundem Menschenverstand eigentlich meist selbstverständlich sind:

- „Für die Umgebung dürfen keine Brandgefahren entstehen."
- „Mindestens 5 Meter Abstand von Gebäuden aus brennbaren Stoffen und sonstigen brennbaren Stoffen."

Natürlich muss – auch unter Berücksichtigung von Funkenflug – ein ausreichend großer Abstand zu allen brennbaren Materialien, Hütten, Gastanks etc. eingehalten werden. Ein Schwitzhüttenfeuer kann auf seinem Höhepunkt eine lodernde Fackel mit einer Höhe von mehreren Metern sein und so heiß, dass ein Abstand von vier bis fünf Meter ringsum erforderlich ist.

- „Mindestens 100 Meter Abstand zu Wald oder leicht entzündbaren Stoffen, sonst Ausnahmegenehmigung erforderlich."

Der Wald gilt gemeinhin als besonders brandgefährdet. Herrscht aber nicht gerade eine große Trockenheit, reicht ein „normaler" Abstand von Bäumen und Waldrand von einigen Metern vollkommen aus.

- „Es darf nur unbehandeltes Holz verbrannt werden."

Es versteht sich von selbst, dass ein Schwitzhüttenfeuer kein Abfallentsorgungsort ist, und zur Vermeidung von Umweltverschmutzung nur reines, möglichst natürliches Holz verbrannt wird.

- „Das Feuer ist unter ständiger Aufsicht zu halten."

Dafür gibt es die Aufgabe des Feuerhüters.

- „Bei starkem Wind ist das Feuer zu löschen."

Kommt wirklich Sturm auf, sollte die Schwitzhüttenzeremonie im Zweifelsfall abgebrochen werden. Starker Wind kann die Flammen wirklich waagerecht aus der Feuerstelle blasen lassen. Heiß werden die Steine erfahrungsgemäß trotzdem... und meist schneller als sonst...

- „Beim Verlassen muss die Glut vollständig erloschen sein."

Besonders wichtig ist dies tatsächlich bei Wind. Ich habe selbst erleben müssen, dass ein fast vollständig verglühtes Feuer in einem Tipi durch aufkommenden Wind so aufgewirbelt wurde, dass die Zelthaut Feuer fing und sich innerhalb weniger Sekunden in eine lodernde Fackel verwandelte. Ein bis zwei Eimer Wasser beim Verlassen über die Feuerstelle gekippt schaffen hier Sicherheit.

- „Übriges Brennmaterial ist zu beseitigen."

Nun gut, sollte in öffentlichem Raum Brennmaterial übrig sein, freut sich auch der nächste...

- „Die Waldbrandstufen sind zu beachten."

Der einzige wirkliche Grund, auf ein Schwitzhüttenfeuer zu verzichten, wäre für mich die oberste Waldbrandstufe. Bei großer Trockenheit reicht wirklich ein Funke, um alles in Brand zu setzen, und unser Verantwortungsbewusstsein sollte uns davor behüten.

Sollte ein Schwitzhüttenfeuer wirklich angemeldet werden müssen, was in der Praxis nur selten der Fall ist, und man dabei unerwartet auf Widerstände trifft, sollte man sich auch auf die gesetzlich gewährleistete Religionsfreiheit berufen. Es handelt sich schließlich um eine spirituelle Veranstaltung und die fällt in den Bereich der Naturreligion. Auch wenn es dafür keine Präzedenzfälle gibt, wirkt die Erwähnung dieses Grundrechts bei kleinen Beamten oder Gemeindeangestellten manchmal Wunder.

Geomantische Gesichtspunkte

Geomantie ist die Lehre von den energetischen Kräften der Erde, die von geologischen Verwerfungen, Wasseradern, Leylines, Kraftlinien und Kraftorten bestimmt werden. Spürige und sensible Menschen können diese Energien in Meditation, durch ihre Hände oder mithilfe von Wünschelruten erspüren. Früher war es üblich, alle vom Menschen errichteten Bauwerke in Harmonie mit diesen naturgegebenen Kraftverhältnissen zu errichten. Ein Kraftort mit hoher natürlicher Strahlung eignet sich zum Beispiel besonders für spirituelle Zeremonien und Praktiken. Deshalb befinden sich auf den meisten Kraftorten der Erde, zumindest in Europa, heute Kirchen oder Kapellen, die wiederum meist auf den Plätzen oder Ruinen vorchristlicher Kultplätze errichtet wurden. Für Wohnzwecke dagegen eignen sich solche Orte der Kraft nicht, da diese dauerhaft intensive Strahlung zu Überlastung und Krankheiten führt. Auch geologische Verwerfungen oder Wasseradern, v. a. Ballungen mehrerer solcher störender Faktoren, sollten im Wohnungsbau, besonders aber bei der Einrichtung von Schlafplätzen, vermieden werden. Leider ist dieses Wissen heute fast völlig verloren gegangen und kehrt erst langsam wieder in unser Bewusstsein zurück. Häuser und ganze Siedlungen werden am Reißbrett geplant und die Kräfte der Erde haben keinen Platz in den Herzen und Hirnen von Stadtplanern und den meisten Architekten.

Eine Schwitzhütte ist mit ihrer Ausrichtung auf Reinigung, Gebet, Rück-Verbindung (Re-ligion!) und Heilung mit Sicherheit ein spiritueller Raum. Wo auch immer möglich sollte der Platz, an dem eine solche errichtet wird, auch unter geomantischen Gesichtspunkten umsichtig gewählt werden. Ist jemand im Kreis, der Erdkräfte fühlt oder den Umgang mit Wünschelruten beherrscht, kann er die Umgebung untersuchen und seinen Vorschlag für einen optimalen Platz einbringen. Oder man begibt sich vor dem Bau auf eine schamanische Reise in die mittlere Welt, um die Kraftverhältnisse des zur Verfügung stehenden Raums auf geistiger Ebene zu untersuchen. Auch geistige Verbündete und Krafttiere können oft wertvolle Hinweise zum optimalen Standort der Hütte geben. Ein Anderer wählt vielleicht den Weg der Meditation, um die Erdkräfte zu erspüren. Ich selbst kann den idealen Ort der Hütte „sehen", was nicht wirklich ein visuelles Sehen ist, vielmehr eine Kombination aus Mich-zu-einem-bestimmten-Ort-hingezogen-fühlen, ein Mich-gerufen-fühlen-von-der-Erde, und eine veränderte Farbwahrnehmung am Bestimmungsplatz. Häufig wirkt es auf mich so, als wenn es dort bereits Markierungen für den Bau geben würde.

Im kleinen und übersichtlichen Garten des Seminarhauses, an dem eine neue Schwitzhütte errichtet werden soll, finde ich auf Anhieb keine Stelle, die sich dafür gut eignen würde. Alles ist offen, wirkt ungeschützt, ungehalten. Dann zieht mich es mich zu einem großen blühenden Busch, und dahinter öffnet sich ein schmaler Durchgang. Ich entdecke noch einmal einen schmalen Streifen Wiese, den ich vorher nicht gesehen hatte, und sofort spüre ich, dass dies der Ort ist. Im Gras sehe ich mit meinem inneren Auge etwas wie eine kreisrunde Verfärbung. Vor dem Busch steht in der Wiese ein kleines Objekt aus Marmor, das scheinbar jemand dort erst vor kurzem abgestellt hat. Dort wäre aber dann der Ort für die Feuerstelle. Als ich die Leiterin des Seminarhauses frage, ob dieser Ort möglich wäre, zögert sie und erzählt, dass erst letzte Woche eine geomantische Gruppe da gewesen wäre und diesen Ort als besonders wichtig für das Gesamtareal erspürt hätte – deshalb also diese Markierung dort. Ich kontaktiere die Geomantin, die die Gruppe leitete, und erfahre, dass es sich bei dem markierten Ort um den zentralen „Lichteinstrahlpunkt", den männlichen Energiepol des gesamten Geländes handeln soll. Als ich sie frage, ob es wohl stimmig sei, dort einen zeremoniellen Feuerplatz für Schwitzhüttenzeremonien einzurichten, ist sie sofort begeistert, da es der Ortsenergie absolut entspräche. Als wir zwei Wochen darauf das erste Schwitzhütten-Feuer dort entzünden, steht innerhalb von Sekunden der gesamte Holzstapel in Flammen, in einer Intensität und Geschwindigkeit, wie ich es noch nie zuvor erlebt habe und alle Teilnehmer staunen lässt!

5.2 Das Material der Ruten

Die Welt der Pflanzen, die uns das Material für einen Schwitzhüttenbau zur Verfügung stellt, befindet sich auf dem Medizinrad der Twisted Hair im Süden. Diese Richtung steht für die Erstgeborenen aus der Liebe von Großvater Sonne und Großmutter Erde, dem Reich der Pflanzen in all seiner Vielfalt: den Gräsern und Kräutern, den Büschen und Bäumen, den Blumen mit all ihren Düften und Farben, den Nahrungspflanzen und Früchten, die uns ernähren wie auch den Lehrerpflanzen. Im Grunde schenkt uns das vielfältige Reich der Pflanzen alles, was wir zum Überleben bräuchten: Nahrung, Kleidung, Schutz, Material zum Hausbau sowie zum Feuermachen, Heizen und Kochen, und nicht zuletzt wandeln sie permanent das für uns schädliche Kohlendioxid in Sauerstoff um, den wir zum Atmen brauchen.

Pflanzen gelten im ursprünglichen Denken des indianischen Medizinrads als Geber von Energie. Sie machen sich selbst der Welt zum Geschenk. Ihr Geben ist bedingungslos; sie denken nicht darüber nach, an wen sie sich verschenken. Blumen blühen für jeden Menschen in gleicher Schönheit, sie hören nicht auf zu blühen, wenn ihnen jemand unsympathisch ist.

Trotzdem ist es auch hier wichtig, für alles, was wir empfangen, einen energetischen Ausgleich zu geben. In alten Zeiten war dieses Wissen auch in unserem europäischen Raum selbstverständlich. In Bräuchen wie den Opfern des Erntedankfestes, in der Kornmuhme, die auf dem abgeernteten Getreidefeld aufgestellt wurde, oder im letzten Apfel, den man auf dem Baum hängen lässt, lebt die Erinnerung an dieses Wissen fort. Indianer machen für alles, was sie aus der Natur oder vom Großen Geist empfangen, ein Giveaway mit Tabak, Kräutern oder anderen Gaben. Entscheidend ist hier die innere Haltung von Dankbarkeit, für die die äußere Handlung des Opferns oder Weggebens nur ein Ausdruck ist, der uns aber gut unterstützt und innere Bewegungen unserer Seele im Außen manifestiert.

Bevor eine Rute für die Schwitzhütte geschnitten wird, ist es gut, mit der Pflanze in Kontakt zu gehen. Nimm den Zweig oder den Ast, den du schneiden willst, in deine Hand, entspanne dich, und teile der Pflanze, diesem lebendigen Wesen vor dir, mit, dass du beabsichtigst, eine Schwitzhütte zu bauen und dafür Material brauchst. Frage sie, ob sie bereit ist, sich dafür zu geben. Spüre in dich hinein. Vielleicht spürst du ein Gefühl in deinem Bauch, wie wenn sich etwas hebt – das könnte ein JA bedeuten. Oder es fühlt sich schwer an, nach unten ziehend, was eher auf ein NEIN hindeutet. Ich habe beim Rutenschneiden meist ein sehr unmittelbares Bild in meinem Kopf, ich kann die Antwort fast hören. Nimm ernst, was du fühlst oder empfängst! Du hast die Pflanze gefragt, sie antwortet dir. Meistens wird die Antwort ein Ja sein, denn Pflanzen geben sich gerne. Fühlst du aber ein Nein, dann lass diese Pflanze in Ruhe und suche eine andere, die bereit ist, dich zu unterstützen.

Je nach Größe und Konstruktionsart der beabsichtigten Schwitzhütte brauchst du 8, 12, 16 oder auch mehr Ruten von etwa maximal 3 - 4 cm Durchmesser am unteren Ende für die Bögen sowie eine etwa gleiche Anzahl etwas dünnere für die Reifen. Dicker sollte das Material nicht sein, da es dann kaum noch biegsam ist und zum Brechen neigt. Achte auf langen, möglichst geraden Wuchs ohne Fehler und „Sollbruchstellen". Die Länge ist nicht zu unterschätzen: sie sollte mindestens 2 Meter, für größere Hütten auch gut drei Meter oder mehr betragen. Schneide die Rute so dicht über dem Boden, wie es geht, um die volle Länge auszunutzen. Verwende dazu am besten eine kräftige Astschere oder eine kleine Ast- oder Klappsäge. Mit einer Gartenschere kannst du noch vor dem Transport alle Seitenäste und -zweige abschneiden. Manchmal ruft es mich, diese kürzeren Zweige so tief als möglich in den Boden zu stecken. Zumindest im Frühjahr ist die Chance, dass einige davon anwachsen und so einen Ausgleich zu den geschnittenen Pflanzen bilden, nicht gering!

Ich habe mir angewöhnt, nach jeder Rute, die ich schneide, den zurückbleibenden Stumpf mit etwas Speichel zu bestreichen, nicht etwa, weil ich glaube, dass es die Baumwunde versorgen könnte (obwohl – wer weiß? Speichel ist de facto wundheilend), sondern als mein Giveaway an die Pflanze. Speichel ist einer meiner Körpersäfte, eines meiner Sekrete, und enthält meine gesamte Körperinformation – meine *secrets*! Indem ich der Pflanze meinen Speichel gebe, teile ich ihr so meine intimsten Geheimnisse mit. Aber natürlich kannst du auch eine andere Art von Giveaway machen. Manche geben jeder Pflanze, von der sie etwas nehmen, eine kleine Prise Tabak mit einem Dankgebet. Andere machen zu Beginn oder Ende eine kleine Dankeszeremonie für alle Pflanzen, die geben wollen. Finde deine eigene Art, die sich für dich stimmig anfühlt!

Es gibt nicht so viele Sträucher oder Bäume bei uns, die sich durch ihre Wuchsart zum Schwitzhüttenbau eignen. Sie müssen ausreichend lange, gerade gewachsene Ruten bilden, die zudem extrem biegsam sind. In erster Linie kommen dafür deshalb die Haselnuss und die Weide in Frage. Manchmal aber findet man in dicht stehenden Schonungen auch andere Bäume oder Sträucher, die sich eignen, da sie sehr lang und dünn gewachsen sind, z. B. Hartriegelbüsche oder Linden-, Buchen- oder Ahornschösslinge. Auch eine Schwitzhütte aus Eichenschösslingen habe ich schon gesehen und Birke oder Esche sind auch vorstellbar. Selbstverständlich muss immer darauf geachtet werden, dass eine Erlaubnis des Waldbesitzers zum Schneiden vorliegt! Lediglich bei Haselsträuchern und Weiden kann darauf meist verzichtet werden, da sie in großer Zahl vorkommen und ihr Holz nicht forstwirtschaftlich genutzt wird.

Die brauchbarsten Hölzer zum Schwitzhüttenbau und ihre spirituelle Bedeutung:

- **Haselnuss**

Der Haselnussstrauch ist in Mitteleuropa allgemein weit verbreitet. Oft bildet er am Rande von Wäldern ganze Gebüsche, manches Mal gibt es in der Nähe von Dörfern auch von Bauern angelegte Haine, da seine Zweige und Ruten früher wichtiges Material für die in der Landwirtschaft üblichen Flechtarbeiten und Reisigbesen lieferten. Er gilt in der Mythologie als Strauch der Hexen und Zauberer. Haselnussbüsche sind gute Energieleiter. Man sagt, dass sie, neben ein Haus gepflanzt, Erdstrahlen und Blitze abweisen und so das Haus zu schützen vermögen. Auch Wünschelruten waren deshalb früher meist aus Haselzweigen geschnitten – sie biegt sich von Energieansammlungen wie Wasseradern weg nach oben. Die Haselnuss spielt in vielen Märchen eine wichtige Rolle als Helfer und Wandler. Gemeinhin gilt sie als verjüngend, stärkend und erneuernd, was neben der Kraft in den Nüssen sicherlich auch mit ihrer Rolle als unausrottbarer Pionierpflanze und ihrer besonders frühen Blütezeit im Frühjahr zusammenhängt.

Schwitzhütten aus Haselnussruten leiten die Energien besonders gut in den Boden ab und eignen sich deshalb optimal für Schwitzhütten-Zeremonien mit dem Schwerpunkt als Reinigungsritual.

• Weide

Auch Weiden gehören mit ihren verschiedenen Arten bei uns zu den verbreitetsten Bäumen. Sie finden sich überall entlang von Gewässern oder auf feuchten und sumpfigen Böden. Die Rinde der Weide, die als Heilmittel seit alters her bekannt ist, liefert eine natürliche Salycilsäure, die auch der Wirkstoff des bekannten Medikaments Aspirin ist, und wirkt fiebersenkend und schmerzstillend. Angeblich wurden Hexenbesen aus Weidenzweigen gebunden – wahrscheinlich aber auch alle anderen Besen... und eher noch scheint dies ein Hinweis auf die ehemalige Verwendung der Rinde durch heilkundige Frauen zu sein. Die Weide ist ein Einstieg in die Anderswelt und ihr Holz wurde wie das der Hasel für Wünschelruten verwendet. Bei den Griechen war die Weide der Göttin Demeter zugeordnet, der Hüterin der Erdfruchtbarkeit, und stand für Freude, Liebe und Überfluss.

Das Problem bei vielen Weiden ist, dass ihre Zweige oft zu dünn und nicht lang genug sind. Trotzdem findet man immer wieder auch passendes Material. Eine Schwitzhütte aus Weiden betont den Aspekt des Wassers, und wird etwas sehr Leichtes, Fließendes und Durchlässiges haben.

• Buche

Lang aufgeschossene junge Buchen aus dichten Schonungen eignen sich durchaus zum Schwitzhüttenbau. Buchen stehen für Stabilität und Weisheit. Sie reagieren durch Verwachsungen besonders sichtbar auf Erdstrahlen, Wasseradern und Verwerfungen. Die Germanen verwendeten Buchenstäbe, um das Runenorakel zu befragen – daraus entstanden schließlich unsere „Buch-Staben". Eine Buchenschwitzhütte hat eine Ausstrahlung von Weisheit, Stabilität und Heimat.

• Birke

Die helle, schlanke und freundliche Birke ist ein Baum der Frühlingsgöttin und steht für Geburt und Neubeginn. Oft wächst sie auf Brachland zusammen mit Haselnüssen als Pionierpflanze. Die traditionelle Kräutermedizin bezeichnet Extrakte aus der Birke als harn- und schweißtreibend sowie blutreinigend. In Skandinavien werden belaubte Birkenzweige zusammengebunden und mit Wasser befeuchtet, um sich damit zwischen einzelnen Saunagängen am ganzen Körper (außer dem Gesicht) zu schlagen. Das regt die Durchblutung und den Kreislauf an. Es lohnt sich sicherlich, mit solch traditionellen Methoden Erfahrungen zu sammeln! Eine Schwitzhütte aus Birkenschossern hat etwas Reines, Lichtes und steht für den Aspekt der weißen, jungfräulichen Göttin.

• Linde

Die Linde kann als einer unserer mächtigsten Bäume bis zu 45 m hoch werden. Dabei ist sie mit ihren herzförmigen Blättern und den zahlreichen, wohlduftenden und heilfähigen, „linde-rnden" Blüten, die zudem noch als Bienenweide dienen, ebenfalls ein sehr freundlicher Baum und wird natürlich mit der Liebe assoziiert. Ihr zugeordnet war bei den Germanen Freya, die germanische Göttin der Liebe, Freiheit und des Glücks. Im Laufe der Christianisierung entkamen viele uralte Lindenbäume (im Gegensatz zu den Eichen) dem Schicksal, als heidnische Kultplätze gefällt zu werden, indem sie zu Marienverehrungsstätten umgewidmet wurden. Auch die Griechen ordneten die Linde ihrer Liebesgöttin Aphrodite zu. Seit alters her dient außerdem eine Linde im oder außerhalb des Dorfs als Versammlungsplatz, unter dem die Gemeinschaft feiert, aber auch zu Gericht sitzt. Es gibt in Deutschland noch zahlreiche, beeindruckende Gerichts-, Dorf- und Tanzlinden, die zu besuchen es sich lohnt.

Eine Schwitzhütte aus weichen und biegsamen Lindenschösslingen wird den Aspekt der Herzöffnung, Verbindung und Liebe in der Schwitzhütte betonen. Ich durfte einmal eine Beltanezeremonie in einer Lindenschwitzhütte abhalten, was ein besonderes Erlebnis war. Allerdings dürfte es die Ausnahme bleiben, passendes Material in ausreichender Menge zu finden.

• Ahorn

Leichter dürfte das wieder mit Ahornschösslingen sein, die in Schonungen des Öfteren in ausreichender Menge wachsen. Ahorn gilt als Träger des Besonderen und Exzentrischen, für Freiheitsliebe (deshalb die Verwendung als Wappenbaum in Kanada!) und Idealismus.

Eine Schwitzhütte aus Ahornruten betont den individuellen und Identität stiftenden Aspekt und eignet sich somit z. B. für Initiationszeremonien oder Übergangsriten.

• Eiche

Die Eiche ist der heilige Baum der Kelten mit ihrer druidischen Kultur, die Eichenhaine für ihre Zeremonien anlegten, wie auch der Germanen, die in ihm den Gott Donar verehrten (nordisch Thor, der Träger des Blitzes). Die Donareichen in Deutschland entkamen der christlichen Inquisition im Gegensatz zu den alten Freya-Linden nicht, und fielen fast überall der Axt zum Opfer. Auch die Griechen assoziierten die Eiche mit dem Blitze schleudernden, höchsten aller Götter Zeus. Vielleicht stimmt es ja doch, dass Blitze in Eichen öfter einschlagen als in andere Bäume? Die Eiche steht für Dauer, Treue, Stärke, Standhaftigkeit, männliche Zeugungskraft, Macht, Schutz und Unsterblichkeit und ist immer noch so etwas wie der Wappenbaum Deutschlands (die „deutsche Eiche"). Antike Herrscher trugen als Zeichen ihrer Würde einen Kranz aus Eichenlaub.

Obwohl ich schon eine Eichenschwitzhütte gesehen habe, ist das wohl nur in Ausnahmefällen möglich. Schnell werden die jungen Bäumstämme zu fest und unbeugsam. Trotzdem habe ich auch schon Material gesehen, mit dem das möglich wäre. Nur gerade Schösslinge darf man nicht erwarten – sie sind von Anfang an eigenartig knorrig geformt, was aber auch einen besonderen Charme besitzt. Die Energie einer solchen Schwitzhütte stelle ich mir ungewöhnlich kraftvoll vor, und würde sich z. B. besonders für Männer- oder Kriegerzeremonien eignen.

• Esche

Lange Eschenschösslinge sind wieder leichter zu finden, besonders auf öd fallenden Wiesen oder Grundstücken ist sie wie die Haselnuss ein Pionierbaum. Die Esche ist auch deshalb ein interessanter Baum für Zeremonien, da er für unsere germanischen Vorfahren in Form der Weltenesche Yggdrasil die Achse der Welt symbolisierte und auf vielen ihrer alten Kultberge im Zentrum des Heiligtums stand, bevor auch sie der Christianisierung zum Opfer fiel. Zudem wird er im Mythos der Edda von den drei Nornen gewässert, den uralten Schicksalsspinnerinnen. Sie ist außerdem dem germanischen Gott Odin geweiht. In der nordischen und griechischen Mythologie wurde das erste Menschengeschlecht aus Eschenholz geschnitzt.

Damit dürfte sich eine Schwitzhütte aus Eschenruten besonders für mantische Zeremonien und karmische Lebensbuchlesungen eignen.

• Gemischtes Material

Manchmal gibt es in der Umgebung nicht genügend Material einer Baumsorte, dass damit eine ganze Schwitzhütte gebaut werden könnte. Dann kann man selbstverständlich mischen, und auch das kann natürlich eine gute Schwitzhütte ergeben. Man könnte auch überlegen, eine Hütte bewusst aus verschiedenen Baumarten zu bauen, sodass in jeder Himmelsrichtung eine der jeweiligen Kraft analoge Holzart verwendet wird. So könnte ich mir zum Beispiel im Westen den Holunder vorstellen, im Norden die Eiche, im Süden die Weide und im Osten Ruten von Haselnuss.

Sicherlich gibt es auch noch andere Bäume und Sträucher, die sich eignen könnten. Entscheidend ist die Biegsamkeit und Elastizität sowie die ausreichende Länge der Schösslinge, was man noch am lebenden Objekt testen kann, bevor der Baum oder Zweig abgeschnitten wird. Im Zweifelsfalle muss man mit dem vorlieb nehmen, was der Ort hergibt. Es gab auch schon Schwitzhütten aus Fichtendatschen im Gebirge, was vielleicht zum Anlehnen nicht so gemütlich ist, aber auch eine Kuppel ergibt, wenn man ihre natürliche Rundung ausnutzt! Und von einer Schwitzhütte auf Bali am Strand wurde mir erzählt, die nur aus Palmwedeln erbaut war. Dass die Hitze der Steine durch die unzureichende Abdeckung und die zahlreichen Öffnungen dazwischen keine Chance hatte, in der Hütte zu bleiben, tat der Kraft im Inneren keinen Abbruch – es war wohl sowieso so heiß draußen, dass alle schon den ganzen Tag geschwitzt hatten.

5.3 Die richtigen Steine

„Gott schläft in den Steinen, atmet in den Pflanzen, träumt in den Tieren, und erwacht in den Menschen."

(Indische Weisheit)

Steine befinden sich auf dem Medizinrad der Twisted Hair im Westen. Diese Himmelsrichtung steht für die Erde, für ihre Festigkeit und Dichte, für Stabilität und Halt, für das Erste und Älteste. Sie steht für den Körper von Großmutter Erde und alle seine materiellen Erscheinungsformen: für Erde und Humus, für Tone und Sande, für Kies und Geröll, für Felsen und Steine, für alle Erscheinungsformen der Berge, für Halbedelsteine und Edelsteine, für alle Kristalle und alle Metalle.

Diese Himmelsrichtung birgt die Kraft des Haltens von Energie. So können uns die Steine lehren, wie wir Energie in uns halten können, bis wir sie einmal brauchen. Energie im Körper zu sammeln, sie zu halten und nicht zu vergeuden, gilt als eine der wichtigsten Fähigkeiten eines Schamanen oder Heilers.

Die Energie, die die Steine in sich tragen und halten, bestimmt natürlich wie alles andere die Stimmung einer Schwitzhüttenzeremonie mit. In ihnen liegt die Erinnerung an uralte Zeiten der Erde. Vieles haben sie gesehen und erlebt in ihren nach unseren menschlichen Maßstäben gemessenen Äonen dauernden Leben. Diese Erinnerungen bringen die Steine mit in die Schwitzhütte und lassen uns daran teilhaben. Manche Steine tragen die Information von Verletzung in sich, wenn sie gewaltsam vom Menschen aus der Erde gerissen wurden, wie es z.B. in den meisten Steinbrüchen der Fall ist. Auch Steine, die aus Gebäudeabrissen oder von Ruinen stammen, sind mit Vorsicht zu genießen, da in ihnen viel menschliche Geschichte gespeichert ist, die dann unbeabsichtigt während der Zeremonie wirkt.

In einer Schwitzhüttenzeremonie tauchten bei mehreren Teilnehmern immer wieder Bilder von Blut und Verletzung auf, von Schlacht und Krieg. Eine Frau hörte Schreie von Verletzten, die um Hilfe rufen. Erst dachte ich, dass sich der Ort unserer Schwitzhütte auf einem mittelalterlichen Schlachtfeld befinden könnte. Aber das war nicht der Fall: wir erfuhren hinterher vom Hüter und Bewohner des Platzes, dass nur die Steine, die wir an einem im Tal mäandernden Fluss gesammelt hatten, von einem solchen stammen, und in der Zeremonie wohl ihre gespeicherten Erinnerungen freigegeben hatten.

Es ist wichtig, genauso wie die Pflanzen auch die Steine vor dem Sammeln zu fragen, ob sie bereit sind, an der Zeremonie teilzunehmen. Geh in Kontakt mit dem Stein, z. B. indem du ihn mit deiner Hand berührst, erzähle ihm von deiner Absicht, ihn für eine Schwitzhüttenzeremonie zu verwenden, und ob er bereit ist, dafür von seinem Platz entfernt zu werden. Manche Steine erfüllen eine wichtige Funktion in der geomantischen Ordnung einer Landschaft, auch wenn sie klein und unbedeutend zu sein scheinen, und sollen an ihrem Platz verbleiben.

Die Steine haben für die Schwitzhüttenzeremonie eine zentrale Funktion. Sie liegen mehrere Stunden im Zentrum des Schwitzhüttenfeuers und nehmen die Hitze der lodernden Flammen in sich auf. Sie halten die Glut, die Energie des Feuers in sich, bis der Feuerhüter sie in das Innere der Schwitzhütte trägt und geben dort die gehaltene Kraft nach und nach wieder an ihre Umgebung ab. Natürlich sollen die Steine unter dem Einfluss der hohen Temperaturen weder springen noch zerplatzen. Deshalb ist es wichtig, auf folgende Dinge zu achten, wenn Steine für eine Schwitzhüttenzeremonie gesammelt werden:

• Die ideale Größe ist etwa zwei bis vier Fäuste groß, also etwa 15 - 30 cm im Durchmesser („kindskopfgroß"). Entscheidend ist natürlich, dass der Feuerhüter das Gewicht der glühenden Steine auf der Heu- oder Astgabel den ganzen Weg von der Feuerstelle zum Schwitzhütteneingang tragen kann – im Zweifelsfall einfach vorher ausprobieren! Sie sollten aber auch nicht zu klein sein, da sie dann durch die Zinken der Gabel fallen.

• Die Steine sollten keine Risse oder Sprünge haben – zumindest nicht vor der Zeremonie! Denn dann ist das Zerplatzen im Feuer schon fast vorprogrammiert. Anders ist es allerdings, wenn die Steine Risse aufweisen, nachdem sie durchs Feuer gegangen sind, aber noch nicht auseinander gefallen sind. Dann haben sich dort oft Spannungen aus dem Stein entladen, und bei einer eventuellen Wiederverwendung kann diese Spannung den Stein schon nicht mehr zerplatzen lassen!

• Auch Adern von Fremdgestein, die sich durch einen Stein ziehen, sind unter dem Einfluss von Feuer und Hitze Sollbruchstellen. Relativ häufig kommen Erzadern in rund geschliffenen Flusskieseln vor. Besser auf Steine ohne solche Adern ausweichen.

• Niemals Steine aus einem Bach- oder Flussbett verwenden! Selbst wenn die Steine vom Rand des Gewässers gesammelt werden und äußerlich völlig trocken aussehen, kann doch durch feine Haarrisse, die fast jeder Stein hat, Wasser ins Innere eingedrungen sein. Die immense Hitze des Schwitzhüttenfeuers bringt das Wasser im Inneren zum Kochen und lässt den Stein wie eine Granate in tausende Stücke explodieren! Und wer möchte schon vor einer Zeremonie am heiligen Feuer von einem scharfkantigen Steinsplitter verletzt werden?

Die Wahl der richtigen Steinsorte ist eine Wissenschaft für sich. Es gibt viele Gesteine, die sich gar nicht, und einige, die sich nur bedingt eignen.

• Lavagestein

Am besten eignet sich natürlich Gestein, das direkt aus dem feuerflüssigen Erdinneren kommt, also Lavagestein. Dieses Gestein entsprang der Erde vor langer Zeit in Vulkanen und trägt die Information des Feuers noch in sich. Oft habe ich beobachtet, dass sich solche Steine im Feuer richtiggehend freuen, wenn sie wieder in Kontakt mit diesem Element kommen, so als wenn sie sich an alte Zeiten erinnern würden. Darüber hinaus vermittelt es das Gefühl von Schwere, Stabilität und Schutz. Glücklich also, wer z. B. Basaltgestein in seiner Nähe besorgen kann. Basalt kommt in den deutschen Mittelgebirgen relativ häufig vor, oft aber nur in den Gipfelbereichen. Bedeutende Vorkommen des dunkelgrauen bis schwarzen Gesteins gibt es in der Rhön, dem Vogelsberg, im Westerwald, der Vulkaneifel, dem Osterzgebirge, dem Hegau und an kleineren Stellen in den Mittelgebirgen. In Österreich gibt es ihn v. a. in der Steiermark. Übrigens ist Basalt das häufigste Gestein der Erdkruste, allerdings liegt der größte Teil der Vorkommen unerreichbar am Grund der Weltmeere.

Andere Vulkangesteine kann man bei uns fast nur käuflich erwerben, was sich aber durchaus einmal lohnen kann! Hier gibt es große Qualitätsunterschiede, die leider nicht immer vor der Verwendung ersichtlich sind. Ich habe großblasiges Vulkangestein erlebt, das fast weiß glühend im Feuer lag, aber die Hitze in sich nur schlecht halten konnte und schon auf dem kurzen Weg zur Schwitzhütte deutlich abkühlte. Andererseits verdanke ich die heißeste Schwitzhütte meines bisherigen Lebens einem ebenfalls blasigen, wie Tuff wirkenden, hellgrauen, feinporigen Lavagestein, das, in rechteckige Blöcke geschnitten, von einem Gartenbaubetrieb auf einer Palette angeliefert wurde. Und obwohl es sogar noch in Strömen regnete, verwandelte sich meine anfängliche Skepsis im Verlauf der Zeremonie in puren Schweiß.

• Granit und Gneis

Ebenfalls bedingungslos geeignet sind die so genannten Ur- oder Grundgesteine Gneis und Granit. Sie kommen in Deutschland vor allem im Schwarzwald, dem Bayerischen Wald, im Erz- und Fichtelgebirge, dem Harz, im Odenwald, Thüringer Wald und in der Oberlausitz vor, in Österreich neben den ganzen Zentral-Alpen vor allem im Mühlviertel. Auch sie gehören zu den häufigsten Gesteinen unserer Erdkruste. Erdgeschichtlich gesehen sind sie das erste und damit älteste Gestein der Erdentstehung. Auch ihr Ursprung ist magmatisch, und man kann in ihrer meist grau-weißen, manchmal auch bläulich oder gelblich gemusterten, gleichmäßigen Oberflächenstruktur noch die noch nicht verfestigte Oberfläche der Erde erahnen. Diese Qualität ist bei ihrer Verwendung in der Schwitzhütte spürbar. Uralt, sehr hart, vom Anbeginn der Zeit zeugend bringen sie uns in Kontakt mit der Kraft des Ursprungs. Interessant ist auch die dem Granit innewohnende kristalline Struktur seines Quarzanteils, die mit bloßem Auge sichtbar ist. Viele Menhire, Steinkreise und andere steinzeitliche Anlagen bestehen aus Granit. Gneis bezeichnet einen etwas modifizierten Granit mit fast identischen Eigenschaften, dessen gleichmäßige Durchmischung seiner Bestandteile sich durch tektonische Druckprozesse in eine Bänderung umgewandelt hat.

• Rheinkiesel und Findlinge

Über Nord- und Süddeutschland verteilt findet man häufig rund geschliffene Gesteinsbrocken verschiedener Zusammensetzung, die mit den gigantischen Gletschermassen während der letzten Eiszeit transportiert wurden und nach dem Abschmelzen an Ort und Stelle liegen blieben. Während in Norddeutschland skandinavischer Granit vorherrscht, sind in den Moränenlandschaften Süddeutschlands quasi alle Gesteinsarten der Alpen zu finden. Auch entlang der großen Flüsse, v. a. dem Rhein, finden sich diese meist gut geeigneten Steine, wenn man auf die oben erwähnten Ader- und Rissbildungen achtet. Es gibt verschiedene Gegenden in Deutschland, wo es keine natürlich vorkommenden Gesteine gibt, die sich für Schwitzhüttenarbeit eignen. Dann kann es hilfreich sein, bei Garten- und Landschaftsbaubetrieben nachzufragen, ob sie so genannte Rheinkiesel im Angebot haben. Erklärt man den Besitzern offen, dass man mit den von Hand ausgelesenen 44 faustgroßen Steinen eine spirituelle indianische Gebetszeremonie abzuhalten beabsichtigt, ist mancher nach anfänglichem Staunen schon zu großzügigen Preisnachlässen bereit gewesen!

• Sandstein

Eingeschränkter zu empfehlen in ihrer Verwendung als Schwitzhüttensteine sind die so genannten Sekundärgesteine. Unter ihnen ist vor allem der weit verbreitete Sandstein zu erwähnen. Da er schon einmal den ganzen Prozess der Gesteinsverwitterung von Fels zu Sand und Staub hin zu einer erneuten Verdichtung durchlaufen hat, trägt er die Information von Verwandlung und Transformation sowie eine gewisse Leichtigkeit in sich. Meist stammt er aus Ablagerungen vom Grund frühzeitlicher Meere und hat auch diese Wasserenergie. Mancher Sandstein lässt sich erhitzen, ohne seine Form wesentlich zu verlieren. Aber die meisten Versuche, die ich damit unternommen habe, waren wenig erfolgreich. Oft zerfällt er im Feuer geräuschlos in viele kleine Stücke, und einmal, als ich als Feuerhüter an einer Zeremonie teilnahm, blieb bis zum Beginn der Schwitzhütte von den mühsam gesammelten Brocken, die keiner von uns als Sandstein erkannt hatte, nur ein großer Haufen glühender Sand, den ich schließlich mit einer Schaufel ins Feuerloch beförderte... Auch hier hilft also im Zweifelsfall wieder nur ausprobieren. Falls verfügbar würde ich immer anderen Gesteinsarten den Vorzug geben.

• Schiefer

Auch der grauschwarze Schiefer gehört zu den metamorphen Gesteinsarten und hat sich vor langen Zeiten aus Ablagerungen von Tonsedimenten in den Urmeeren gebildet. Er kommt in Deutschland vor allem im Lahn-Dill-Gebiet, im Thüringer Schiefergebirge, an der Mosel und im Hunsrück vor, in Österreich in den Ostalpen. Er stammt aus dem Devon-Zeitalter der Erde, als ausgedehnte tropische Meere Europa bedeckten. Vor allem die Entwicklung der Fische fällt in dieses Zeitalter, während die ersten Landwirbeltiere und fliegende Insekten den üppigen Urwald bevölkerten. Wobei zu beachten ist, dass dieses Gestein vermutlich unter Sauerstoffabschluss am Grund der Meere entstand und mit einer vermuteten Aussterbezeit großen Ausmaßes in Verbindung gebracht wird. Vielleicht findet man deshalb auch immer wieder Versteinerungen in ihm. Für mich trägt Schiefer nicht nur wegen seiner grauen Farbe die Begegnung mit der eigenen Sterblichkeit in sich, er hat eine gewisse energetische Dichte und Schwere, und sein Einsatz sollte genau beabsichtigt werden. Außerdem ist er sehr umsichtig zu behandeln. Wenn der Feuerhüter darauf achtet, die glühenden Schieferplatten waagerecht in die Hütte zu transportieren, kann man Schiefer durchaus verwenden. Bei Schräglage kann es allerdings schon einmal vorkommen, dass Schicht um Schicht des Gesteins abrutscht! Manche Schieferarten scheinen sich nach verschiedenen Berichten auch gar nicht zum Erhitzen zu eignen. Also hilft auch hier wieder nur die eigene Erfahrung.

- **Kalkstein, Muschelkalk und ähnliche**

Ganz und gar abgeraten werden muss von allen Arten kalkhaltigen Gesteins. Diese weit verbreiteten, meist weißen bis hellgrauen Sedimentgesteine, die keine einheitliche Geologie besitzen, aber immer Calciumcarbonat enthalten, das meist aus Rückständen tierischen Lebens (Einzellern) stammt, entwickeln beim Erhitzen häufig giftige und ätzende Dämpfe, die in die Lunge stechen und die Schleimhäute angreifen. Oft stinken diese Steine beim Erhitzen auch unangenehm nach Schwefel. Manchmal merkt man das erst, wenn der Stein im Feuerloch liegt und die Teilnehmer anfangen zu husten. Bitte jetzt kein Wasser aufgießen – das würde die ätzende Wirkung noch verstärken! Sollte es passiert sein, dass sich einmal ein kalkhaltiger Stein unter die anderen gemischt hat, bleibt nur, ihn wieder aus der Schwitzhütte hinauszubefördern.

- **Kunststein, Beton, Ziegel**

Ich habe auch schon gehört, dass in Schwitzhüttenzeremonien künstlich hergestellte Steine verwendet wurden: Tritt- oder Gehwegplatten aus Beton oder sonstigem mineralischem Gussmaterial, Tonziegel aus abgebrochenen Häusern, Klinkersteine oder ähnliche. Auch wenn diese Steine hitzeresistent sein mögen, weil sie wie Tonziegel schon durchs Feuer gegangen sind, weiß man doch nie, welche Ausdünstungen durch chemische Beimischungen noch entweichen werden. Davon abgesehen stellt sich die Frage, welcher Intention ich damit Ausdruck verleihen will. Wie anfangs des Kapitels bereits erwähnt trägt jedes Material Erinnerung an den Ort und die Geschichte seiner Herkunft und bestimmte Energien in sich, die auf den Ablauf der Zeremonie Einfluss haben. Welchen Spirit rufen wir also mit solchen Steinen in die Hütte? Ich rate von künstlich hergestellten Steinen auf jeden Fall völlig ab.

Außer den jetzt erwähnten gibt es sicherlich aus der Fülle der vorkommenden Gesteinsarten noch viele andere, mit denen ich noch keine Erfahrungen gemacht habe, die sich aber ebenfalls gut zum Erhitzen eignen. Ich möchte durchaus dazu ermutigen, mit den lokal vorkommenden Gesteinen Kontakt aufzunehmen und eigene Versuche zu machen – vielleicht nicht gerade, wenn die Schwitzhütte schon stattfinden soll, sondern vorher, zum Beispiel bei einem Lagerfeuer oder Grillabend. Auch hier gilt der ökologische Grundsatz: global denken – lokal handeln!

5.4 Der eigentliche Bau

Vorbereiten des Platzes

Wenn ausreichend Ruten und Steine sowie geeignetes Werkzeug besorgt wurden, kann es an den eigentlichen Bau der Schwitzhütte gehen. Ein guter Anfang besteht immer darin, den Kreis aller Beteiligten zusammen zu rufen, eine Schale mit Weißem Salbei und eine Feder oder einen Fächer herumzugeben, damit sich jeder mit dem Rauch reinigen kann, und ein Gebet der Absicht zu sprechen. Du kannst dazu zum Beispiel eine Prise Tabak nehmen und durch dieser Großmutter Erde mitteilen, dass ihr plant, an diesem Ort eine Schwitzhütte zu errichten, und um ihren Segen bitten:

„Großmutter Erde, Mutter allen Lebens, wir sind hier, weil wir eine Schwitzhütte errichten wollen an diesem Ort. Dazu müssen wir Stangen in die Erde stecken und ein Loch in deinen Körper graben. Wir bitten dich, öffne dich leicht, öffne deinen Leib, unterstütze unser Vorhaben und erfülle diesen Ort mit deiner Kraft, damit diese Schwitzhütte dein Bauch und deine Gebärmutter wird, in die wir zurück kriechen können, um uns als deine Kinder zu reinigen und zu erneuern. Ich danke dir mit dieser Prise Tabak."

Verstreue dann den Tabak über die Fläche, an der die Schwitzhütte entstehen soll.

Entweder jetzt oder spätestens vor dem Abdecken des fertig gestellten Gerüst sollte die gesamte Fläche im Inneren des Kreises, rund um das Feuer und zwischen Feuer und Schwitzhütte gründlich nach spitzen Steinen und Stöckchen, stachligen oder brennenden Pflanzen wie Disteln und Brennnesseln und anderem Material (Glasscherben!) abgesucht werden, das die Teilnehmer beim barfuß Laufen, Sitzen oder Liegen auf der Erde in und nach der Zeremonie verletzen könnte. Gut eignet sich dafür ein Rechen oder eben ein scharfes Auge. Manchmal ist es bei hoch gewachsenem Gras auch angebracht, zu mähen oder es zumindest flach umzulegen.

Die Mitte der Schwitzhütte wird zuerst mit einem Stock markiert, der in die Erde gesteckt wird. Mithilfe einer Schnur und eines weiteren Stocks wird nun ein Kreis um die Mitte gezogen, der je nach geplanter Teilnehmerzahl zwei bis drei Meter im Durchmesser oder auch mehr hat. Es schadet nicht, dann die Anzahl der möglichen Sitzplätze auszutesten, indem man sich Stück für Stück durch den Kreis bewegt, immer einen Sitzplatz weiter. Jetzt kann man den Durchmesser noch ohne Aufwand korrigieren.

Die Löcher

Steht die endgültige Größe fest, teilt man den Kreis in so viele Abschnitte, wie man Stangen verwenden will, also 8 für sehr kleine Hütten, meistens aber 12 oder 16. Immer muss darauf geachtet werden, dass sich keine Stange an der Stelle des geplanten Eingangs befindet. Mar-

kiere die geplanten Positionen der Stäbe mit kleinen Stöckchen oder Steinen. Zum Versenken der Stäbe in der Erde kann man Löcher graben, die Ruten hineinstecken und sie dann wieder auffüllen und feststampfen. Ich halte diese Methode aber für unpraktisch: zum einen ist die zu leistende Arbeit deutlich mehr, zum anderen ist der Halt der eingegrabenen Stäbe deutlich geringer, weil die Erde rundum frisch bewegt wurde. Sinnvoller ist es, mithilfe einer Eisenstange Löcher in den Boden zu rammen, die nur unwesentlich dicker sind als die Ruten selbst. Wer einen Erdbohrer zur Hand hat, wie er im Garten- oder Zaunbau verwendet wird, ist deutlich im Vorteil. Und glücklich, wer einen steinfreien Boden zur Verfügung hat! Für die Tiefe gilt: je tiefer, desto besser. Etwa 30 cm sollten es schon sein. Aber manchmal ist auf steinigen Böden auch das nicht möglich. Dann müssen die Stäbe vielleicht mit einem weiteren kurzen Stock daneben durch eine Verschnürung stabilisiert werden.

Wichtig beim Rammen der Löcher ist, dass diese schräg nach unten innen weisen, d. h. dass die Rammstange so schräg gehalten wird, dass das obere Ende weiter vom Feuerloch weg weist als das untere. Am Besten ist etwa ein 45°-Winkel. Werden dann nach und nach die Stangen in die Löcher gesteckt, stehen auch diese erst einmal alle schräg nach außen. Das macht man deswegen, weil sonst beim Biegen der Ruten keine Halbkugel entstehen würde, sondern eher so etwas wie eine halbierte Linse, und der Rand der Schwitzhütte dann stark nach innen geneigt wäre, sodass man dort nicht sitzen kann. Außerdem wirkt durch das anschließend folgende Biegen der Ruten eine solche Kraft auf das untere, in der Erde steckende Ende, dass diese Schrägstellung nach außen ein Ausbrechen aus der Erde deutlich besser verhindert.

Man kann in jedes Loch, das gebohrt wurde, vor dem Einstecken der Stangen noch eine Prise Tabak mit einem Dank oder einem Segen geben.

Manchmal werden Kristalle in die gebohrten Löcher versenkt, um das Energiefeld der Schwitzhütte auf bestimmte Art zu verstärken. Dazu eignen sich kleinste Bergkristallspitzen, wie man sie in Edelsteinläden erhält. Diese werden gereinigt, erweckt, informiert, und dann in die Löcher oder auch dicht daneben gesteckt. Meist geschieht dies mit den Spitzen nach oben. Damit bauen diese kleinen Kristalle zusätzlich ein Kristall-Lichtfeld um die Hütte auf, was vor allem sinnvoll sein kann, wenn die Grundenergie des Ortes sehr unruhig ist. Manchmal kann es auch sinnvoll sein, die Spitzen nach unten zu senken:

An einem schon lange und oft benutzten Schwitzhüttenplatz scheint die Erde müde zu sein. Gesättigt von vielen Litern menschlichen Schweißes und Tränen fühlt sich der Boden ausgelaugt und kraftlos an. Bei einer Meditation empfängt eine Teilnehmerin die Information, dass durch die gesättigte Erde die Verbindung zwischen Himmel und Erde nicht mehr richtig statt finden kann. Keiner kann sich richtig vorstellen, in diese Schwitzhütte zu gehen. Ein anderer Ort steht aber auch nicht zur Verfügung. Da hat jemand die Idee, ein Kristallfeld drum herum aufzubauen. Und tatsächlich hat eine andere „zufällig“ 8 kleine Bergkristallspitzen dabei. Wir reinigen die Kristalle, informieren sie über unsere Absicht und bitten um ihre Mithilfe. Dicht an den 8 Stäben der Hauptrichtungen versenken wir sie mit der Spitze nach unten gar nicht tief in die Erde, sodass sie die Lichtenergie des Himmels aufnehmen und weiter in die Tiefe leiten können. Die Verlebendigung des Energiefelds innerhalb der Schwitzhütte ist für alle spürbar und die Schwitzhütte kann beginnen.

Vor dem Einbringen der Ruten in die Löcher ist es sinnvoll, sie mithilfe eines Beils am unteren Ende anzuspitzen, was zu einer deutlichen Erleichterung beim Stecken führt. Das geht am besten, wenn die Ruten dazu auf ein Stück Holz aufgelegt werden. Beim Einführen in die Löcher ist es einfacher, zu zweit zu arbeiten, und mit dem ganzen Gewicht zweier Erwachsener die Stangen so tief als möglich in die vorgebohrten Erdlöcher zu stecken.

Altar und Feuerloch

Sind alle senkrechten Ruten in die vorbereiteten Löcher gesteckt, sollte vor dem Zusammenbinden erst noch das Feuerloch in der Mitte gegraben werden, da das Graben mit Schaufeln nach dem erfolgten Zusammenbinden der Ruten wegen der geringen Höhe in der Schwitzhütte nur noch beschwerlich möglich ist. Das Feuerloch muss natürlich groß genug sein, um alle Steine, die in der Zeremonie verwendet werden sollen, aufzunehmen. Schaut euch den Haufen einfach vorher an! Viele Feuerlöcher werden erst einmal zu klein gegraben. Der Durchmesser sollte mindestens 60 - 70 cm betragen, die Tiefe mindestens 30 cm, manchmal deutlich mehr. Und: mit einer Schaufel gräbt man besser als mit einem Spaten,

der sich allerdings zum Geradestechen der Seitenwände des Feuerlochs eignet, und auch ein Spitzpickel ist beim Lockern mitunter sehr harter und steinhaltiger Erde nicht zu verachten! Hat das Große Geheimnis entschieden, dass eine Schwitzhütte im Steinbruch statt finden soll, hilft nur, dreimal kräftig in die Hände zu spucken – und mit dem Schwitzen schon vor der Zeremonie zu beginnen...

Alle Erde, die aus dem Feuerloch gegraben wird, gilt als heilig. Sie wird zu einem Erdhügel aufgehäuft, der den Altar darstellt und sich je nach Tradition rechts vor dem Eingang (von außen gesehen) oder in der Mitte der Verbindungslinie zwischen Feuerplatz und Schwitzhütte befindet. Dieser Altar nimmt verschiedene für die Zeremonie benötigte Gegenstände, Kraftobjekte und die Heilige Pfeife auf, und es ist schön, ihm eine besondere Aufmerksamkeit in der Gestaltung zu widmen. Zur Gestaltung des Altars siehe Abschnitt 5.8 am Ende dieses Kapitels.

Der Verbindungsweg zwischen Feuer und Erde kann ebenfalls markiert werden, z. B. in Form einer Linie aus Steinen vom Feuer zum Altar und von diesem weiter zur Schwitzhütte, oder mit je einer parallelen Linie vom linken und rechten Rand der Türe, den Altar einschließend bis zur Feuerstelle, die die Linie dann kreisförmig umschließt und sich so wieder verbindet. Oder man baut mit der ausgehobenen Erde aus dem Feuerloch zusätzlich zum Altar noch eine erhobene Linie vom Feuerloch durch die Türöffnung hindurch bis zum Altar.

Das Grundgerüst

Vor dem endgültigen Verbinden der Stäbe ist es gut, in ausreichender Menge abgelängte Schnur zur Verfügung zu haben. Das Bindematerial sollte natürlich ausreichend dick und reißfest sein. Wer es traditionell mag, kann in Streifen gerissene oder geschnittene alte Baumwolllaken verwenden, die gut halten und zudem schön aussehen. Manchmal werden allerdings mit gutem Willen ausrangierte Laken gespendet, die sich dann als so zerschlissen erweisen, dass sie die Zugkräfte beim Binden nicht aushalten und reißen. Früher war ich ein Verfechter von Naturschnur, am liebsten Paketschnur aus Hanf oder anderen pflanzlichen Materialien. Allerdings hat die Erfahrung gezeigt, dass sich solche Kordeln oft schon nach wenigen Monaten und Zeremonien auflösen, sodass vor jeder neuen Zeremonie erst wieder nachgebunden werden muss, was mitunter lästig sein kann. Nachdem ich einmal eine Schwitzhütte in Ermangelung von Alternativen mit der bekannten blauen Pressballenschnur aus der Landwirtschaft gebaut hatte, und sie sich als sehr haltbar erwies (darum findet man sie auch überall in Feld und Flur.), sehe ich das nicht mehr so eng. Wichtig ist dann nur, beim Abbau keine Schnurreste herumliegen zu lassen, und die Kunststoffbänder vor dem Verbrennen der Reste säuberlich von den Stangen zu entfernen und zu entsorgen.

Da man ja sehr viele, in etwa gleich lange Schnurstücke braucht, bewährt sich hier Omas alte Wickeltechnik: einer stellt sich hin, die Arme bequem abgewinkelt, die Hände in etwa 40 cm Abstand parallel und senkrecht gestellt vor sich gestreckt. Der Zweite nimmt das Schnurknäuel, und wickelt nun in Windeseile (sieht halt besser aus...) immer um die Hände herum, von der Linken zur Rechten und weiter, immer im Kreis. Ist das Knäuel zu Ende und komplett auf die Hände des Gegenübers gewickelt, braucht es nur noch ein

scharfes Messer und einen beherzten senkrechten Schnitt in der Mitte, um viele gleichlange Schnüre von passender Länge zu erhalten!

Jetzt ist es soweit: die in die Löcher gesteckten Ruten warten darauf, zu einer Schwitzhütte zusammengebunden zu werden. Dafür braucht es im Idealfall mindestens drei, besser vier Paar Hände! Im Normalfall beginnt man mit den Haupthimmelsrichtungen. Jeweils eine Person stellt sich zu einer der in den Himmelsrichtungen paarweise gegenüberliegenden Ruten, die gebogen werden sollen, der oder die anderen stehen in der Mitte bereit zum Zusammenbinden. Die folgende Biegetechnik der langen Ruten ist eine sehr spezielle, und hat sich sehr bewährt, wenn man eine einigermaßen niedrige und gleichmäßig gebogene Kuppel erhalten will.

Am besten stehst Du links von der zu biegenden Rute, mit dem Gesicht nach innen, und stellst den rechten Fuß ziemlich genau auf die Linie des Außenradius der Schwitzhütte quer vor die Rute. Nimm sie jetzt mit beiden Händen, ziehe sie herunter und biege sie langsam zu der gegenüberliegenden, wobei du den Fuß fest stehen lässt. Wenn du sie weit genug unten hast, bildet dein Oberschenkel aufgrund dieser Haltung an einem bestimmten Punkt einen Widerstand, wo du nicht mehr weiter nach unten biegen kannst. Du biegst die Stange sozusagen über deinen Oberschenkel. Nimm den Oberschenkel jetzt nicht weg! Er sorgt dafür, dass die Rute am äußeren Rand der Hütte den idealen Krümmungsradius bekommt, sodass man hinterher während der Zeremonie bequem und aufrecht innen am Rand der Schwitzhütte sitzen kann. Der oder die in der Mitte nimmt jetzt die herunter gebogenen Enden der beiden Stäbe entgegen, und zieht sie mit aller Kraft zusammen. Die Haltenden außen halten immer noch dagegen! Und noch mehr ziehen – bis alle glauben, dass es viel zu viel ist und die Schwitzhütte so viel zu niedrig wird. Die Ruten befinden sich dann bei den innen stehenden Bindern ungefähr auf Hüfthöhe! Merke: hoch kommen sie immer! Durch die hohe Elastizität der frischen Ruten bewegen sich die Bögen bis zum Ende des Baus wieder deutlich nach oben.

Jetzt sind die innen Stehenden dran: an beiden sich überlappenden Enden wird der erste Bogen fest gebunden. Keine Schleifchen bitte – feste Knoten sind angesagt (hab schon alles gesehen...)! Lässt man jetzt den ersten Bogen los, kann man wahrscheinlich sofort sehen, wie er beginnt, sich in der Mitte nach oben aufzurichten. Wenn genug Menschen beim Bau anwesend sind, macht es deswegen Sinn, wenn einer diesen Bogen unten hält, während die anderen jetzt den zweiten, parallel dazu verlaufenden binden. Dieser kann dann ebenfalls von demjenigen in der Mitte gehalten werden. Dann wendet man sich mit derselben Technik den rechtwinklig dazu verlaufenden Ruten zu. Sind auch diese beiden Bögen gebunden, wobei man hier darauf achtet, dass sie mittig so weit nach unten gedrückt werden, dass sie die quer verlaufenden berühren, werden die inzwischen vier Bögen so ausgerichtet, dass keiner schräg steht. Dann kann man alle vier Kreuzungspunkte oben verknoten. Damit steht der erste Teil des Schwitzhüttengerüsts.

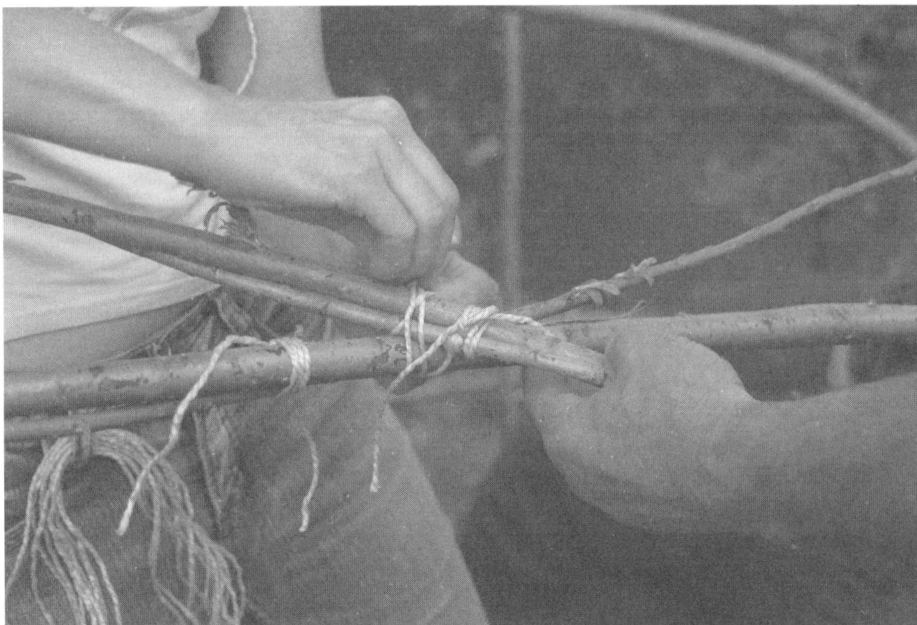

Je nachdem, ob es sich um eine Hütte aus 12 oder 16 Stäben handelt, sind jetzt in den Zwischenrichtungen noch jeweils eine oder je zwei Ruten übrig, die man nach demselben Prinzip verbindet. Bei einer 12er-Hütte schneiden die Bögen der Zwischenrichtungen das oben entstandene Quadrat über dessen Ecken und bilden ein Kreuz, bei einer aus 16 Ruten bestehenden Schwitzhütte kreuzen die Bögen jeweils über die Mitte der Quadratkanten und formen so zuletzt einen achteckigen Stern im Schwitzhüttenhimmel.

Sind alle Bögen gebunden, werden sämtliche Kreuzungsstellen dieser Konstruktion verknotet.

Andere Bauweisen ergeben sich z. B. bei einer Peyotehütte mit 10 Stäben, die sich alle oben in der Mitte treffen und einen 10-strahligen Stern bilden, oder bei einer Hütte aus sehr vielen Stäben, die oben mehr oder weniger in der Art eines Flechtwerks kreuz und quer verbunden werden. Eine andere Variante bei einer 16-er-Hütte ist, nach dem Fertigstellen der Bögen der Haupthimmelsrichtungen links und rechts aus jeweils einem gegenüberliegenden Stab der Zwischenrichtungen noch einen parallelen, aber niedrigeren Bogen zu binden, sodass am Ende jeweils vier parallele Bögen sich kreuzen, und ein interessantes Rechteckmuster über die ganze Hütte bilden.

Die Reifen

Als nächstes folgt das Anbringen der waagerechten Reifen um die Schwitzhütte. Auch hier gibt es Variationen, üblicherweise sind es aber drei oder vier parallele Ringe. Am besten be-

ginnt man mit dem zweiten Ring, da seine Höhe durch die Höhe der Türe bestimmt wird. Er bildet sozusagen die Oberkante der Türöffnung. Diese sollte immer so niedrig sein, dass man sie nur auf allen Vieren kriechend passieren kann. Ich persönlich biege ein kürzeres Stück einer Rute zu einem Bogen und binde ihn links und recht am Türpfosten fest. Die Schwitzhütte steht für den Bauch, die Gebärmutter von Großmutter Erde, und der Ausgang daraus muss meiner Meinung nach unbedingt eine runde Form haben – oder wer möchte durch eine eckige Yoni geboren werden?

Ist der Ring auf Türhöhe rundum geschlossen, folgt nach unten etwa auf halber Höhe ein weiterer, wobei diesmal natürlich die Türöffnung ausgespart wird. Auch bei den waagerechten Reifen sollte wieder jede Kreuzungsstelle mit den senkrechten Bögen gebunden werden. Gerade beim untersten Reifen muss man auch auf ausreichende Materialstärke achten, da sich die Teilnehmer einer Schwitzhütte während der Zeremonie oft an diesen anlehnen. Manchmal werden die Reifen auch in die senkrechten Ruten eingeflochten, sodass sie abwechselnd einmal außen und einmal innen vorbeigeführt werden. Das ist Geschmackssache – ich persönlich habe die Reifen lieber rundum außen angebunden, sodass sie mehr das Gefühl vermitteln, das Innere zusammenzuhalten.

Der dritte Reifen von unten teilt den restlichen, verbleibenden Raum nach oben in zwei gleichmäßige Hälften, wobei man schon von Anfang an darauf achtet, dass alle vier Reifen in etwa gleiche Abstände zueinander aufweisen. Für den vierten Reifen gibt es wieder verschiedene Varianten. Entweder er wird auf Höhe der äußeren Zacken des achteckigen Sterns angebunden und umkreist diesen damit. Oder man bindet ihn relativ klein, sodass er genau in das Innere des Quadrats ganz oben an der Kuppel passt. Damit bildet er das so ge-

nannte Ahnen- oder Geisterloch, durch das nach manchen Traditionen die Spirits die Hütte betreten und wieder verlassen.

Jetzt kann man noch überstehende Aststummel entfernen, herabhängende Schnurenden abschneiden, und vielleicht den Boden im Inneren von stachligen Pflanzen und allzu spitzen Steinen befreien.

Damit ist das Grundgerüst der Schwitzhütte fertig gestellt. Im Idealfall ist eine höchstens brusthohe, gleichmäßig gerundete und ästhetisch wunderschöne Halbkugel entstanden, deren Ausstrahlung man sich kaum entziehen kann! Die Wirklichkeit sieht aber oft anders aus: an manchen Stellen gibt es Ausbeulungen, vielleicht neigt sich die ganze Hütte zu einer Seite hin, oder sie ist doch deutlich höher geworden als geplant (umgekehrt, also zu niedrig, habe ich es noch nie erlebt...). Das aber gehört für mich zum Bauprozess: die Schwitzhütte ist lebendig und entwickelt von Anfang an eine Eigendynamik. Sie baut sich sozusagen selbst, wir helfen ihr nur dabei. Es handelt sich ja um den schwangeren Bauch der Göttin, und auch ein schwangerer Bauch ist nicht perfekt rund, er beult sich je nach den Bewegungen des Kindes im Inneren manchmal deutlich aus und verändert sich mit fortschreitender Schwangerschaft. Oft ist es sehr aufschlussreich, die Himmelsrichtungen zu bestimmen, an denen solche Unregelmäßigkeiten auftreten. Ist man mit der Alchemie der Himmelsrichtungen in einer Tradition vertraut, kann man die Energiebewegungen der geplanten Zeremonie daraus manchmal schon erahnen.

Diese grundsätzliche Beschreibung zum Bau kann natürlich auf verschiedene Art abgewandelt und an die gewünschte Form angepasst werden. Die Anzahl der Stäbe ist variabel und die zu erwartende Teilnehmerzahl ist die größte Variable bei der Größe einer Schwitzhütte. Die kleinste Schwitzhütte, die ich sah, war für vier Personen gebaut. Diese Hütte hatte natürlich gänzlich andere Proportionen, sie wirkte im Verhältnis zum Durchmesser wesentlich höher, eher wie ein Bienenkorb. Die größte Hütte dagegen, die ich jemals erlebt habe, hatte annähernd Tanzsaalmaße! Außen gingen die Ruten senkrecht hoch, bogen sich erst auf Schulterhöhe nach innen und bildeten ein komplett waagerechtes Dach mit fast 5m Durchmesser! In dieser Hütte schwitzten schließlich knapp 50 Personen und in der Mitte erhob sich am Ende ein ca. ein Meter hoher Kegel aus annähernd 80 Steinen aus dem Feuerloch! Und es war wirklich heiß im Inneren... Diese Zeremonie wurde damals von Inti Cesar Malasquez, einem peruanischen Schamanen und Musiker, der manchen vielleicht durch seine CDs bekannt ist, geleitet.

5.5 Die Abdeckung und die Deckenpflege

Ist das Grundgerüst einer Schwitzhütte fertig gestellt, das ja den dauerhaften Bestandteil der Hütte darstellt, der auch länger stehen bleiben kann, erfolgt vor jeder Zeremonie, die darin abgehalten wird, die Abdeckung. Diese soll natürlich zum einen die Wärme und Feuchtigkeit im Inneren bewahren, zum anderen sorgt sie vor allem bei Zeremonien im Tageslicht für ausreichend Dunkelheit. Jeder Zeremonialleiter muss sich vor Beginn einer Zeremonie überlegen, wie dunkel es im Inneren sein soll. Die Schwitzhütte symbolisiert ja auch die große Gebärmutter der Erde, und so wie es auch im Bauch unserer eigenen Mutter nicht völlig dunkel war, sondern das Tageslicht einen warm-rötlichen Schimmer um uns erzeugte, so kann man auch in einer Schwitzhütte diesen Effekt erzeugen. Je nach Absicht der Zeremonie ist es aber trotzdem meist eher angemessen, für völlige Dunkelheit zu sorgen – wie immer ist die Absicht der entscheidende Faktor.

Traditionelle Schwitzhütten der Indianer wurden zu früheren Zeiten mit Fellen bedeckt, die das Innere sowohl warm als auch durch ihre Lederhaut feucht hielten. Diese Funktion übernehmen heute meist Stoffe und Planen. Meistens werden Wolldecken verwendet, die je nach Dicke und Außentemperatur in mehreren Lagen übereinander gelegt werden. Vorzugsweise sollten Decken aus natürlichen Materialien wie Wolle oder Baumwolle benutzt werden. Günstige Bezugsquellen für die doch recht große Anzahl benötigter Decken sind gewerbliche Alt-Textilsammler, Second-Hand-Läden, Army- und Bundeswehrshops, auch ausgediente Bundesbahndecken u. ä. sind brauchbar. Oder jeder der Teilnehmer bringt einige Decken von zu Hause mit, was den Vorteil hat, dass hinterher die Arbeit des Trocknens und Reinigens auf viele Menschen verteilt ist.

Beim eigentlichen Abdecken hat es sich bewährt, nach einem System vorzugehen. Wenn einige der Teilnehmer anfangen, an verschiedenen Orten kreuz und quer Decken aufzulegen, bis alle Löcher geschlossen sind, liegen an manchen Orten drei oder vier Lagen übereinander, an anderen eine, oder es reicht vielleicht nicht mal für überall. Also fängt man links vom Eingang an, und bewegt sich im Uhrzeigersinn, also wie bei allen Kreisbewegungen während der Zeremonie immer mit dem Sonnenlauf, einmal rundherum. Die Decken werden „hochkant" gelegt, das heißt, mit der längeren Seite von unten nach oben ausgerichtet, weil sie dann nicht so leicht nach unten rutschen. Das untere Ende der Decken sollte etwa eine bis zwei Handbreit auf dem Boden aufliegen, damit ein luftdichter Abschluss am

Boden gewährleistet ist und es nicht an die Nieren der innen Sitzenden zieht. Die nächste Decke überlappt dann beim Auflegen so weit, dass eben kein Zwischenraum bleibt. So wird der erste Kreis vollzogen. Als Türe wird eine Decke so gelegt, nötigenfalls zusammengerafft, dass sie nicht breiter als der eigentliche Eingang ist. Schließlich kommen noch oben eine oder zwei Decken auf die Mitte, und die erste Lage ist fertig. Dann sollte mindestens eine zweite Lage Decken nach demselben Prinzip folgen. In Beschreibungen von indianischen Schwitzhüttenzeremonien ist von bis zu vier Lagen Decken die Rede. Allerdings verwendeten sie dann keine zusätzliche Abdeckplane. Sicherlich macht es im Winter Sinn, die Abdeckung dicker zu wählen als im Sommer.

Manchmal ist es nötig, vor allem, wenn die Außenwände sehr steil und das Gerüst relativ hoch ist, einzelne Decken mit Sicherheitsnadeln gegen ein Herabrutschen zu sichern. Alle Decken damit zu verbinden ist dagegen meistens überflüssig.

Eine Alternative zur Gestaltung der Eingangstür ist, diesen Bereich beim Abdecken bis zum Schluss auszusparen. Erst dann wickelt man eine oder zwei Decken mit den Enden ein Stück weit um einen dicken Holzstab, und legt diesen Stab oben quer so auf die Hütte, dass die Decken bis zum Boden reichen und eine Tür bilden, die man nach oben klappen kann.

Häufig und ganz besonders im Winter empfiehlt es sich, über die zumindest zwei Lagen Wolldecken eine Plane zu legen, um die Wärme und Feuchtigkeit besser im Inneren zu halten. Man muss keine Angst haben, dass bei Verwendung von Kunststoffplanen der Sauerstoff im Inneren knapp werden könnte – das habe ich nie auch nur annähernd erlebt. Durch die Bodenritze, die Türöffnung in den Pausen und die vorhandene Luft in der Hütte ist für ausreichend Atemluft gesorgt. Als Abdeckplanen eignen sich handelsübliche Kunststoffabdeckplanen aus dem Baumarkt.

Ist die Schwitzhütte schließlich fertig abgedeckt, werden Decken und Planen ringsum am Boden noch mit Steinen oder auch Holzscheiten beschwert, damit nichts verrutscht, der Wind nichts aufdecken kann, und nicht „aus Versehen" ein Arm, ein Bein oder eine Nase während der Zeremonie nach außen schnuppert.

Im Inneren sollten dann alle herabhängenden Ecken oder durchhängende Kanten der Decken zwischen die Zweige des Gerüstes geklemmt werden, denn es ist recht unangenehm, während der Zeremonie den feuchten Zipfel einer alten Wolldecke im Gesicht oder Nacken hängen zu haben.

Andere Möglichkeiten zur Bedeckung der Schwitzhütte sind z. B. große Lkw-, Zelt- oder Kotenplanen. Auch eine Tipibahn oder das Innenlining davon wurden schon genutzt. Diese Materialien sind zugleich wärmeisolierend und feuchtigkeitsresistent, sodass eine weitere Kunststoffplane überflüssig ist. Eine schöne Idee ist die Abdeckung mit einem Fallschirm, dessen runde Form ihn wie geschaffen für die ebenfalls runde Zweigkuppel erscheinen lässt. Allerdings ist das Material sehr dünn, sodass er wahrscheinlich doch eher als Zusatzabdeckung über Wolldecken sinnvoll ist. Wer Wert auf eine ästhetische Erscheinung der Schwitzhüttenkuppel legt, kann auch selbst aus textilem Material eine runde Plane schneiden, was der Hütte äußerlich eine einheitliche Farbgebung zukommen lässt. Auch Filz bietet sich für solche Versuche natürlich an: dick, warm, feuchtigkeitsunempfindlich und durch und durch natürlich.

Andere Arten von Außenhaut sind eher exotisch und wohl Ausnahmen vorbehalten. Man kann mit Rinde experimentieren – auf einem Foto sah ich einmal eine Schwitzhütte, die dauerhaft mit breiten Bahnen von Birkenrinde bedeckt war –, ich hörte von Versuchen mit Flechtwerk und Lehm in der Art der Ausfachungen von alten Fachwerkhäusern, oder einer Haut aus feinen geflochtenen Zweigen, deren Zwischenräume mit Moos abgedichtet wurden. Auch ein Foto einer mit Binsen gedeckten Hütte habe ich gesehen. In der Literatur wird immer wieder von solchen Schwitzhütten berichtet. Ob solche Konstruktionen unter unseren klimatischen Bedingungen wirklich funktional sind, also genug Wärme und Feuchtigkeit im Inneren halten, muss man selbst herausfinden.

Bei dieser ungewöhnlichen Schwitzhüttenkonstruktion wurde die Abdeckung innen an den Ruten aufgehängt, um dem angewachsenen Weidengerüst das ungehinderte Grünen und Wachsen zu ermöglichen.

Deckenpflege

Die Decken, die für die Zeremonien immer wieder verwendet werden, sollten zu gegebener Zeit gereinigt werden. Vieles an energetischer Verschmutzung, das von den intensiven Reinigungsprozessen her stammt, kann durch den reichlichen Gebrauch von Salbei und anderem reinigenden und negative Energien vertreibendem Räucherwerk (z. B. Weihrauch) während der Zeremonie entfernt werden. Auch das ausgiebige Lüften, möglichst im Freien, wo auch der Wind bläst, kann nach einer Schwitzhütte das seine dazu beitragen. Aber spätestens nach einigen Schwitzhüttenzeremonien sollten die Decken durch einen Waschgang in der Maschine gehen, um den Schweiß und die Ausdünstungen zu entfernen. Wir dürfen nicht vergessen, dass es sich um eine Reinigungszeremonie handelt, und in eine Schwitzhütte zu kommen, die mit alten, schmutzigen und muffigen Decken abgedeckt ist, ist mehr als unangenehm und weist nicht gerade auf ein hohes Bewusstsein des Veranstalters hin. Solche Kreise meide ich, obwohl ich das erst einmal erlebt habe.

Zum Waschen nutze ich öffentliche Waschsalons. Die Waschmaschine zuhause fasst maximal zwei Decken auf einmal, oft nur eine. Wie lange es dann dauert, 20, 30 oder mehr Decken durchzuwaschen, kann man sich leicht denken. In der Wäscherei sind meinen Erkundigungen nach die Kosten unverhältnismäßig hoch. Also gehe ich in den öffentlichen Waschsalon, belege die Hälfte oder auch alle Maschinen für eine Stunde, ertrage die manchmal ärgerlichen oder ungläubigen Gesichter, und erfreue mich anschließend an den wieder sauberen Decken.

Absolut inakzeptabel im Gebrauch sind Decken mit Stockflecken oder muffigem Schimmelgeruch. Durch die Anregung des Kreislaufs und die Intensivierung des Atems im Inneren der Schwitzhütte sind wir allen Stoffen, die sich in der Luft befinden, noch mehr als sonst ausgeliefert. Schimmelsporen in der Luft haben nichts mit Grenzerfahrung, Aushal-

ten oder Zähnezusammenbeißen zu tun, sondern sind schlichtweg ungesund und gefährlich für den Organismus. Deshalb ist es wichtig, die Decken nach jeder Zeremonie (und auch der Wäsche) rechtzeitig an einem luftigen Ort zum Trocknen aufzuhängen. Da es ja meist ziemlich viele sind, eignet sich dafür zum Beispiel ein offener Schuppen oder ein großer Dachboden recht gut. Bei schönem Wetter kann man natürlich auch die Sonne am Tag nach einer Zeremonie nutzen und gleich morgens die Decken vom Gerüst abnehmen und über Büsche, das Schwitzhüttengerüst oder auch, unter gelegentlichem Wenden, auf die Wiese legen. Gefaltet und feucht dauert es sonst nur wenige Tage, bis Stockflecken und Schimmel die Decken unbrauchbar machen, und sogar durch Maschinenwäsche ist dieser muffige Geruch oft nicht mehr zu entfernen.

5.6 Der Boden in der Schwitzhütte

Viele Schwitzhüttengänger schätzen es, während einer Zeremonie in der Schwitzhütte, die ja den Bauch von Großmutter Erde symbolisiert, auf dem nackten Boden zu sitzen, das Gras und die Erde unter sich zu fühlen, und so den direkten Kontakt zur Erde zu haben. Vor allem in der warmen Jahreshälfte ist das auch kein Problem. Wenn es aber kalt wird draußen, und die Erde unter Umständen sogar gefroren ist, kann es schnell kalte Füße geben. Da den starken Mann oder die starke Frau zu spielen, ist für die meisten unangebracht, schließlich handelt es sich um eine Heilungshütte, aus der man nicht mit einer Blasen- oder Nierenentzündung heimkehren sollte, wie ich es mehrfach an Teilnehmern beobachten durfte. Gerade im Winter empfehle ich, eine Unterlage mit in die Hütte zu nehmen. Gut eignet sich dazu eine gewöhnliche dünne Isomatte – auch wenn das Gequietsche und das Gefühl nicht unbedingt „natürlich“ sind ... man kann sie auch gut in drei Stücke zerschneiden, dann hat ein Teil ideale Sitzgröße. Auch ein Handtuch oder eine Decke ist geeignet, wobei diese natürlich relativ schnell nass und möglicherweise durch die Bodennähe kalt werden. Mancher hat ein extra Schaffell zur Hand, das er nur für diese Zwecke nutzt, und dem die Erde und der Schlamm nichts ausmachen. Ein solches bleibt auf jeden Fall auch bei Nässe wärmend.

Manchmal wird der ganze Boden einer Schwitzhütte ausgelegt, was vor allem angenehm ist, wenn kein Grasbewuchs (mehr) in der Schwitzhütte ist. Dann kann man mit Sägespänen, Rindenmulch (kein frischer – riecht unerträglich!) oder Heu und Stroh experimentieren. Es ist kaum möglich, eines dieser Materialien zu verwenden und damit alle Besucher gleichermaßen zufrieden zu stellen. Heu und Stroh können Juckreiz bei Allergikern auslösen, Sägespäne kleben überall am nassen Körper. Sinnvoller ist es da vielleicht, die ganze Hütte schon vorher mit Decken auszulegen, wenn genug übrig sind.

Ich habe zwei Mal Schwitzhütten erlebt, deren Boden komplett mit Holzbrettern in Nut- und Federausführung bedeckt war. Schreinerqualität in der Schwitzhütte – zumindest einmal war ich bei Außentemperaturen von minus 20 °C sehr angetan davon...! Allerdings ähnelt die Hütte dann schon wieder sehr einem festen Haus. Auch Holz ist natürlich Erdmaterial, aber trotzdem fehlte mir irgendwie der Kontakt zur wirklichen Erde unter mir.

Eine Hütte sah ich, die mit feinen, rund geschliffenen Kieseln ausgestreut war. Das war nicht unangenehm. Auf den Versuch, den Boden zu fliesen, warte ich noch...

Übrigens hat mir ein Reisender fassungslos von einer Schwitzhütte in einem indianischen Reservat in den USA erzählt, „original indianisch" natürlich, die zum bequemeren Sitzen im Kreis mit ausgebauten Autositzen bestückt war. Eines ist klar: Religiöse Fundamentalisten waren das keine, und der Zweck heiligt immer die Mittel. Rückenschmerzen hatten diese Teilnehmer vermutlich auch nicht während der Zeremonie...

Weniger der Bequemlichkeit als vielmehr der Unterstützung des Prozesses dient das Ausstreuen mit verschiedenen Kräutern oder Blüten. Zum Beispiel bieten sich in unseren Breiten die Blüten des Holunders an, die bekanntermaßen das Reinigen und Schwitzen fördern, und spirituell mit Hel, der Göttin der Unterwelt in Verbindung stehen. In einer Hochzeitszeremonie wurde der Boden für eine vorbereitende Schwitzhütte mit Rosenblüten ausgestreut, was einen Herz öffnenden, starken Duft verbreitete, als die Wärme anstieg. Auch Lavendel eignet sich dafür, und gewiss viele andere Blüten. Bei traditionell indianischen Schwitzhüttenzeremonien wurde der Boden manchmal mit Weißem Salbei ausgelegt, der als einer der stärksten Heilpflanzen der Indianer gilt. Sicherlich öffnet sich hier ein weites Feld für Versuche und eigene Erfahrungen!

5.7 Die Feuerstelle und das Brennholz

Die Feuerstelle befindet sich am Ende einer geraden Achse von der Schwitzhütte über den Altar hin. Üblicherweise wird diese Achse in Ost-West-Richtung angelegt, soweit die Örtlichkeit das zulässt. Ein guter Abstand ist etwa zwei bis drei große Schritte von der Schwitzhütte bis zum Altar, und noch einmal so viele vom Altar bis zum Rand der Feuerstelle. In der Lakotatradition spricht man von 10 Schritten bis zum Feuer, mir scheint das aber zu viel zu sein, da der Weg zum Heranbringen der Steine dann ziemlich lang wird. Auf jeden Fall muss die Feuerstelle auch unter örtlich bedrängten Verhältnissen, wie sie gar nicht so selten vorkommen, soweit von der Schwitzhütte entfernt sein, dass für die Planen und Decken auch bei eventuell wehendem Wind keine Feuergefahr besteht. Dasselbe gilt natürlich für feststehende Bauten, Gartenhäuser, Holz-Hütten, Tipis und ähnliches! Die Größe des benötigten Feuers für Schwitzhüttenzeremonien ist beträchtlich, und die Flammen und mit ihnen oft ein Funkenregen steigen weit in den Himmel. Auch zu Bäumen und Büschen sollte genügend Abstand gewahrt bleiben, damit sie nicht durch die Hitze leiden müssen. Manchmal kann man dies nicht ganz vermeiden. Dann ist es besser, gefährdete Äste und Zweige schon vor dem Anzünden des Feuers zu entfernen. Sollte eine Pflanze trotzdem in der Feuerhitze leiden müssen, spreche ich mit ihr, bitte sie um Entschuldigung und ihr Giveaway, und opfere ihr etwas Tabak oder Salbei.

Die kreisförmige Anlage der Feuerstelle beträgt in etwa 1,50 bis 2 Meter im Durchmesser, und wird oft unterschätzt. Man muss bedenken, dass meistens mit Brennholz in Meterlänge gearbeitet wird.

Die Feuerstelle kann auf verschiedene Weise angelegt werden. Schön ist es, wenn auf der gesamten Fläche die Wiese als Soden ausgestochen und abgehoben wird. Diese Soden kann man an anderer Stelle als Grasteppich verwenden, sie wachsen in der Regel schnell wieder an. Soll die Schwitzhütte dagegen nur vorübergehend stehen bleiben und der Platz hinterher wieder abgebaut und geklärt werden, legt man die Grassoden beiseite und kann sie anschließend, nach dem Wegräumen der Asche, passgenau wieder in die Feuerstelle einsetzen. Innerhalb weniger Wochen verwachsen die Soden wieder mit dem Untergrund und es bleiben keine Spuren zurück.

Die Feuerstelle ist am Rand mit Steinen zu begrenzen. Das verhindert das Absengen weiterer Wiesenfläche am Rand. Ganz edel wirkt natürlich das Auslegen der gesamten Feuerfläche mit flachen Steinen. Allerdings werden diese während des Feuers sehr heiß, und man muss aufpassen, falls man barfüßig oder mit empfindlichen Schuhen auf die gepflasterte Fläche tritt.

Manchmal werden die verbrauchten Steine nach und nach rings um die Feuerstelle zu einem Wall oder auch einem Halbmond auf der schwitzhüttenabgewandten Seite aufgeschichtet. Was optisch sehr schön wirken mag, ist aber für den Feuerhüter manchmal eher eine Arbeitserschwernis. Der freie Zugang rings um das Feuer wird eingeschränkt, und auch der nötige flache Arbeitswinkel beim Aufnehmen der Steine auf die Forke ist manchmal nicht mehr gegeben. Möchte man die Steine trotzdem so deponieren, sollte man also auf ausreichend Abstand ringsum achten.

Eine weitere, z. B. in Mexiko verwendete Ausschmückung der Feuerstelle ist die Umrahmung mit einem Halbmond aus fest gefügtem Lehm oder Ton. Manchmal wird dieser auch noch farbig bemalt.

Das Brennholz

Für das Erhitzen der Steine einer Schwitzhüttenzeremonie bis zum glühenden Zustand wird eine nicht unerhebliche Menge an Brennholz gebraucht. Zuerst eine kleinere Menge von Anmachholz und Papier oder anderem Zundermaterial zum Entzünden. Sollte solches nicht vorrätig sein, sind die besten Quellen dafür Nadelbäume, besonders Tannen oder Fichten. Im unteren Zweigbereich gibt es so gut wie immer abgestorbene und trockene Äste und Zweige ohne grüne Nadeln, so genannter Reisig. Dieses Material ist sogar bei Regenwetter meist so trocken, dass man es zum Anzünden verwenden kann. Sollte das nicht funktionieren, kann man zusätzlich einige Stücke Rinde von der Birke abziehen, denn das darin enthaltene Birkenharz brennt sogar bei strömendem Regen.

Als Brennmaterial eignen sich viele, aber nicht alle Arten von Holz. Manchmal wird dieses von den Teilnehmern selbst im Wald gesammelt. Dann sollte auf Trockenheit und ausreichende Dicke geachtet werden, mindestens armdicke Äste sind Voraussetzung für ein ausreichend stark und lange brennendes Feuer. Besser sind natürlich Stammabschnitte. Ideal sind aufrecht stehende, aber abgestorbene Bäume, da sie sozusagen luftgetrocknet sind. Allerdings ist freies Sammeln von Holz im Wald nicht ohne Erlaubnis des Besitzers erlaubt. Der zuständige Förster kann da Auskunft geben, und ist häufig auch sehr hilfsbereit, wenn es um überschaubare Mengen im Rahmen eines einmaligen Feuers geht.

Absolut tabu sind alle Arten von Abfallholz. Eine Schwitzhüttenzeremonie ist eine heilige Handlung und dient nicht dazu, endlich einmal all das alte, angesammelte Holz der letzten Monate zu verheizen. Dazu gehört lackiertes, beschichtetes oder sonst wie behandeltes Holz, zerlegte Möbel oder Pressspan- und Leimholzplatten. Auch Eisenbahnschwellen, Paletten oder ähnliches sind absolut ungeeignet. Dasselbe gilt meiner Meinung nach für jede Art von Lagerfeuer, wo man das leider häufig sieht, denn all diese Materialien verursachen beim Verbrennen Schadstoffe, die in die Luft entweichen, und gehören ausschließlich in die Sperr- oder Sondermüllsammlung.

Muss Holz gekauft werden, sollte man Meterholz bestellen, was soviel heißt, dass die Scheite in der Länge von einem Meter abgesägt sind. Das ist eine ideale Größe zum Aufbau eines Schwitzhüttenfeuers. Man braucht pro Feuer einer Schwitzhütte etwa ein Ster bzw. Raummeter Brennholz, je nach Brennmethode auch mehr. Meist ist es günstiger, gleich eine größere Menge zu bestellen. Befindet sich die Schwitzhütte an einem festen Platz, wo öfter Zeremonien stattfinden, kann dieses Holz an einer geeigneten Stelle in der Nähe der Schwitzhütte aufgestapelt und mit einer handelsüblichen Plastikplane gegen Durchfeuchtung von oben abgedeckt werden. Nicht vergessen sollte man, mehrere Scheite oder Steine oben auf diese Abdeckplane zu legen, um sie gegen ein Wegwehen durch den Wind zu sichern.

Im Brennstoffhandel gibt es verschiedene Qualitäten, die natürlich auch für selbst geworbenes Holz gelten. Man unterscheidet zwischen Weich- und Hartholz.

Weichhölzer:

• **Fichte** ist ein sehr schnell brennendes Weich-Holz. In Europa ist Fichtenholz weit verbreitet und daher am günstigsten zu erwerben. Fichtenholz funkt stark beim Verbrennen, brennt sehr schnell hoch, aber auch weg, macht also viel Hitze in kurzer Zeit. Für die

Schwitzhütte ist sie nur eingeschränkt zu empfehlen, da durch die intensive, schnelle Hitze die Steine leichter platzen als mit Hartholz.

• **Tanne** brennt ähnlich schnell wie Fichte, verursacht aber viel weniger Funkenflug. Tanne ist das klassische Brennholz des Voralpen- und Alpenraums, und außerhalb nur wenig erhältlich.

• Zwei weitere Weichhölzer, **Kiefer** und **Lärche** sind bei ähnlichen Brennverhalten von weitaus besserer Qualität, aber nur selten und regional verfügbar.

Harthölzer:

• **Birke** ist das klassische Kaminholz, da es im trockenen Zustand kaum Funkenflug verursacht und ein schönes, gleichmäßiges Flammenbild ergibt. Birkenholz brennt wie Weichhölzer relativ zügig ab, und ist deshalb ebenfalls nur eingeschränkt für Schwitzhütten tauglich.

• **Buche** (und auch die Hainbuche) ist das klassische und weit verbreitete Ofenholz. Daher liegt Buchenholz auch im oberen Preisbereich. Es brennt lange, gleichmäßig und ergibt viel heiße Glut. Ausreichend trocken ist es ideal für Schwitzhüttenzwecke geeignet.

• **Eiche** hat einen noch höheren Heizwert als Buche, und die Brenndauer ist unübertroffen. Allerdings brennt sie recht langsam an, und die Flammen bleiben sehr klein und niedrig. Auch Eiche ist sehr teuer, aber ideal geeignet, am Besten in einer Mischung mit Buche.

• **Esche** hat einen ähnlichen Brennwert wie Buche. Wie bei der Birke gibt es ebenfalls kaum Funken. Auch sie eignet sich für unsere Zwecke gut.

• Weitere Holzarten, die seltener und wenn meist nur in Mischung angeboten werden, sind **Ahorn**, **Linde**, **Kastanie**, **Erle**, **Ulme** und **Schwarzerle**. Sie alle sind als Mischung gut zu verbrennen.

• **Obstbäume** sind sehr unterschiedlich in ihrer Brennqualität. Apfel und Birne brennen gut, Pflaumenbaumholz zufrieden stellend, Kirschbaum dagegen gilt als schlechtes Brennholz.

• Gänzlich ungeeignet als Brennholz sind die Laubhölzer **Pappel** und **Weide**. Ihr Holz ist zu weich, und sogar in trockenem Zustand sehr schlecht brennbar.

• Absolut Tabu sind auch alle Arten von verarbeiteten Hölzern oder Abfallholz. Pressspanplatten, Möbelholz, Holzreste mit Farbresten, verklebtes Sperrholz oder ähnliches haben in einem Schwitzhüttenfeuer wegen der potentiell entstehenden giftigen Dämpfe nichts verloren. Es handelt sich um ein rituelles und sakrales Feuer, und dementsprechend sollte es auch behandelt werden.

Ideal für unsere Zwecke wäre eine Mischung aus wenig Nadelholz, das im unteren Bereich des Feuerstapels verbaut wird, und im oberen Teil überwiegend verschiedene Laubhölzer oder eine Buchen-Eichen-Mischung.

5.8 Der Altar

Alle Schöpfung in diesem Universum besteht in der Dualität. Aus der Einheit ist alles entstanden, aber durch die Schöpfung entstand die Trennung in zwei: den Schöpfer und das Geschöpf, das Machende und das Gemachte, das Aktive und das Passive, das Gebende und das Empfangende, das männliche Prinzip und das weibliche Prinzip. Und bitte jetzt keine Diskussion über Mann und Frau und ihre daraus folgenden Eigenschaften – wir haben als Mensch immer beide Seiten in uns, auch wenn unser Körper nur jeweils eine repräsentiert... und was für eine Freude, wenn sich auch hier die beiden Hälften verbinden, und die Einheit, die Verbindung zum Ganzen wieder herstellen. So beginnt ja auch die Schöpfung immer wieder von vorne, und nach der vollbrachten Neu-Schöpfung erfolgt erneut die Trennung in zwei...

Der Schwitzhüttenaltar wird aus dem ausgehobenen Erdmaterial für das Feuerloch gestaltet. Es sollte wirklich alles Material daraus ausschließlich für ihn verwendet werden. Sein Platz ist in den meisten Traditionen in der Mitte zwischen Feuerstelle und Schwitzhütte, nicht zu nah am Ausgang der Hütte, damit man beim Betreten nicht behindert ist. Bei den Lakota ist sein Platz seitlich rechts neben dem Eingang (von außen gesehen).

Der Altar ist ein Abbild der heiligen Mitte, er steht für die Verbindung zum Göttlichen, zur Einheit. In ihm verbindet sich die urweibliche Kraft, die in der Schwitzhütte repräsentiert wird, mit der urmännlichen Kraft, die sich im Feuer zeigt. Er gilt als heiliger Ort und wird dementsprechend gestaltet und geschmückt.

Ich habe Altäre in verschiedensten Formen gesehen: als Halbkugel, oben abgeflacht, als heiliges Ei, als Halbmond, in Form einer Schildkröte, eines Drachens, eines Adlers oder einer Schlange, mit Steinen oder Kristallen umlegt und geschmückt, mit Blumen besteckt oder bepflanzt, oder auch einem ganzen Kirschbaum. Hier sind der Fantasie keine Grenzen gesteckt, solange die sinnvolle Verbindung zum archetypischen Hintergrund gewahrt bleibt.

Bei den Navajo wird der Altar spirit trail genannt, Geisterweg. Er wird aus Erde in Form eines zur Feuerstelle geöffneten Halbmondes geformt, der die Energie des Feuers aufnehmen und über einen geraden Fortsatz auf der dem Feuer abgewandten Seite in die Schwitzhütte leiten soll.

Bei den Lakota gibt es eine Gestaltungsvariante, bei der vom Feuerloch in der Schwitzhütte weg durch den Ausgang bis zum Altar, der einige Schritte vor dem Hüttenausgang liegt, eine erhöhte Linie aus Erde geformt wird, die so Altar und Feuerloch verbindet.

Es gibt verschiedene Gestaltungselemente für den Altar, die aus der traditionellen indianischen Symbolik stammen, und die man bei der Gestaltung nutzen und in den Altar integrieren kann:

• Oft findet man als Zeichen auf einem Altar einen langen, senkrecht gesteckten Ast, der sich ab einer gewissen Höhe gleichmäßig wie ein „Y“ teilt. Diese Form symbolisiert die Dualität, die aus der Einheit entspringt.

• Eine Variante dazu sind vier dieser gegabelten Stäbe, geschält, oft in den Farben den Himmelsrichtungen bemalt und mit Federn geschmückt, die rings um die Schwitzhütte in etwa einem Meter Abstand in die Erde gesteckt werden, während man dadurch einen Schutzkreis zieht. Der vierte dieser Stäbe steht dann genau auf der Verbindungslinie zwischen Schwitzhütte und Altar.

• Das so genannte Geistertor besteht aus zwei niedrigen Astgabeln links und rechts des Altars, in die bei Beginn der Zeremonie quer ein Stock darüber gelegt wird. Nach dem Ende der Schwitzhütte wird das Tor wieder geöffnet. Das Schließen dieses Tors lädt die Spirits ein, in die Schwitzhütte zu kommen, es symbolisiert also einen Geisterweg.

• Eine ähnliche Konstruktion, manchmal seitlich am Altar, dient der Aufnahme der Heiligen Pfeife während einer Schwitzhüttenzeremonie, falls diese denn verwendet wird. Sie wird meist daran gelehnt, manchmal auch oben in die Astgabeln gelegt.

• Ein typisches und häufig verwendetes Utensil indianischer Altäre ist ein Büffelschädel, der in der Mitte platziert wird und meist nach Osten schaut. Der Büffel als wichtigstes Tier der Plainsindianer, das ihnen alles zum Leben gab, das sie brauchten, steht in deren Spiritualität direkt für den Großen Geist, Wakan Tanka. Die Hörner stellen die Verbindung zum Himmel her. Aber auch anderen gehörnten Tieren wie Hirsch, Widder oder ähnlichen wird diese Verbindung nachgesagt. Sie repräsentieren auch den gehörnten Gott, der wiederum für den Geist der Tiere generell steht, für Wildheit, Beweglichkeit, instinktsicheres Handeln und Leidenschaft.

Manchmal wird die imaginäre Verbindungslinie zwischen der Feuerstelle und der Schwitzhütte auch mit Steinen ausgelegt, um sie sichtbar zu machen. Diese Linie sollte aus Respekt vor dem Wirken der beiden Urkräfte während einer Zeremonie nicht übertreten werden. Um das besser in der Erinnerung der Teilnehmer zu haben, bewährt sich das Sichtbarmachen dieser Verbindung. Eine andere Möglichkeit ist, vom linken und rechten Stab der Schwitzhütte aus eine Linie bis zur Feuerstelle zu legen, in der der Altar eingeschlossen wird, und dann die Linien in einem großen Kreis um das Feuer zu führen, bis sich die beiden wieder treffen.

6. Die Durchführung von Schwitzhütten-zeremonien

„In den traditionellen Zusammenhängen hat eine Person gelernt, indem sie 7 Jahre lang als Feuermann geholfen hat, bevor jemand das Wasseraufgießen in der Hütte übernehmen durfte; diese Zeit haben wir heute nicht mehr – die Menschen auch in der westlichen Welt benötigen diese Art der Reinigungszeremonie dringend, um Heilung für Mutter Erde und ihre Geschöpfe in die Welt zu bringen. Trotzdem sollten wir uns Zeit lassen wie die Schildkröte, die ihren Weg langsam aber voller innerer Kraft geht. Das Lernen des Schwitzhüttenweges sollte in Respekt und Demut geschehen und die Verantwortung, die der Wassergießer und Leiter der Zeremonie für andere Menschen und ihre Gesundheit trägt, sollte dadurch reifen, dass er oder sie erst längere Zeit (1-2 Jahre etwa) alleine in die Schwitzhütte geht, dann langsam nahe Freunde hinzunimmt und gleichzeitig bei möglichst vielen anderen Schwitzhüttenzeremonien teilnimmt, um durch eigene Erfahrung zu lernen.“

Sun Bear

6.1 Die Legitimation oder: warum machst du das eigentlich?

Eine der meist diskutierten Fragen, wenn es um das Abhalten von Schwitzhüttenzeremonien in Europa geht, ist die Frage nach der Berechtigung: wer darf wann und wie, in wessen Namen, auf welche Art Schwitzhüttenzeremonien leiten? Wer gibt einem die Legitimation dazu? Und braucht man überhaupt eine? Und sagen nicht „die Indianer“, dass wir Europäer das sowieso gar nicht dürfen? Aber es haben uns doch Indianer gelehrt?

Das Abhalten von Schwitzhüttenzeremonien hat seinen Ursprung in schamanisch orientierten, indigenen Kulturen, die schamanischen Zeremonien wie auch dem Schamanen selbst einen festen Platz innerhalb ihrer Gesellschaftsordnung geben. Die Aufgaben eines Schamanen innerhalb einer Gemeinschaft sind vielfältig: vom Mythenbewahrer und Geschichtenerzähler, über den Zeremonienleiter, Kräuterkundigen, Heiler und Medizinmann bis hin zum Mittler und Kanal zwischen Mensch und Geistern oder Göttern. In all den vielfältigen und unterschiedlichen Stammeskulturen dieser Welt ist es in alledem aber immer seine größte Aufgabe, das Gleichgewicht innerhalb des großen Ganzen zu bewahren oder es, wenn es verloren ging, wieder herzustellen. Gleichgewicht bedeutet Balance zwischen den verschiedenen Bereichen des Lebens, sowohl innerhalb der Bestandteile eines einzelnen menschlichen (oder auch tierischen) Körpers, der krank wird, wenn er seine innere Balance verliert, als auch in einer Gemeinschaft, die krankt, wenn einzelne oder mehrere Mitglieder nicht mehr mitspielen oder funktionieren. Das Überleben des Ganzen hängt immer auch vom Einzelnen ab – ist ein Teil aus der Balance, ist es auch das Ganze. Es ist wie in einem Hologramm: im Kleinen zeigt sich das Große und im Großen das Kleine. Oder, um es mit einem hermetischen Merksatz aus der mittelalterlichen Heilkunde Europas zu sagen: wie oben, so unten.

Die Aufgaben des Schamanen gehen aber noch weiter: ist die Balance zwischen dem Menschen und seinem natürlichen Lebensraum, also den vier Elementen Feuer, Wasser, Erde und Luft und den verschiedenen pflanzlichen und tierischen Lebensbereichen, sprich: seiner Umwelt, seiner Mutter Erde, in Gefahr, ist er auch hier gerufen, das Gleichgewicht wieder herzustellen. Durch seine Fähigkeit, sowohl das Ganze als auch seine einzelnen Teile permanent im Bewusstsein zu halten, hat er ein seismographisches Gespür für feinste Veränderungen, die sich oftmals zuerst in energetischen Auffälligkeiten zeigen, aber auch in Zeichen und Omen aus der spirituellen Welt, und erst zuletzt in ihren praktischen Auswirkungen.

Es gibt viele Schamanen aus der ganzen Welt, die die Botschaft der gefährdeten Erde schon längst empfangen haben und für ein Umdenken im Umgang mit der Erde nicht nur theoretisch eintreten. Sie empfangen Hilferufe aus der Natur, haben Visionen und deuten die überlieferten Prophezeiungen aus alter Zeit, die in vielen Kulturen seit endlosen Generationen gehütet und weitererzählt werden. Und sie erheben ihre Stimme. Machen sich auf, um ihren Stammesangehörigen davon zu erzählen, aber nicht nur denen: seit den 70er-Jahren gibt es eine Reihe von Schamanen, die ihre angestammten Territorien verlassen, um die Welt zu bereisen, v. a. die westlichen Industrienationen, und sowohl ihre Botschaft als auch ihr über lange Jahrhunderte geheim gehaltenes und nur von Schamanenlehrer zu Schamanenschüler überliefertes Wissen mit allen Interessierten zu teilen. In ihren Augen ist die lange vorhergesagte Zeit des Paradigmenwechsels und der großen Veränderung gekommen und eine neue Zeit bricht an, in der das Wissen mit allen geteilt werden soll, die es interessiert. Die Hopi z. B. sagen, dass ihr eigenes Ende gekommen ist. Sie sind aufgrund ihrer Überlieferungen überzeugt, dass es sich nur noch um wenige Jahre handeln wird, bis sie von der Erdoberfläche verschwinden werden. Damit aber geht auch ihre Aufgabe als Hüter der Erde, als die sie sich verstanden haben, an andere Menschen über, die sich gerufen fühlen. An wen, ist offen... ihrer Meinung nach braucht es aber unbedingt Menschen, die die Zeremonien für die Erde und ihre Kinder abhalten, damit das fragile Gleichgewicht des Planeten auf Dauer erhalten bleibt.

Dass Schamanen ihre Gemeinschaften verließen und ihr Wissen in die Welt trugen, um es mit allen Interessierten zu teilen, war und ist bis heute nicht unumstritten. Wie in jeder Gemeinschaft gibt es auch in den indianischen und anderen schamanisch orientierten Stämmen Traditionalisten und Fortschrittliche, Konservative, Liberale und Utopisten, und gerade in den indianischen Stämmen wird bis heute erregt darüber gestritten, ob indianisches Wissen und Zeremonien mit Weißen geteilt werden sollten. Bis zu einem gewissen Punkt ist das gut verständlich, haben sie doch einen Jahrhunderte langen Kampf gegen Unterdrückung, Missbrauch und Kulturverbot hinter sich. Sitten und Gebräuche waren verboten ebenso wie indianische Sprachen, Kleidung und sogar die spirituellen Zeremonien – wie überall missionierte das Christentum auch in Amerika mit Feuer und Schwert. Dieser Versuch der kulturellen Auslöschung währte in Kanada bis 1951, in den USA sogar bis 1970! Erst seitdem dürfen Schwitzhütten, Visionssuchen, Pfeifenzeremonien und Sonnentänze wieder offiziell veranstaltet werden und tragen zu einem Neubeginn indianischer Wertekultur und Identität bei. Dass jetzt aber Weiße beginnen, Medizinradzeremonien und Schwitzhütten beizuwohnen, zu leiten oder sich auf Visionssuche begeben, erfüllt viele Indianer mit Misstrauen. „Sie haben uns alles genommen, jetzt nehmen sie uns auch noch unseren Glauben!", ist ein viel zitierter Satz aus dem American Indian Movement. Im Jahr 2003 veröffentlichte der derzeitige Träger der Heiligen Pfeife der Lakota, Arvol Looking Horse, ein kompromissloses Dokument, das Weißen jede Form der Teilnahme und Ausübung indianischer Rituale in Lakotatradition verbietet. Das betrifft die Inipi-Zeremonie wie den Sonnentanz und die Visionssuche. Und das, nachdem es im Wesentlichen der politischen Arbeit Archie Fire Lame Deers vom Volk der Lakota zu verdanken ist, dass nach 1970 die Ausübung der heiligen sieben Lakota-Zeremonien in den USA wieder erlaubt wurde – desselben Archies, damals Medizinmann und einer der großen, spirituellen Führer der Nation der Lakota, der in Europa und den USA Hunderte von Weißen in die Schwitzhütte einlud und einige von ihnen ermächtigte, selbst Inipi-Zeremonien zu leiten.

Solche rigorosen Proklamationen sind allerdings selbst innerhalb der Vereinigten Stämme der Lakota, Dakota und Nakota nicht unumstritten. Es gibt nach wie vor viele Stammesführer und Medizinleute, die der Meinung sind, dass alle Menschen rotes Blut haben, und dass das überlieferte Wissen der Ältesten nicht den roten Völkern alleine gehört, sondern allen interessierten Menschen dieser Welt zugänglich sein sollte. Für sie ist es eine Frage des Überlebens auf der Erde, die unser aller Mutter ist. Und die vier heiligen Farben der Lakota – weiß, schwarz, rot und gelb – stehen in ihrer Deutung für die Rassen der Menschheit, die zusammen einen großen Kreis bilden. Nach wie vor gibt es jedenfalls spirituelle Führer innerhalb der Lakotanation, die ihre Zeremonien für wirklich interessierte Weiße offen halten. Angemessenes und respektvolles Verhalten sollte für diese bei solchen Gelegenheiten dann eine Selbstverständlichkeit sein. Zugang zu Zeremonien von Natives zu haben, ist ein Geschenk und eine Ehre. Kritik und Verbesserungsvorschläge an den uralten überlieferten, spirituellen Zeremonien, wie es wohl schon vorkam, sind ganz klar fehl am Platz. Wahrscheinlich zeigt sich hier mal wieder die große Vaterwunde, die der zweite Weltkrieg und seine Folgen bis hin zu den gesellschaftlichen Umwälzungen der 68er-Generation nicht nur in Deutschland hinterlassen hat: vielen Menschen, vor allem Männern, fehlt es in unserer Kultur an Respekt gegenüber den Ältesten.

In meinen Augen ist es auf jeden Fall eine klare Legitimation, einen indianischen oder schamanischen Lehrer aus einer anderen Tradition zu haben, der einen autorisiert, Schwitzhütten zu leiten. Überall auf der Welt gibt es uraltes spirituelles Wissen. Dieses Wissen aber kann niemandem gehören. Es dient dem Menschen, dem Stamm, der Gemeinschaft, dem Volk. Es dient der Balance zwischen den heiligen Welten. Es dient dem Überleben. Es kann nicht genommen werden. Wahrhaftes spirituelles Wissen ist immer mit dem Herzen verbunden. Es kommt aus der Liebe und es dient der Liebe. In der Liebe hört alles „mein" und „dein" auf. Wir wissen, dass Liebe nicht weniger wird, wenn sie geteilt wird. Ein wahrhaftiger und authentischer Lehrer wird immer mit dem Herzen prüfen, mit wem er seine Lehren teilt. Und ein wahrhaftiger Suchender, ein wirklicher Schüler wird seinerseits den Lehrer mit seinem Herzen prüfen. Mag sich bei diesen Prüfungen auch manches Mal die Macht von der Liebe trennen, ist dies doch auch nur eine Stufe auf dem Weg, die jeder Lehrling als Prüfung überschreiten muss.

Das wäre der eine Fall. Ein Suchender trifft einen Lehrer und wird zu einem Findenden. Er lernt, was der Lehrer zu lehren hat, und beginnt dann seinerseits, meist nach genauer Überprüfung und mit Zustimmung des Lehrers, das Wissen weiter zu geben. Dies ist ein uralter menschlicher Weg des Wachsens und Lernens. Wer also das Glück hatte, vor Jahren von Archie Fire Lame Deer oder einem anderen Heiligen Mann der Lakota in der Leitung von Schwitzhüttenzeremonien unterwiesen worden zu sein, wird jetzt kaum Arvol Looking

Horse zustimmen, dass er als Weißer keine weiteren Zeremonien mehr leiten darf. Es geht hier nicht um eine politische Ausrichtung, sondern um einen Weg mit Herz! Und die meisten, die Schwitzhütten im mitteleuropäischen Raum anbieten, haben hierbei durchaus ihren persönlichen spirituellen Weg gefunden, – ihren Glauben, wenn man so will. Ihren Weg zur Heilung der Seele, zur Rückverbindung mit der Erde, zur Liebe, zur Schöpfung, eben ihren Weg mit Herz. Und viele sind von den spirits gerufen worden. Krankheiten, Visionen, Zufälle, Koinzidenzen sind ihnen widerfahren. Die so genannte „Schamanenkrankheit" tritt auch in Europa auf! Darunter versteht man den inneren Zwang, heilerisch oder schamanisch tätig sein zu müssen, weil diese Menschen sonst dauerhaft unglücklich sind. Zu schamanisieren ist ihre Heilung: sich in den Dienst der Gemeinschaft und des Ganzen zu stellen, sich zur Verfügung zu stellen – dem Menschen, der Erde, den Spirits, dem göttlichen Plan.

Ein anderer Punkt ist, dass wir hier in Deutschland gar keine imitierten „original indianischen" Zeremonien abhalten können. Dazu fehlen uns das Wissen, die Denkart, die archetypische Bildersprache, die Prägung und Konditionierung, das Ahnenwissen, die Lebensart, auch die Härte, und vor allem viele Details dieser Zeremonien. Was wir hier abhalten, sind Zeremonien, die auf indianisches Wissen zurückgehen. Aber sie würden nicht tiefe Bereiche unserer Sehnsucht berühren, sie würden auch nicht funktionieren in ihrem Wirkgehalt, wenn sie nicht uralte Erinnerungen in unserer menschlichen Seele, die uns allen gemein sind, ansprechen würden. Auch wir in Europa entstammen einer schamanisch geprägten Kultur – Schamanismus ist schließlich die weltumspannende Ur-Religion des Menschen. Jenseits spezieller kultureller Ausprägungen gibt es eine gemeinsame Sprache darin, die wirkt. Keltische Druiden und germanische Priester waren Schamanen. Schamanismus ist unsere eigene spirituelle Wurzel und sogar das Christentum, das sich so gerne von den primitiven Heiden abgrenzen möchte, ist voll von Versatzstücken alter schamanischer Religionen. So erinnern uns diese „importierten" Zeremonien an unsere eigenen spirituellen und kulturellen Wurzeln. Viele indianische Lehrer haben einen Auftrag im Gefolge des vermittelten Wissens mitgegeben: uns wieder an unsere eigenen kulturell-spirituellen Wurzeln zu besinnen, nach zu graben, zu forschen, uns zu er-innern. Das ist die eine Richtung, zurück zu blicken in das, was war. In der anderen Richtung ist es auch immer evolutionäre Aufgabe, zeitgemäße Formen von Spiritualität weiter zu entwickeln. Wir sind keine Indianer, und wir werden niemals welche werden. Freizeitindianer in Wochenend-Clubs und original 1840er-Wildlederkleidung mit gefärbten Stachelschweinborsten sind in den seltensten Fällen ernsthaft spirituell interessiert (Entschuldigung an die Ausnahme). So haben viele Schwitzhüttenleiter ihre eigene, zeit- und kulturgemäße Form der Zeremonie gefunden oder entwickelt. Keltische, germanische und Wicca-Elemente haben Eingang gefunden, auch östliche Lehren beeinflussen viele spirituell Interessierte, und psychologisch-therapeutisches Wissen ist fast schon Allgemeingut. Warum soll all dieses wertvolle Wissen nicht in die Zeremonien mit einfließen?

Ich bin unendlich dankbar, dass die Zeremonie der Schwitzhütte ihren Weg nach Deutschland gefunden hat. Ich bin dankbar für meinen und alle anderen deutschen wie indianischen Lehrer, die uns diese Möglichkeit der Rückverbindung mit allem, was ist, gegeben haben. Ich bin dankbar, dass ich mich mit diesem Wissen heilen durfte, dass ich neu geboren wurde, transformiert an Körper, Geist und Seele. Ich bin dankbar, dass ich indianisches Wissen vermittelt bekam, mit dem ich mich und mein Leben deutlich besser verstehe. Aber ich leite keine indianischen Zeremonien.

Neben diesem im Grunde klassischen Weg der Lehrer-Schüler-Beziehung gibt es aber noch einen anderen. Es ist der Weg der inneren Berufung. Dieser innere Drang, eine innere Stimme, etwas unbedingt machen zu müssen – manchmal auch ohne äußere Legitimation. Erinnerungen, die wach werden in einem. Dann reicht manchmal eine einmalige Begegnung mit einem Wissen oder einer Technik, um sie zu adaptieren und anzuwenden. Ich spreche hier nicht von Selbstanmaßung oder Selbstüberschätzung im Sinne von „Ich bin ein Schamane!“, sondern von wirklicher Begabung. Trotzdem wird ein solcher Weg immer auch einer des langen und harten Lernens aus Versuch und Irrtum sein. Aber viele, wenn auch nicht alle wirklich großen spirituellen Lehrer sind solche Wege gegangen, die bereits vorhandene Wege weiter entwickeln oder auch völlig neue Bereiche erschließen. Solche Menschen werden keine Gelegenheit zum Lernen und Wachsen auslassen, und gute Lehrer auf dem Wege nicht verachten. Aber sie werden ihren eigenen Weg gehen, unbeachtet der Kommentare anderer. Natürlich müssen sie sich Kritik und Selbstreflektion stellen. Dieser Weg gehört nicht zu den Leichten und Geraden. Man kann bei dieser Art des Lernens von einer „Inneren Loge“ sprechen, im Gegensatz zur „Initiationsloge“ mit einem äußeren Lehrer. Auf jeden Fall wird sich jemand auf einem solchen Weg meist härteren Maßstäben von außen unterwerfen müssen als in einer traditionellen Lehrer-Schüler-Beziehung.

Gibt es nun allgemeine Maßstäbe, die man an die Qualität eines Schwitzhüttenleiters stellen kann? An denen man sich messen könnte, um einen Spiegel für den eigenen Stand zu haben? Ich denke schon. Abgesehen von einem klaren Ja aus dem eigenen Bauch, einer inneren eindeutigen Ausrichtung, gehört nicht zuletzt auch das Ja aus der spirituellen Welt dazu. Die eigenen Verbündeten, Krafttiere und Geisthelfer müssen schon einverstanden sein, wenn man spirituell mit Menschen arbeiten will. Das abzuklären bleibt natürlich jedermanns eigene Aufgabe.

Als Schwitzhüttenleiter öffne ich einen Raum des Gebets und der Heilung für andere Menschen. Dass es niemals der Leiter selbst ist, der heilt, ist klar. Seine Aufgabe ist es, als Kanal für die heilenden Kräfte in der Hütte zur Verfügung zu stehen. Dazu braucht er ein hohes Maß an Durchlässigkeit, um den feinen Energiebewegungen folgen und Ausdruck verleihen zu können. Sein eigenes Wachstum, seine eigene Klärung und Heilung muss deshalb fortgeschritten sein, bevor er sich für diesen Dienst zur Verfügung stellen kann. Mit anderen Worten: das Leiten von Schwitzhütten ist nichts für Anfänger auf dem spirituellen Weg. Man muss bedenken, dass in indigenen Kulturen ein Heiler oder Medizinmann durch jahrelange Ausbildung und viele Prüfungen, denen er sich unterwerfen musste, für seine verantwortungsvolle Aufgabe vorbereitet wurde. Es gilt der Satz, der den Archetyp des Wounded Healer, des verwundeten Heilers beschreibt: zuerst musst du dich selbst heilen, bevor du andere heilen kannst. Auf die Schwitzhütte gemünzt: erst viel schwitzen, dann Schwitzhütte leiten. Dazu gehört auch die Fähigkeit, sich selbst zu lieben, bevor man andere lieben kann. Das Herz muss geöffnet sein für die Menschen und diese Welt.

Dass ein Schwitzhüttenleiter fachlich kompetent sein sollte, brauche ich wohl fast nicht zu erwähnen. Umfassendes Wissen über Spiritualität, Krankheit und Heilungsprozesse, die Geheimnisse der menschlichen Seele, über Tiefpunkte und Abgründe menschlicher Lebensgeschichten gehören dazu. Am Besten hat er viele dieser Lebensbereiche selbst durchwandert. Wer die dunkle Nacht der Seele am eigenen Leib erfahren hat, wer krank war und Heilung erfahren durfte, wer die verschiedenen Welten dieses Universums durchwanderte auf der Suche nach Wissen und Wachstum, nach Energie und Kraft, nach seiner persönlichen

Vision und Aufgabe darin, und dabei die Liebe als allem zugrunde liegende Essenz entdeckte, dürfte so schnell mit keiner unerwarteten Situation mehr überfordert sein.

Dazu kommt das fachspezifische Wissen über den Umgang mit den äußeren Gegebenheiten. Verantwortliches Feuermachen, Steine zu wählen, die nicht explodieren können, die zeitliche Organisation des Ablaufs, das Regulieren der Hitze in der Hütte, all das will gekonnt sein. Auch die Hintergründe der Schwitzhüttenzeremonie und ihr Ursprung sollten hinlänglich bekannt sein.

„Walk your talk!" – Im richtigen Moment die richtigen Worte zu finden, und Wissen und Weisheit situationsbedingt im richtigen Duktus vermitteln zu können, ist das eine, wobei auch immer wieder Lachen und Humor zu den starken Waffen des Heilers und Lehrers gehören. Aber Worten müssen auch Taten folgen. Ein Schwitzhüttenleiter lebt, was er lehrt und spricht, sonst kann er kein überzeugendes Vorbild für andere Menschen sein.

Und eine grundsätzliche Liebe zu den Elementen und zu Großmutter Erde ist natürlich erste Voraussetzung für diese Heilungsarbeit an Erde und Menschen.

Die beste Schule für einen Heiler gleich welcher Couleur aber ist immer das Leben selbst. Weisheit wächst mit der Lebenserfahrung und diese mit dem Alter. Damit will ich nicht sagen, dass ein gewisses Alter Voraussetzung zum Leiten von Schwitzhütten wäre. Aber – es erleichtert die Sache ungemein...

Als ich mit 28 Jahren selbst anfing, Schwitzhüttenzeremonien zu leiten, saß zu meinem Bedauern kaum einmal jemand jenseits der 40 im Kreis. Da ich zu meinen an Zahl jungen Jahren auch noch äußerlich recht jugendlich aussah, hätte ich wesentlich älteren Menschen damals nichts vermitteln können, das sie nicht selbst schon erfahren hätten. Heute, mit 40, sehe ich immer noch recht „frisch" aus (Schwitzhütten halten jung!), aber durfte mittlerweile schon 72-jährige Älteste in meinen Kreisen willkommen heißen und das ist mir immer eine große Ehre. Ich achte das Alter und seine Erfahrungen, und besonders die Weisheit, die – oft etwas versteckt – darin liegt.

Natürlich ist auch ein Schwitzhüttenleiter nur ein Mensch und er wächst mit jeder Erfahrung und jeder Zeremonie weiter.

Jeder wird durch das Gesetz der Anziehung und Resonanz immer die Menschen in den Kreis ziehen, die genau zu seinem momentanen Stand der Kraft und des Wissens passen. Der Kreis und die Geschehnisse darin sind deshalb auch immer ein direkter Spiegel für den Leiter, in dem er seine eigenen Themen erkennen wird – vor allem die ungeliebten und ungelösten... falls er sich denn getraut, in diesen gnadenlosen Spiegel zu schauen.

So ist auch dies eine ernsthafte und nicht ganz leichte Anforderung: sich selbst nicht zu ernst zu nehmen, immer wieder mal über sich lachen können, ohne Angst in den dunklen Spiegel seiner ungeliebten Anteile schauen zu können, und – seine Hausaufgaben zu machen. Lernen, Wachstum und Heilung hören nie auf und jeder Leiter von Zeremonien ist immer Lehrender und Lernender zugleich.

Ich möchte hier nicht zwischen „spirituellen" und „therapeutischen" Schwitzhütten unterscheiden, wie dies manchmal gemacht wird. Ich denke, dass sich diese beiden Bereiche nicht klar trennen lassen und immer beides beteiligt ist. Trotzdem trifft man ab und an Schwitzhüttenleiter mit therapeutischem Hintergrund, die die spirituelle Ebene in der Schwitzhütte aufgrund ihres eigenen Weltbilds ausklammern. Das halte ich für sehr problematisch. Begleitung von Menschen auf ihrem Weg des Wachstums und der Heilung ist das eine, das andere ist die Einsicht und die dazu gehörende Portion Demut, dass der größte Heiler immer die Liebe ist und dass die Wege gerade von seelischer Heilung meist unergründlich sind. Ein Schwitzhüttenleiter stellt sich zur Verfügung. Unmöglich kann er immer aus seinem Verstand heraus wissen, was der einzelne in der Hütte braucht. Aber als Kanal, als Gefäß für den Großen Geist empfängt er manchmal seltsame Impulse, die sich dann als wichtig, richtig und heilsam für einen Einzelnen oder den ganzen Kreis herausstellen.

6.2 Der Feuerhüter

Hat der Leiter einer Schwitzhüttenzeremonie die Aufgabe, in der Schwitzhütte die Teilnehmer durch die Zeremonie zu führen, so ist der Feuerhüter für den Raum außerhalb der Schwitzhütte zuständig. Wie der Name schon sagt ist dabei seine wichtigste Aufgabe, das Feuer zu hüten.

Manchmal wird der Feuerhüter schon vor der Zeremonie bestimmt und es ist von Anfang an klar, wer diesen speziellen Job übernimmt. In manchen Kreisen wird diese Aufgabe auch durch den Leiter zugeteilt. Spannender finde ich die Variante, den Feuerhüter aus dem Kreis der Teilnehmer herauszufinden. Mein Lehrer war der Meinung, dass in jedem Kreis, der für eine Schwitzhüttenzeremonie zusammen kommt, bereits ein Feuerhüter enthalten ist – auch wenn er oder sie es vielleicht noch gar nicht weiß... So stelle ich im Eröffnungskreis vor einer Schwitzhütte immer die Frage, wer sich für dieses Mal als Feuerhüter zur Verfügung stellen möchte – wen das Feuer ruft. Und erstaunlich oft meldet sich ein Teilnehmer mit der Antwort, dass er es bis eben selbst noch nicht wusste, aber klar spüre, dass sein Platz für diesmal am Feuer sei.

Die Aufgabe des Feuerhüters umfasst aber deutlich mehr, als nur das Feuer am Brennen zu halten. Sein Job beginnt mit dem Aufbau des Feuers. Nur er alleine ist dafür verantwortlich. Er kann sich aber alle Hilfe und Unterstützung holen, die er braucht.

Ist der Feuerstoß fertig vorbereitet, beginnt er die Zeremonie, indem er mit Tabakgaben die Kräfte der vier heiligen Himmelsrichtungen einlädt, und dem Holz und den Steinen dankt. Dann entzündet er das Schwitzhütten-Feuer. Zu diesem Zeitpunkt sollte er sich mit allem Nötigen so gut versorgt haben, dass er den Platz am Feuer während der ganzen Zeremonie nicht mehr verlassen muss. Wetterfeste Kleidung, alles benötigte Werkzeug, Getränke usw. sollten dann bereits am Platz sein. Auch feste Arbeitsschuhe und -handschuhe, am Besten aus Leder, können gute Dienste leisten – schließlich muss sich ein Feuerhüter der immensen Hitze eines nicht zu unterschätzenden Feuers stellen. Auch mit Funkenflug und Brandlöchern muss gerechnet werden, weswegen moderne Kunstfaserkleidung (z. B. Fleecejacken oder regendichte Outdoorjacken mit Membranen wie Goretex o. ä.) ungeeignet sind.

Der Hüter des Feuers bildet durch seine Präsenz ein Gegengewicht zum Kreis der Schwitzhütte. Während diese die weibliche Kraft der Dualität, die Erdkraft repräsentiert, steht das Feuer für die männliche, solare Kraft. Und so, wie die weibliche Kraft vom Schwitzhüttenleiter gehalten wird, wird die männliche Kraft vom Feuerhüter gehalten. Ein guter Feuerhüter (ob Mann oder Frau) zeichnet sich vor allem durch seine die ganze Zeremonie andauernde Präsenz aus. Präsent zu sein, Zeuge zu sein, anwesend zu sein ist eine wesentliche Aufgabe des Männlichen in der Welt und kann am Schwitzhüttenfeuer gut geübt werden. Ein präsenter Hüter, der gut mit dem Feuer verbunden ist, ist eine wertvolle Unterstützung und große Erleichterung für den Schwitzhüttenleiter, der sich dann ganz auf die Prozesse in der Schwitzhütte einlassen kann, ohne sich ums Draußen kümmern zu müssen.

Für seine dienende Aufgabe bekommt der Feuerhüter im Allgemeinen von jedem Teilnehmer der Schwitzhüttenzeremonie ein Giveaway, ein kleines Geschenk als Energieausgleich. Das kann ein Geldgeschenk sein, das bei vielen Feuerhütern am besten ankommt, oder auch eine andere Kleinigkeit: Räucherstäbchen, Tabak, ein Buch, ein schöner Stein oder ähnliches. Dieses Giveaway wird im Zeitraum zwischen dem Anzünden des Feuers und dem Betreten der Schwitzhütte überreicht, in manchen Traditionen auch nach dem Ende der Zeremonie.

Wenn die Steine glühen, die Teilnehmer in der Schwitzhütte sind und die eigentliche Zeremonie beginnt, trägt der Feuerhüter die vom Leiter bestimmte Anzahl heißer Steine mit einer Forke oder auch einer geeigneten großen Astgabel in die Schwitzhütte. Dabei versucht er, mit den Steinwesen im Feuer in Kontakt zu sein und zu erspüren, welches von ihnen gerade als nächstes in die Hütte will. Fällt ein glühender Stein von der Gabel, kann das natürlich vordergründig Ungeschicklichkeit sein, oft springen aber die Steine regelrecht von selbst von der Forke, weil ihre Zeit noch nicht gekommen ist. Dann sollte dieser Stein zurück ins Feuer gebracht und ein anderer gewählt werden. Bevor die Forke mit dem glühenden Stein ins dunkle Innere gereicht wird, ist es angebracht, ihn verbal anzukündigen, etwa durch ein lautes „Ho!", ein „Mitakuye Oyasin", mit „Vorsicht, heißer Stein!", oder „Großvater kommt!", damit der Leiter oder dessen Helfer im Inneren (je nach Tradition) Bescheid weiß und nicht den Allerwertesten gebrandmarkt bekommt, weil er noch mit dem Rücken zur Tür gewendet ist und nichts mitbekommt. In der Regel übernimmt derjenige im Inneren dann die Forke und platziert den Stein an der gewünschten Stelle im Feuerloch.

Sind genügend Steine im Inneren der Hütte, nimmt der Feuerhüter die Räucherkräuter entgegen, reicht das Aufgusswasser mit dem Schöpfer nach innen, das idealerweise aus einem fließenden Gewässer geschöpft sein wird, immer aber sauber sein muss, und verschließt schließlich nach Aufforderung die Eingangstür sorgfältig mit den hochgeklappten Decken, wobei er darauf achtet, dass keine Ritzen bleiben, durch die kalte Luft ins Innere (und auf die Nieren des Leiters) gelangen kann.

Während jetzt die Zeremonie im Inneren der Hütte beginnt, kümmert sich der Feuerhüter um das Feuer draußen. Er bringt eventuell an den Rand der Feuerstelle gerollte glühende Steine zurück in die Mitte und legt Holz nach, sodass das Feuer immer am Brennen ist und die Steine heiß glühend bleiben. An der Kraft und Hitze der Steine, die ins Innere kommen, zeigt sich die Qualität des Feuerhüters – auch noch in der vierten Runde!

Die Aufgabe des Feuerhütens während einer Schwitzhüttenzeremonie ist ein Spiegel für die Kraft des eigenen inneren Feuers. Brennt dies stark, zeigt sich dies meistens in hellrot glühenden Steinen bis zum Ende der Zeremonie. Ist das innere Feuer dagegen schwach ausgebildet, gibt es oft schon Probleme, die Steine vor dem Schwitzbeginn zum Glühen zu bringen, und vor allem weiterhin bis zum Ende der vierten Runde glühend zu halten. Hat ein Feuerhüter den Mut, in diesen Spiegel zu schauen, kann die Zeremonie auch für ihn Heilung und Erkenntnis bringen. Vermeidet er es, leidet der ganze Kreis darunter.

Ein Mann im Kreis meldet sich als Feuerhüter. Ich bin skeptisch, ob er diese Aufgabe bestehen wird. Nicht, weil er nur ein Bein hat. Mit seiner Prothese fährt er mit dem Fahrrad durch Deutschland, ist Extremsportler im Behindertensport, und beweist sich und allen auf dem Schwitzhüttencamp, was für ein harter Bursche er ist und was er alles kann. Doch sein Feuer brennt nicht richtig. Seine Energie kommt aus der Härte, sich selbst und seinem Schicksal gegenüber, nicht aus dem Feuer der Begeisterung für das Leben. Er besteht aber darauf und der Aufbau des Feuers und der Beginn der Zeremonie gehen schnell und reibungslos vonstatten. Er hat alle Steine alleine in die Schwitzhütte gebracht – zweifelsohne eine Leistung. Die ersten glühten ein wenig. Ab der zweiten Runde waren sie dunkel. Ab der dritten Runde kalt. Es war die kälteste Schwitzhütte, in der ich jemals saß – an Schwitzen war nicht zu denken. Am nächsten Tag reiste er mit seinem Fahrrad ab. Er wollte sich dem Spiegel des Feuers nicht stellen.

Solange die Teilnehmer in der Hütte und die Tür geschlossen ist, hat der Feuerhüter lange Zeit, zu beten, zu meditieren oder mit dem Feuer zu träumen. Wichtig ist dabei aber die auditive Präsenz des Feuerhüters. Hört er den Ruf des Leiters „Tür auf!", sollte dies zügig geschehen – die Menschen in der Hütte werden es ihm danken!

In den Pausen zwischen den Runden nimmt er das Aufgusswasser nach draußen und reicht auf Anforderung Trinkwasser oder benötigte Gegenstände in die Hütte. Auch die heilige Pfeife, falls sie in der Zeremonie Verwendung findet, wird von ihm ins Innere gereicht. Verlassen einzelne Teilnehmer die Hütte, versorgt er auch diese mit Wasser. Sollte ein Teilnehmer vorzeitig die Hütte verlassen, achtet er darauf, dass dieser mit allem versorgt ist, seine Kleidung findet, und einen Platz am Feuer bekommt, ohne ihn natürlich bei seiner Arbeit zu behindern.

Es gibt noch eine spezielle Aufgabe für den Feuerhüter. Wie schon erwähnt, ist er alleine für den Aufbau und die Bewachung des Feuers zuständig, außer er ruft sich Hilfe aus dem Kreis hinzu. Niemand sonst darf etwas ohne Absprache in das heilige Zeremonialfeuer werfen. Manchmal bringt jemand zu einer Schwitzhüttenzeremonie alte Gegenstände oder Erinnerungen mit, die er dem Feuer übergeben möchte, um die darin enthaltene Energie zu transformieren und so die reinigende Kraft des Feuers zu nutzen. Er kann diese Dinge dann

dem Feuerhüter übergeben, damit er sie ins Feuer wirft. Ein guter Zeitpunkt ist dafür in der dritten Runde, der Runde des Loslassens und Weggebens. Oder er bittet den Feuerhüter darum, es selbst noch vor Beginn der Zeremonie tun zu dürfen.

Wie bereits gesagt hält der Feuerhüter durch seine Präsenz den äußeren Raum der Schwitzhütte und hat dort auch die Aufgabe, die Zeremonie vor Störungen zu schützen. Sollten doch einmal zufällige Besucher, meist angelockt durch das große Feuer, in den Zeremonialbereich kommen, was auf nicht privaten Plätzen vorkommen kann, sollte er die Souveränität besitzen, diese freundlich, aber bestimmt zum Verlassen des Platzes aufzufordern. Die Teilnehmer einer Schwitzhütte öffnen sich weit während der Zeremonie, und Fremde am Feuer, wenn sie die Hütte verlassen, wirken extrem störend und können einen Schock verursachen.

Die Aufgabe des Feuerhüters ist eine Aufgabe des Dienens. Er stellt sich dem Kreis zur Verfügung, und hat dabei eine wichtige Position inne. Dabei ist er natürlich Teil der Zeremonie. Die spezielle Position, alleine draußen am Feuer, während alle anderen Innen im Kreis der Schwitzhütte sitzen, gibt immer wieder Anlass zu der Aussage, dass „ich das nicht machen will, ich bin ja zu einer Zeremonie gekommen". Das Feuer ist über die Verbindungslinie mit der Schwitzhütte verbunden. Feuer und Erde, Feuerstelle und Schwitzhütte bilden den männlichen und weiblichen Pol der Dualität. So ist der Feuerhüter angebunden an das energetische Geschehen der Zeremonie und immer Teil davon. Er erlebt alleine am Feuer seine ganz eigene Zeremonie, die aber immer verbunden ist mit dem Geschehen in der Schwitzhütte. Seine Beobachtungen und Erlebnisse am Feuer tragen bei der Nachbesprechung oft zu einem vertieften Verständnis der Vorgänge in der Zeremonie bei.

Wenn sehr viele Teilnehmer bei einer Zeremonie anwesend sind, können außer der Aufgabe des Feuerhütens auch andere dienende Aufgaben an den Kreis vergeben werden. Im Grunde handelt es sich dann darum, die vielfältigen Handreichungen, die der Feuerhüter zu tun hat, auf mehrere Personen zu verteilen. Einer könnte beispielsweise, das Feuer hüten, einer die Steine bringen, ein anderer als „Türhüter" die Türe öffnen und schließen und die Kräuter reichen, einer ist Wassermann und reicht das Schöpf-Wasser wie das Trinkwasser hinein und heraus. Weitere Teilnehmer könnten den energetischen Raum der Schwitzhütte von außen durch Meditation und Bewusstseinsübungen unterstützen. Eine solch differenzierte Aufgabenverteilung wird aber nur in wirklich großen Gruppen sinnvoll und durchführbar sein.

6.3 Die Qualität der Zeit

Die Zeit, zu der eine Schwitzhüttenzeremonie abgehalten wird, hat immer einen Einfluss auf den gesamten Ablauf. Eine Hütte bei Sonnenaufgang wird eine andere Qualität haben als eine zu Sonnenuntergang. Die Sonnwenden wirken sich anders aus als etwa Tag- und Nachtgleichen. Wer sich jemals mit Astrologie beschäftigt hat, weiß um den Einfluss vielfältiger kosmischer Faktoren auf alles Lebendige. Darauf kann hier nicht näher eingegangen werden, da es den Rahmen sprengen würde. Deshalb werde ich hier nur die wichtigsten Zeitqualitäten, die für Zeremonien eine Rolle spielen können, erwähnen.

- **Sonnenuntergang**

Das wird die übliche Tageszeit sein, zu der eine Schwitzhüttenzeremonie stattfindet. Generell gelten die Morgen- und Abenddämmerung als Zeiten des Übergangs, wo sich Tag und Nacht, Licht und Dunkel, Wachen und Träumen, Bewusstsein und Unterbewusstsein treffen. Sie markieren einen Grenzbereich in der Mitte der Polarität. Wie alle Zwischenzustände gelten sie als förderlich für das Eintauchen in innere Prozesse und spirituelle Welten. Die abendliche Zeit des Sonnenuntergangs vermittelt die Qualität, uns vom Licht in die Dunkelheit zu begeben. Wenn sich die Aufmerksamkeit mit dem schwindenden Tageslicht weg von der visuellen Wahrnehmung und hin auf die instinktive, emotionale und spirituelle Ebene verschiebt, ist es eine gute Zeit, um sich auf das eigene Innere zu konzentrieren. Innenschau, Selbsterkenntnis, Konfrontation mit den eigenen Schattenanteilen und der Dunkelheit, den unbewussten Anteilen in uns, bis hin zu unseren wohl größten Ängsten vor Sterben und Tod sind die großen Themenbereiche, denen wir zur Zeit des Sonnenuntergangs begegnen – zugleich sind das die Grundthemen der Schwitzhüttenzeremonie.

- **Sonnenaufgang**

Die umgekehrte Bewegung zur Zeit des Sonnenaufgangs von der Dunkelheit ins Licht vermittelt uns ein starkes Gefühl von Neuanfang, Neugeburt, Beginn und Aufbruch. Die Schwitzhütte im Dunkeln zu betreten und beim Verlassen in das neue Tageslicht geboren zu werden, kann eine sehr erhebende und belebende Wirkung auf die Teilnehmer haben. Diese Zeit eignet sich gut für Zeremonien, in denen es um Zukunft und Vision geht, und wird oft am Ende längerer spiritueller Zeremonien oder Prozesse eingesetzt, um die freigesetzten Energien zu verankern.

- **Vollmond**

Die Zeit des Vollmonds ist eine hochenergetische und lebendige Zeit. Die Nächte sind hell, das Unterbewusstsein ist zugänglicher, die Energien aber auch kippeliger. Viele Menschen träumen intensiver und schlafen weniger in den drei Nächten um Vollmond herum. Es ist eine gute Zeit, um Schwitzhüttenzeremonien zu veranstalten, da kollektiv eine Menge Energie zur Verfügung steht, die die Teilnehmer zur Transformationsarbeit nutzen können. Viele Jahre lang habe ich jeden Vollmond eine Schwitzhütte angeboten, und so im Laufe der Zeit ein gutes Verständnis über die verschiedenen Sternzeichenqualitäten, die sich zum Vollmond zeigen, gewonnen.

- **Neumond**

Zur Neumondzeit ziehen sich die Energien gänzlich nach innen zurück. Es ist absolut dunkel in der Nacht, nur die Sterne stehen am Himmel. Die Menschen sind oft nachdenklicher und zurückgezogener und haben wenig Lust zu feiern. Es ist eine gute Zeit für ruhige und eher meditativ ausgerichtete Zeremonien und sie ermöglicht tiefe Einblicke in das eigene Unterbewusstsein, besonders die ungeliebten Schattenanteile.

• Sonnwenden

Die Tage der Sommersonnwende (21. Juni) und Wintersonnwende (21. Dezember) stellen Kardinalpunkte im Jahreslauf der Erde um die Sonne dar, und markieren die kürzeste bzw. längste Nacht des Jahres. In der Mythologie ist die Sommersonnwende der Tag der Sonne und die Hochzeit des Lichtheros mit der Großen Göttin. Zur Wintersonnwende dagegen gebiert die Göttin aus ihrer dunklen Tiefe einen neuen Helden – der Erlöser wird in der tiefsten Nacht neu geboren. Diese beiden Tage sind wie ein großes Inne- und Luftanhalten. Wie das Pendel einer Standuhr, das ausschwingt, für einen Moment völlig still in der Luft steht und sich dann langsam wieder in die andere Richtung bewegt, so kreist die Erde um die Sonne und durchwandert auf ihrer Bahn zwei Extreme: einen erdnächsten und einen erdfernsten Punkt. Grundsätzlich eignen sich diese Tage für Zeremonien zur Feier und dem intensiven Erleben der Kräfte von Sonne und Erde als unserer Lebensgrundlage. Ich selbst reise seit vielen Jahren mit zwei Schwitzhütten durch die Wintersonnwende: eine am Tag vorher, die andere nachher. Die spürbare Veränderung in der Grundenergie ist verblüffend: während die erste von Dunkelheit, Schwere, Stillstand und Arbeit durchdrungen ist, wird die zweite von allen Teilnehmern leicht, freudig und erhebend erlebt – das Licht ist neu geboren!

• Tag- und Nachtgleichen

Die Zeiten der Tag- und Nachtgleichen gehören ebenfalls zu den Kardinalspunkten im Jahreslauf. Tage und Nächte sind gleich lang, die polaren Energien zwischen den urmännlichen und urweiblichen Kräften sind jetzt harmonisch ausgeglichen. Im Bild der Standuhr sind das die Punkte, an denen sich das Pendel ganz unten befindet: ausgeglichene Energien, aber zugleich die Zeit der höchsten Bewegung. Im Frühjahr wie im Herbst verändert sich die Natur jeden Tag in rasantem Tempo und doch herrscht eine gewisse Balance ohne Extreme, wie es im Sommer oder Winter der Fall wäre. Die Grundenergie dieser Zeiten ist demzufolge eine gleichmäßige, ruhige, dabei doch schnelle Bewegung.

• Geburtstage

Am eigenen Geburtstag an einer Schwitzhüttenzeremonie teilzunehmen kann eine spannende Erfahrung sein. An diesem Tag besteht die Chance, das persönliche Geburtsmuster zu verändern, mit dem man auf die Welt gekommen ist. Viele Menschen haben durch die Umstände ihrer Geburt einen sehr negativen ersten Eindruck von dieser Welt bekommen. Dieser Eindruck bildet aber die erste Grundlage unserer persönlichen Charakterpanzerung und kann meist nur schwer verändert werden. Am Geburtstag nun, wenn im Horoskop die Sonne über der Geburtssonne steht, sind wir energetisch in Verbindung mit diesem Ur-Muster. In der Schwitzhütte, die ja auch den archetypischen Prozess einer Geburt nachvollzieht, kann man es dann ins Bewusstsein heben und verändern oder auflösen.

Natürlich ergibt sich durch die Kombination dieser verschiedenen Qualitäten eine Vielzahl unterschiedlichster energetischer Voraussetzungen in der Zeitqualität. Es ist fast überflüssig zu erwähnen, dass sowieso keine Zeit der anderen gleicht und jeder Moment seine ganz eigene, spezielle und individuell ausgeprägte Qualität hat. Trotzdem ist es immer wieder spannend, zu beobachten, welche Faktoren welchen Einfluss auf die Zeitqualität haben. Es gibt ja verschiedene Systeme, die versuchen, diese Zeitqualitäten genauer zu erfassen: die allgemein bekannte Astrologie, die sich zunehmend verbreitenden Mondkalender, den Mayakalender mit seiner ausgefeilten Tagesenergiebewertung, das bemerkenswert detaillierte „Human Design System", das taoistische I-Ging und andere mehr. Kann man auch niemals alle Faktoren, die einen Moment prägen werden, im voraus bestimmen, ist es trotzdem sinnvoll, bestimmte Zeitqualitäten bewusst zu nutzen und dadurch eine noch tiefere Verbindung mit den Naturprozessen zu beabsichtigen, in die wir eingebunden sind. Zudem erhöht sich dadurch unser Verständnis von Energiebewegung und -gestaltung, was eine wichtige Grundlage für spirituell arbeitende und an dieser Welt mitgestaltende Menschen ist.

6.4 Vom Fasten und Trinken

Die Schwitzhütte ist eine tiefgehende, spirituelle Zeremonie zur Reinigung und Heilung. Wie für viele andere Zeremonien mit dieser oder ähnlicher Absicht auch empfiehlt es sich nicht, mit vollem Magen in die Schwitzhütte zu gehen. Auch für Saunagänge wird davon ja abgeraten. Der Kreislauf kann durch die zusätzliche Verdauungsarbeit stark belastet werden und es kann zu Übelkeit führen, wenn zum vollen Magen noch die intensive Hitze und das Schwitzen dazu kommen. Normalerweise sagt man, dass drei Stunden nach dem Essen der Magen wieder leer ist. Diese Zeitspanne sollte vor der Schwitzhütte auf jeden Fall eingehalten werden. Will man am Abend schwitzen, wie es meist üblich ist, gibt es oft nach dem Mittagessen keine Mahlzeit mehr. Eine Ausnahme könnte Obst sein, das vom Körper deutlich schneller verdaut wird und trotzdem reichlich Energie zur Verfügung stellt.

Manche Traditionen empfehlen auch, den ganzen Tag nichts zu essen, und ohne Zweifel wäre das eine gute Vorbereitung und auch ein angemessenes Giveaway. Fasten ist in allen spirituellen Kulturen der Welt ein Mittel, den Organismus leichter und durchlässiger für feinstoffliche Energien zu machen. Jeder, der Erfahrungen mit Fasten gemacht hat, wird dies bestätigen können. Natürlich fühlt man sich manchmal schwach und dünn. Aber gerade das hebelt ja die Mechanismen unserer alltäglichen Konditionierung aus und öffnet für neue Bewegungen, Veränderung und Wachstum. Das Bild des allzeit voll gestopften und dicken Couchsitzers vor dem Fernseher, unbeweglich und träge, entstammt ja nicht nur der Fantasie. So können auch längere Fastenzeiten vor einer Schwitzhüttenzeremonie durchaus sinnvoll sein, wenn man ein größeres Anliegen hat und um Heilung für ein bestimmtes Thema bitten möchte. Oder, umgekehrt, können Schwitzhüttenzeremonien zu Beginn und Ende eine Fasten-, Reinigungs- und Entschlackungskur sinnvoll unterstützen und ergänzen.

Es ist der zehnte und letzte Tag meiner jährlichen Frühjahrsfastenzeit, in der ich nur Wasser, Tee und in den letzten vier Tagen etwas Saft zu mir genommen habe, der mir wie Kraftnahrung für meinen Körper erschien. Nach einigen seelischen Turbulenzen in den ersten Tagen fühle ich mich inzwischen offen, klar, empfänglich und erstaunlich fit. Heute werde ich an einer Schwitzhüttenzeremonie teilnehmen. Ich bin etwas aufgeregt und trotzdem gespannt auf die Wirkung. Am Abend ist es soweit. Ich sitze in der Hütte die ganze Zeit ge-

rade, aufrecht, ruhig, in mich hinein lächelnd, obwohl die Hitze sehr stark ist. Sie scheint einfach durch mich hindurch zu fließen, ohne auf irgendeine Art von Widerstand zu treffen. Es wurden keine intensiven Prozesse in mir ausgelöst, keine Tränen, keine Schmerzen, keine irgendwie gearteten fantastischen oder durchschlagenden Erlebnisse. Aber ich würde sagen, dass unter all den hunderten Schwitzhütten, die ich erlebte, diese die ausgeglichenste war. Und irgendwann in dieser Zeremonie kam der Gedanke zu mir: so saß einst der Buddha lächelnd unter seinem Baum.

Ich möchte nicht verschweigen, dass ich von Schwitzhüttenzeremonien bei Indianern auch schon andere Essensempfehlungen hörte: dass man direkt vor dem Beginn der Schwitzhütte ein großes Steak essen sollte, um genug Energie zu haben für die Anstrengung der Zeremonie! Natürlich gibt es auch diesen Aspekt. Ein gutes und reichhaltiges Essen kann mir Kraft geben, gerade wenn es ums Aus- und Durchhalten geht. Vielleicht mag dies für den Kriegeraspekt gelten, wenn ich aufrecht der größten Hitze trotzen will. Berücksichtige ich aber mehr den heilerisch-therapeutischen Aspekt, geht es ja gerade um Empfindsamkeit, Berührbarkeit, Angreifbarkeit. Diesem Ansatz folgend halte ich persönlich Essen vor der Schwitzhütte eher für kontraproduktiv und empfehle es nicht.

Ähnlich wie mit dem Fasten ist es mit dem Trinken. Auch dazu gibt es unterschiedliche Empfehlungen. Einerseits macht es vielleicht Sinn, vor einer Schwitzhüttenzeremonie bewusst mehr zu trinken, um dem Körper das Schwitzen und Ausscheiden zu erleichtern. Andererseits gibt es auch Schwitzhüttenleiter, die empfehlen, sogar den ganzen Tag der Zeremonie nichts zu trinken, mit der gleichen Absicht, wie oben zum Fasten geschrieben wurde: den Körper und die Seele durchlässiger, empfänglicher und berührbarer zu machen. Das setzt natürlich eine stabile, körperlich gesunde Basis der Teilnehmer voraus.

Auch während der Schwitzhüttenzeremonie selbst wird das Trinken unterschiedlich gehandhabt. Üblicherweise gibt es in den Pausen, wenn die Tür der Hütte geöffnet ist, für alle Teilnehmer frisches Trinkwasser. Manche nutzen es auch dazu, um ihren Körper abzukühlen. Ein angenehm erfrischender Effekt in diesem Zusammenhang ist, sich das kühle Nass (in Maßen) auf den Scheitel zu gießen. Ansonsten ist natürlich die Wertschätzung des Elements Wasser in der Hütte wichtig. Das vorhandene Trinkwasser sollte so eingeteilt werden, dass es für den ganzen Kreis reicht und nach dem Trinken und Erfrischen bald weitergereicht werden, damit niemand zu lange auf das ersehnte Nass warten muss. Günstig ist es, wenn ausreichend Trinkgefäße zur Verfügung stehen, sodass der Feuerhüter links und rechts der Türe Wasser in den Kreis geben kann, und bei großen Kreisen kann er sogar auch noch etwas ganz nach hinten durchreichen lassen. Geeignet sind als Trinkgefäße vor allem große Behältnisse wie Flaschen oder Halb-Liter-Krüge. In Bayern wird auch gerne aus der Maß getrunken...

Bei anderen Schwitzhüttenzeremonien gibt es dagegen gar kein Wasser zu trinken. Überraschenderweise ist auch das problemlos möglich. Wenn kein Wasser erwartet wird, scheint sich der Organismus von Beginn an darauf einzustellen.

Es ist dennoch wichtig, egal ob die Zeremonie mit oder ohne Trinkwasser abgehalten wurde, dass alle Teilnehmer am nächsten Tag für ausreichend Flüssigkeitszufuhr sorgen. Auch dazu empfiehlt sich wieder reines, möglicherweise energetisiertes Wasser oder auch Kräutertee. Man darf nicht vergessen, dass während einer intensiven Schwitzhütte durchaus zwei oder mehr Liter Schweiß ausgeschwitzt werden. Gibt es bei manchen Gelegenheiten sogar mehrere Schwitzhüttenzeremonien hintereinander, kann sich das schnell zu beeindruckenden Mengen summieren. Dieser Flüssigkeitsverlust im Körper muss wieder ausgeglichen werden. Kopfweh am Tag nach der Schwitzhütte ist eine Folge von Wassermangel im Körper. Durch den intensiven, den gesamten Körpermetabolismus anregenden Schwitzprozess werden vielerlei Schlacken und Giftstoffe aus den Zellen frei gesetzt und müssen vom System ausgeschieden werden. Dafür braucht es aber genug freie Flüssigkeit im System. Ist diese nun durch das Schwitzen ebenfalls reduziert, kreisen die Abfallstoffe im Blut und führen zu Kopfweh. Ein brummender Schädel ist ein Zeichen von Rückvergiftung. Statt zur Tablette zu greifen, ist reichlich Wassertrinken jetzt eindeutig angebrachter.

Abschließend noch ein Wort zum Thema Drogen. Alkohol, Koffein, Nikotin und Zucker sind in Europa normale und akzeptierte Gesellschaftsdrogen. Wir haben ihren Gebrauch kulturell so etabliert, dass vielen Menschen das Bewusstsein dafür fehlt, dass es sich um anregende oder betäubende, dabei auf jeden Fall süchtig machende Substanzen handelt. Wer das nicht glauben mag, soll einfach im Selbstversuch eine Woche bewusst ohne all diese Kulturdrogen leben und dabei aufmerksame Selbstbeobachtung üben. Im Umfeld einer Schwitzhüttenzeremonie haben solche Substanzen meiner Meinung nach nichts verloren. Wenn irgend möglich, sollte man am Tag der Schwitzhütte, besser drei Tage oder eine Woche zuvor auf jeden Fall auf Alkohol und Zucker, möglichst auch auf Koffein und Raucher vielleicht auch auf Nikotin verzichten. Werden diese Substanzen nur als Genussdrogen verwendet, sollte eine vorübergehende Einschränkung ja kein Problem darstellen. Sind es aber Abhängigkeit und Sucht, die dahinter stehen, gibt es keine bessere Möglichkeit, als sich diesem Thema im Rahmen einer Schwitzhüttenzeremonie zu stellen. Das gleiche gilt für alle nicht legalen, aber trotzdem verbreiteten Drogen, vor allem für Hanf. Immer steht hinter einem solchen Konsum, egal ob legaler oder illegaler Drogen, ein nicht integriertes Gefühl, meist von Schmerz, Trauer, Einsamkeit oder sonstigen verdrängten Grundgefühlen, und je mehr dies verleugnet und der Gebrauch trotzdem beibehalten wird, umso eher. Nun funktioniert es natürlich nicht, mit Zwang gegen diese Suchtstrukturen anzugehen, das weiß jeder, der es jemals versucht hat. Als Alternative bleibt nur, das Thema offen anzusprechen und einen bewussten Konsum anzuregen, mit dem Fokus der Aufmerksamkeit auf genau den Moment, in dem das Verlangen nach Suchtstoffen im Innern auftaucht. Das gilt vor allem für Kaffee und Nikotin. Alkohol- und Hanfkonsum haben im Rahmen der Schwitzhütte in meinen Augen wirklich keinen Platz. Sich zu zu machen in einer Zeremonie, die der Öffnung und Heilung dient, und sich körperlich und seelisch zu vermüllen in einer Reinigungszeremonie konterkariert die eigentliche Absicht der Schwitzhütte.

Trotzdem: ich habe auch schon Junkies in der Schwitzhütte erlebt, die um Heilung und Befreiung von ihrer Sucht gebetet haben, während der durchdringend metallische, durchwegs unangenehme Geruch des Heroins, das durch die Haut ausgedünstet wurde, das Innere der Schwitzhütte erfüllte. Wer mit klarem Blick und offenem Herzen zur Schwitzhütte kommt und um Heilung bittet, sollte niemals abgewiesen werden.

6.5 Nackt in die Schwitzhütte?

Die Schwitzhütte gilt als der Bauch der Erde, als ihre Gebärmutter. In der Zeremonie erinnern wir uns daran, dass wir alle Kinder dieser Erde sind. Wir kriechen in den Bauch der Großen Mutter, um uns an die Verbundenheit mit ihr zu erinnern und anschließend wie Babys neu geboren zu werden. Dafür sollten wir genauso in die Schwitzhütte gehen, wie wir einst auf diese Welt kamen: nackt und bloß, ungeschützt, ohne Scham, mit der Unschuld von kleinen Kindern. Auch jeglicher Schmuck sollte abgelegt werden. In der Dunkelheit der Schwitzhütte brauchen wir all das nicht (abgesehen davon, dass das Metall von Schmuckstücken manchmal sehr heiß werden kann).

Viele Menschen stoßen bei öffentlicher Nacktheit an ihre Schamgrenze. Wir sind es trotz aller Aufklärung und Liberalisierung nicht gewohnt, uns nackt zu zeigen. Dabei fallen hier so viele Masken. Ohne Kleidung, ohne Schmuck stehen wir da als der, der wir wirklich sind, jenseits der Rüstung, der Statussymbole, der Verkleidungen. Alle Hierarchien fallen weg. Der Papst sieht nackt nicht anders aus als ein Bettler, ein Manager nicht anders als ein Rocker, die Kanzlerin nicht anders als eine Hausfrau, eine Kindergärtnerin oder eine Arbeiterin. Alles wird sichtbar. Du bist, was du bist. So sitzen wir gemeinsam im Kreis, um uns zu öffnen und zu heilen. Heilung hat immer mit Sichtbarwerden zu tun. Indem wir uns zeigen mit aller Unsicherheit, Scham, Verletzung, mit allem, was wir sonst versuchen, hinter dem Statussymbol Kleidung zu verstecken, gehen wir den Schritt in die Gegenwart, in das, was hinter den Masken ist. Dann kann Wachstum und Heilung geschehen.

Vielen Menschen, vor allem Frauen, ist es verständlicherweise unangenehm, wenn sie von anderen angestarrt werden. Hier zeigt sich oft das noch immer vorhandene Ungleichgewicht zwischen Männern und Frauen. Es sind ja in aller Regel Männer, die Frauen offen oder heimlich mustern. Meist stecken unterdrückte oder unerfüllte sexuelle Wünsche dahinter, oft auch schlichtweg Einsamkeit, gepaart mit kulturell geprägten und legitimierten, dabei trotzdem übergriffigen patriarchalen Verhaltensweisen. Hier brauchen wir unbedingt eine neue Kultur, ein neues Verständnis in der Begegnung zwischen Mann und Frau. Vieles liegt hier immer noch im Argen, vieles ist noch immer durch die Jahrhunderte währende Ausbeutung und Unterdrückung der Frauen tief verletzt. Gerade bei Heilungszeremonien wie der Schwitzhütte drängt vieles aus dem kollektiven Unterbewusstsein in den Kreis der Teilnehmer. Ein klares Bewusstsein der eigenen Verhaltensweisen und Einstellungen zum anderen Geschlecht, vor allem auch ein Überprüfen der eigenen Wertschätzung von und Achtung gegenüber Frauen ist für Männer ein Schlüssel zur Heilung. Für Frauen dagegen ist es das Bewusstsein ihrer eigenen Kraft und Autonomie und die Fähigkeit, Grenzen zu ziehen. Erst wenn diese alten Wunden bei Männern wie Frauen geheilt sind, kann eine neue Zeit von Liebe, Achtung und Respekt zwischen den Geschlechtern beginnen.

Andererseits ist es aber auch ein Zeichen von Scham, sich in seiner Nacktheit gar nicht mehr gegenseitig anzuschauen. Den Anderen, sein Gegenüber von Kopf bis Fuß zu betrachten, ist ein ganz natürlicher Vorgang innerhalb der Kommunikation zwischen zwei Menschen. Treffen wir uns bekleidet, wissen wir oft innerhalb kürzester Zeit, wie unser Gegenüber aussieht. Erst wenn wir uns gegenseitig auch nackt wieder anschauen und mustern können, ohne dabei versteckt auf bestimmte Körperteile zu starren oder zu schielen, mit wertschätzendem Blick, mit reiner kindlicher Neugier, gepaart mit einer natürlichen Erotik, wie sie zwischen Mann und Frau besteht, ohne dabei aber übergriffig oder aufdringlich zu sein, erst dann wird man wirklich von Heilung und einem neuen, natürlichen Sein zwischen den Geschlechtern sprechen können.

Auch unter indianischen Schwitzhüttenleitern gibt es einige, die für Nacktheit in der Schwitzhütte eintreten. Der überwiegende Teil aber, vor allem aus der Lakota-Tradition, steht hier für ein Verdecken aller äußerlichen Geschlechtsmerkmale. Männer tragen mindestens Shorts, Frauen T-Shirts und Wickelröcke oder spezielle leichte Baumwollschwitzkleider, einfache zusammengenähte Stoffbahnen mit einem Gummizug am Hals. Als Argument wird angebracht, dass Nacktheit in einer Schwitzhütte nichts verloren hätte – man könne nicht beten, wenn Männer und Frauen nackt zusammen in der Schwitzhütte seien, und das gehöre sich einfach nicht. Natürlich sind die meisten Indianer dabei vom Zeitgeist des *american way of life* geprägt – und der gehört zu den prüdesten in der westlichen Welt, was öffentliche Nacktheit und Erotik angeht. Das radikal-neokonservative Christentum gewinnt seit Jahren in den USA wieder an Einfluss. Daneben aber ist sicherlich auch die Jahrhunderte lange, christliche Missionierung nicht spurlos am indianischen Denken und Handeln vorüber gegangen. Prüderie und Scham gehen in dieser Form eindeutig auf christliche Missionare vergangener Jahrhunderte zurück. Aus alten Berichten der Eroberer wissen wir von ihrem Entsetzen, ihrer Verachtung, aber auch ihrem Neid auf den ungezwungenen, paradiesisch anmutenden Umgang mit Nacktheit, auf den sie bei ihren Weltreisen bei indigenen Völkern trafen. Aber die Priester in ihrem Gefolge hatten dafür wenig Verständnis. So kommt es, dass (ehemalige) Naturvölker auf der ganzen Welt und eben auch die Ureinwohner Amerikas heute enger sind in ihren moralischen Vorstellungen als die Nachfahren der sie missionierenden Völker, die sich seit einigen Jahrzehnten radikal von den alten Einengungen befreien – und ich spreche hier besonders von den leib- und lustfeindlichen Moralvorstellungen, wie sie z.B. den neurotischen und Frauen verachtenden Schriften und Thesen eines Kirchenvaters Augustinus oder Luther entsprungen sind.

Vielleicht ist es unsere Aufgabe hier in Europa, auf jeden Fall aber eine Möglichkeit, bei Schwitzhüttenzeremonien wieder zu dieser ursprünglichen und unschuldigen Nacktheit zurückzufinden. Sollten wir aber eingeladen sein, an Schwitzhüttenzeremonien von Ureinwohnern teilzunehmen, ist es völlig unpassend, dort die Diskussion über Nacktheit oder Angezogensein vom Zaun zu brechen. Gegenüber einem Gastgeber verhält man sich höflich und freundlich. Grundsätzlich respektiert man zudem die Regeln des Schwitzhüttenleiters, ob bei den Natives oder hier in Europa. Es ist übrigens zum Beispiel auch in Finnland bis heute nicht üblich, dass Männer und Frauen gemeinsam in die Sauna gehen – der Familienkreis vielleicht ausgeschlossen.

Bis hier auf diesem Gebiet mehr Heilung statt gefunden hat, kann man in einer Schwitzhüttenzeremonie auch den Teilnehmern frei stellen, ob sie bekleidet oder nackt in den Bauch der Großen Mutter kriechen wollen. Das entlastet oft diejenigen, die Schwierigkeiten mit Nacktheit haben, und befreit die, denen es wichtig wäre, sich möglichst natürlich zu geben. Stehen dann ein paar Nackte selbstbewusst im Kreis, ist dies manchmal auch Ansporn für Andere, es ihnen gleich zu tun, und sich von anerzogener oder konditionierter Scham zu befreien.

Bei einer Schwitzhütte von Arcelia, einer Huichol-Medizinfrau, stellt sie die Frage, wie an diesem Platz, an dem sie eingeladen wurde, normalerweise geschwitzt wird. Das ist angezogen der Fall, weil hier die Lakota-Tradition gepflegt wird. So ist dies der erste Konsens – bis ein Teilnehmer aus dem Kreis vorschlägt, ob es nicht jeder nach seinem persönlichen Gusto handhaben könnte. Alle sind einverstanden – und schneller als alle anderen schlüpft Arcelia aus ihrem Schwitzkleid und erzählt erleichtert, dass bei den Huichol immer nackt geschwitzt wird, sie sich aber aus Respekt vor uns Europäern nicht ausziehen wollte...

Für mich gehört der große Themenkreis männliche und weibliche Geschlechtsidentität, Sexualität und Beziehung zwischen Mann und Frau, der in der Frage der Nacktheit immer mit angerissen wird, zu den grundlegendsten Themen überhaupt, die in unserer Zeit angeschaut und geheilt werden müssen. Die Kriege dieser Welt entzünden sich immer noch am Konflikt zwischen Mann und Frau. Solange dort nicht Frieden ist, wird in der Welt kein Frieden sein. Die Ausbeutung der Erde wird erst beendet sein, wenn die Ausbeutung der Frauen zu Ende ist. Wir brauchen eine neue Balance zwischen männlich und weiblich, etwas, was schon lange nicht mehr oder vielleicht noch nie auf dieser Erde bestand. Das Spiel von Tätern und Opfern, die immer wieder neue Täter schaffen, muss überwunden werden. Nur in einer großen gemeinsamen Bewegung von Männern und Frauen kann dieses Neue geschaffen werden. Es geht hier um Liebe. Womöglich kann die Zeremonie der Schwitzhütte einen wichtigen Beitrag leisten, geht es doch in der zugrunde liegenden archetypischen Struktur ebenfalls um eine Hinwendung zur Erde und all ihren Kindern, zu den Geheimnissen der Neuschöpfung aus der Vereinigung der männlichen mit der weiblichen Kraft heraus, und um eine Ehrung des Weiblichen als der gebärenden Urkraft generell. Die Schwitzhütte als der Bauch der Großen Göttin – wo sonst könnte eine Neuorientierung, Neubewertung und neue Wertschätzung des Weiblichen in seiner Notwendigkeit so deutlich werden? Wo sonst könnte so viel Heilung zwischen Mann und Frau stattfinden wie in diesem sichtbar gewordenen Dualitätsaspekt von Feuer und Erde, die ohne einander keine Neuschöpfung kreieren können. Balance zwischen männlicher und weiblicher Kraft ist immer Voraussetzung für eine gelungene Schwitzhüttenzeremonie. Zu viel männliche Feuerkraft verbrennt die Teilnehmer in der Hütte, zu wenig verhindert den Transformationsprozess. In beiden Fällen kann die Erde ihre Aufgabe der Transformation und Neugeburt nicht erfüllen. So zeigt sich als grundlegende Aufgabe des Männlichen im Schöpfungsprozess, weder zu viel noch zu wenig der eigenen Kraft an das Weibliche zu verschenken, damit das Leben weitergehen kann.

6.6 Eine Absicht setzen

Grundsätzlich ist die Schwitzhütte ja, wie mehrfach schon erwähnt, ein Reinigungsritual für Körper, Geist und Seele. Das alleine ist Grund genug, eine Schwitzhüttenzeremonie abzuhalten. Aber es gibt im größeren Kontext noch viele andere Gründe.

Auf dem Weg eines spirituellen (oder friedvollen) Kriegers geht es immer wieder darum, sich eine Absicht zu setzen und ihr zu folgen. Ziel ist, von einem auf die Dinge Re-Agierenden zu einem Agierenden in der Welt zu werden, da dies mehr Freiheit und Schönheit beinhaltet. Nur so kann der persönliche heilige Traum in die Welt gebracht werden. Ein Krieger weiß, was er will, und setzt alle Energien, die ihm zur Verfügung stehen, in Bewegung, um sein Ziel zu verfolgen und zu erreichen. Dazu muss er eine unbeugsame Absicht errichten. Nichts darf ihn von seinem Ziel abbringen. Er ist bereit, zu lernen, was er zur Erreichung seiner Ziele braucht. Und er vergisst niemals, seinen Weg in Freude und Schönheit zu gehen. Auf diesem Weg ist er von seiner Absicht geführt.

Diese Absicht nun ist es, mit der man eine Schwitzhüttenzeremonie einem bestimmten Thema weihen kann. Man spricht in diesem Zusammenhang auch von „ausrichten“. Eine solche Ausrichtung wird die Grundenergie einer Zeremonie immer beeinflussen. Vielleicht werden bestimmte Kräfte oder Spirits in die Hütte eingeladen, die sonst nicht so angesprochen werden, oder bestimmte Aspekte des Lebens oder der Welt werden stärker betont. Die damit zusammenhängenden Erwartungen der Teilnehmer werden das kollektive Feld ebenfalls dementsprechend verändern, denn es ist immer auch der gesamte Kreis, der den Schwitzhüttenablauf energetisch mitbestimmt. Durch eine bewusst gewählte, spezielle Absicht öffnet sich ein weites Feld für Erfahrungen, neue Bewegungen und spirituelle Entwicklungen und Wachstum.

Eine solche Ausrichtung gemäß einer gewählten Absicht ist wohl nicht mehr traditionell zu nennen. Im indianischen Kontext war eine Schwitzhütte eine Schwitzhütte, auch wenn es durchaus verschiedene Anlässe gab im Jahreslauf, von der monatlichen Reinigung, über die Vorbereitung von Kriegszügen, der Jagd oder wiederkehrenden Zeremonien wie dem Sonnentanz. Auch vor und nach einer Visionssuche war eine Schwitzhüttenzeremonie üblich.

Im Grunde gibt es aber für uns unbegrenzt viele Themen, nach denen die Zeremonie ausgerichtet werden kann. Ich führe hier nur die nahe liegenden, oftmals schon praktizierten an. Die Liste lässt sich aber beliebig erweitern.

• Männer- und Frauenschwitzhütten

Schwitzhüttenzeremonien, die nur Männern oder Frauen vorbehalten sind, dienen der Stärkung der eigenen geschlechtlichen Identität. Indianer gehen bis in die Neuzeit meist nach Geschlechtern getrennt in die Schwitzhütte. Das Wegfallen jeglicher, auch unbewusster Form von Kontaktsuche und Anmache beim anderen Geschlecht, von Gut-da-stehen-müssen, von Potenzgehabe und Rivalität führt zu erstaunlicher Entspannung, Offenheit und Solidarität von Mann zu Mann oder Frau zu Frau.

• Kinderschwitzhütten

Schwitzhüttenzeremonien für Kinder können erstaunlich kraftvoll sein! Kinder lieben den dunklen, warmen Raum und wollen ihn oft gar nicht mehr verlassen. Vermutlich ist ihnen der Mutterleib noch nah und vertraut, an den sie sich in der Schwitzhütte wieder bewusst erinnern. Die Gebete von Kindern, die direkt aus ihrem Herzen kommen, sind zutiefst berührend, und sie können erstaunlich viel Hitze und Schwitzen ertragen!

• Vollmond- oder Neumondschwitzhütten

Regelmäßige Schwitzhütten mit dem Mondlauf können uns in Kontakt mit den natürlichen Zeitrhythmen der Erde bringen. Die unterschiedlichen Qualitäten von Vollmond zu Vollmond wahrzunehmen, dabei den fortschreitenden Jahreslauf zu beobachten und sich regelmäßig zu reinigen, bringt uns vor allem mit weiblichen Kräften in Kontakt, die ja auch dem Mondrhythmus folgen. Abgesehen davon ist die Vollmondzeit energetisch hoch geladen. Neumonde dagegen eignen sich gut für stille, meditative Zeremonien mit viel Innenschau und haben ein hohes therapeutisches Potential, da die verborgenen „dunklen" Teile der Seele dann offener liegen.

• Jahreszeitenfeste

Die acht Kardinalsfeste des Jahreskreises verbinden uns mehr mit der solaren, männlichen Qualität der Zeit. Die Tag- und Nachtgleichen und die beiden Sonnwenden, dazu die Zwischenfeste Beltane und Samhain, Lugnasad und Imbolc sind Markierungspunkte und Energie-Tore, an denen die Tür zwischen den Welten offener ist und die Qualität der Zeit intensiver erfahren werden kann. Ursprünglich waren die vier Letzteren lunare Feste. Allerdings werden sie heute meistens zu bestimmten Daten gefeiert, unabhängig vom jeweiligen Mondstand, und halbieren so die Zeitspannen zwischen den großen Sonnenfesten, weswegen ich sie ebenfalls als solare Feste empfinde.

• Übergangszeremonien (Taufe, Pubertät, Hochzeit, Tod)

Übergangszeiten im Leben eines Menschen markieren das Ende eines Lebensabschnittes und den Beginn eines neuen. In alten Kulturen wurden diese meist durch Zeremonien begangen und besaßen so initiatischen Charakter. Das kann uns helfen, diese Übergänge bewusster und kraftvoller zu integrieren und für die Seele deutlicher zu machen. Immer geht es dabei um Loslassen von Vergangenem und Beginnen von etwas Neuem, was genau der grundsätzlichen Energiebewegung einer Schwitzhütte entspricht. Deshalb sind Schwitzhüttenzeremonien als Unterstützung oder sogar als Hauptteil einer Übergangszeremonie ideal geeignet. Solche Zeiten sind zum Beispiel eine Taufe, Schulbeginn, der Übergang vom Jugendlichen zum Erwachsenen, Umzug, Hochzeit, Geburt von Kindern, die Lebensmitte, auch Scheidung oder Abschied, Pensionierung, und schließlich natürlich der Tod.

• Elemente-/Himmelsrichtungshütten

Das Abhalten von Schwitzhüttenzeremonien ist eng mit dem Medizinradwissen der Ureinwohner Amerikas verbunden. Allerdings gibt es auch eine europäische Form des Medizinrads, mit der es lohnt, sich zu beschäftigen. Immer wird dieses Kreiswissen in die Zeremonie der Schwitzhütte mit einfließen und sie bestimmen. Aber auch eine spezielle Ausrichtung nach der Qualität einer einzelnen Richtung auf dem Rad ist möglich und lehrt uns so unsere individuelle Verbindung damit. So kann man die Zeremonie einem der vier Elemente widmen, einer Lebensebene wie den Pflanzen, den Steinen, den Tieren oder Menschen, oder einem damit verbundenen Lebensabschnitt. Medizinräder enthalten dazu viele Informationen und übereinander gelegte und verbundene Ebenen des Wissens. Es ist äußerst spannend, sich damit tiefer zu beschäftigen.

- **Heilungsschwitzhütten**

Natürlich ist die Schwitzhütte an sich eine Zeremonie der Heilung für alle Teilnehmer. Spezielle Heilungsschwitzhütten dienen der Heilung eines einzelnen Menschen, der aus bestimmten Gründen um eine Heilungszeremonie für sich gebeten hat. Dabei werden die ganze Zeremonie und der Fokus des Ablaufs auf diesen Menschen und sein Thema ausgerichtet. Diese spezielle Form der Hütte wird weiter unten in einem eigenen Kapitel ausführlicher beschrieben.

- **Götterschwitzhütten**

Als ein Beispiel für vieles, was möglich ist, möchte ich Götterschwitzhütten erwähnen. Dafür wird die Schwitzhütte einer bestimmten Gottheit, einem Archetyp der spirituellen Welt gewidmet und dieser speziell eingeladen und gerufen. So kann man diese Energie und Qualitäten kennen lernen, sie in sich selbst verankern, und das Göttliche im eigenen Selbst entdecken. Die Palette der möglichen Gottheiten ist endlos und nicht auf einen Kulturkreis beschränkt. Um nur einige bekanntere zu nennen: auf der weiblichen Seite beispielsweise Kali, Shakti, Durga, Aphrodite, Hera, Demeter, Hekate, Hel, Isis, Pele, Rhea, Hathor oder Yemaja, auf der männlichen Shiva, Pan, Odin/Wotan, Cernunnos, Thor, Anubis, Re, Hermes, Loki, Obatala usw.

- **Stille- bzw. Schweigehütten**

Eine weitere Möglichkeit sind Schwitzhüttenzeremonien ganz in Stille. Dies ist natürlich eine sehr meditative Erfahrung, die viele, die das einmal erlebt haben, sehr schätzen, da viel Raum für das Spüren in die eigene Tiefe bleibt. Allerdings sind Schwitzhüttenanfänger durch die sowieso schon vorhandene Vielfalt an intensiven Eindrücken (Hitze, Enge, Nacktheit, Dunkelheit) damit leicht überfordert. Ihnen fällt es oft leichter, wenn es eine gesprochene Leitung durch den Prozess gibt.

- **Geburtsschwitzhütte**

Schon zweimal habe ich von einer wirklichen Kindsgeburt in der Schwitzhütte gehört (siehe Kapitel 4/Erfahrungsberichte). Dazu wird die Hütte weich ausgepolstert, mit wenigen glühenden Steinen auf eine angenehme Temperatur erwärmt und mit Kerzen sanft beleuchtet. Findet man eine Hebamme, die sich dafür bereit erklärt, ist die Vorstellung, ein Kind im Bauch der Großen Erdgöttin willkommen zu heißen, sicherlich eine tiefe und berührende Erfahrung für alle Beteiligten. Im traditionellen Kontext der Natives (wie auch von der Sauna Skandinaviens) findet man immer wieder Berichte darüber.

- **Abschiedshütten/Tod**

Natürlich kann man in einer Schwitzhütte auch das Ende eines Zyklus oder einen Abschied von jemandem oder etwas zelebrieren. Eine besonders berührende Erfahrung kann es sein, für einen Verstorbenen eine Zeremonie abzuhalten. Ich hörte sogar von einer Schwitzhütte, in der die Teilnehmer einen gerade am Vortag verstorbenen Mann durch die verschiedenen Bereiche nach dem Tod, die so genannten Bardos, wie sie im Tibetischen Totenbuch beschrieben sind, begleiteten, damit er sicher die höheren Seelenbereiche erreicht. Eine andere Variante wäre, wie ich es einmal aus dem traditionellen indianischen Kontext hörte, dass Alte, die spüren, dass ihre Zeit gekommen ist, wirklich zum Sterben in die Schwitzhütte gehen, um dort ihren Körper zu verlassen. Für eine solche Art der Sterbebegleitung braucht es natürlich viel Vertrauen und das Einverständnis aller Beteiligten. Wahrscheinlich ist das in unserer Kultur nur sehr schwer umzusetzen. Von selbst bestimmtem Sterben sind wir noch weit entfernt.

- **sonstige Themenhütten**

Jedes beliebige Thema kann der Schwitzhütte ihre Ausrichtung geben und wird die Energie bestimmen. Immer geht es darum, mit dem Spirit, dem Geist, der Qualität von etwas in Kontakt zu kommen und ihn besser kennen zu lernen. Das können einzelne Pflanzen sein, Edelsteine, heilende Essenzen, Bachblüten, es gab schon Experimente mit homöopathischen Medikamenten, Farbqualitäten, Sternenenergien, bestimmte Tierspirits, für Frieden, Freude, zur Stärkung einer Gemeinschaft, usw.

6.7 Zeichen und Omen

Eine Schwitzhüttenzeremonie dient immer, besonders aber durch den rituellen Kontext, der Verbindung mit allem, was ist. Gerade durch eine traditionelle oder auch freie Anrufung der Kräfte (siehe Abschnitt 15) verbinden wir uns ja mit den verschiedensten Bereichen des Lebens, ja des Daseins überhaupt. Alles ist mit allem verwandt, sagen wir – mitakuye oyasin. In der Zeremonie werden wir uns dessen bewusst und können diese Verbundenheit und Einheit im eigenen Erleben erfahren. Zeichen und Omen sind Antworten verschiedener Kräfte, die in dieser Verbundenheit zu uns sprechen und uns auf ihre Art Botschaften zukommen lassen. Ihre Sprache entspricht dem archetypischen Erleben und die Botschaften erreichen die Seele selbst. Sie sind auf eine bestimmte Art typisch für schamanisches Arbeiten und der Grundidee des Schamanismus innewohnend.

Oftmals kommen solche Zeichen schon vor Beginn der Zeremonie zu einzelnen Teilnehmern, dem Leiter oder auch dem ganzen Kreis, und oftmals es ist wertvoll für alle, diese Erlebnisse mit dem Kreis zu teilen. Begegnungen mit Tieren, das Auftauchen seltsamer Phänomene, ungewöhnliche Wettererscheinungen, all das kann auf die Anwesenheit von geistigen Verbündeten oder von Spirits hinweisen.

Auf dem Weg zu einer Ostschwitzhütte zum Sonnenaufgang, wo es um die Verbindung zu Spirit geht, der auch vom Adler symbolisiert wird, halte ich auf der Autobahn an, weil ich einen toten Bussard am Rande liegen sehe. Nun ist das ja nichts Ungewöhnliches, aber etwas ruft mich innerlich. Ich gehe hin, nehme ihn auf – da spreizt er seine Flügel, schlägt heftig mit ihnen, kratzt mich mit seinen Krallen am Arm und hebt den Kopf. Er ist nur verletzt. Bewegt schaue ich ihm in die Augen und er in meine. Ganz ruhig ist unsere Verbindung, und ganz tief. Plötzlich öffnet er seinen Schnabel, schickt einen lang gezogenen, hohen, lauten Ruf zum Himmel, der Kopf sinkt zur Seite. Er ist tot. Ich antworte, öffne auch meinen Mund zu einem lauten Schrei. Während der Schwitzhüttenzeremonie hat der tote Körper im beginnenden Morgen seinen Platz auf dem Schwitzhüttenaltar.

Andere Zeichen und Omen können zum Beispiel solche Erlebnisse sein, wie ich sie im Lauf der Jahre immer wieder erleben durfte:

• Auf dem Weg zu einer Süd-Schwitzhütte, die dem Element Wasser geweiht ist, finde ich eine tote, aber unversehrte Ente am Straßenrand, die mir einen Flügel schenkt.

• Während einer Westzeremonie für die Erde kriecht in einer Pause bei geöffneter Tür eine kleine Schlange zwischen den Teilnehmern hindurch in die Hütte und verschwindet im Feuerloch, wo wir sie am nächsten Morgen getrocknet wieder finden.

• Während das Schwitzhüttenfeuer noch brennt, erscheint direkt über uns am heiteren Himmel ein großer, aber umgekehrter Regenbogen mit Enden, die in den Weiten des Himmels verlaufen.

• Während einer Nordhütte, in der die Donnergeister gerufen wurden, entlädt sich ein Gewitter mit dem Beginn der Zeremonie, aber ohne einen Regentropfen. Es kreist während drei Stunden um das Tal, in dem die Schwitzhütte steht, sodass es aus jeder Richtung mehrmals donnert. Der letzte Donnerschlag erklingt mit dem Ende der vierten Runde, dann ist es still.

• Oftmals erscheinen Bussarde zu Beginn einer Zeremonie über dem Schwitzhüttenplatz, die für mich den Adlergeist repräsentieren – ich nenne sie für mich „deutsche Adler".

• In einer Zeremonie, in der ich tief in den Schmerz meiner persönlichen Geschichte gefallen war, erschien mitten in einer sehr heißen Runde direkt vor meinen Augen ein kleines, helles Licht, das sich nach langem Staunen als ein Glühwürmchen entpuppte.

• Als das Feuer heruntergebrannt ist und die Steine glühen, setzt sich eine weiße Schleiereule auf den Baum neben der Schwitzhütte und beginnt zu rufen.

• Als wir im Winter zu einer schon lange stehenden Schwitzhütte kommen, führt die Spur eines Rehs im frisch gefallenen Schnee durch die Türe im Osten hinein – und im Westen ganz gerade wieder heraus, obwohl sich keiner vorstellen kann, wie es durch das enge Gestänge der Hütte geschlüpft sein kann, ohne viele Trampelspuren zu hinterlassen!

• Am Ende einer tiefen Zeremonie, als alle still sitzen und meditieren, knackt in der Stille ein glühender Stein im Feuerloch, bricht auseinander und gibt eine kleine Druse mit Kristallen frei.

Ich möchte diese Erlebnisse an dieser Stelle nicht interpretieren, denn darum geht es nicht. Die Botschaften sind individuell für einzelne Personen oder auch den ganzen Kreis, oftmals für diese spezielle Schwitzhüttenzeremonie, und nicht wiederholbar. Es sind Geschenke aus den verbundenen Welten. Wer offenen Herzens für diese Welten und ihre Wunder ist, wird die Verbindung herstellen können und gesegnet werden. Wer eine solche Botschaft erhält, versteht ihre Bedeutung und ihre Kraft, wenn auch oftmals nur auf einer nonverbalen und intuitiven Ebene. Aber das ist ausreichend – es geht um Energien, um erlebbaren Kraftzuwachs, und um Heilung und Berührung auf der Seelenebene.

Erdmutteraltar

Am Schwitzhüttenplatz von Walter Probst/CH stehen vier Schwitzhütten um ein gemeinsames Feuer. Dadurch kann in jeder Schwitzhütte die Qualität der jeweiligen Himmelsrichtung besonders bewusst und stark erlebt werden.

Schwitzhütte zur Wintersonnwende

Schwitzhütte zu Beginn der Männervisionssuche 2009 – Öjarn/Schweden.
Der Aufbau erfolgt um 23:00 nachts, nach einer eineinhalbtägigen Anreise.
Man nimmt die Dinge so, wie sie sich zeigen: den großen schrägen Fels im Steineloch genauso wie die Beule im Gerüst – all dies sind erste wertvolle Spiegel *für die Männer, die sich nach der Zeremonie mit dem Kanu auf ihre 14tägige Quest begeben.*

Schwitzhütte zu Beginn der Jugendvisionssuche 2006.
Die Jugendlichen – zwischen 15 und 17 Jahre alt – erleben Aufbau und Zeremoniell durch eigenes Tun. Für die meisten ist es das erste rituelle Erlebnis überhaupt, die erste ekstatische natürliche Körpererfahrung.

6.8 Vorbemerkungen zum Ablauf der Schwitzhüttenzeremonie

Wenn ich in den folgenden Kapiteln exemplarisch den Ablauf einer Schwitzhüttenzeremonie beschreibe, möchte ich betonen, dass es sich hier um allgemeine Anregungen handelt, und die Vielfalt der Möglichkeiten aus verschiedenen Traditionen beschreiben soll. Ich erhebe keinen Anspruch auf die „richtige" Art, Schwitzhütten durchzuführen. Natürlich habe ich meine individuelle Art, die ich in großen Teilen von meinem eigenen schamanischen Lehrer so gelernt habe. Er tat dies wiederum von seinem usw. Betrachte ich aber die Eigenheiten in dieser Abfolge von Generationen von Lehrern und Schülern, die wiederum zu Lehrern geworden sind, dann sehe ich, dass jede dieser starken und charismatischen Persönlichkeiten ein Regenbogenkrieger war, der bei verschiedenen Lehrern und aus verschiedenen Traditionen gelernt hat, und all dieses bunte Wissen ist in ihre jeweilige persönliche Art, Schwitzhütten zu leiten, mit eingeflossen. So ist es auch bei mir. Ich habe viele verschiedene Schwitzhüttenleiter erlebt, und manches hat mir gefallen und habe ich übernommen. Andere Dinge, die ich erlernt hatte, ließ ich weg, weil es mir nicht stimmig erschien. Manches haben mir meine geistigen Führer beigebracht und empfohlen, und das waren meist die erstaunlichsten Dinge. Insgesamt aber habe ich immer nach diesen Regeln gehandelt:

- **Lerne das Handwerk gründlich, erst dann fange an zu spielen.**

7 Jahre lang lernte ich intensiv bei meinem schamanischen Lehrer – für uns Westler eine lange, für traditionelle Medizinleute eher normale oder kurze Zeit. Diese Jahre brauchte ich, um tief mit den schamanischen Lehren vertraut zu werden, während ich gleichzeitig meinen eigenen Heilungsweg beschritt. In dieser Zeit veränderte ich noch nichts an der Art, wie ich das Leiten von Zeremonien erlernt hatte. Erst nach Abschluss meiner Lehrzeit, sozusagen als „Geselle", begann ich, das angeeignete Wissen hier und da probeweise zu verändern –und vieles davon auch wieder rückgängig zu machen, da es sich nicht bewährte. Deshalb:

- **Beachte immer das gesamte Energiedesign.**

Es geht nicht unbedingt darum, das Erlernte verändern zu müssen, um das Eigene zu finden. Trotzdem können sich manchmal Veränderungen anbieten oder geradezu aufdrängen. Werden aber Veränderungen an einer Zeremonie vorgenommen, sollte immer aufmerksam das gesamte Energiedesign von Anfang bis zum Ende beobachtet werden, um die Auswirkungen davon klar und deutlich zu erkennen. Und keine Hemmungen haben, auch Fehler zuzugeben und Änderungen, die sich nicht bewähren, wieder rückgängig zu machen. Manchmal kann es Angriffe von Hütern der Tradition geben, wenn sich in ihren Augen zu viel verändert. Dann aber gilt:

- **Wer heilt, hat Recht.**

Genau hinzusehen und sich keinen Illusionen hinzugeben, ist Voraussetzung, um diesen Punkt überprüfen zu können. Das Ego verursacht schnell eine Trübung im selbstreflektierenden Blick. Egal, ob du traditionell oder völlig frei, legitimiert oder selbstinitiiert deine Arbeit machst: sieh nüchtern in den Spiegel deiner Welt. Beobachte, ob deine Arbeit den

Menschen nutzt. Ob sie dadurch wachsen und heilen, oder nur immer verwirrter und planloser werden. Alleine, dass sie wieder zu dir kommen, ist noch kein Erfolg. Viele unglückliche Menschen klammern sich an jeden Strohhalm, und wenn du selbst nicht nüchtern siehst, was ist, können sie es wahrscheinlich auch nicht. Kannst du aber erkennen, dass sie einen Weg der Heilung und des Wachstums mit dir zusammen beschreiten und dass du sie darauf wirklich begleiten kannst, dann mach weiter, so wie du arbeitest.

- **Sei dein eigener Herr und übernehme für alles die Verantwortung.**

Jeder Schamane, jeder Medizinmann und Heiler kommt irgendwann an den Punkt, wo die Zeit der Lehre endgültig zu Ende ist und er für sich selbst in der Welt stehen muss. Spätestens dann, wenn die Zeit der Überprüfung aufhört und keiner mehr da ist, der ihn weiter führt und anleitet, muss er für sich selbst vollkommene Verantwortung übernehmen. Dann gibt es nur noch seine spirituellen Verbündeten und den Großen Geist selbst, der ihn leitet. Jeder Mensch aber, der sich vertrauensvoll an ihn wendet, wird von da an sein Spiegel sein, in den es nüchtern zu blicken gilt.

- **Achte die Tradition – aber lasse dich nicht von ihr binden.**

In spiritueller Arbeit an eine Tradition angebunden zu sein ist eine starke und hilfreiche Kraft, die in vielen Situationen unterstützend wirken kann. Ein spiritueller Energie- und Wissensstrom fließt von den Ahnen und Vorfahren, die vielleicht seit Jahrhunderten in dieser Tradition standen und damit erfolgreich gearbeitet haben. Auf der anderen Seite kann sie aber auch eine Fessel sein, die neue Bewegungen und Wachstum außerhalb dieser vorgegeben Grenzen verhindert. Manchmal besteht auch eine Pflicht, ausschließlich dieser Tradition treu zu sein. Wissen, Weisheit und Kraft unserer spirituellen Ahnen sollten immer geachtet werden. Sie transportieren das uralte Wissen vom Leben und Heilen der Menschheit weiter und haben es uns übermittelt. Oft wird aber dabei vergessen, dass durch die Zeit hindurch immer Veränderung statt findet – manchmal ganz langsam, manchmal schnell. Meist sind die strengsten Hüter der Tradition die noch Lebenden. Steht man in Kontakt mit den verstorbenen Hütern einer alten Tradition, sind diese meist wesentlich lockerer, was die Treue gegenüber einer traditionellen Linie angeht. Wir dürfen nie vergessen, dass es um den Spirit geht, nicht um die Methode, die nur das Gefäß dafür darstellt. Und Spirit hat so viele Gesichter und Ausdrucksmöglichkeiten wie Menschen auf der Erde – und noch mehr... Darum achte die Tradition, die dich zu dem gemacht hat, was du bist – aber lasse dich nicht von ihren Fesseln binden.

Jeder Medizinmann, Heiler oder Schamane, der seinen Weg annimmt und ihn erfolgreich geht, wird seine ganz individuellen Heil- und Zeremonialtechniken erlernen. Keiner singt gleich, keiner spricht gleich, keiner hat dieselben Geistverbündeten. Jeder hat sein ganz persönlich ausgeprägtes Heilerprofil. So ist es natürlich auch mit Schwitzhüttenleitern. Keiner wird die Zeremonie auf genau dieselbe Art abhalten wie ein anderer. Jeder wird anders geführt und anders ausgebildet, bei traditionellen Schamanen nicht anders als bei Neoschamanen und westlichen Heilern. Das macht es ja auch so spannend, sich mit solchen Menschen zu treffen und ihre individuelle Kraft und Weisheit kennen zu lernen.

Wir müssen uns dabei auch immer wieder erinnern, dass es nicht das Ritual selbst ist, das uns berührt und heilt, sondern die Energie, die uns darin begegnet. Das Ritual ist der Rahmen, um mit Geistwesen und Helferkräften, vor allem aber dem unbeschreiblichen

Hauch des Göttlichen in Kontakt zu kommen. Ein gutes und stark durchgeführtes Ritual ist ein wunderbares Gefäß, um diese zu kanalisieren. Aber diese Energien und Kräfte sind im Grunde immer da – die geistige Welt, das Nagual, ist nur einen Hauch weit entfernt.

So hilft es nicht weiter, über die verschiedenen Arten und Möglichkeiten, ein Ritual durchzuführen oder eine Schwitzhüttenzeremonie „richtig" zu leiten, zu diskutieren. Ja, wir können uns darüber austauschen, uns gegenseitig helfen, uns weiterbringen, indem wir funktionierendes Wissen bekannt machen. Unsere Welt braucht dringend funktionierende Heilzeremonien! Aber es kann niemals nur einen oder „den" Weg geben – nicht für alle. Den Weg gibt es immer nur für einen Einzelnen! Jeder Mensch hat die Aufgabe, seinen ganz einzigartigen und individuellen Weg zu gehen, und es wird keinen Zweiten geben, der genauso ist. So können ohne weiteres alle Traditionen nebeneinander stehen. Jede wird ihre Anhänger finden, und jeder kann die Form finden, die ihm am meisten zusagt und mit der er in Resonanz steht. Das muß nicht immer die erste auf dem Weg sein – häufig ist es aber dennoch so.

Erst wenn wir verstanden haben werden, dass alle möglichen Wege zurück zur Mitte des Rades laufen, dass es keinen anderen Weg gibt als den zur Quelle, erst dann wird eine andere Zeit auf dieser Erde anbrechen, in der das Miteinander das Gegeneinander ablösen wird.

6.9 Mondzeit

Eine indianische Theorie über die Entstehung der Schwitzhütte besagt, dass die Frauen einmal monatlich ihre persönliche Mondzeit haben, das heißt, sich im Einklang mit dem rhythmischen Wachsen und Schrumpfen des Mondes regelmäßig reinigen und bluten. Da Männer diese Form der biologischen Reinigung nicht haben, entwickelten sie als Ausgleich die Schwitzhüttenzeremonie, um so ebenfalls die Möglichkeit der monatlichen Reinigung zu haben. Tatsächlich war die Schwitzhütte im indianischen Kontext bis vor nicht allzu langer Zeit den Männern vorbehalten. Man kann vermuten, dass sich die Männer ursprünglich mit der weiblichen Ur-Kraft verbinden und diese Kraft, wenn nicht biologisch, dann zumindest im energetischen Sinne in sich wach tanzen wollten. Schließlich dürfte der Zusammenhang des regelmäßigen Mondbluts mit der Fähigkeit der Frauen, Kinder zu empfangen, seit der menschlichen Frühzeit bekannt gewesen sein.

Umso eigenartiger ist es, dass in den meisten, wenn auch nicht allen indianischen Traditionen die Schwitzhütte für Frauen, die in ihrer Mondzeit sind, bis heute tabu ist. Und viele Schwitzhüttenleiter im aufgeklärten Westen halten das bis heute ebenfalls so und verteidigen diese Regel bis aufs Äußerste. Ganze Glaubenskämpfe wurden darum schon geführt, lange Diskussionen, die meist im Nirgendwo endeten. Die Erklärungen dazu sind dürftig und unbefriedigend.

Dass Frauen, wenn sie bluten, in einer speziellen Kraft und Energie sind, bedarf wohl keiner besonderen Erläuterung. Es ist die Zeit ihrer Reinigung, das Alte geht, das Neue bereitet sich vor und baut sich wieder auf, Monat für Monat. Es ist der Kreislauf des Sterbens und des Erneuerns. In unserer Kultur sind die Unterschiedlichkeiten der einzelnen Phasen des weiblichen Rhythmus kaum bekannt, abgesehen vom PMS (Prämenstruelles Syndrom) und familiären Spannungen im Vorfeld der Reinigung und schon gar nicht gewürdigt. Raum für Rückzug und Stille, für Selbstbeschäftigung und Selbstgewahrsein, wie es die Zeit der Blutung eigentlich verlangen würde, ist im Zeitalter der (durchaus auch von diesen selbst so gewünschten) beruflichen Vollbeschäftigung fast aller Frauen nicht machbar. In indianischen und anderen indigenen Kulturen gibt es dagegen oft einen Rückzugsraum für Frauen während ihrer Mondzeit. Bei den Natives wurde dieser oft *moon lodge* – Mondhütte genannt. Viele Frauen, die diese Idee kennen lernen, sind spontan davon angetan und könnten sich so etwas auch vorstellen: einen Rückzugsraum, der nur blutenden Frauen offen steht, wo man sich trifft, sich ausruht, austauscht, regeneriert und erneuert, um dann mit neuer Kraft ins volle Leben zurückzugehen. Leider ist diese Idee bei uns über gelegentliche, vereinzelte Versuche noch nicht hinausgekommen und scheitert wohl vor allem an der Gnadenlosigkeit und mangelnden Selbstbestimmtheit unseres Arbeitslebens.

Warum aber blutende Frauen nicht im Kreis der anderen Menschen an einer Schwitzhüttenzeremonie teilnehmen sollten, ist damit noch nicht erklärt – schließlich ist gerade die *moon lodge* ein Ort der Erneuerung und Regenerierung. Manche Frauen fühlen von selbst keine Lust, sich während ihrer Mondzeit so intensiven Prozessen auszusetzen. Das ist dann natürlich deren freie Entscheidung. Andere haben hygienische oder moralische Bedenken. Noch immer liegt ein großes Tabu und viel Scham über dem Thema des Mondbluts. Abgesehen davon, dass jeder Teilnehmer einer Schwitzhüttenzeremonie sich so weit bedecken kann, dass er oder sie sich wohl fühlt, gibt es ja die Möglichkeit, sich mit Tampons zu versorgen, die, wenn schwimmbadtauglich, also auch schwitzhüttentauglich sind. Oder Frau hat den Mut, das Mondblut einfach in die Erde laufen zu lassen.

Die Zeit des Mondbluts ist für viele Frauen eine Zeit, in der sie stärker in Kontakt sind mit spirituellen Ebenen und der Quelle ihrer Kraft. Sie berichten, kreativer zu sein, sensitiver und offener, empfindlicher, auch sich verbundener fühlend, aber eben auch dunkler. Es ist die Zeit, in der die schwarze Göttin, die Göttin des Loslassens, Sterbens und des Todes, in der Frau erwacht. Männer haben mit wenigen Ausnahmen in allen Zeiten und Kulturen Angst gehabt vor der Kraft des weiblichen Blutes und der schwarzen Göttin, die sich ja auch in den alten Frauen zeigt. Das Blut, das aus Opfern floss, war gut, das Blut, das im Krieg vergossen wurde, machte zum Helden. Das Blut aber der Frauen, das die Lebenskraft anzeigt, wird bis heute tabuisiert, versteckt, gemieden, ja stigmatisiert, die Frauen als unrein bezeichnet und aus der Gemeinschaft ausgesondert. Dass dieses Blut, das den Zyklus der Frauen markiert, auch die Kraftquelle der Frauen ist, wurde wohl von vielen Männern intuitiv gespürt. Eine solche Frau in ihrer Mond-Kraft gegen sich aufzubringen, konnte vielleicht wirklich den einen oder anderen Mann aus seiner Mitte und seiner Kraft werfen.

Spirituelle Erklärungsversuche sagen zum Beispiel, dass während der Mondzeit das erste Chakra der Frau die Drehrichtung ändert, und zwar vom Gegenuhrzeigersinn zum Uhrzeigersinn. Das kann mit einem Pendel verifiziert werden. Natürlich zeigt dies an, dass es tatsächlich Änderungen im Energiesystem der Frau während ihrer Mondzeit gibt. Aber? Noch immer kein Grund, sie auszuschließen. Blutende Frauen wären unrein, und wenn sie heilige Kraftgegenstände berühren, verlören diese ihre Kraft, so hört man von den Lakota. Und wenn sie im Kreis anwesend sind, kann der Leiter nicht mehr richtig arbeiten, die spirits kommen nicht, und die Teilnehmer sind gefährdet. Wie bitte?

Allen Ernstes: wer kann einen wirklichen Grund sagen, warum eine Frau in ihrer Mondzeit eine Gefahr für Leib und Leben, die Kraft von Heilern und Schamanen, die Heiligkeit von Kraftgegenständen oder die Wirksamkeit von spirituellen Zeremonien darstellen soll?

Ich denke, dass es sich hier um ganz tief verankerte, kollektive Ängste der Männer vor der Kraft der Frauen handelt. Schließlich geht es um Blut! Blut, das nicht gerinnt, das unkontrolliert fließt und dieses Fließen von alleine wieder aufhört, ganz versiegt, wenn neues Leben im Leib der Frau heranreift. Deshalb dachte die Menschheit lange, dass der Körper eines Kindes aus dem Mensblut der Frauen gebildet wird, was ja annähernd der Wirklichkeit entspricht, nur eben nicht aus dem Mensblut, sondern dem Körperblut, das über die Nabelschnur ins heranwachsende Kind geleitet wird. So zeigt also das monatliche Blut der Frau das Gegenteil von neuem Leben, eben den Tod an. Ein potentielles Leben kam nicht zustande. Die schwarze Göttin tanzt. Die Frau vereint in sich beide Pole des Lebens: gebären und sterben, Geburt und Tod. Nicht umsonst ist die Hüterin der Unterwelt und des Todes in sehr vielen Kulturen eine weibliche Göttin. Mit dem Leben schenkt die Frau immer auch den Tod, denn damit endet alles Leben. Kein Wunder, wenn Mann tief sitzende kollektive Ängste vor diesen Lebensgeheimnissen hat.

Nicht in allen Kulturen aber ist dieses Wissen gleichermaßen tabuisiert. So gehört es zum Beispiel im indischen Tantrismus zu den fortgeschrittenen Einweihungen, als Mann die Vereinigung mit einer blutenden Frau auszuführen und die dabei freiwerdenden besonderen Kräfte zu erfahren und spirituell nutzbar zu machen.

Auffallend ist auch, dass die Menstruation der Frau als besonders Unheil bringend angesehen wird in Regionen der Erde, die durch christliche Missionierung stark beeinflusst und dadurch in ihren spirituellen Glaubensvorstellungen deutlich verändert wurden. Die Lakota gehören zu den am stärksten christianisierten Indianerstämmen Nordamerikas. Nicht dass andere Stämme nicht auch missioniert worden wären, aber was enge christliche Moralvorstellungen angeht, lassen viele Indianerstämme die heutigen europäischen Kulturen weit hinter sich. Das Tabu, nackt in die Schwitzhütte zu gehen, das Tabu sexueller Themen und Gefühle, und eben auch der Ausschluss von Frauen während ihrer Mondzeit gehören für mich dazu und erinnern mich arg an die jahrhundertealten und frauenfeindlichen Theorien der christlichen Kirchenlenker und Vordenker, von denen wir im Grunde gerade erst beginnen, uns wieder zu befreien.

Zum Glück gibt es auch andere Haltungen unter den Natives. Bei den Navajo ist mir solches zum Beispiel nicht bekannt. Die Tradition der Twisted Hair (Deer Tribe), die in ihrer Linie auf einen Navajo-Medizinmann zurückgeht, begrüßt Frauen in ihrer Mondzeit ausdrücklich, weil sie mit ihrer Kraft eine Bereicherung für den Kreis darstellen und so für das kollektive Kreisbewusstsein dazu beitragen, den Schleier zwischen den Welten durchlässiger zu machen.

Jede Frau wird aus sich selbst heraus entscheiden, ob ihr während ihrer Mondzeit eher nach Rückzug oder nach Teilnahme an Zeremonien ist. Beides ist selbstverständlich in Ordnung. Dass aber europäische Schwitzhüttenleiter blutende, sich reinigende Frauen vom Kreis der Gemeinschaft in Schwitzhüttenzeremonien ausschließen, halte ich für einen unreflektierten Anachronismus, der einer modernen Spiritualität, in der Mann und Frau zu einem neuen Gleichgewicht finden können, sehr abträglich ist.

Abschließend möchte ich betonen, dass es mir dabei eben nicht um Gleichmacherei geht. Männer und Frauen haben ihre ganz eigene, spezifische, geschlechtliche Energie – wir sind eben doch zwei gegensätzliche Pole der Kraft, und nicht gleich. Deshalb ist es auch immer wieder gut und richtig, sich im Kreis von gleichgeschlechtlichen Menschen mit Energie aufzuladen, um sich an die eigene geschlechtliche Kernkraft zu erinnern. Aber wozu? Um sich dann wieder kraftvoll und neu mit dem gegengeschlechtlichen Aspekt verbinden zu können. Wir brauchen für eine kommende Zeit etwas ganz Neues, etwas vielleicht noch nie da Gewesenes auf dieser Erde: ein Miteinander von Mann und Frau, das von Achtung und Respekt getragen ist, worin die Liebe blüht, wo das Werk des Mannes den Lebensgeheimnissen des Weiblichen dient, und die Frau das Männliche wieder ehrt. Das aber muss sich ihr erst wieder als würdig erweisen. Einen, wenn nicht den wichtigsten Aspekt des Weiblichen, nämlich ihr Mondblut, von Zeremonien auszuschließen, weil es die Heiligkeit beeinträchtigen könnte, ist keine gute Grundlage dafür, denn es zeugt noch immer von der tief verwurzelten Angst des Mannes vor der Urkraft der Frau.

Wer mir einen wirklich überzeugenden Grund dafür zu nennen vermag, kann das gerne tun – ich bin offen, mich vom Gegenteil überzeugen zu lassen! Bis dahin heiße ich Frauen in ihrer kraftvollen Mondzeit am Feuer, beim Altar und in der Schwitzhütte, in der Gebärmutter von Gaia, der Großen Göttin, willkommen!

6.10 Das Schmücken des Altars

Der Altar steht als Fokus der Kraft für das Zusammentreffen und Verbinden der beiden gegensätzlichen Urkräfte des Männlichen und des Weiblichen, von Wakan und Skwan, von Quetzal und Coatl, von Yin und von Yang. Auch seine Position, meist in der Mitte auf der Verbindungslinie zwischen Schwitzhütte und dem Feuerplatz, weist darauf hin. Durch ihn hindurch fließen alle Energien, die in der Zeremonie wirksam werden. Deswegen wird er besonders geachtet und ausgeschmückt.

Zur grundsätzlichen Altargestaltung und seinem Bau wurde in Kapitel 5 schon einiges geschrieben. Wird eine Schwitzhüttenzeremonie angehalten, wird er, oft aus dem Kreis der Teilnehmer, für diese spezielle Zeremonie geschmückt und ausgestaltet. Besonders Frauen fühlen sich dazu oft gerufen, und verwandeln ihn in wahrhaft geheiligte Orte voller Schönheit. Der Jahreszeit entsprechende Zweige, Blätter und Blüten können gesammelt werden als Giveaway der Pflanzenwelt, Steine und Kristalle stellen die Verbindung zur Mineralwelt her, Federn, Gehörne oder Fellstücke zur Tierwelt, auch eine Kerze darf brennen. Manchmal sind die Teilnehmer eingeladen, während der Zeremonie ihre persönlichen Kraftgegenstände auf dem Altar zu deponieren, um sie so mit Energie aufzuladen und zu weihen. Oft werden auch der abgelegte Schmuck und Brillen dort deponiert, bevor alle die Schwitzhütte betreten. Indem die Gegenstände bewusst und wach auf den Altar platziert werden, lädt die zumeist ja runde Grundform zu einer mandalaartigen Gestaltung ein. Hat er die Grundform einer Schildkröte, trägt sie auf ihrem Rücken all diese Gegenstände, so wie diese in der indianischen Mythologie die ganze Erde trägt. Auch ein anderes, aus dem Altar gestaltetes Tier wie beispielsweise ein Drache oder ein Phönix verbindet sich dann mit den Kraftgegenständen.

Weiterhin liegen auf dem Altar die Federn oder Fächer des Schwitzhüttenleiters, seine für die Steine benötigten Räucherutensilien und -kräuter, evtl. eine Rassel oder Trommel, sonstige eventuell für die Zeremonie benötigte Gegenstände wie beispielsweise Kristalle für Heilbehandlungen in der Schwitzhütte, und natürlich, falls mit dieser gearbeitet wird, die Heilige Pfeife und Rauchtabak.

6.11 Der Aufbau des Schwitzhüttenfeuers

Die verschiedenen Holzarten und ihre Eignung als Brennholz wurden bereits im fünften Kapitel ausführlich beschrieben.

Für den Aufbau des Feuers vor einer Schwitzhüttenzeremonie ist ausschließlich der Feuerhüter verantwortlich. Er kann sich aber Hilfe von Anderen aus dem Kreis holen – niemand muss alles alleine machen. Für Schwitzhüttenfeuer haben sich besonders zwei Arten des Aufbaus bewährt, die ich hier vorstellen möchte.

Die eine Möglichkeit wird oft bei Schwitzhütten in der Lakotatradition angewandt. Als Unterbau werden zwei lange Holzscheite längs, darauf zwei quer und nochmal zwei längs in Form eines Quadrats gelegt. Im Inneren dieses Rahmens baut man aus Papier und Anmachholz ein kleines Tipifeuer. Darüber kommt ein Rost aus vielen quer gelegten Scheiten, der als Träger für die nun folgenden Steine dient. Manchmal werden die Steine auch ganz ohne Holzunterbau direkt auf den Boden in Form einer Pyramide aufgeschichtet. Bei beiden Varianten werden nun ringsum viele große Scheite angelegt, sodass eine große Pyramide bzw. ein großes Tipifeuer entsteht. Wichtig ist, darauf zu achten, dass eine ausreichend große Lücke bleibt, um das kleine Anmachholz im Inneren noch entzünden zu können. Diese Methode hat den Nachteil, dass das Feuer manchmal sehr lange brennt, und der Holzverbrauch größer ist als bei der nachfolgend beschriebenen. Bei den Lakota wird das Feuer traditionell oft schon morgens entzündet, den ganzen Tag gehütet und geschürt, und erst abends findet dann die Schwitzhütte statt. Das verbraucht natürlich viel Holz. Hat man ausschließlich Weichholz (Nadelholz) zur Verfügung, ist diese Methode des Tipifeuers unter Umständen aber besser geeignet als die folgende.

Diese andere Methode ist sehr Holz sparend, man kommt sogar mit ca. einem dreiviertel Raummeter Hartholz aus (bei Nadelholz etwas mehr). Dazu wird genauso begonnen wie oben beschrieben: zwei Hölzer werden parallel mit etwa einem Meter Abstand in die Ost-West-Richtung gelegt, darauf folgen zwei Hölzer quer, und eventuell, je nach bereits vorhandener Höhe, nochmal zwei längs. In die Mitte dieses Quadrats kommt nun über die ganze Fläche viel geknülltes Zeitungspapier. Steht anderes Anmachmaterial (Kleinholz, Tannenzapfen, Wachsreste...) zur Verfügung, geht das natürlich auch. Der Rest bis zur Höhe der Außenkante des Quadrats wird mit Reisig und dünnem Holz ausgefüllt, das schnell anbrennt. Darauf folgt ein einlagiger Rost aus Scheiten, bei Weichholz evtl. auch ein zweilagiger, wobei man die zweite Schicht quer zur ersten legt, um mehr Stabilität zu erreichen.

Auf diesen Rost werden die Steine aufgelegt, und anschließend mit einigen dicken Scheiten abgedeckt. Diese Form des Feuers ist nicht so hoch wie die erste, sehr kompakt und quadratisch, dabei aber Holz sparend, was, wie ich finde, im Angesicht der Notwendigkeit ökologischen Bewusstseins ein wichtiges Argument ist.

Oft wird gesagt, dass die eigentliche Zeremonie mit dem Entzünden des Feuers beginnt. Ob das Feuer rituell entzündet werden sollte, wird dabei höchst unterschiedlich gesehen. In manchen Traditionen schichtet der Feuerhüter den Stapel auf, legt die Steine darauf und zündet ihn, manchmal sogar unbeachtet von den übrigen Teilnehmern, an. Schöner finde ich, von Beginn an rituell zu arbeiten, und dabei die Schwitzhüttenteilnehmer mit einzubeziehen. Das kann schon beim Aufbau des Feuers geschehen. Ist der Unterbau des Feuers erstellt, werden die Steine gemeinsam vom Kreis der Teilnehmer aufgelegt. Dazu nimmt jeder einen Stein und legt ihn mit einem laut ausgesprochenen guten Wunsch oder einem Gebet für jemand oder etwas auf den Holzstapel, immer abwechselnd, bis alle Steine aufgelegt sind. Darauf kommt dann noch die obere Abdeckung mit Holzscheiten.

Der Feuerhüter wird dann vom Leiter der Schwitzhütte mit Feder und Salbei geräuchert und gereinigt. Anschließend eröffnet er die Zeremonie, indem er die Kräfte der vier Himmelsrichtungen einlädt, in den Feuerkreis zu kommen. Dazu bietet er ihnen jeweils eine Prise Tabak an, und gibt diese anschließend ins Feuer. Auch die Nation der Bäume und die Großväter Steinwesen bekommen jeweils eine Prise angeboten dafür, dass wir sie in der Zeremonie verwenden dürfen. Gut ist es, die Steine darum zu bitten, dass sie jedem Teilnehmer in der Schwitzhütte die richtige Hitze geben, aber niemanden mit ihrer feurigen Kraft verletzen.

Nicht immer lässt sich der normale Ablauf einer Schwitzhüttenzeremonie so genau planen, wie ich es hier beschreibe. Die Absicht spielt eine große Rolle, die Umstände der Zeit und der teilnehmenden Menschen. Jede Zeremonie ist auch immer ein Spiegel für den Leiter wie den Kreis. Die Kunst als Schwitzhüttenleiter besteht dann gerade darin, in jeder Situation mit allem, was sich ereignet, in Schönheit und Balance zu tanzen – und dabei offen auch für die ungewöhnlichsten Lösungen zu sein...

Wir trafen uns an einem Wochenende Ende November. Es war Neumond in Skorpion, Dunkelzeit, und wir planten ein Trancetanzwochenende, bei dem wir mit der schwarzen indischen Göttin der Unterwelt, Kali, der großen dunklen Mutter, in Kontakt kommen wollten. Zur Vorbereitung war Freitagabend eine Schwitzhüttenzeremonie angesetzt, die wir folgerichtig Kali widmeten. Als wir an dem Platz ankamen, sollte alles vorbereitet sein, da der Hüter des Ortes verreist war. Das war es auch. Aber zuerst mussten wir die Kuhle des Feuerplatzes von Schnee und Eis befreien, und dann lief sie, da der Boden gefroren war, mit dem stetig fallenden Nieselregen voll. Nun gut, darüber bauten wir also unser Feuer auf. Das bereitgelegte, aber nicht abgedeckte Holz war sowohl außen nass vom Regen, als auch innen, weil es nicht richtig abgelagert war. Das Papier zum Entzünden war eindeutig zu wenig unter diesen Bedingungen, vorbereitetes Kleinholz gab es gar nicht. Nach mehreren vergeblichen Versuchen, das Feuer trotzdem zu entzünden, machten wir uns auf die Suche nach anderem brennbaren Material und fanden eine Packung Grillanzünder, die ihren Dienst versahen, tapfer im Regen abbrannten – und erloschen. Als nächstes gossen wir eine Flasche Brennspiritus über den Feuerholzstapel und entzündeten aufs Neue. Diesmal brannte es etwa zehn Minuten, bevor das Feuer wieder verlosch. Verzweifelt durchforsteten wir alle Schuppen auf der Suche nach brennbarem Material. Ich überlegte bereits, ob die Hitze des Feuers der Energie Kalis vielleicht nicht angemessen wäre, da fiel mein Blick auf einen Plastikkanister in der Ecke... und es kam ein eindeutiges JA zu ihm. Kurz darauf floss zäh und klebrig das Altöl über das Holz, bis alles schwarz überzogen war. Und diesmal brannte es mächtig. In den schwarzen Schwaden tanzte die dunkle Göttin und frohlockte, und meine eingefahrenen Vorstellungen und Glaubenssysteme stiegen mit dem Rauch in den wolkenverhangenen Himmel...

6.12 Das Weihen der Hütte

Oft wird die Schwitzhütte nach dem Abdecken, aber bevor die eigentliche Zeremonie im Inneren beginnt, speziell geweiht oder erweckt. Das ist wie das Weihen eines Ortes, bevor man an ihm spirituell arbeitet, oder das Ziehen eines Schutzkreises. Das kann auf verschiedene Arten geschehen.

Einige Zeit nach dem Entzünden des Feuers kann der Leiter in die Hütte gehen, Kontakt mit Mutter Erde aufnehmen und sie bitten, diese Schwitzhütte als ihren Bauch und ihre Gebärmutter anzunehmen und mit ihrer Kraft zu erfüllen. Schön ist es auch, dies mit einer ausführlichen Räucherung mit weißem Salbei zu verbinden, um energetische Reinheit und Klarheit in das Innere zu bringen. Andere machen das mit einem ersten Pfeifengebet.

Manchmal wird diese erste Segnung auch vom ganzen Teilnehmerkreis gemacht. Besonders gut gefällt mir die Variante, dass die Frauen vorher einen Kreis in der Hütte bilden, noch angezogen, aber ohne ihre Schuhe, um den Erdboden besser unter den Füßen spüren zu können. Frauen haben durch ihre eigene Weiblichkeit eine direktere Verbindung mit Großmutter Erde als Männer, und können mithilfe ihrer eigenen Gebärmutter unmittelbar die Gebärmutterkraft der Erde in die Hütte einladen. Dies kann durch Singen, Beten, Tanzen, Stampfen oder auch Stille geschehen. Meist findet sich schnell jemand unter den Teilnehmerinnen, der diesen Frauenkreis anleiten möchte.

Die Teilnehmer könnten sich auch im Kreis um die Hütte aufstellen und eine Weile trommeln, um die Hütte auf diese Weise zu erwecken. Bei all diesen vorbereitenden Aktivitäten sollte immer beachtet werden, die Verbindungslinie zwischen Feuerstelle und Schwitzhütte nicht zu übertreten. So richten wir unser Bewusstsein auf die beginnende Vereinigung der Kräfte von Großvater Sonne und Großmutter Erde aus und ehren sie.

In manchen Traditionen wird um die Schwitzhütte ein zusätzlicher Schutzraum aufgezogen, um negative Energien und störende Einflüsse abzuwehren. Wer das machen will, sollte mit magischem Arbeiten vertraut sein. Darauf einzugehen würde den Rahmen an dieser Stelle aber sprengen.

6.13 Das Betreten der Hütte – Mitakuye Oyasin

Sind die Steine im Feuer glühend, ist der Augenblick gekommen, in dem die Teilnehmer die Schwitzhütte betreten. Spätestens jetzt sollte der Feuerhüter von jedem Teilnehmer sein Geschenk für seinen Dienst an der Gemeinschaft erhalten haben (außer er bekommt es gemeinsam mit dem Leiter hinterher). Dann ist der Zeitpunkt des Entkleidens gekommen. Hat die Schwitzhütte keinen Anschluss an ein Haus oder ein anderes überdachtes Gebäude, ist es günstig, wenn jeder Teilnehmer eine Plastiktüte oder einen handelsüblichen blauen Müllsack hat, um seine Kleidungsstücke während der Zeitdauer der Zeremonie auch bei eventuellem Regen oder nächtlichem Tau trocken zu behalten.

In manchen Kreisen gehen die Teilnehmer einfach einer nach dem anderen in die Hütte, wie es ihnen gefällt. Schöner ist es, wenn der Schwitzhüttenleiter die Teilnehmer einzeln begrüßt. Dazu steht er vor der Schwitzhütte oder seitlich neben dem Altar. Er kann jeden weihen, der die Hütte betreten will, indem er mit einer Adlerfeder oder einem Fächer die Aura noch einmal reinigt, oder ihn mit Salbeirauch umhüllt. Manche sprechen dazu eine Begrüßung, einen Dank oder einen Segen.

Betritt oder verlässt ein Teilnehmer dann die Schwitzhütte durch die kleine Tür, spricht man traditionell den Satz „mitakuye oyasin", was so viel heißt wie „alle meine Verwandten" oder „ich bin mit allem verwandt". Dieser Satz soll uns an die Verbundenheit allen Lebens erinnern. Zum einen bin ich nie alleine. Zum anderen verändert jede Bewegung von mir auch das Ganze. Das bedeutet, dass meine Heilung auch immer die Heilung meiner Umgebung, meines sozialen Netzwerks und des ganzen Lebens ist.

Wie beim Singen von Liedern auch bevorzuge ich bei diesem kleinen, aber wichtigen Spruch die deutsche Variante. Ein in der Muttersprache ausgesprochenes Wort geht viel leichter über die Lippen und erreicht die Seele viel direkter als eine fremde Sprache, auch wenn ich um die Bedeutung weiß. Aber jeder kann für sich entscheiden, wie er es damit halten möchte.

Im Inneren der Schwitzhütte geht der erste Teilnehmer, der sie betritt, im Uhrzeigersinn um das Feuerloch bis auf den Platz neben dem Eingang. Hat dort der Zeremonienleiter seinen Platz, den er als Letzter einnimmt, sollte dieser natürlich frei bleiben. Die anderen setzen sich dann jeweils nach und nach auf den Platz zur Rechten, bis alle die Schwitzhütte betreten haben. Normalerweise geschieht dies schweigend, um die Aufmerksamkeit und Konzentration auf die Zeremonie zu richten und die Energie zu fokussieren.

Der Leiter ist meist der Letzte, der die Hütte betritt, und hat seinen Platz direkt am Eingang, in manchen Traditionen auch rechts vom Eingang. Manchmal hat er einen Helfer, der dann links vom Eingang sitzt, und die Steine und das Wasser annimmt.

6.14 Das Begrüßen der Steinahnen

Sind alle Teilnehmer der Zeremonie im Inneren versammelt, beginnt der Feuerhüter auf Anforderung des Leiters mit einer Forke (oder auch traditionell mit einer großen Astgabel) die glühenden Steine aus dem heruntergebrannten Feuer in die Schwitzhütte zu bringen. Normalerweise geschieht dies einzeln, da die Steine oft gezielt in die Himmelsrichtungen gelegt werden und so noch einmal das Rad der Himmelsrichtungen bilden. Der Leiter begrüßt die Steine auf seine eigene Art und Weise. Das kann mit Worten sein oder mit einem Lied, mit einem „Aho!", immer aber durch eine Gabe von Räucherkräutern, die auf den glühenden Stein gegeben werden, dort verglimmen und das Innere der Schwitzhütte mit wohlriechenden Gerüchen erfüllen. Damit danken wir den heißen Steinen für ihr Giveaway, dass sie sich bereit erklären, die Kraft des Feuers in sich zu halten und ins Innere der Hütte zu bringen. Außerdem werden das Innere der Schwitzhütte und die Teilnehmer energetisch gereinigt und, je nach Räucherung, mit einer bestimmten Information aufgeladen. Dafür gibt es verschiedene Räucherstoffe, sowohl traditionelle aus der indianischen Kultur als auch europäische. Beide haben ihre Berechtigung. Indianische Kräuter verbinden uns natürlich mit der indianischen Schwitzhüttentradition und ihr Gebrauch ist überliefert. Das einheimische europäische Kräuterwissen ist durch die Verfolgung des alten heidnischen Glaubens und der Kräuterfrauen und Hexen im ausgehenden Mittelalter in weiten Teilen verloren gegangen. Trotzdem gibt es wieder viele Menschen, die die Verbindung mit der spirituellen Kraft einheimischer Kräuter, den Pflanzendevas, und ihre sinnvolle Verwendung in Zeremonien erforschen. Hier öffnet sich ein weites Feld und in europäischen Zeremonien mit europäischen Kräutern zu arbeiten, erscheint mir sinnvoll und angemessen.

Im Folgenden wird eine Liste von europäischen und anderen Räucherstoffen aufgeführt, die in der Schwitzhütte verwendet werden können. Sie ist nur als Anregung zu verstehen und natürlich keinesfalls vollständig. Es gibt viel gute Literatur, um sich tiefer mit den vielfältigen Räucherstoffen der Welt zu befassen. Bezugsquellen für Räuchermaterialien sind Esoterikläden, botanische Fachhandlungen, Apotheken, das Internet und am besten natürlich direkt die Natur. Wer selbst sammeln möchte, sollte aber unbedingt beachten, dass einige der nachfolgenden Pflanzen unter Naturschutz stehen.

Europäische Räucherstoffe:

• Alantwurzel

Diese Wurzel wird auch Sonnenwurzel genannt und eignet sich mit ihrer dunklen, herben Kraft vor allem zur Stärkung der inneren Mitte in der dunklen Jahreszeit und besonders bei den Sonnwenden.

• Beifuß

Beifuß ist eine der ältesten Räucherpflanzen Europas. Mit ihm wurden früher zu Samhain, dem Beginn der dunklen Jahreszeit, Haus und Stall ausgeräuchert, um vor dem Winter Schutz und Kraft zu erhalten und dunkle Wesenheiten abzuwehren. Er öffnet die Durchgänge in die Anderswelt, erleichtert dadurch die Divination und kreiert einen heiligen Raum.

• Engelwurz

Diese Wurzel verbindet, wie ihr Name schon andeutet, mit höheren feinen Schwingungen und bringt Himmel und Erde zusammen. Sie gilt als kräftigend, Mut machend, stärkend für den Alltag, bekämpft Depressionen und erinnert an das Licht in uns – ist also ideal für Schwitzhüttenzeremonien geeignet.

• Eisenkraut

Wie der Name der Pflanze schon andeutet, schenkt uns der Duft von Eisenkraut Erdung und Bodenhaftung, gibt Selbstbewusstsein und stärkt die eigene Kraft.

• Fichtenharz (auch Tanne und Kiefer)

Das Harz unserer einheimischen Nadelbäume ist vermutlich schon vor Jahrtausenden von unseren Vorfahren verräuchert worden. Es öffnet den Brustraum, vertieft den Atem, reinigt, desinfiziert, beruhigt und klärt. Allerdings sollte es wegen seiner starken und bisweilen reizenden Wirkung auf die Atemwege in der Schwitzhütte nur in kleinsten Mengen eingesetzt werden. Während die Fichte eher den dunklen, schweren Bereich der Gefühle aktiviert, erinnert Kiefernharz an sonnige, warme Tage im Sommer und erhebt uns. Die Tanne schützt laut Hildegard von Bingen vor Magie und Zauberei, klärt die Luft und macht stark und tapfer.

• Holunder

Die Rinde oder auch die Blüten des Holunders wirken schützend und segnend. Dieser Busch verbindet uns mit der germanischen Göttin Hel, der Frau Holle der Geschichten, der Hüterin der Unterwelt, und damit auch mit den dunklen Seiten des Seins. Medizinisch wirkt er schweißtreibend, fiebersenkend und stärkend für das Körpersystem. Zur Blütezeit im Frühsommer kann man den Boden der Schwitzhütte mit Holunderblüten ausstreuen oder sie in das Gestänge hängen.

• Johanniskraut

Dieses gelb blühende Kraut blüht zur Sommersonnwende auf und verbindet uns mit der Kraft der Sonne und des Lichts. Geräuchert vertreibt es trübe Gedanken und Depressionen, Unruhe und Angst, und bringt viel Licht in die Seele.

• Lavendel

Die feinen lila Blüten des Lavendelstrauchs verbreiten beim Räuchern einen zarten, frisch-süßen Duft und wirken reinigend und entspannend, Reiz mildernd sowie Herz öffnend.

• Rosmarin

Schon die Römer verwendeten Rosmarinräucherungen, um böse Geister zu vertreiben. Auch in französischen Krankenhäusern war dieser Brauch lange bekannt. Er ist Bestandteil vieler traditioneller und moderner Räuchermischungen. Rosmarin desinfiziert und reinigt, und er soll die Elementarwesen der Natur zum Kommen einladen.

• Salbei

Der europäische Salbei gilt wie der amerikanische seit Jahrhunderten als abwehrend gegen Dämonen und böse Geister. Lange wurden Krankenzimmer damit ausgeräuchert. Sein Gebrauch soll lebensverlängernd und allgemein reinigend, desinfizierend, stärkend und heilend wirken. Aber der herb-strenge Duft wirkt auch zentrierend und ausrichtend und eignet sich deshalb besonders gut für Innenschau und Meditation.

• Thymian

Auch Thymian hat reinigende und desinfizierende Wirkung, klärt und reinigt den Raum energetisch, und soll den Durchgang in die Anderswelt erleichtern. Bei den Griechen war er der bevorzugte Räucherstoff, um Tempel auszuräuchern und die Seele für die Begegnung mit den Göttern vorzubereiten.

• Wacholder

Einer der ältesten bekannten Räucherstoffe Europas, und wie im Holunder wohnt auch im Wacholder eine mächtige Pflanzendeva. Der Rauch der Nadeln, Beeren, des Harzes oder auch der Rinde ist stark reinigend und desinfizierend, und wurde z. B. zum Ausräuchern von Krankenzimmern eingesetzt. Er wirkt gegen feinstoffliche negative Kräfte und Energien, gegen böse Geister und Dämonen. Wacholder gibt Stabilität, Sicherheit und besonders Schutz auf der energetischen Ebene.

Indianische Räucherstoffe:

• Weißer Salbei (Kalifornischer Salbei, White Sage)

Weißer Salbei ist fester Bestandteil vieler indianischer Schwitzhütten, wo er frisch manchmal sogar als weicher Bodenbelag Verwendung findet, auf dem die Teilnehmer sitzen. Sein unverwechselbarer, charakteristischer Duft ist unbeschreiblich und er wirkt stark reinigend und klärend auf der energetischen Ebene. Er vertreibt alle negativen Schwingungen und Energien, stärkt, richtet aus und auf. Man sagt auch, dass sein Duft uns erleichtert, den heißen Dampf in der Schwitzhütte zu ertragen. Außerdem bereitet er den Raum für Frieden und Heilung.

• Süßgras (Sweetgras)

Süßgras wird meist als Zopf aus in frischem Zustand geflochtenen und anschließend getrockneten Gräsern verwendet. Es unterstützt eine leichte, friedliche und erhebende Atmosphäre und öffnet für die positiven Kräfte und die schönen Dinge des Lebens, weswegen es oft nach Salbei eingesetzt wird, der zuerst den Raum klärt.

• Cedar

Mit dem englischen Begriff „Cedar" ist verwirrender Weise nicht die Zeder, sondern der amerikanische Wacholder gemeint. Er spielt in allen Zeremonien der Prärieindianer eine wichtige Rolle und gilt als besonders heilig. Seine medizinische Heilkraft wirkt vor allem auf die Lunge und das gesamte Atemsystem. Geräuchert gilt Cedar als stark reinigend, energetisch stärkend und öffnend für visionäre Erfahrungen.

• Sage

Das indianische Räucherwerk „Sage" meint wiederum nicht Salbei, sondern eine amerikanische Beifußart. Auch Sage wird bei so gut wie allen indianischen Zeremonien in den Plains benutzt und ist wahrscheinlich die bekannteste Räucherpflanze Amerikas. Bereits sein Abbrennen gilt als Gebet und öffnet einen heiligen Raum, in dem sich Himmel und Erde verbinden. Außerdem gilt er als stark klärend und reinigend gegen negative Energien, sowie als Stimmung aufhellend.

• Copal

Copal bezeichnet das Harz von verschiedenen mittel- und südamerikanischen Bäumen, die durchwegs alle stark reinigend, öffnend und klärend wirken. Neben seiner medizinischen Heilwirkung wird es traditionell als Opfergabe zur Verehrung der Sonne eingesetzt. Von Jägern wird es bisweilen als Opfer an den Herrn der Tiere verbrannt. Da der Rauch außerdem in fast allen schamanischen Zeremonien zur Reinigung und zum Aufladen der Atmosphäre mit positiver Energie eingesetzt wird, bietet es sich zur Verwendung in der Schwitzhütte geradezu an.

• Palo Santo (Heiliges Holz)

Dieses südamerikanische Holz stammt vorwiegend aus dem peruanischen Hochland und verbreitet beim Verglimmen einen unvergleichlichen, sehr aromatischen Duft: holzig, erdig, süßlich, warm und weich. Er wirkt Stimmung aufhellend und zieht gute Geister an. In schamanischen Zeremonien Südamerikas werden mit ihm die Tiergeister gerufen.

Sonstige Räucherstoffe:

• Myrrhe

Seit dem Mittelalter in Europa verwendet und eine der drei Gaben der Weisen aus dem Morgenland für das neugeborene Christuskind, bringt Myrrhe die Qualität von Weisheit und Segen in weiblicher Form, erdig, würzig und balsamisch.

• Weihrauch (Olibanum)

Auch Weihrauch zählt zu den Gaben der heiligen drei Könige und ist ebenfalls seit dem frühen Mittelalter in Europa bekannt. Er stellt den männlichen Gegenpart zu Myrrhe dar und wird deshalb in Mischungen oft zu gleichen Teilen verwendet. Weihrauch stärkt die geistige Energie, wirkt meditativ und versenkend, führt nach innen, beruhigt und zentriert.

• Zimt

Sicherlich ungewöhnlich ist die Verwendung von Zimt in der Schwitzhütte. Dabei kann er mit seiner stark wärmenden, Herz öffnenden, entspannenden und Wohlbefinden verbreitenden Kraft einen Kreis von Menschen intensiv verbinden und schnell Nähe und Vertrautheit schaffen.

6.15 Der Beginn – die Anrufung der Kräfte

Nach dem Begrüßen und Segnen der Steinahnen werden die Kräuter aus der Schwitzhütte hinaus und der Wassereimer in die Hütte hinein gereicht. Dieser Wassereimer kann aus Metall bestehen, aus Kunststoff, z. B. handelsübliche, schwarze – natürlich unbenutzte und saubere! – Mörteleimer aus dem Baumarkt, oder auch aus Holz, wie man sie als Saunazubehör oder auf Mittelaltermärkten findet. Allerdings sollte seine Größe 10 Liter nicht unterschreiten, denn diese Menge kann schon einmal pro Runde aufgegossen werden. Im Eimer befindet sich eine Schöpfkelle, mit der das Wasser auf die heißen Steine gegossen wird. Manchmal benutzt man hierfür auch ein Büschel Tannenzweige oder auch die eigene Hand, um die Menge besser dosieren zu können. Es kommt z. B. vor, dass ich nur die Hand benetze und mit den Fingern einige wenige Wassertropfen auf die Steine spritze. Die Wirkung solcher Kleinstmengen ist bisweilen beeindruckend!

Viele Schwitzhüttenleiter bringen den gefüllten Wassereimer direkt nach dem Empfangen im Inneren kurz in Kontakt mit den glühenden Steinen im Feuerloch. Damit wird die Verbindung zwischen Feuer und Wasser hergestellt – man stellt die beiden polaren Kräfte sozusagen einander vor, bevor man beginnt, das kalte Wasser auf die heißen Steine zu gießen und dadurch die ihnen innewohnenden Kräfte freizusetzen.

Nach Aufforderung schließt der Feuerhüter nun von außen sorgfältig die Tür, damit kein Licht mehr hindurch fällt und kümmert sich anschließend um das Feuer, während im Inneren der Schwitzhütte die eigentliche Zeremonie beginnt. Das geschieht durch eine so genannte Anrufung, eine Ansprache oder ein Gebet, mit dem verschiedene Spirits und Kräfte eingeladen werden, in die Schwitzhütte zu kommen und den Prozess mit ihrer Kraft zu unterstützen. Diese fällt natürlich von Tradition zu Tradition unterschiedlich aus, und wird auch persönlich vom Schwitzhüttenleiter variiert werden. Es würde zu weit führen, viele verschiedene Anrufungen hier im Einzelnen vorzustellen, und es macht auch wenig Sinn, da meist ein vertieftes Verständnis und oft auch eine Einweihung und Anbindung an die jeweils dahinter stehende Tradition nötig ist, um diese Kraft sinnvoll nutzen zu können. Als Beispiel werde ich unten eine Anrufung aufführen, die der Twenty-Count oder das Lied der Zwanzig genannt wird. Vorher möchte ich auf aber einige allgemeine Punkte eingehen.

Eine Anrufung hat die Absicht, ein starkes und schützendes Energiefeld aufzubauen. Natürlich funktioniert eine Schwitzhüttenzeremonie auch ohne spezielle Anrufung. Aber wer einmal erlebt hat, welch kraftvolle Räume sich dadurch öffnen können, wird den Sinn eines solchen Beginns verstehen. Ein gelungenes Ritual braucht einen kraftvollen Anfang und ein ebensolches Ende. Sie bilden deutliche Schwellen, die unserem Verstand erklären, dass jetzt ein besonderer, ein geheiligter Raum eröffnet und betreten wird. Dieser Raum unterscheidet sich eben vom alltäglichen Raum, und soll genau deswegen davon abgegrenzt werden. Die Aufmerksamkeit der Teilnehmer konzentriert sich, der Fokus richtet sich auf den Ablauf der Zeremonie, die Energien werden gebündelt und das Energieniveau angehoben. Damit wird das Energiefeld im Kreis auf eine bestimmte und gewollte Art beeinflusst. Im Grunde handelt es sich um eine magische Handlung.

Im Einzelnen hat eine gelungene Anrufung folgende Funktionen und Auswirkungen:

- **Schwelle – Anfang und Ende**

Sie markiert eine Schwelle, das Betreten des heiligen Raums und signalisiert dem Verstand das Verlassen der alltäglichen und das Öffnen der ganzheitlichen Welten. Dasselbe gilt natürlich umgekehrt für das Ende der Zeremonie.

- **Einladung der Spirits**

Durch eine Anrufung werden bestimmte Spirits und Kräfte der Natur, der diesseitigen und der jenseitigen Welten, Ahnen, Geisthelfer, Krafttiere, Verbündete, Schutzengel, Götterarchetypen und andere Wesenheiten und Kräfte mehr bewusst in den Kreis gerufen und eingeladen. Eine geistige Kraft, die man bewusst ruft, ist immer da. Eine Anrufung funktioniert.

- **Schutz**

Durch das Rufen bestimmter Kräfte und Wesenheiten in den Kreis wird ein magisches Kraftfeld aufgebaut. Dieses Feld schützt vor Fremdeinflüssen und bietet den Teilnehmern einen Raum, in dem sie sich vertrauensvoll öffnen und ihren Prozessen hingeben können.

- **Kreis**

In den allermeisten Fällen wird in der Schwitzhütte mit Elementen des Jahresrads, des Medizinrads und des Kreises gearbeitet werden. Kräfte wie die vier Elemente, die Hüter der Himmelsrichtungen, die vier Jahreszeiten, die archetypischen Lebensalter oder die vier Reiche des Lebens erzeugen ein Energiefeld, das alle Teilnehmer verbindet und ein starkes Kreisgefühl erzeugt. Das ist durchaus gewollt und sehr heilsam, da die Menschen in den westlichen Industrienationen dieses Gefühl von Gemeinschaft häufig gar nicht mehr kennen und – bewusst oder unbewusst – vermissen. Kreisbewusstsein wirkt per se heilsam auf die Teilnehmer einer Kreiszeremonie, wie es die Schwitzhütte ist.

- **Verbindung**

Ein weiterer Effekt einer Anrufung ist, dass sich die Teilnehmer der Kräfte, die in den Kreis gerufen werden, bewusst werden und so die Verbindung zu ihnen leichter herstellen. Was einmal gehört wurde, ist mehr oder weniger tief in das Bewusstsein gesunken. Die verschiedenen Kräfte und Wesenheiten einer Anrufung kennen zu lernen erweitert die Weltsicht und das Bewusstsein der teilnehmenden Menschen und verbindet sie mit höheren Ebenen.

Der Twenty-Count – das Lied der Zwanzig

Die „Twenty-Count“ oder „Lied der Zwanzig“ genannte Anrufung der Kräfte stammt aus dem Sweet Medicine Sundance Weg. Er ist eine uralte Aufzählung aller Elemente, die das ganze Universum und unser persönliches Leben bestimmen. Die ihm innewohnende Weisheit ist verblüffend und kann hier aus Platzgründen nur ansatzweise wiedergegeben werden. Es lohnt sich, mit diesen Kräften vertrauter zu werden und ein tiefes Verständnis von ihnen zu entwickeln, wenn man mit ihnen arbeiten will. Dazu ist es sinnvoll, sich einen geeigneten Lehrer zu suchen. Es gibt aber auch ein gutes Buch zu diesem Thema, in dem der Twenty-Count ausführlich erklärt wird: „Süße Medizin", Band 1 und 2 (siehe Literaturverzeichnis).

Dieser Twenty-Count ist einerseits eine Schöpfungsgeschichte des Universums, andererseits beschreibt er mehrmals den Kreis des Medizinrads mit seinen verschiedenen analogen Ebenen. Im Folgenden werden die einzelnen Kräfte kurz erläutert und ihr Platz auf dem Rad des Lebens erwähnt. Wenn du diese Kräfte in die Schwitzhütte einladen willst, rufst du sie eine nach der anderen mit ihrem Namen, so kurz oder ausführlich und in deinen Worten, wie es sich für dich richtig anfühlt. Entscheidend ist, dass du meinst, was du sagst, d. h. dass du dich authentisch zeigst. Und: man kann durchaus auch jemanden rufen, den man noch nicht kennt – Hauptsache, man kennt seinen Namen! Mein Lehrer sagte immer: „Wie willst du jemanden kennen lernen, wenn du ihn nicht mit seinem Namen zu dir rufen willst?"

Hier ist das Lied der Zwanzig – der Twenty-Count:

1. Großvater Sonne – Osten

Die Kraft des Männlichen in unserem Sonnensystem, das Feuer, die Wärme, das Licht, die Helligkeit, der Leben spendende Funke, der Wissen und kleine und große Erleuchtungen bringt. Kreativität und Phantasie. Als Feuerkraft im Inneren auch unsere Sexualität.

2. Großmutter Erde – Westen

Die Kraft des Weiblichen in unserem Sonnensystem, die Erde, die Materie, die Verkörperung, die Inkarnation, das weibliche Ei, der Schoß, die große Göttin. Gebärfähigkeit und Manifestation, Innenschau und Selbsterkenntnis. Die Kraft des Haltens, Transformation, Magie und Heilung.

3. Die heiligen Pflanzen – Süden

Die Erstgeborenen, die grüne Kraft, die Lunge des Planeten, die Gräser, Büsche, Bäume, Blumen, Nahrungs-, Heil- und Lehrerpflanzen, das Geben, die Emotionen, das Fließen, das Wasser. Unschuld und Vertrauen, Hingabe. Die Kraft der Kinder.

4. Die heiligen Tiere – Norden

Die Zweitgeborenen, die bewegliche Kraft, alle Tiere der Erde, des Wassers und der Luft sowie aus Mythos und Phantasie. Bewegung in Gleichgewicht und Harmonie, das Empfangen von Energie, der Verstand, Logik, Wissen und Weisheit, Verantwortung, die Luft.

5. Die heiligen Menschen – südliche Kreismitte

Die Drittgeborenen, alle Rassen und Völker dieser Erde (weiß, rot, schwarz, gelb) und die Mischlinge, die die Völker verbinden, die Qualitäten des Menschseins: Hoffnung, Gesundheit, Glücklichsein, Harmonie und Humor. Das Bestimmen von Energie in Einklang mit allem, was ist.

6. Das Reich der Ahnen – Südosten

Alle unsere Vorfahren, unsere Blutslinien, unsere Wurzeln, alle unsere Inkarnationen aus Vergangenheit, Gegenwart und Zukunft und deren Blutsverwandte, das kleine Volk, mitakuye oyasin: alle unsere Ahnen und Verwandten. Helle und dunkle Spiegel.

7. Das Reich der Träume – Südwesten

Träume, Bilder und Visionen, die Sprache unseres Unterbewusstseins und der Seele, die Archetypen, offene und geschlossene Traumsymbole, der persönliche Lebenstraum, der heilige Traum und der kollektive Traum der Erde und der Menschheit. Offene und geschlossene Traumsymbole.

8. Das Reich der Rhythmen, Zyklen und heiligen Gesetze – Nordwesten

Die Kraft der Rhythmen und Zyklen, Kreisläufe, die heiligen Regeln und Gesetze: alles Leben ist aus der Frau geboren, und: den Kindern darf kein Leid geschehen. Das Lebensbuch, Karma und Dharma, Schicksal, harmonische Resonanz. Persönliche Gesetze mit den heiligen Gesetzen in Übereinklang bringen. Divination, Orakel, Lebensbuchlesung.

9. Die Choreographie der Energiebewegung – Nordosten

Das Unvorhersehbare, Unkontrollierbare, Veränderung, die kreative Kraft des Chaos, die Balance zwischen Chaos und Ordnung, perfekt ausbalancierte Bewegungen, die Gestaltung von Energie, der Tanz mit allem, was ist, der Heyoka, Clown oder Narr. Prioritäten, Entscheidungen, Wahl. Minimaler Aufwand und maximaler Erfolg.

10. Das heilige Maß des Verstehens – nördliche Kreismitte

Alle möglichen Zustände des menschlichen Bewusstseins, Be- und Unterbewusstsein, das Kreisbewusstsein, das mehr ist als nur die Summe seiner Teile, der Kreis als „Landeplattform" für den großen Geist, der Spalt zwischen den Welten, die Tür ins Nagual.

11. Der Spirit des Lichts – Osten

Alle Großväter Sterne, die Leben gezeugt haben, alles Licht im Universum, die Intelligenz des Lichts, der Geist des Feuers. Wahre Erinnerung an unseren Ursprung anstelle von Phantasien.

12. Der Spirit der Materie – Westen

Alle Großmütter Planeten, die Leben geboren haben, das Bewusstsein und der Geist der Materie, das violette Licht. Völlige Präsenz im Augenblick.

13. Der Geist der Pflanzen – Süden

Die Erdenmutter, alle Göttinnen aus allen Kulturen, die dreifache Göttin der Schönheit, des Nährens und des Todes, die Pflanzenspirits und Devas, die weiße Büffelfrau. Die Kraft des Pflanzenwachstums. Quetzal.

14. Der Geist der Tiere – Norden

Der Erdvater, der Gehörnte, der wilde Gott, der Geist der Tiere, die Krafttiere, alle Götter aller Kulturen. Instinktkraft, Bewegungsintelligenz, die süße Medizin. Coatl.

15. Die Seele aller Menschen – östliche Kreismitte

Der Mensch im All, das Kollektivbewusstsein als Mensch, die kollektive Seele, die Mahatmakraft, die Matrix aller Seelen, kosmisches Bewusstsein, der immanente Gott, der erwachte Mensch.

16. Die Erleuchteten Ahnen – Südosten

Alle Erleuchteten außerhalb des Körpers, die weiterhin auf geistiger Ebene lehren, die Avatare, aufgestiegene Meister, die Kraft der Selbstlosigkeit.

17. Die Traumlehrer – Südwesten

Die Kachinas, Traumlehrer, die in Träumen mit Symbolen lehren, die Bringer der Träume, Inspirationen und Visionen, Impulsgeber, die Erzengel.

18. Die Karmameister – Nordwesten

Die Hüter der Lebensbücher (Akashachronik), die Meister der kosmischen Rhythmen und Zyklen, die Gesetzeslehrer, die Karmameister, die magischen Lehrer.

19. Die Meister des Höheren Selbstes – Nordosten

Die Lichtmeister, die Mitschöpfer im Universum, die durch völlige Hingabe an ihr höheres Selbst Meisterschaft erlangt haben, die Archai (Urengel oder Zeitgeister), die kosmischen Energielenker.

20. Wakan Tanka – westliche Kreismitte

Das große Geheimnis, der große Geist, Gott, Alles, Nichts, das Tao, Einssein, das Wunder des Daseins im Hier und Jetzt.

Diese Form der Eröffnung einer Schwitzhüttenzeremonie braucht in ihrer Durchführung natürlich eine gewisse Zeit. Aber sie baut ein starkes, kreisförmiges Energiefeld auf, das den Teilnehmern sowohl Schutz gewährt als auch Kraft für die Zeremonie gibt. Dazu müssen sie nicht mit der Bedeutung der verschiedenen Kräfte vertraut sein. Das Lied der Zwanzig ist intuitiv verständlich und unserem Unterbewusstsein auf seltsam archaische Art vertraut. Diese Anrufung ist auch noch unter einem anderen Namen bekannt: die so genannte Kinderzählung. In der Tradition heißt es, dass das Lied der Zwanzig so einleuchtend ist, dass sogar schon Kinder seine Bedeutung verstehen.

Natürlich ist der Twenty-Count nur ein – wenn auch sehr kraftvolles – Beispiel, wie man eine Anrufung gestalten kann. Es gibt viele verschiedene Möglichkeiten. Wer in eine Tradition initiiert wurde, wird natürlich die Anrufung dieser Linie übernehmen. Aber auch für andere gibt es einige Anhaltspunkte, welche Energien und Kräfte sinnvoll in die Schwitzhütte einzuladen sind. Aus der folgenden Liste kann man intuitiv oder bewusst bestimmte Kräfte heraussuchen.

• Die vier Himmelsrichtungen

Die Kräfte der Himmelsrichtungen bilden einen Kreis um uns, der die primäre Erfahrungsebene unseres visuellen Hauptsinnes ist. Schauen wir einmal rund um uns, sehen wir uns von einem Kreis umgeben, wo auch immer wir uns befinden. So ist der Kreis das Urbild der Welt. Dieser Kreis wird von vier Hauptpunkten markiert: Sonnenaufgang, Sonnenhöchststand, Sonnenuntergang, und die Mitte der Nacht. So definieren sich (zumindest in den gemäßigten und tropischen Breiten) einigermaßen genau die vier Himmelsrichtungen. Diese in die Schwitzhütte zu rufen bedeutet, den Kreis des Lebens zu rufen, und ist die Basis vieler kreisförmiger Weltbilder, die als indianisches oder europäisches Medizinrad oder Rad der Jahreszeiten oder des Lebens bekannt sind.

• Die vier Elemente

Mit den Elementen Feuer, Wasser, Erde und Luft sowie dem Äther in der Kreismitte ist unser Dasein wesentlich verbunden. Es gibt ein einfaches Lied, dessen Text das sehr schön und einfach illustriert: „Erde mein Körper, Wasser mein Blut, Luft mein Atem und Feuer meine Seele." Unser materielles Dasein auf dieser Erde wird wie der ganze Kreislauf des Lebens aus diesen vier Elementen gebildet.

• Die vier Reiche des Lebens

Damit sind die Steine, die Pflanzen, die Tiere und die Menschen gemeint als die verschiedenen inkarnierten Lebensformen auf dieser Erde, mit denen wir in Kontakt treten und kommunizieren können.

• Die Ahnen

In unserer mitteleuropäischen Kultur ist die Ehrung der Ahnenkräfte größtenteils verloren gegangen. Damit haben wir uns aber auch von einem Teil unseres Kraftstroms abgeschnitten. War die Beziehung zu unseren Eltern und anderen Vorfahren auch noch so belastet, gilt es doch immer auch, das darin liegende Geschenk zu nehmen. Die Ahnenlinie zu heilen bedeutet, Frieden mit den Ahnen zu schließen. Ist dies geschehen, wird eine starke Kraft freigesetzt, die uns mit unseren Wurzeln in der Zeit verbindet. Um zu verhindern, dass ungewollt Übel wollende Ahnen eingeladen werden (denn die gibt es, wenn auch eher selten), reicht der Zusatz „heilige" Ahnen.

• Tier- und Pflanzenverbündete

Persönliche Verbündete aus Tier- und Pflanzenreich können uns lehren, den Kontakt in diese Bereiche zu stärken, und stehen oftmals als Führer, Helfer und Unterstützer bei Jenseitsreisen zur Verfügung, aber auch als Begleiter im Alltag oder bei Krankheit.

• Götter und Göttinnen

Diese göttlichen Archetypen aller möglichen Kulturen können zur Unterstützung eingeladen werden. Ihre Kraft ist meist sehr groß, und besonders einzeln gerufen lenken sie die Richtung einer Schwitzhüttenzeremonie stark in ihre Richtung. Es kann eine spannende Erfahrung sein, die Götter kennen zu lernen, sich mit ihnen zu verbinden und sie in uns bewusst zu erleben und zu erwecken.

• Heilige und Erleuchtete

Viele lebende oder bereits gestorbene Heilige aus allen Kulturen können ebenfalls gerufen werden, um Kraftfelder aufzubauen und sich mit ihren bestimmten Qualitäten, ihrem Wissen und ihrer Weisheit zu verbinden. Das funktioniert dann besonders gut, wenn eine wie auch immer geartete, real vorhandene oder auch gefühlte Verbindung zu ihnen vorhanden ist.

- **Engel und andere Geistwesenheiten**

Natürlich kann man auch Engel und sonstige Wesenheiten der verschiedenen geistige Ebenen und Hierarchien in die Schwitzhütte einladen. Es gilt das oben Gesagte zur Resonanz und es ist klar, dass ich als Leiter in einer Anrufung immer wissen sollte, was ich tue.

- **Die Kraft der Liebe**

Alles ist Liebe – wenn auch nicht immer als solche erkenntlich. Die Kraft der Liebe in den Kreis zu rufen bedeutet, das Große Geheimnis, das göttliche Prinzip einzuladen, und damit ein Feld, das immer das Beste für den Einzelnen und das Ganze bewirkt.

Eine Anrufung zu sprechen ist ein magischer Akt. Alles, was ich ausspreche innerhalb einer solchen ist eine Einladung zur Manifestation. Das gesprochene Wort kreiert Schöpfung – am Anfang war das Wort, heißt es in der Bibel, oder im Sanskrit: nada brahma, die Welt ist Klang. Worte sind Schwingung, und Schwingung ist der Beginn von Schöpfung. Die Absicht einer gelungenen Anrufung ist, einen kraftvollen, harmonischen und zugleich geschützten Raum aufzubauen, in dem Heilung und Bewusstwerdung stattfinden kann, und in dem die Teilnehmer eine Verbindung untereinander und mit allen Ebenen des Lebens herstellen. Jede Kraft, jede Qualität, die gerufen und eingeladen wird, sollte diesem Zweck dienen.

Beim Rufen von Spirits und Kräften in die Schwitzhütte beginnt der Leiter, Wasser auf die glühenden Steine zu gießen. Das ist wie eine Begrüßung oder eine Manifestation. Wasser verwandelt sich beim Auftreffen auf die glühenden Steine in Wasserdampf, der nach oben steigt. Mit ihm steigen die gesprochenen Worte und Gebete nach oben, zum Großen Geist und den Spirits. Während das Wasser sich verflüchtigt, nimmt es die Gebete mit sich in diesen anderen Zustand. Oft werden nach jedem gesprochenen Gebet (und jede Kraft, die während einer Anrufung gesprochen wird, ist im Grunde ein Gebet) zwei Kellen Wasser aufgegossen. Natürlich ist das nur ein Anhaltspunkt. Es ist eine Kunst des Schwitzhüttenleitens, die Hitzekurve in der Schwitzhütte so zu steuern, dass es weder zu lau noch zu heiß wird. Wenn schon zu Beginn einer Anrufung viel Wasser aufgegossen wird, sind die Teilnehmer unter Umständen nicht mehr in der Lage, die ansteigende Hitze auszuhalten. Das wäre schade. So kann man durchaus auch halbe Kellen aufgießen, oder sogar nur tropfenweise Wasser spritzen. Gut dosieren kann man gerade am Anfang auch, wenn man wie oben erwähnt nicht mit der Kelle, sondern mit der hohlen Hand Wasser schöpft und aufgießt. Man hat meist ein besseres Gefühl für kleine Mengen. Soll dagegen die Hitze schneller steigen, ist die Hand schnell wieder zu klein, und die Schöpfkelle kommt zum Einsatz.

6.16 Die Anzahl der Runden

Man spricht in einer Schwitzhüttenzeremonie von Runden oder Türen. Das meint den Zeitraum vom Verschließen der Türe, wenn sich genügend heiße Steine im Inneren befinden, bis zum erneuten Öffnen. Innerhalb einer Runde wird gesungen, gebetet, geschwiegen, geheilt, was auch immer der Ablauf der Schwitzhütte ergibt. Ist die Türe dann wieder geöffnet, gibt es meist Wasser zum Trinken oder auch zum Erfrischen für die Teilnehmer. In manchen Traditionen können die Schwitzer während einer Pause auch die Schwitzhütte verlassen. Dann ist es gut, sich draußen hinzusetzen oder flach auf den Boden zu legen, Erdkontakt zu suchen und tief zu atmen. Der Kreislauf kann stark belastet sein (was gerade erfahrene Saunagänger manchmal erstaunt), deswegen empfiehlt es sich nicht, herumzulaufen – abgesehen davon, dass dies die meditative Grundstimmung für denjenigen wie die ganze Gruppe eher stören würde.

Die Entscheidung, die Schwitzhütte in einer Pause zu verlassen, sollte nicht zu leicht getroffen werden. Einerseits kühlt man natürlich ab, hat mehr Platz zur Verfügung, kann sich möglicherweise erst draußen wieder richtig strecken und sammelt so neue Kraft. Andererseits ist die Schwitzhütte eine Geburtserfahrung und die einzelnen Runden mit ihrer feurigen Hitze sind wie Abfolgen von Wehen, die durch die Gebärmutter der Erde gehen, die Kinder im Inneren drücken und belasten, sie damit aber auch auf die kommende Neugeburt vorbereiten. Kinder im Mutterbauch können die Gebärmutter nicht verlassen, um sich von den Anstrengungen auszuruhen, genauso wenig wie die Mutter eine Pause von den Wehen nehmen kann, wenn es ihr zuviel erscheint. Ein Verlassen der Schwitzhütte in der Pause unterbricht den Strom der Kraft, der sich im Innern der Teilnehmer wie in der ganzen Hütte aufbaut. Oft muss man als Leiter wieder ein Stück weiter vorne anfangen, um die Energie erneut auf den Level vor der Türöffnung zu heben.

Mein Lehrer sagte, man ehre seine Mutter dadurch, dass man in der Pause die Schwitzhütte nicht verlässt, denn auch sie konnte den Geburtsprozess nicht unterbrechen und hat uns doch unter Aufbietung all ihrer Kräfte auf die Welt gebracht. Ich denke, jede Frau, die geboren hat, weiß, was gemeint ist. Es sind auch meistens wesentlich mehr Männer, die in der Pause die Schwitzhütte verlassen, wenn die Wahl freigestellt ist. Trotzdem bleibt diese Entscheidung natürlich immer in der Eigenverantwortung der Teilnehmer. Wenn jemand am Rande seiner Kräfte steht ist es mir lieber, dass er sich in einer Pause regeneriert, bevor er die ganze Zeremonie abbricht. Ein wichtiges Ziel als Schwitzhüttenleiter sollte immer sein, alle Teilnehmer bis zum Ende der Zeremonie innerhalb der Schwitzhütte zu begleiten – obwohl es in einzelnen Fällen auch einmal stimmig sein kann, wenn jemand vorzeitig die Zeremonie verlässt.

Es gibt Zeremonien, in denen klar angekündigt wird, dass kein Teilnehmer die Schwitzhütte in den Pausen verlässt – und seltsamerweise geht das dann auch problemlos. Die Macht des gesprochenen Wortes? Oder ist es für viele Menschen doch so schwer, in gegebener Freiheit eine kraftvolle und manchmal Disziplin erfordernde Entscheidung zu treffen...?

Obwohl es auch andere Varianten gibt, orientieren sich die meisten Schwitzhüttenzeremonien doch am Prinzip der vier Runden. In vielen Traditionen werden diese den vier Himmelsrichtungen zugeordnet. Es gibt verschiedene inhaltliche Ausrichtungen im Ablauf der Runden.

Bei den Lakota stehen sie zum Beispiel für:

1. Runde: Danken
2. Runde: Bitten
3. Runde: Loslassen
4. Runde: Empfangen bzw. Meditieren

In der Deer Tribe-Tradition der Twisted Hair ist die leicht variierte Bedeutung der vier Runden:

1. Runde: bitten und danken für sich selbst
2. Runde: bitten und danken für andere
3. Runde: Loslassen/Giveaway
4. Runde: Empfangen

Natürlich gibt es auch andere Möglichkeiten, die Runden bestimmten Inhalten zuzuordnen, wobei hier wieder einmal der Phantasie und Inspiration keine Grenzen gesetzt sind. Entscheidend ist die Sinnhaftigkeit im Ablauf, die innere Struktur. Es gibt aber trotzdem kaum einen Grund, unbedingt das (Medizin-)Rad neu erfinden zu müssen und sich nicht an den bewährten Strukturen zu orientieren.

Ich war in Schwitzhütten eines Mexikaners, in denen nur gebetet wurde, wenn die Tür geöffnet war (was auch manchmal in der Lakotatradition so gemacht wird). Die Runden waren sehr kurz und es wurde immens heiß, bis fast alle Teilnehmer schrieen. Dann wurden rundum die Decken von Helfern nach oben gerollt, sodass von allen Seiten frische Luft in die Hütte kam und es gab Trinkwasser für alle, bevor die Gebetsrunde begann.

Von einem nordkanadischen Indianer hörte ich, dass dort die Schwitzhüttenzeremonie nur aus einer einzigen Runde besteht – dafür ist diese sehr lange. Alle Steine kommen zu Beginn in die Hütte, dann wird die Tür verschlossen und über einen langen Zeitraum nur sehr wenig Wasser aufgegossen, bis die Steine einen Teil ihrer Hitze abgegeben haben. Dort werden auch Initiationszeremonien abgehalten, bei denen ein Junge, wenn er das Alter erreicht hat, um zum Mann zu werden, drei Tage und drei Nächte bei relativ geringer Hitze (nicht aber ohne Schwitzen) in der Schwitzhütte verbringt. Diese Initiation wird dort noch von Lehrerpflanzen unterstützt.

Bei den Lakota sind Heilschwitzhütten bekannt, die aus 16 Türen bestehen! Allerdings verlassen hier die Teilnehmer nach jeder Runde die Hütte.

Obwohl die meisten Hütten mit vier Runden abgehalten werden, ist die Anzahl der Runden grundsätzlich offen und wird vom Leiter während der Zeremonie bestimmt. Manchmal erweist es sich im Ablauf als sinnvoll, sie schon nach der dritten Runde zu beenden. Oder die dritte und die vierte Runde werden zusammengezogen, sodass nach der Runde des Loslassens nahtlos die Verabschiedung erfolgt. Manchmal ist deutlich spürbar, dass der Prozess am Ende der vierten Runde noch nicht abgeschlossen ist und eine fünfte oder auch sechste Runde angeschlossen werden soll. Oft ist dies bei Heilzeremonien der Fall, wo die Energiebewegung in der Hütte viel individueller ist als bei einer Zeremonie, die einer Gruppe als Gebetszeremonie und Reinigung dient. Immer aber sollte der Leiter wissen, was er tut. Eine Veränderung im Energiedesign kann mitunter kraftvolle und heilsame Bewegungen auslösen, sowohl bei Einzelnen wie in einer Gruppe. Unerwartete Veränderungen eines bekannten Ablaufs machen die Teilnehmer wach und bringen sie ins Hier und Jetzt. Andererseits gibt eine bekannte Struktur auch Halt und Sicherheit. Ist ein Leiter gut im Fluss und verbunden mit den Spirits, wird er wissen, wann es sinnvoll ist, den üblichen Ablauf einer Schwitzhüttenzeremonie zu verändern.

6.17 Singen und Instrumente

Singen – ich soll singen? Ich sitze in der Schwitzhütte und schäme mich, wie ich es schon immer gemacht habe, wenn ich singen sollte. Ich kann nicht singen – so ist mein Glaubenssatz. Wenn ich singe, werde ich ausgelacht. Die Singschule verließ ich bereits in der Grundschule, als ich zur allgemeinen Erheiterung der erste war, dessen Stimme brach. Mein tiefes Gebrummel in der Pubertät brachte schon meine Mutter immer zum Lachen. Vorsingen im Singunterricht der späteren Jahre war mir verhasst. Und als ich später Gitarre spielen lernte, baten mich meine Freunde, sie zu begleiten, ohne dabei zu singen... Und jetzt – geht etwas in mir auf. Der ganze Kreis singt laut und durchdringend, ich spüre die Kraft der Gemeinschaft – und ich öffne meinen Mund. Ich traue mich. Inmitten dieser Dunkelheit singe ich, brummig, laut, falsch, unrhythmisch. Aber es ist mir egal. Es strömt aus mir, die Schönheit der Liedworte ergreift mich, ich habe Tränen in den Augen – und niemand lacht. Nur ich selbst.

Mit wenigen Ausnahmen ist eine Schwitzhüttenzeremonie ohne das Singen von Liedern nicht vorstellbar. Singen ist ein zutiefst spiritueller Prozess. Töne verbinden uns mit verschiedenen Schwingungen des Universums, bringen uns in Resonanz mit bestimmten Frequenzen, richten uns auf und aus.

Jeder kann singen. Viele Menschen haben jedoch durch negative Erfahrungen in Kindheit und Jugend Abstand genommen vom Singen. Oftmals liegen tiefe Beschämungen in der Tiefe der Seele, die mit Singen zu tun haben. Nicht zu singen aber ist verhinderter Selbstausdruck. Singen macht sichtbar, denn kaum anderswo drücken Menschen so viel von ihren Emotionen aus wie im Gesang. Im zittrigen leisen Summen, im kräftigen Brummen, im ständig danebenliegenden lauthalsen Schmettern, in feinen Gesängen, in den höchsten Tönen jubilieren – wie ein Mensch singt, verrät uns vieles über seine Seele. Singen geschieht vom Zentrum des Seins aus, und wer gut in Kontakt steht mit seiner Mitte, wer sich in Balance befindet, wird irgendwann einigermaßen gut singen können. Es ist nicht nötig, dabei geübt zu sein oder den Wettbewerb von DSDS zu gewinnen. Es dürfen auch Töne daneben liegen, es darf voller Inbrunst geschmettert werden. Entscheidend ist die Freude am Ausdruck. Singen öffnet das 5. Chakra im Hals und unterstützt unseren Selbstausdruck. Ganz nebenbei weitet es die Atmung, öffnet die Brust, richtet unsere Wirbelsäule auf, balanciert die beiden Hälften in uns, weist uns den Weg zu unserer Mitte. Sich in Gesang selbst auszudrücken kann die Scham heilen, das Selbstbewusstsein stärken, alte Wunden schließen. Und nicht zuletzt verbindet es uns mit anderen Menschen. Gemeinsam im Chor zu singen zeigt uns unseren Platz im Gefüge der Gemeinschaft. Wir schwingen uns aufeinander ein, finden unseren Beitrag zum Ganzen, kommen in Resonanz, und kreieren gemeinsam Schönheit.

Ein singender Kreis in der Enge der Schwitzhütte, in dem viele Menschen die übliche Zurückhaltung, Schüchternheit und Scham im Zusammenhang mit Singen überwunden haben, ist etwas Wunderbares und Heilsames. Die Resonanzen vieler Stimme erfüllen die Dunkelheit, ein Klangteppich weitet sich aus, umhüllt die Menschen und Verschmelzung geschieht. Das Ego zieht sich für eine Weile zurück. Das Erlebnis, Teil einer harmonischen schwingenden Resonanz zu sein, berührt viele Teilnehmer bis in ihr Innerstes und öffnet sie, wobei man bemerken muss, dass diese Erfahrung für die Meisten unbemerkt bleibt.

Lieder sind ein gutes Mittel, um den Ablauf der Zeremonie zu strukturieren. Sie setzen Akzente, aktivieren den Kreis der Teilnehmer, schaffen Zusammengehörigkeit und unterstützen mit ihren Worten, richtig eingesetzt, den Fluss der Energien in die Richtung der gesetzten Absicht. Meist ist ein guter Zeitpunkt für ein Lied Anfang und Ende einer Runde. Manchmal kann man auf ein Gebet eines Teilnehmers mit einem Lied antworten und so dessen emotionale Ebene noch mehr ansprechen. Das richtige Lied zum richtigen Zeitpunkt kann tiefe Heilung für die Seele bewirken.

Fast am Wichtigsten ist das letzte Lied, das am Ende der vierten Runde vor dem Verlassen der Hütte angestimmt wird. Es ist sozusagen das Geburtslied und begleitet die Teilnehmer nach draußen. Es sollte die Energie der Hütte noch einmal betonen, die Energie ein letztes Mal aufbauen, das Geschehen rund machen, wenn die Hitze am höchsten und fast unerträglich ist, bevor alle mit dem letzten Schwall Wasser wie mit einer Presswehe neu geboren werden.

Um vielen Menschen das Mitsingen zu ermöglichen, ist es sinnvoll, einfache Lieder zu singen, die man nicht erst lange üben und lernen muss. Natürlich ist es auch etwas besonderes, wenn viele Menschen im Kreis „echte" Schwitzhüttenlieder in Lakotasprache singen können. Trotzdem bin ich der Meinung, dass es meist nicht sinnvoll ist, fremdsprachige Lieder zu adaptieren. Nicht umsonst nennen wir unsere erste erlernte Sprache unsere Muttersprache. Mit ihr wachsen wir auf, sie geht uns in Fleisch und Blut über, sie sinkt tief in unser Unterbewusstsein, in ihr träumen wir sogar, und in tiefster Not werden wir auf sie zurückgreifen Ich habe mehrfach erlebt, dass Teilnehmer einer Schwitzhütte mit einer anderen Muttersprache in katalytischen Situationen in ihre eigene Muttersprache verfielen. Sie ist einfach nahe liegender, und in großer seelischer Not, wenn unbewusste Teile in uns die Führung übernehmen, wenn wir loslassen und uns hingeben, werden wir automatisch auf unsere Muttersprache zurückgreifen. Wir sind keine Indianer, und indianische Lieder zu singen, deren Inhalt wir weder sprachlich noch kulturell verstehen, hat für mich wenig Sinn, auch wenn die Lakota von sich behaupten, „die" Ursprache zu sprechen, die am nahesten am Großen Geist ist. Ähnlich ist es mit anderen Sprachen. Englisch verstehen inzwischen die meisten Menschen leidlich, trotzdem ist auch hier immer eine Barriere zu beobachten – der Inhalt vieler Lieder sinkt nicht so leicht in die Seelen der Teilnehmer wie bei deutschen Texten. Schon ein Wort, das man nicht versteht, reicht oft aus, um eine Barriere zu fühlen – beobachte das einfach einmal selbst.

Für indische Mantren würde ich das etwas differenzieren. Sobald die Silben zu viele werden und der zu erlernende Text zu lang, empfinde ich – unabhängig von der musikalischen Schönheit – dasselbe wie oben gesagt. Ich verstehe nicht, was ich singe, obwohl mir das zuallererst wichtig wäre. Zudem muss ich mein Gehirn zu sehr anstrengen, um mir eine Anzahl für mich bedeutungsloser Silben zu merken. Das bringt mich eher in den Kopf als weg davon, wie es das Singen ja beabsichtigt. Und ich möchte erinnern, was ich im Abschnitt über Anrufungen gesagt habe: jedes Wort erschafft eine Wirklichkeit. Wenn ich nicht weiß, was ich gerade singe, erschaffe ich womöglich seltsame Räume.

Wieder einmal bin ich Teilnehmer in einer südamerikanischen Zeremonie der Santo-Daime-Church. Ich liebe, achte und schätze diese heilsamen Zusammenkünfte im Zeichen einer herb-bitter schmeckenden, aber auf allen Ebenen sehr heilsamen Dschungelmedizin, die auf alte schamanische Rituale zurückgeht, die in christlichen Kontext, ähnlich wie bei der Native American Church, adaptiert wurden. Voller Ekstase singen die meisten Teilnehmer die melodischen Lieder, die dem Geschehen Halt und Rahmen geben, und auch ich versuche, mithilfe der ausgeteilten Liederbücher die portugiesischen Texte richtig auszusprechen, was mir nur rudimentär gelingt. Dann schaue ich genauer hin und entdecke, dass ich diesmal ein zweisprachiges Liederbuch erhalten habe – alle Lieder sind auf der jeweils linken Seite ins Deutsche übersetzt. Meine Worte brechen ab – ich bin entsetzt über ihre Bedeutung. Ein muffiges, selbstverurteilendes und engstirniges Denken schlägt mir entgegen, wie es typisch für das Christentum des 19. Jahrhunderts war, in dem die Santo-Daime-Church ihren Ursprung hat: „Ich armer Sünder", „ich bin unwert", „errette mich oh Herr", „ich bin nichts, ich kann nichts", „im Staub krieche ich voller Demut" usw. Manchen mag dieser Weg ja etwas geben. Aber ich bin sicher, dass die meisten (deutschen) Teilnehmer, die da so ekstatisch singen, nie die Bedeutung dieser Texte in den wirklich wunderschönen Melodien erfasst haben. Ich jedenfalls konnte von da an bei vielen Liedern nicht mehr mitsingen.

Andererseits gibt es gerade unter den indischen Mantren viele, die mit sehr wenigen Silben auskommen, die Götter und Göttinnen besingen und ehren und in ihrer Bedeutung völlig klar sind. Gerade solche Lieder können uns dann besonders leicht vom Denken ins Fühlen bringen, was ja auch ihre Absicht ist. Vielleicht mag das auch für einige Menschen bei anderen Sprachen so sein, ich möchte das nicht abstreiten. Ich gebe hier meine eigene Erfahrung wieder.

Ein Problem dabei ist allerdings, dass es relativ wenig geeignete Lieder in deutscher Sprache gibt. In internationalen Kreisen sind immer die Deutschen diejenigen, die Probleme bekommen, wenn heimische Lieder gesungen werden sollen. Kaum einmal gibt es ein Lied, das jeder kennt, die meisten Volkslieder sind vergessen, und neuere Liedschöpfungen relativ rar, gerade wenn man in den spirituellen Bereich sieht. Ich bin immer dankbar, wenn jemand ein kurzes, leicht erlernbares und dazu noch schönes Lied mit spirituellem oder naturreligiösem Hintergrund in den Kreis bringt. Im Anhang findet sich eine Reihe von einfachen Liedern, die ich im Laufe der Zeit gesammelt habe, und die sich besonders für Schwitzhütten eignen.

Untermalen kann man die Gesänge durch rhythmisches Klatschen mit den Händen, was vielen Menschen hilft, den Takt besser zu halten. Außerdem kann man so ein Tempo vorgeben. Häufig werden Lieder zu langsam angestimmt oder aus der textlichen Unsicherheit heraus zu langsam gesungen, und leiern dann müde und ohne Kraft und Energie vor sich hin. Durch einen geklatschten Rhythmus kann man die Kreisenergie anfeuern. Eine andere Möglichkeit ist die Verwendung einer Rassel.

Manche Schwitzhüttenleiter nehmen ihre Trommel mit in den Bauch der Erde. Die Wirkung von Trommeln unter diesen extremen Umständen ist noch um einiges stärker als draußen. Der enge Raum wird durchdrungen von den Geräuschen, wie der Herzschlag der Mutter kann der Schlag der Trommel bisweilen klingen. Meist bietet sich ein langsamer Rhythmus an, der die Teilnehmer tief in Trance versetzen kann und die Grenzen von Raum und Zeit auflöst. Trommeln in der Dunkelheit, Hitze und Enge der Schwitzhütte ist mehr noch als sonst eine tiefe Meditation. Man sollte sich dieser starken Wirkung bewusst ein, wenn man sie einsetzen will. Natürlich bietet sich auch eine schamanische Reise unter diesen Umständen an, wenn die Teilnehmer mit dieser schamanischen Technik vertraut sind. Eine weitere Möglichkeit ist die Begleitung der Zeremonie durch Trommeln von außen. Ein Trommler, der langsam die Schwitzhütte umrundet, während er spielt, kann für die Teilnehmer im Innern einen magischen Raum erschaffen. Aber auch leise und monoton am Feuer gespielt verfehlt die Trommel ihre begleitende und in die Tiefe führende Wirkung nicht.

Auch ein Didgeridoo durfte ich schon im Inneren einer Schwitzhütte erleben und war ein ganz besonderes Erlebnis, das den Kontakt mit der Erde für alle vertiefte. Nur muss dazu die Schwitzhütte groß genug sein, da es doch recht lang ist...

6.18 Über das Beten

Die Schwitzhütte ist zuallererst eine Reinigungs- und Gebetszeremonie. Während wohl jeder mit dem Aspekt der Reinigung etwas anfangen kann, ist das Gebet für viele Menschen in heutiger Zeit etwas ungewohnt und bereitet manchen im Vorfeld einer Schwitzhütte, wenn das Gespräch darauf kommt, wirkliche Probleme. Deshalb möchte ich an dieser Stelle einiges zu diesem Thema sagen.

Beten hat mit dem Wort „bitten" zu tun. Grundsätzlich wendet man sich im Gebet an eine außen stehende Instanz mit der Bitte um Unterstützung für ein persönliches Anliegen. Dabei kann es um Heilung gehen, um persönliche Wünsche materieller und nichtmaterieller Art, um Beziehungsklärung, Familienthemen, um das Finden, Ausformulieren und Erreichen von persönlichen Zielen, im Grunde um sämtliche Probleme und Themen menschlicher Art. Man bittet um Unterstützung, Hilfe und Begleitung aus den nichtmateriellen Welten, von nichtinkarnierten Wesenheiten, sei es Gott, die Göttin des Lebens, das Leben selbst, Engel, Heilige, Geistwesen, oder geistige Helfer welcher Art auch immer. Die Instanz, an die man sich dabei wendet, ist von persönlichen Glaubensvorstellungen geprägt und sollte in einer europäischen Schwitzhütte von jedem Teilnehmer individuell frei bestimmbar sein. Die Schwitzhüttenzeremonie, wie sie überliefert wird, ist ein Bestandteil schamanisch geprägter und orientierter Kulturen mit regional sehr unterschiedlichen Glaubensvorstellungen. Jeder Stamm hat seine eigenen, von verschiedensten Wesenheiten bevölkerten Mythen und Geschichten, seine eigene Kosmologie, seine eigenen Götter, Spirits und Geister, die oftmals kaum etwas mit dem benachbarten spirituellen Kosmos zu tun haben. Auch das Prinzip einer übergeordneten göttlichen Wesenheit ist nicht überall bekannt. Verbindend wirkt hier das grundsätzliche Weltbild des Schamanismus. Schamanismus gilt nicht als Religion im eigentlichen Sinne, sondern als eine Sammlung von verschiedenen Ekstase-Techniken, um mit den Welten des Jenseits und ihren Bewohnern in Kontakt zu kommen und Diesseits und Jenseits auszubalancieren.

Der Spalt zwischen den Welten öffnet sich in der Regel während einer gelungenen Zeremonie. Die Anrufung zu Beginn einer Schwitzhütte schafft einen magischen Rahmen, einen geschützten Kreis, in dem der Kontakt zu nichtalltäglichen Wesenheiten leichter fällt. Obwohl viele Menschen im Alltag nicht beten, kann man immer wieder beobachten, dass sich die Teilnehmer in einer Schwitzhütte leicht darauf einlassen können, ihre Wünsche, Bitten und Sorgen zu formulieren und auszusprechen. Da wir in einer Zeit der religiösen Autonomie und Selbstbestimmung leben und verschiedenste spirituelle, religiöse und esoterische Glaubensvorstellungen und Praktiken nebeneinander bekannt sind und ausgeübt werden, finde ich es anmaßend, vorzugeben, zu wem die Teilnehmer beten sollen – das wird nicht funktionieren. Die Quelle ist in meinen Augen immer dieselbe – und Manifestationen davon gibt es unendlich viele. Das Rad ist mir dabei als Symbol eine große Hilfe: viele Speichen, eine Nabe. Viele Wege führen zur Mitte, und welchen spirituellen Weg jemand einschlägt, liegt in der Selbstverantwortung jedes Einzelnen. So kann es vorkommen, dass in einer Schwitzhüttenzeremonie nacheinander zum Großen Geist, zur Göttin, zu Gottvater, zu Jesus, zu den Spirits, zu Shiva, zum Tao, zu Großmutter Erde oder zum Leben selbst gebetet wird. Nicht alle dieser religiösen Vorstellungen entsprechen meinem persönlichen Weltbild, manche riechen nach Indoktrination und unreflektiertem Übernehmen vorgegebener Bilder, in manchen klingt kindliche Erlösungssehnsucht an. Aber dann, wenn Menschen sich mit ihren innersten Nöten und Sorgen zeigen, sich vertrauensvoll öffnen und beten, ist absolut nicht der richtige Platz, um theologische Grundsatzdiskussionen zu führen. Ein Gebet, das aus dem Herzen gesprochen wird, kommt immer an sein Ziel.

So bedeutet für mich ein Gebet genau dieses: aus der tiefsten Wahrheit des eigenen Herzens zu sprechen! Beten ist keine Auflistung von Wünschen und Sehnsüchten, auch kein Wunschkonzert, wo ich nur im Jenseits anrufen muss, um alles zu bekommen, was ich mir wünsche. Auch Bestellungen beim Universum sind nicht immer angebracht in der Gebetsrunde. Die Schwitzhütte ist kein Ort zur Erfüllung unserer egoistischen Sehnsüchte nach Materie und Besitz. Es geht um den Weg mit Herz. Darum, die Gaben des eigenen Seins zu seiner größten und schönsten Entfaltung zu bringen. Und in Verbindung zu treten mit allem, was ist. Verantwortung zu übernehmen für das eigene Leben und die Welt, wo auch immer wir mit ihr in Berührung sind. Es gilt herauszufinden, was der heilige Traum deiner Seele ist, diesen wach zu tanzen und in Einklang zu bringen mit dem heiligen Traum der Erde. Man nennt diesen Vorgang das Erwachen des spirituellen Kriegers. Wir brauchen Menschen auf dieser Erde, die Verantwortung übernehmen, weil sie mit dem Herzen den Zustand unserer Welt erspüren und wissen, dass es etwas zu verändern gilt. Wir brauchen spirituelle Krieger mit dem Wissen um ihre Kraft und dem Geschenk ihrer Gaben, die sie dem Ganzen zur Verfügung stellen. Wir brauchen die Waffen des klaren und illusionslosen Geistes, des offenen Herzens, der umsichtigen und beherzten Tat und des Muts zum Träumen von einer

Welt, in der für alle in gegenseitigem Respekt und einem tatkräftigen Miteinander Platz ist, und die für alle genug hat, wenn wir den Weg vorwärts von einer gierigen und kaltherzigen „Zuvielisation“ hin zu einer werteorientierten Zivilisation gehen wollen, die diesen Namen wahrhaft verdient.

Man hört einem Gebet meist an, ob es aus dem Herzen gesprochen wurde oder aus der Kontrolle des Verstandes, ob es leidenschaftlich und bewegt aus der Tiefe der Seele erklingt oder berechnend oder auch zurückgehalten von der Angst, sich zu zeigen. Es geht dabei natürlich nicht darum, diese Fähigkeit, aus dem Herzen zu sprechen, zu bewerten, sondern ein Bewusstsein für den Ursprungsort unserer Gebete aufzuzeigen. Wir in der „westlichen“ Gesellschaft sind es nicht gewohnt, offen aus dem Herzen zu sprechen, es wird uns nicht gelehrt. Im Gegenteil lernen die meisten von uns, sich gerade nicht offen zu zeigen, verhüllende Masken zu tragen, und nicht der Wahrheit des Herzens zu folgen. All das müssen wir uns erst zurückerobern. Die Schwitzhütte ist ein idealer Ort dafür, um all die Masken und Schutzschichten abzulegen, berührbar zu werden und authentisch, und sich der Wahrheit seines Herzens wieder bewusst zu werden.

Das Beten in der Schwitzhütte kann natürlich als Bitte an die unterstützenden Kräfte der Geistwelt oder den Großen Geist selbst angesehen werden. Etwas nüchterner betrachtet – für Realisten, die damit Probleme haben –, ist es einfach eine starke Ausrichtung des eigenen Bewusstseins auf ein selbstgestecktes Ziel. Die eigene Absicht zu formulieren und sie im Kreis von Menschen laut auszusprechen kann ein starker Anstoß für Veränderung sein. Zudem wird das Gesprochene von der geballten Aufmerksamkeit der anderen Teilnehmer gestärkt und unterstützt. Manchmal begreife ich ein gesprochenes Gebet wie ein Informationsfeld, gemäß der Theorie der morphogenetischen Felder von Rupert Sheldrake. Es ist eine neue Kreation, die ich als Information in dieses Universum gebe, der Beginn einer Neuschöpfung, die ich aber vom Aussprechen an nähren und stärken muss, um einen Effekt zu erreichen. Je mehr Menschen diesem Gedankenfeld ihre Aufmerksamkeit schenken, umso größer und wirkungsvoller wird es, und umso stärker kann es seine Wirkkräfte entfalten. So schenken wir uns gegenseitig in der Schwitzhütte durch den Kreis unsere Kraft, Aufmerksamkeit und Unterstützung auf dem Weg unserer Heilung und bei der Neuschöpfung unseres eigenen Universums. Gemeinsam sind wir stark...

Bei Gebeten für andere Menschen gibt es einige grundsätzliche Dinge zu beachten. Ein wichtiges Gesetz im Universum ist, dass man anderen nicht helfen kann und soll, wenn sie nicht darum gebeten haben. Es ist bekanntermaßen vergeudete Energie, jemanden von etwas überzeugen zu wollen, das nicht seiner eigenen Absicht entspringt. So brauchen wir viel Aufmerksamkeit, wenn wir für andere beten, um nicht ins Manipulieren zu verfallen und unsere persönliche Meinung davon, was für einen anderen gut wäre, nicht zu seiner Wahrheit zu machen. Wir wissen nicht, warum jemand krank geworden ist und was ihn seine Krankheit lehren will. Manchmal müssen Menschen auf ihrem Weg tief absteigen, um ihren Seelenkern zu erreichen und sich danach aus eigener Kraft wieder zu erheben. Und anderen Menschen etwas zu wünschen, was letztendlich nur uns selbst zugute kommen soll, verbietet sich von natürlich von selbst – z. B., dass unser Partner endlich erkennen soll, wie gut wir es doch mit ihm meinen... Wenn wir dabei nicht achtsam sind, ist es nur ein kleiner Schritt zur so genannten schwarzen Magie.

Natürlich wollen wir alle das Beste für die Mitmenschen, die uns am Herzen liegen. Deshalb ist eine gute Formulierung, wenn wir für andere beten, ein Satz wie dieser: „...wenn es zum besten Wohle von ihm (oder dem Ganzen) ist." Oder wir beten einfach dafür, dass derjenige viel Kraft und alle Unterstützung auf seinem Weg hat, die er für seine Entwicklung braucht. Bittet uns dagegen jemand darum, für ein konkretes Anliegen, für Gesundung oder Unterstützung für ein Projekt zu beten, ist das Gesagte natürlich hinfällig. Dann ist in der Schwitzhütte mit der Unterstützung des ganzen Kreises der richtige Platz dafür.

6.19 Our Magic is a Giveaway – das Weggeben

Neben der Gebetszeremonie ist die Schwitzhütte ein Reinigungsritual für Körper, Geist und Seele. Aber wie funktioniert das? Was bedeutet das?

Wie die Reinigung für den Körper funktioniert, ist relativ klar: kaum beginnt die Zeremonie, macht sie auch schon ihrem Namen alle Ehre. Schweiß beginnt aus allen Poren zu fließen und mit ihm Schlacken und Ablagerungen, alte Hautschichten lösen sich, und manchmal sind alle froh, wenn der Salbei, der die neuen Steine begrüßt und segnet, die anderen Gerüche in der Schwitzhütte überdeckt... Reinigung auf der körperlichen Ebene kann uns unter Umständen mit unangenehmen Gerüchen konfrontieren und auch diese gehören zum Prozess des Loslassens.

Aber wie geschieht nun Reinigung auf der seelischen oder geistigen Ebene? Zunächst möchte ich klar stellen, was mit diesen Bereichen gemeint ist: seelisch meint in diesem Zusammenhang die emotionale Ebene, den Bereich der Gefühle, der seelischen Bewegtheit – all die Zwiebel-Schichten, die sich um unseren Seelenkern herum gelegt haben und den direkten Kontakt zu unserer Mitte, unserem Zentrum oder unserem Seelenkern verhindern. Von frühester Kindheit an werden die spontanen Gefühlswellen, die uns durchfließen, durch die Ge- und Verbote der Erwachsenen in bestimmte Bahnen gelenkt. Wir lernen anhand ihrer Reaktionen, dass es erwünschte und unerwünschte Gefühle gibt (Wutausbrüche, Zorn, Lust, etc.), dass manche Gefühlszustände nur an bestimmten Orten oder zu bestimmten Zeiten erlaubt sind (z. B. Lachen in der Kirche oder auf Begräbnissen, Weinen in der Schule oder generell im öffentlichen Raum, etc.), und beginnen uns in unserer totalen Abhängigkeit vom Wohlwollen der Großen nach ihnen zu richten. Alle Gefühle aber, die nicht gespürt und ausgedrückt werden dürfen, bleiben in uns „kleben". Sie bilden in der psychologischen Sichtweise Schicht um Schicht um unseren Seelenkern, den wir nach und nach immer weniger spüren können, bis wir dann als Erwachsene irgendwann aufwachen und uns auf die Suche nach Echtheit, Lebendigkeit und Intensität machen, weil wir spüren, dass uns etwas Wesentliches abhanden gekommen ist. Es ist genau dieser Kontakt mit unserem Innersten, der aufgrund vieler ungelebter Emotionen nicht mehr möglich ist. Es hat sich eine Menge „Seelenmüll" angesammelt, der erst wieder entsorgt werden muss. In der bioenergetischen Sichtweise äußern sich diese zurückgehaltenen und unterdrückten Emotionen als Spannungen und Verhärtungen im Körper. Man wird unbeweglich, steif, verspannt, und unter Umständen befreien sich diese Spannungszustände irgendwann auch als manifestierte Krankheit. Das ist die Grundlage der psychosomatischen Medizin. Heilung geschieht dann, indem man den Prozess umdreht und damit beginnt, die eingefrorenen Gefühle wieder ins Fließen zu bringen. Dies kann durch verschiedene Formen von Körperarbeit geschehen, oder – durch Schwitzhüttenzeremonien. In der Konfrontation mit Hitze, Enge, Dunkelheit und Nacktheit, in Verbindung mit der Einladung, sich beim Beten ganz ohne Masken zu zeigen und sich seelisch weit zu öffnen, kommen häufig alte festgehaltene Emotionen wieder ins Fließen. Oft sind Teilnehmer erstaunt, wenn sie emotional werden, zu weinen beginnen, wütend oder auch aggressiv werden. Meist richten sich diese heftigeren Ausbrüche dann gegen die Hitze und Enge, und derjenige versichert glaubhaft, dass „das hier nichts für ihn wäre", dass er unbedingt raus muss, dass er es nicht mehr aushält usw. Er hält es wahrscheinlich tatsächlich nicht mehr aus – nämlich, dass da uralte Emotionen wieder an die Oberfläche kommen und ihn so bewegen. Das aber ist seelische Reinigung, die uns wieder lebendiger macht, ursprünglicher, die die verpanzerten Schichten um unseren Seelenkern schmilzt und ins Fließen bringt. Und jetzt geht es ums Loslassen, ums Giveaway.

Loslassen bedeutet, nicht mehr festzuhalten: Am Alten, am Überholten, am Verbrauchten. Am Schweren, am Belastenden, am Einengenden. Sich zu verabschieden von der Vergangenheit, was vielen manchmal schwer fällt. All zu oft halten wir Dinge, Gefühle, Denk- und Verhaltensweisen aus falsch verstandener Identifikation fest, obwohl sie nur beschweren oder sogar schaden. Wir identifizieren uns mit dem so genannten Schmerzkörper, der die Erinnerung an all das Schwere und Schmerzhafte unserer Vergangenheit trägt. Er bildet sich mit dem Beginn unseres Erden-Daseins aus und bestimmt bei vielen Menschen das ganze restliche Leben durch die anerzogenen Verhaltensweisen. Es lohnt sich, ihn durch bewusste Selbstbeobachtung kennen zu lernen und nach und nach die eingespeicherten Programme und Reaktionsmuster zu durchbrechen und zu befreien.

Das Bewusstwerden, Hochkommen und Ausleben von alten Gefühlsschichten in der Schwitzhütte ist eine wertvolle und effektive emotionale Reinigung. Stück für Stück lösen sich die alten Verpanzerungen um unseren Kern auf, und machen uns wieder lebendiger, heiler, berührbarer und reicher an Gefühlen. Das ist der Grund, warum so viele Menschen nach einer Schwitzhüttenzeremonie so viel intensiver sehen, hören, fühlen, riechen, warum sie sich verbundener fühlen mit den Menschen und der Natur drum herum. Es ist etwas, was viele nur aus ihrer Kindheit kennen, und jetzt nehmen sie staunend wahr, wie wunderschön das Leben sein kann. Manchmal hält dieser Zustand nur für Minuten an, bevor sich die Panzer wieder schließen, und doch – eine Erinnerung, eine Möglichkeit hat sich gezeigt, und ist für manch einen Anlass, wiederzukommen. Und jede Öffnung ist ein Schritt auf dem Weg der Heilung.

Aber nicht nur die seelisch-emotionale, sondern auch die geistige Ebene des Verstandes wird von den reinigenden Prozessen in der Schwitzhütte berührt. Auch hierzu ist es wichtig, sich grundlegende Dinge über die Natur unseres mentalen Verstandes klar zu machen. Jeder kennt wohl Zeiten seines Lebens, in denen sich das Denken verselbständigt. Unter Stress, in emotionalen Krisenzeiten, bei Krankheiten oder anderen Arten von Anspannung gehorchen die Gedanken oft nicht mehr der Absicht eines Menschen. Der Kopf reproduziert dann immer wiederkehrende Gedankenschleifen, Erinnerungen und Eindrücke an unangenehme Erlebnisse, die einen nicht mehr loslassen, immer düsterer werdende Kopfszenarien bis hin zu niederdrückenden Depressionen, die dann schnell ein Eigenleben im Verstand entwickeln. Wer ist dann noch Herr seiner Gedanken? Dass wir diejenigen sind, die eigenständig Gedanken denken, ist sowieso einer der großen Irrtümer der westlichen Geisteskultur. Unser Verstand funktioniert nämlich eigentlich in der Art eines Radios: es ist ein Empfänger für Informationen, die er aufnimmt, speichert und bei Bedarf wieder abspielt. Über 90% der vermeintlich selbst bestimmten Gedanken sind eher von außen aufgenommen als selbst gedacht! Das sind Informationen von Gelesenem, Gehörtem, Gesehenem, sehr vieles davon auf der unbewussten Ebene, und auch vieles von Ebenen, die wir derzeit erst ganz rudimentär anfangen zu verstehen. Beispielsweise empfangen wir auch ständig Informationen von unseren Mitmenschen, die sie auf emotionalen und mentalen Ebenen ausstrahlen. So kann ein plötzlicher Gedanke in uns das Denken eines Nachbarn im Bus spiegeln. Solche Formen des Informationsaustauschs kommen dem nahe, was wir als Parapsychologie, Hellsehen oder übersinnliche Fähigkeiten bezeichnen, wobei diese vermutlich viel normaler und verbreiteter sind, als wir heute glauben. Wir sind noch ganz am Anfang, was das Erfassen des Kollektivbewusstseins des Menschen angeht, aber viele aktuelle Forschungen weisen in eine Richtung, die dem Individualbewusstsein des westlichen Menschen noch manche ernüchternde Schramme versetzen wird.

Stammt also wohl ein Großteil unserer alltäglichen Gedanken schon von außen, so kommt noch dazu, dass auch die individuelle Art unseres persönlichen Denkens nur erlernt wurde und ohne reichlich Gedankenhygiene oder Dekonditionierungsarbeit in endlosen Varianten die Gedanken und Meinungen unserer so genannten „Weltbildpräger" wiederholt. Darunter versteht man alle autoritären Personen, die während unserer Kindheit und Jugend das langsam entstehende Bild von der Welt mitprägen: Eltern, Freunde, Lehrer, Priester, Politiker, auch Zeitungen und TV, alle Menschen also, die uns erzählen, wie die Welt „in Wahrheit" wirklich ist oder sein soll. Geboren mit einem leeren, reinen Geist nehmen wir all diese Informationen in uns auf, denken und handeln – wiederum aus der Notwendigkeit des Überlebens als Kind heraus – dementsprechend, und hören meist irgendwann nach der Pubertät auf, die übernommenen Wahrheiten des Lebens zu hinterfragen. So leben viele Menschen mit dem geistigen Imprint fremder Denker bis an ihr Lebensende, ohne jemals auf die Idee zu kommen, dass es auch andere Arten geistigen Wissens und Denkens geben könnte, geschweige, dass es eine Art von individuell-persönlichem Wissen und Weisheit geben könnte. Hier ist der Ursprung der meisten Probleme im Zusammenhang mit Ausgrenzung, Hass, Trennung, Teilung, Krieg, Aussperrung des Andersartigen zu suchen. Zu gefährlich erscheint es dem Ego, die eigenen Denkstrukturen als nicht ultimativ zu begreifen, bzw. das Andersartige ins eigene Denken zu integrieren. Ein grundsätzliches Verständnis der Funktionsweise des Verstandes könnte hier hilfreich sein.

Was bedeutet nun Dekonditionierung? Es meint eine genaue Selbstbeobachtung, ein Selbstgewahrsein, wie das eigene Denken funktioniert, welchen Glaubenssystemen man anhaftet über das Selbst und die Welt, ob diese Denkweisen einem dienen oder doch eher schaden. Es geht um Tabus im Denken, die einen behindern und unfrei machen. Man nennt diese Tabus auch Geschlossene Traumsymbole der Lebenserfahrung. Solche Tabus entstehen durch Negativerfahrungen und -assoziationen im Zusammenhang mit bestimmten Schlüsselreizen und -symbolen. Als Beispiel für ein kollektiv geschlossenes Traumsymbol funktioniert immer gut das Hakenkreuz. Die Aufrechterhaltung dieses Tabus, das aus der negativen Erfahrung des Nationalsozialismus entstanden ist, kostet Deutschland eine Menge Energie, die man besser für andere Zwecke benutzen könnte. Das Auflösen des Tabus könnte eine Entspannung im Umgang damit zur Folge haben und dem Reiz des Verbotenen und dem provokativen Effekt darin die Anziehung nehmen. Damit könnte die Svastika wieder das werden, was sie jahrtausendelang in vielen Kulturen war: einfach nur ein Symbol für den Sonnenlauf. Noch einmal: es geht dabei nicht um eine Rehabilitierung des Nationalsozialismus, sondern gerade darum, das tabuisierte Symbol aus diesem engen Zusammenhang zu befreien und die darin eingesperrte Energie wieder ins Fließen zu bringen. Entspannung wäre die Folge, freieres Denken, und der kollektive Geist wird wieder frei für neue Anregungen, wenn er seine Aufmerksamkeit nicht mehr auf das Wegsperren, das Tabuisieren verbotener alter Gedanken richten muss.

Im Individuellen gibt es viele solcher geschlossener Traumsymbole oder auch persönlicher selbst gemachter Gesetze. Negative Lebenserfahrungen hinterlassen oftmals einengende Gedankenstrukturen, wenn sie nicht richtig aufgearbeitet werden. Dann besteht das Leben aus „bloß nicht" und „ich doch nicht" und „nichts für mich", und ein freies Entdecken der individuellen Lebens- und Denkformen, die wirklich zu einem innersten Selbst gehören, wird dadurch schwer gemacht. Viele Menschen spüren tief in sich eine Ahnung, dass sie eigentlich ein ganz Anderer sein könnten. Aber um der zu werden, ist Veränderung nötig – und das macht Angst. Das Ego will nicht sterben; es begeht keinen Selbstmord. Das bekannte Leiden in der Enge des Vertrauten ziehen die meisten Menschen leider nur zu oft der unbekannten Befreiung von Schmerz, Enge und Leid vor. Ein wirklich freies und glückliches, dabei selbstbestimmtes Lebensgefühl ist den meisten unvorstellbar, da sie es nie erleben durften. Um dorthin zu gelangen, müssen also all die anerzogenen und für unverrückbar gehaltenen Denksysteme auf ihren Wahrheitsgehalt und die Nützlichkeit für die eigenen Lebensziele überprüft werden. Und was nicht dem Wachstum dient, darf losgelassen werden.

Genau dazu dient die dritte Runde in der Schwitzhütte. Es ist die Runde des Loslassens, der Konfrontation mit dem Ungewollten, Ungesehenen, Ungeliebten, das aber doch in den Untiefen der Seele und des Geistes vorhanden ist. Es ist die Runde des Sterbens – das alte, feste Bild vom Ich darf sterben, mit all dem Zurückhalten des eigenen Ausdrucks in Fühlen und Denken, mit dem Loslassen überkommener Denkstrukturen, dem Abgeben alter Gewohnheiten, dem Ausdruck unterdrückter Gefühle. Tränen dürfen fließen, Wut und Zorn sich zeigen, Traurigkeit gespürt werden. Alles, was eng ist, darf jetzt weit werden, alles, was unterdrückt ist, sich befreien, alles, was zurückgehalten wurde, darf wieder fließen. Indem wir das Alte loslassen, entsteht Raum für Neues. Im archetypischen Prozess von Tod und Neugeburt, den wir in der Schwitzhütte ja immer auch durchlaufen, sind wir jetzt ganz unten angekommen, am Ort des Todes. Dieser Sterbeprozess ist einer der schwierigsten Punkte für uns Westler, und doch vielleicht der Entscheidende in der Schwitzhütte. Je mehr Loslassen hier geschieht, umso tiefer ist die Transformation durch die Zeremonie. Das hat auch viel mit Hingabe zu tun, an die Erde, die Dunkelheit, die bisweilen unerträgliche Hitze, und die oft quälend empfundene Zeitdauer der Zeremonie.

Das Loslassen geschieht während der Zeremonie vor allem dadurch, dass man ausspricht, was man abgeben oder loslassen will. Und zwar unter genauer Beachtung der Wortwahl. „Ich möchte loslassen" ist etwas anderes als „Ich lasse los"! Dass wir uns von Altem und Überkommenem befreien möchten, ist einigermaßen klar. Aber jetzt ist der Zeitpunkt, es zu tun. Klar und deutlich auszusprechen, ohne wenn und aber, von was man sich lösen und trennen will, was man in der Schwitzhütte zurücklassen will, indem man es an die transformierende Kraft der Erde gibt, die es aufnimmt, verdaut und verwandelt wie alles Lebendige, dessen Zeitpunkt zu sterben gekommen ist. Aufrichtige Kriegerkraft ist hier ebenso gefragt, wie zugleich weich und voller Hingabe zu sein. Das ist nur auf den ersten Blick ein Paradoxon, aber entspricht z. B. ebenso der Philosophie der östlichen Kampfkünste wie dem Zen, oder dem taoistischen Prinzip des Tuns durch Nichttun.

Nicht versäumen möchte ich, darauf hinzuweisen, dass ein Giveaway, ein Loslassen und Weggeben natürlich auch ein Dank sein kann. Wenn ich in einer Lebensphase bin, in der ich überfließe vor Freude und Glück, in der ich einfach viel zu geben habe, kann ich diese dritte Runde dazu benutzen, etwas von diesem Überfluss an die Erde abzugeben. Sie wird es dankend annehmen.

6.20 Meditationen in der Hütte

Die Schwitzhütte ist aufgrund ihrer zentrierenden und auf-den-Punkt-bringenden Energie gut geeignet für Meditationen aller Art. In der Regel wird dies in der vierten Runde stattfinden, wenn sich die aufgestauten Gefühle in den Teilnehmern bereits befreit haben, die Gedanken geklärter und viele Spannungen abgefallen sind.

Grundsätzlich gibt es drei verschiedene Arten von Meditationen: die stille Meditation, angeleitete (Phantasie-) Reisen nach Innen und ein Mittelding, wo die Teilnehmer mit ihren Bildern an einem vorgegebenen Punkt beginnen und dann selbständig weiterreisen, wie das bei der schamanischen Reise der Fall ist.

1. Stille Meditation

Die meisten Schwitzhüttenbesucher schätzen es sehr, wenn es während der Zeremonie immer wieder Phasen von Stille gibt, in der man nur noch das leise Zischen und Knacken der heißen Steine hört. Wird eine solche Phase angekündigt, können sie sich meist sogar noch tiefer auf den Prozess der Aufmerksamkeit und des Lauschens einlassen. Nur sollte man nicht zu viel an Meditations-Technik für diese stillen Phasen vorgeben. Es wäre schade, wenn die Teilnehmer das einfache Sein im Hier und Jetzt verpassen, weil sie wieder in ihren Verstand zurückgehen, um zu überprüfen, ob die Meditation jetzt gerade gelingt oder nicht. Sein, einfach nur da sein. Das ist ausreichend für die ganze Tiefe des Lebens.

2. Geführte Meditation

Natürlich braucht man für geführte Meditationen, vor allem, wenn sie länger und komplexer werden, ausreichend Erfahrung als Leiter – ablesen vom Blatt geht nicht in der Hütte... Aber hat ein Schwitzhüttenleiter diese Fähigkeit, kann er die Teilnehmer in diesem geöffneten Zustand sehr tief führen. Meist bieten sich einfachere und kürzere Meditationen an, idealerweise mit Themen, die um die Elemente, die Naturwesenheiten, Götterarchetypen oder ähnliches kreisen. Auch Chakren- und Kundalinimeditationen können in der

Schwitzhütte sehr kraftvoll durchgeführt werden. Aber die sich dabei entfaltende Kraft sollte nicht unterschätzt werden und muss vom Leiter wie allen Teilnehmern gehalten werden können! Daneben sind noch Reisen in verschiedene Persönlichkeitsanteile wie das innere Kind, das magische Kind, zu Anima/Animus usw., im Grunde alle Reisen, die zu vertiefter Selbsterkenntnis führen, zu empfehlen.

3. Schamanische Reise

Sind die Teilnehmer mit der Technik des schamanischen Reisens vertraut, kann man das ideal in die Schwitzhütte einbauen. Eine Reise zum Krafttier, zum geistigen Lehrer oder Führer oder anderen helfenden Wesenheiten kann unerwartete Geschenke hervorbringen. Die sowieso schon vorhandene absolute Dunkelheit der Schwitzhütte wirkt dabei sehr unterstützend auf die Reisefähigkeit der Teilnehmer. Die Technik wird in diversen Büchern über Schamanismus genau beschrieben.

Manchmal reicht es sogar, einfach eine Weile im Dunkeln zu trommeln oder zu rasseln. Diese Instrumente verändern mit ihrem monotonen Klang im Gehirn den vorherrschenden Zustand von Beta- zu Alpha- und Tetawellen und somit in einen Entspannungs- bis leichten Trancezustand, der generell erholsam und energetisierend wirkt.

6.21 Das Ende der Zeremonie

Genauso wie einen klar erkennbaren Anfang braucht eine gelungene Zeremonie auch einen klaren Abschluss. All die gesammelten Erfahrungen und Erlebnisse, die Fülle an Eindrücken und das hohe Energieniveau sollen gehalten und mit nach draußen gebracht werden. An diesem Punkt bietet sich an, als Leiter noch einmal ein Dankgebet zu sprechen an all die Spirits, Wesenheiten und Kräfte, die zu Beginn der Schwitzhütte eingeladen wurden. Arbeitet man mit dem Twenty-Count, sollte jede dieser zwanzig Kräfte, genauso wie man sie begrüßt hat, auch wieder verabschiedet werden. Aber auch dem Kreis der Teilnehmer hilft das Danken, die Zeremonie rund zu machen. Viele wären jetzt nicht mehr in der Lage, aus eigener Kraft Dankesworte zu formulieren. Deswegen ist das die Aufgabe des Leiters. Er spricht aus, was viele mehr oder weniger bewusst in sich spüren, und erinnert den Kreis daran, nach allem Bitten auch das Danken nicht zu vergessen. Und wer gerufen wird, sollte eben auch wieder verabschiedet werden.

Natürlich drängt es, wenn erkennbar das Ende der Schwitzhütte naht, die meisten Teilnehmer bereits mit Macht nach draußen. Wir müssen uns erinnern, dass die Zeremonie als Ganzes eine Geburt symbolisiert. Jetzt ist die Zeit gekommen, wo die erneuerten Kinder aus der Gebärmutter der Erde ins Freie geboren werden. Die Göttin öffnet ihren Schoß und entlässt uns aus der feuchten Dunkelheit. So wie in der Natur geschieht dies am Besten mit ein paar kräftigen Presswehen, was im Ablauf der Zeremonie bedeutet, noch einmal kräftig

Wasser aufzugießen, während die letzten Dankesworte gesprochen oder ein Abschlusslied gesungen wird. Die Hitze darf jetzt noch einmal ansteigen, bis es kaum noch zu ertragen ist. Ertönt dann der erlösende Ruf „mitakuye oyasin“ oder „Türe auf!“, werden alle Teilnehmer mit diesem letzten Kraftschub geboren ins erlösende Freie.

Die Reihenfolge, in der das Verlassen der Schwitzhütte statt findet, ist je nach Tradition unterschiedlich. Der Leiter der Zeremonie ist meist der Erste. Dann folgen die Teilnehmer, entweder im Uhrzeigersinn gehend, sodass sie mit dem Verlassen der Hütte den Kreis im Inneren um das Feuerloch vollenden. Oder entgegen dem Uhrzeigersinn, sodass sie sich sozusagen beim Betreten im Uhrzeigersinn um das Feuerloch herum einrollen und beim Verlassen wieder ausrollen. Beide Bewegungen haben energetisch Sinn.

Auch beim Verlassen der Schwitzhütte sollte eigentlich wieder, wie bei jedem Durchgang durch den Eingang, „für alle meine Verwandten“ gesprochen werden. Kaum einer ist aber diszipliniert genug, sich jetzt, am Ende der Reise, daran zu erinnern. Mancher tut einen Jauchzer oder entlässt einen Schrei, andere sind ganz still und erschöpft, wenn sie die Hütte verlassen haben.

Wichtig ist, dass jeder Teilnehmer jetzt gut für sich sorgt und darauf achtet, was er wirklich braucht. Mancher wird an den Resten des Feuers stehen oder sitzen, mancher im Gras liegen und in die Sterne schauen. Es ist gut, noch eine Zeit auf der Erde zu liegen, und die Verbundenheit noch einmal mit allen Sinnen zu spüren. Mancher hört dann den Herzschlag der Erde, mancher fühlt die Verbundenheit mit der Großen Mutter über seine Energiefasern im Bauch. So gut wie jeder ist ergriffen von dem einzigartigen Gefühl der Neugeburt. Die einen mögen in Kontakt mit anderen gehen, sich umarmen, andere aber ziehen sich zurück und sind lieber für sich. All das ist in Ordnung. Wichtig ist in diesem geöffneten Zustand, die eigenen Impulse ernst zu nehmen, aber auch sich gegenseitig achtsam zu behandeln. Vielleicht ist es jetzt eben nicht angebracht, obwohl ich die ganze Welt umarmen möchte, dass ich ausgerechnet demjenigen um den Hals falle, der sich gerade zurückziehen will, weil er sein Alleinsein genießt.

Wie mehrfach erwähnt, ist die Schwitzhüttenzeremonie auch eine archetypische Geburtszeremonie, indem sie die wesentlichen Elemente eines vorgeburtlichen Daseins im Mutterleib abbildet: Enge, Feuchte, Wärme, Nacktheit, Dunkelheit, die manchmal von rötlichem Lichtschein durchdrungen wird, und eine immer mehr zunehmende Intensität, der man zuletzt durch einen engen Durchgang entkommt. Deswegen kann es auch geschehen, dass in oder nach einer Zeremonie aus den tiefsten Schichten des Unterbewusstseins Geburtserinnerungen bei Teilnehmern an die Oberfläche dringen und eventuell tiefe emotionale Bewegungen auslösen.

Lange erlebte ich in der Schwitzhütte immer wiederkehrende Erfahrungsmuster, denen ich völlig unterworfen war. Mein Bewusstsein driftete weiter und weiter weg, ich kämpfte gegen eine Ohnmacht an, es zog mich in die Tiefe, ich jammerte, schrie, schlug auf den Boden, ich wehrte mich, bis etwas in mir aufgab, über eine Schwelle glitt und ganz ruhig wurde. Dann war ich mit meinem Bewusstsein oft so weit weg, dass ich nichts mehr vom Ablauf der Zeremonie mitbekam, bis ich angestoßen wurde, dass ich mit meinem Gebet dran sei. Und später dann die Neu-Geburt aus der Schwitzhütte: sommers wie winters suchte ich die Nähe des Feuers, schlotterte dabei vor Kälte, und fühlte mich, mit oder ohne Menschen um mich herum, unendlich einsam und verlassen, sodass ich die intensive Freude der Anderen nie nachvollziehen konnte. Erst am nächsten Tag war ich wieder in der Lage, mit anderen in Kommunikation zu treten. Irgendwann wurden mir diese sich immer gleich wiederholenden Abläufe bewusst, und ich fragte meinen Lehrer um Rat. Er wies mich darauf hin, dass es sich um reaktivierte Teile meiner eigenen traumatischen Geburtserinnerungen handeln könnte. Und nach einer ausführlichen Nachfrage bei meiner Mutter bestätigte sich das: ich war als Säugling mit Arm und Bein voraus im mütterlichen Geburtskanal stecken geblieben und es dauerte lange, bis ich aus dieser Position befreit war. Ich war am ganzen Körper blau, hatte wohl die Schwelle zum Tod schon überschritten und wurde gerade noch rechtzeitig wiederbelebt. Den Kampf, den ich dabei durchstand, kann man sich vorstellen. Und: es war eisig kalt im Kreißsaal, da es einen unerwartet frühen Herbsteinbruch gegeben hatte, und alle froren, von der Hebamme bis hin zu meiner Mutter – und ich wohl auch. Und alleine fühlte ich mich, da ich sofort von meiner Mutter entfernt und in einen Säuglingsraum gebracht wurde – wo ich der einzige Neugeborene war. Erst nach 24 Stunden kam ich wieder mit meiner Mutter in Berührung. So erlebte ich in der Schwitzhütte über mehrere Jahre hinweg immer wieder dieses sich wiederholende Schmerzmuster von Einsamkeit, Verlassenheit, Kälte und Nahtoderfahrung. Nachdem mir dies bewusst geworden war, löste es sich relativ schnell auf und ich begann endlich, Schwitzhütten auch zu genießen.

Der Feuerhüter hat nach dem Ende der Zeremonie als Letztes die Aufgabe, zu überprüfen, ob alle die Hütte verlassen haben. Er bietet den Teilnehmern Trinkwasser an, reicht den völlig erschöpften vielleicht ein Handtuch oder eine Decke, oder hilft manchen, ihre Kleidung im Dunkeln wieder zu finden. Normalerweise ist er der Letzte, der den Schwitzhüttenplatz verlässt, nachdem alle anderen gegangen sind. Und er sorgt natürlich dafür, dass die Überreste des Feuers keinen Schaden anrichten können. Bei Wind muss die Glut vollständig erloschen sein, zur Not mithilfe von auf die Feuerstelle gegossenem Wasser.

6.22 Heilungszeremonien in der Schwitzhütte

Eine Schwitzhütte dient immer der Reinigung und der Heilung. Jede (sauber durchgeführte) Schwitzhütte ist ein Heilritual, heilend für jeden Teilnehmer, den Feuerhüter und den Leiter, aber auch für den Platz, an dem sie stattfindet, für den Planeten Erde, für alle Verwandten, im Grunde für die ganze Welt. Ich will jetzt die Bedeutung einer einzelnen Schwitzhütte für das Ganze nicht übertreiben, aber jeder Weg beginnt mit einem Schritt, und viele kleine Bewegungen ergeben eine große Veränderung. Und jeder, der an Schwitzhüttenzeremonien teilgenommen hat, kennt die heilsame Wirkung auf Körper, Geist, Seele und Spirit.

Neben dem mehr oder weniger allgemein üblichen Ablauf, der in den obigen Kapiteln beschrieben wurde, gibt es aber auch noch spezielle Heilschwitzhütten. Eine Zeremonie wird zu einer speziellen Heilzeremonie durch die Absicht und die Ausrichtung – wir sprachen davon. Und so kann man eine ganze Schwitzhütte der Heilung einer bestimmten Person widmen.

In traditionellen Zusammenhängen war es üblich, wenn jemand ein Heilanliegen hatte, dass er von sich aus zum Medizinmann ging, ihm ein Geschenk überbrachte und um eine Schwitzhütte bat. Er tat alles, was nötig war, organisierte den Platz, das Material, lud Teilnehmer ein und sorgte für Essen, sodass sich der Schwitzhüttenleiter im Grunde um nichts kümmern musste. In der Schwitzhütte dann war es z. B. bei den Lakota nicht üblich, für sich selbst zu beten. Deshalb bat derjenige mit einem Heilanliegen die anderen Teilnehmer, für ihn zu beten – er selbst betete für andere. Man muss diese strenge und gewollte, altruistische Ethik nicht unbedingt übernehmen. Aus tiefstem Herzen für sich selbst und seine Heilung zu beten, kann starke Heilimpulse auslösen und der Seele eine zukünftige Entwicklungsrichtung vorgeben, die aus Krankheit, Enge oder Dunkelheit in Gesundung und neues Leben führt. Auch hier geht es wieder darum, eine starke Absicht im eigenen Inneren zu errichten, damit diese eine Eigendynamik bekommt und uns durch die Turbulenzen eines manchmal stürmischen Lebens führen kann.

Eine Heilschwitzhütte wird zu einer durch Absicht und Ausrichtung. Ihr Ablauf kann wie oben beschrieben sein, mit der thematischen Besonderheit, dass im Laufe der Zeremonie alle Teilnehmer für denjenigen beten, der um Heilung bittet. Es gibt aber auch spezielle Varianten, die ich hier kurz vorstellen möchte. Dabei sitzt der Klient nicht im Kreis, sondern in der Mitte der Schwitzhütte, und damit im Fokus der Kräfte des ganzen Kreises, aller Teilnehmer, der Kräfte der Himmelsrichtungen und der eingeladenen Spirits. Dieser Platz ist naturgemäß ein „Hot Spot" – aber nicht, weil derjenige im Feuerloch sitzt! Für solche Heilzeremonien wird nämlich das Feuerloch verlegt, üblicherweise in den Nordosten, den Platz direkt rechts vom Eingang. Dieser Platz steht im Sternenmädchenrad für die Kraft der Energiebewegung, und damit bestimmen die heißen Steine mehr noch als sonst die Energiebewegungen in der Hütte.

Befinden sich Menschen im Kreis, die mit der Lebensbuchlesung vertraut sind, werden die Hüter der Lebensbücher vor Beginn der Zeremonie befragt, ob das Lebensbuch für denjenigen offen ist, was soviel heißt, dass eine Heilung hier und jetzt möglich ist. Bleibt das Lebensbuch dagegen verschlossen, kann der Klient mit Giveaways noch vor Beginn der eigentlichen Zeremonie versuchen, den versperrten Energiefluss ins Fließen zu bringen. Meist gelingt das, manchmal auch nicht. Dann macht ein Durchführen der Zeremonie keinen weiteren Sinn.

Ansonsten kann der Ablauf nun wie üblich gestaltet werden. Die Teilnehmer beten im Kreis, derjenige in der Mitte zuletzt. In der Runde für andere beten natürlich alle für denjenigen in der Kreismitte, er selbst betet dann für den Kreis und andere Menschen, mit denen er verbunden ist. Noch wichtiger als sonst sind in einer Heilzeremonie die Giveaways, das, was losgelassen werden muss. Krankheit ist häufig verbunden mit viel altem Ballast auf der emotionalen und mentalen Ebene. Um wieder in den lebendigen Lebensfluss zurückzukehren, ist es unumgänglich, diese Altlasten zu verabschieden. Manchmal dauert es lange, bis die entscheidenden Sätze gefunden, ausgesprochen und losgelassen worden sind. Ein guter Leiter (und häufig auch der Rest des Kreises) kann spüren, wann es soweit ist. Die Grundenergie in der Hütte wird dann spürbar leichter.

Manchmal übernehmen die Menschen im Kreis verschiedene Rollen in der Heilzeremonie. Wie es aus den Familienaufstellungen in der Tradition Bert Hellingers bekannt geworden ist, können wir Stellvertreter für verschiedene Menschen, Themen oder Systemteile bestimmen, die Gefühle und Informationen über das aufgestellte symbolische System eines Klienten empfangen. Durch Verstellen und andere Regulierungen verändert sich auch die Lebenswirklichkeit des Klienten. Ähnlich funktioniert die Heilkreisarbeit in einer Schwitzhütte. Der Kreis repräsentiert und kanalisiert verschiedene Persönlichkeitsanteile des Klienten in der Mitte, die von den Plätzen des Kreises und ihrer Bedeutung im Medizinrad bestimmt werden. Man spricht in diesem Zusammenhang auch von den vier Schilden, die den vier Himmelsrichtungen zugeordnet sind. Diese sind wie Energieorgane vorstellbar, die sich in unserem leuchtenden Ei, der schamanischen Variante der Aura, befinden. So stellen dann einzelne Menschen im Kreis das innere Kind, den Erwachsenen, den gegengeschlechtlichen inneren Teil (Anima/Animus) und das magische (unverletzte) Lichtkind dar. Andere halten die Verbindung zu den Ahnen, zum heiligen Traum des Klienten, oder zu seinem Karma. Aber auch einfachere Varianten sind vorstellbar, zum Beispiel, dass verschiedene Teilnehmer die vier Elemente auf den jeweiligen Plätzen der Himmelsrichtung repräsentieren und so ein Bild vom (Un-)Gleichgewicht dieser Elemente im Körper des Klienten sichtbar wird. Empfängt jemand Informationen, teilt er sie sofort mit dem Kreis. Der Leiter choreographiert aus den eingehenden Informationen und den energetischen Bewegungen der Zeremonie Schritt für Schritt den Ablauf. So kann ein erstaunlich vielschichtiges, erhellendes und klärendes Bild vom Klienten und seiner Problematik oder Krankheit entstehen, mit der durch Gebet, Giveaways, aber auch durch spezielle schamanische Heiltechniken wie Fädentrennen, Seelenrückholungen oder Kristallbehandlungen der Lichträder unmittelbar gearbeitet wird. Solch intensive Heilzeremonien sind für alle Teilnehmer, besonders aber für den Klienten ein unvergessliches Erlebnis, das oft essentiell Leben verändernd wirkt.

Das Wissen über schamanische Heilkreise in der Schwitzhütte ist umfassend und setzt eine längere, intensive Beschäftigung mit Schamanismus und seinen Techniken sowie ernsthaftes Interesse an wirklicher Heilarbeit voraus. Deshalb kann es hier nur grob angerissen werden. Der Leiter sollte dazu fundiert ausgebildet sein, und die Teilnehmer zumindest ausreichend Schwitzhüttenerfahrung haben, um sich sicher zu fühlen, sowie die Fähigkeit, sich selbst zum Wohle anderer völlig zurückzustellen und als Kanal für Heilung zur Verfügung zu stehen.

6.23 Von Heilung und Wundern

Schwitzhüttenzeremonien können in Randbereiche der Erfahrung führen, die der normale Verstand nicht mehr kontrollieren und begreifen kann. Es wurde schon erwähnt, dass Schwitzhütte einerseits eine Reinigungs-, andererseits aber auch eine Heilungszeremonie ist. Was aber letztendlich Heilung ist, wie sie wirklich funktioniert und welche Wirkmechanismen erfolgreichen Heilungsprozessen letztendlich zugrunde liegen, ist der Wissenschaft bis heute nicht wirklich klar. Die Möglichkeit so genannter Spontan- oder Wunderheilungen wird von ihr anerkannt – was vorkommt, kann nicht dauerhaft verleugnet werden. Trotzdem werden ihre Existenz, ihr Ausmaß und ihre Bedeutung heruntergespielt. Das verwundert nicht, stellt es doch viele Dogmen der herkömmlichen Heilungstheorien der Medizin in Frage und unterläuft die Autorität der allwissenden Ärzte. Warum gesunden manche Menschen, die „unheilbar" krank sind? Was bringt in Menschen Tumore zum Verschwinden, macht aus „noch drei Monaten" über 20 fröhliche Lebensjahre, befreit sie nach Therapieende von endogenen Depressionen, verbindet zerrissene Nervenbahnen nach unheilbarer Querschnittslähmung oder lässt sie mit angeblich tödlichen Krankheiten leben?

Heilung in der Schwitzhütte ist möglich. Ein tiefes, aus dem Herzen gesprochenes Gebet hat schon so manche entscheidenden Dinge im Leben angestoßen. Zerstrittene Menschen beginnen plötzlich wieder miteinander zu sprechen, unerträgliche Lebenssituationen verändern sich zum Guten hin, ein unerwartetes Jobangebot beendet Arbeitslosigkeit, Beziehungen blühen auf. Alles durch die Kraft von Gebeten und die Unterstützung geistiger Kräfte. Mächtige Energien können in einer Schwitzhütte bewegt, Schicksale umgeschrieben und Karma befreit werden. Und neben diesen Heilwirkungen auf der energetischen und seelischen Ebene gibt es in der Schwitzhütte auch die Heilung auf der körperlichen Ebene.

Eine junge Frau bittet um Heilung. Sie stößt sich ständig in den letzten Monaten, bleibt hängen, rennt gegen vorstehende Objekte, stolpert. Zweimal hat sie sich dabei schon ernsthaft verletzt, ein Bänderriss war die Folge, und jetzt hat sie sich einen Ast ins Auge gerammt, die Hornhaut beschädigt, und soll nach dem Wochenende für eine Operation in eine Augenklinik. Sie will wissen, was in ihrem Leben los ist. In der Heilungszeremonie zeigt sich tiefe Verletzung aus jüngsten Jahren: körperliche Gewalt, Liebesverlust, Isolation und als Folge davon eine ausgeprägte Dissoziation. Durch verschiedene Umstände wurde jetzt die Erinnerung an diese Zeit aktiviert. Da sie das physische Dasein auf der Erde als Kind grundsätzlich als bedrohlich erlebte, erlebte sie es jetzt, seit der Reaktivierung, als permanente Verletzung. Die Heilung in der Schwitzhütte geschieht im Bewusstwerden und Durchleben all der schmerzhaften Gefühle des inneren Kindes. Wie eine berstende Staumauer kommen Tränen, Wut, Verzweiflung und Einsamkeit in der Heilungszeremonie zum Vorschein und drängen mit aller Macht in ihren Gebeten zum Ausdruck. Hinterher wirkt sie dünn, zerbrechlich, aber auch ganz neu wie ein kleines Baby. Eine Woche später meldet sie sich telefonisch: die Augenoperation wäre abgesagt worden, weil es nichts mehr zu operieren gab. Der Augenarzt wäre völlig irritiert gewesen, weil der tiefe Kratzer in der Hornhaut verschwunden war, als ob er nie da gewesen wäre...

Es gibt keine Garantie für Heilungen dieser Art. Sie kommen aber immer wieder vor und man kann sie nicht wegerklären. In den Erfahrungsberichten (siehe Kapitel 4) findet sich der Bericht zur Heilung einer fortgeschrittenen Lähmung aufgrund Nervenentzündung in der Schwitzhütte. Aber was heilt ist nicht die Schwitzhüttenzeremonie selbst, sondern das richtige Energiedesign, ein aus dem Herzen kommendes Gebet, und das Vertrauen. Heilung ist ein Zusammenspiel des Klienten mit allen Kräften des Universums. Etwas wird in eine neue Balance gebracht, zum Besten und zum Wohle aller Beteiligten.

Auch andere unerklärliche Dinge können geschehen. Es ist schwierig, von Wundern zu sprechen, finden sie doch meist auf einer individuellen Erlebnisebene statt, auf der es oft keinen Zweifel gibt am Geschehen. Ich habe viele seltsame Dinge erlebt, die ich als Wunder ansehe, auch wenn mein rationaler und kontrollierender Verstand das anders bezeichnen würde:

• Als ich in tiefem Mutterschmerz bin, weil ich als Kind die Verbindung zu ihr vermisste, grabe ich meine Hände ich den Boden der Schwitzhütte. Da greife ich ein dickes Stück gedrehtes Seil, das sich anfühlt wie eine Nabelschnur, die aus der Erde ragt – Mutter Erde ruft mich... Wo kam dieses Seil her in einer Schwitzhütte, die schon jahrelang an diesem Ort stand?

• Als ich an einem absoluten Tiefpunkt meines Schmerzes ankomme, erscheint ein Lichtpunkt vor meinem Auge, fliegt hin und her, bis ich ihn als Glühwürmchen erkenne – mitten in der heißen Schwitzhütte!

• In einer Zeremonie geht es darum, meine eigene Sterblichkeit anzunehmen. Ich sitze auf etwas Hartem, rutsche hin und her, greife nach unten – und habe einen kleinen Knochen in der Hand...

Koinzidenzen nennt man das Zusammentreffen verschiedener Vorgänge, die scheinbar voneinander getrennte Ebenen verbinden. Welche Gesetze dahinter stecken, können wir bisher nur vermuten. Auffällig ist, dass in spirituellen Zeremonien wie der Schwitzhütte solche „Zu-fälle" deutlich öfter auftreten als sonst. Es gibt im Grunde nur eine Erklärung dafür: der Raum, der sich öffnet, ist ein spiritueller. Alles ist mit allem verbunden – mitaque oyasin. Und diese Verbundenheit wird in der Zeremonie sichtbar. Ich bin einfach nur dankbar, wenn ich an solch kleinen oder auch größeren Wundern teilhaben darf.

6.24 Vom Umgang mit Schwierigkeiten

Bei einer so intensiven und viele physische und psychische Bereiche zugleich berührenden Zeremonie wie der Schwitzhütte, bei der die Grenzerfahrung der Teilnehmer integraler Bestandteil der Absicht ist, kann es an eben diesen Grenzen immer mal wieder zu Schwierigkeiten kommen. Grundsätzlich gilt – wie bei jeder Selbsterfahrungstechnik –, dass jeder Teilnehmer selbst für sein Tun und seine Grenzen verantwortlich ist. Es gibt niemanden, der für Andere die volle Verantwortung übernehmen kann – genauso wenig, wie es „draußen" eine „Lebensversicherung" geben kann. Wer so etwas verkauft, der lügt – und wer als Leiter sagt, dass er die volle Verantwortung für die Teilnehmer in einer Schwitzhütte übernehmen kann, lügt ebenfalls. Natürlich wird jeder Schwitzhüttenleiter sein Bestes geben, um die Zeremonie zu einem guten und heilsamen Erlebnis für alle werden zu lassen. In der Regel hat er einen großen Erfahrungsvorsprung, ein profundes Wissen der menschlichen Psyche, vom Wesen der Krankheit und Heilungsprozessen, dazu seine Verbindung in die geistigen Welten und – viel Vertrauen, in sich und den Fluss des Lebens. Trotzdem geht es in einer Schwitzhütte neben vielem anderen auch darum, dass die Teilnehmer die Eigenverantwortung für ihr Leben entdecken und begreifen. Es gibt keinen dauerhaften Heilungsprozess, der ohne Beteiligung des Erkrankten ablaufen kann, sei es psychisch oder physisch. Meist geht es dabei um Selbstermächtigungsprozesse zum eigenen Leben, darum, die Verantwortung für alles im eigenen Kreis zu sehen, zu übernehmen, und den eigenen Anteil an allem Geschehen zu erkennen. Erst dann betritt ein Mensch seinen persönlichen Kreis der Kraft. Manchmal mag dazu gehören, sich voller Vertrauen an einen Heiler oder Lehrer hinzugeben – und doch geschieht auch das idealer Weise im bewussten Wissen um die eigene Selbstverantwortung.

So erachte ich es für unbedingt nötig, dass jeder Teilnehmer einer Schwitzhüttenzeremonie die volle Verantwortung für seine eigenen Grenzen übernimmt. Natürlich geht es im Bauch der Erde darum, mit seinen alten, begrenzten Vorstellungen vom Selbst zu sterben, was hier so viel heißt, wie diese vermeintlichen Grenzen zu überwinden und hinter sich zu lassen, um so zu neuer Größe und Weite zu erwachen. Aber was nicht mehr geht, das geht nicht mehr. Bei den Lakota sagt man dann: „mitakuye oyasin – für alle meine Verwandten", was soviel heißt, dass jetzt bitte die Türe der Schwitzhütte geöffnet werden soll, damit frische Luft hereinkommt. Und der Leiter wird im Respekt vor dem schwächsten, doch selbst verantworteten Teilnehmer die Türe öffnen lassen.

Immer wieder aber kommt ein Teilnehmer an eine Grenze, die im Grunde nicht von der physischen Unerträglichkeit der äußeren Umstände stammt, sondern die manifestierter Druck seiner inneren psychischen Grenzen ist. Die ungewohnten Umstände von Hitze, Enge, Dunkelheit, Nacktheit und sich im Kreise offen und ohne Maske zu zeigen, erschüttern unsere normalen Konditionierungen und Schutzmechanismen, und öffnen einen – ja durchaus gewollten – Raum, der unterdrücktes und verdrängtes Material an die Oberfläche der Seele spülen und zum Ausdruck drängen kann. Das aber kann Angst machen, schließlich wurde es ja verdrängt, weil es unangenehm ist, und mancher will die Öffnung unter allen Umständen verhindern. Dann kann es vorkommen, dass gerade die ersten Kellen Wasser aufgegossen werden, der Kreis beginnt sich wohlig zu entspannen, bis einer plötzlich ruft, dass er es nicht mehr aushält, keine Luft mehr bekommt, es viel zu heiß ist und er unbedingt raus muss. Das mag auch durchaus das sein, was er empfindet. Ein erfahrener Leiter kann in solchen Situationen deutlich spüren, dass bei demjenigen der seelische Druck im Inneren ansteigt und damit im Grunde ein Heilungsprozess einsetzt. Nur beginnt dieser mit einem Abstieg in die Unterwelt: nämlich mit dem Wiedererleben unangenehmer, verdrängter Gefühle oder Situationen. Jetzt braucht es viel Fingerspitzengefühl und Umsicht, um genau zu erspüren, was der Teilnehmer braucht. Eine persönliche Ansprache ist oft hilfreich, nachzufragen, was genau los ist, was derjenige spürt und erlebt, und vor allem, was er sich wünscht. Oft hilft es, sich flach mit dem Bauch oder auch in der Säuglingsstellung auf den Boden zu legen, in die Erde zu atmen, eine Hand von einem Nachbarn zu ergreifen. Wichtig ist, dass das Vertrauen nicht zerstört wird und dass derjenige sich ernst genommen fühlt – und ihm versichert wird, dass er selbstverständlich trotzdem, wann immer er will, die Schwitzhütte verlassen kann. Ich erkläre meinen Teilnehmern oft schon im Vorfeld, dass solche Über- bis Panikreaktionen auftreten können, dass ich aber als Ziel habe, mit allen Teilnehmern bis zum Ende in der Hütte zu bleiben und ich immer erst versuchen werde, denjenigen zu beruhigen, dass aber auch jeder, wenn er darauf besteht, selbstverständlich die Hütte verlassen kann. Und manchmal geschieht das auch. Dann kann sich das durchaus sehr stimmig anfühlen. Ich bitte den Teilnehmer dann, den Rest der Zeremonie draußen in Stille am Feuer zu verbringen, damit er im zeremoniellen Raum angebunden bleibt. Wir fangen gemeinsam an, und wir beenden gemeinsam. Eine Alternative wäre es, genau den Platz in der Himmelsrichtung, der innen verlassen wurde, außerhalb der Schwitzhütte wieder einzunehmen. Manchmal können diejenigen dann sogar mitbeten. Zumindest verstehen sie die meisten gesprochenen Worte und der Kreis der Menschen bleibt geschlossen, was mir persönlich sehr wichtig ist, denn während einer Zeremonie hat jeder seinen Platz im Kreis, egal was mit ihm passiert.

Kommt man in einer Schwitzhütte an eine Grenze, an der man meint, die Hitze nicht mehr ertragen zu können, gilt das Gesagte für alle: den Kopf runter nehmen, denn unten ist es immer kühler, sich u. U. mit einem Handtuch schützen, auf den Boden legen, Erdkontakt suchen, mit der Erde atmen, und sich ganz der Erde übergeben. Sie ist die große Mutter, und jetzt geht es um Vertrauen und Hingabe. Wachstum geschieht erst dann, wenn wir unsere (vermeintlichen) Grenzen überschreiten, nicht wenn wir sie bewahren.

Oft verflacht die Atmung bei Menschen, die sich in starken emotionalen Prozessen befinden. Das verhindert unbewusst aber ein Vorankommen im Durcharbeiten und Befreien der Blockaden und verstärkt eher noch die Schwierigkeiten. Festzustecken ist immer sehr unangenehm. Tief zu atmen bringt solche Prozesse wieder stark ins Fließen. Das kann erst einmal Angst machen, weswegen mancher Teilnehmer erst wieder daran erinnert werden muss, dass tiefes Atmen auch in der Schwitzhütte und trotz der heißen Atemluft hilfreich ist. Besonderes Augenmerk sollte auch darauf gerichtet sein, dass der Atem den ganzen Bauchraum füllt und nicht nur über Brustatmung erfolgt – alles unbewusste Verhinderungsversuche, intensiv zu fühlen!

Manchmal geschieht es umgekehrt, dass bei Teilnehmern durch eine intensivierte, bisweilen heftige Atmung, meist ausgelöst durch starke emotionale Prozesse, die Lippen beginnen zu kribbeln und die Hände und Finger sich verkrampfen. Man nennt dies aufgrund des charakteristischen Aussehens Pfötchenstellung und kennt das aus verschiedenen Atemtherapien wie Rebirthing, verbundenem Atmen o. ä. Die Ursache ist ein zu hoher Anteil von Sauerstoff im Blut, der dadurch verursacht wird, dass zu stark ein- und zu wenig ausgeatmet wird (Hyperventilation). Abhilfe schafft hier langsames, sehr ruhiges, eher flaches Atmen mit Betonung des Ausatmens. Unterstützend wirkt auch, die hohle Hand vor den Mund zu halten, und damit einen erhöhten Kohlendioxidgehalt mit der Atemluft zuzuführen. Gefährlich ist das nicht, wie eine Studie in den Niederlanden ergab – danach führt Hyperventilation niemals zu Ohnmacht, was aber natürlich die Angst bei Betroffenen ist. Sollte ein solcher Fall eintreten, hilft es zuallererst, wie natürlich bei allen schwierigen Situationen in der Schwitzhütte, wenn der Leiter ruhig und besonnen bleibt.

Auch bei Panikreaktionen eines Teilnehmers ist das die oberste Regel und Verhaltensanweisung. Beim Öffnen unterdrückter und emotionaler psychischer Inhalte kann es wie bei allen psychotherapeutischen und Selbsterfahrungs-Methoden auch in der Schwitzhüttenzeremonie zu unkontrollierten Reaktionen wie starkem Weinen bis hin zu Weinkrämpfen, Realitätsverlust, Wegtreten, Wiedererleben traumatischer Erinnerungen, Um-sich-Schlagen, Schreien oder selten auch aggressivem Verhalten kommen. Wichtig ist zuerst, solch kathartische Prozesse immer im Zusammenhang mit Heilreaktionen zu sehen und keine Angst zu bekommen. Sollte so etwas in einer Zeremonie vorkommen, helfen auch hier die üblichen Umgangsregeln bei solchen Situationen: persönliche beruhigende Ansprache, vorsichtige Berührung und Körperkontakt, der Person das Gefühl geben, dass jemand da ist. Vielleicht muss die Tür geöffnet werden oder die Person sogar den Kreis verlassen. Dann muss aber unbedingt eine kompetente Begleitung gewährleistet sein. Kann der Feuerhüter das nicht leisten, hat der Leiter ganz klar seinen Platz immer bei dem Hilfebedürftigsten, auch wenn die Zeremonie dafür zu unterbrechen ist. Schön ist es, wenn der Kreis für denjenigen ein Gebet spricht. Warnen aber möchte ich davor, dass sich plötzlich eine Hand voll selbsternannter Heiler und Möchtegern-Schamanen, die es in esoterischen und spirituellen Kreisen oft allzu viele gibt, um den besten Platz bei demjenigen drängen, Hände auflegen, Geister verscheuchen, Lichtkräfte rufen, Kopfbehandlungen geben, Füße massieren, zu Hitzlipitzli beten und die abgestiegenen Meister einladen. Das wird die Krise nur verstärken. Ruhe und Besonnenheit des Leiters in Verbindung mit etwas Geduld reichen meist aus, um die Person durch ihre heilenden Prozesse hindurch zu begleiten.

Manchmal können solche Energieprozesse auch ekstatischer Natur sein, wenn intensive Energiewellen einen Teilnehmer durchlaufen oder Kundaliniprozesse in ihm ausgelöst werden. Obwohl die äußerlichen Anzeichen recht ähnlich sein können, gilt es hier noch weniger einzugreifen, sondern einfach einen Raum zu schaffen, in dem das Geschehen gut ablaufen kann. Oft sind die anderen Kreisteilnehmer irritierter als der Betroffene. Einige wenige Worte dazu können dann beruhigen. Nimmt der Prozess eines Einzelnen doch zu viel Raum ein, kann man versuchen, ihn über Ansprache zu beruhigen, oder wiederum den Teilnehmer aus der Hütte geleiten, und ihn draußen weiter betreuen. Aber auch hier gilt, dass der Kreis als Ganzes nicht zufällig zusammenkommt und alles Erleben mit allen etwas zu tun hat. Trotzdem kann das den Fluss der Zeremonie stören. Manchmal macht unser Ego seltsame Verrenkungen, um gesehen zu werden, und gerne suchen sich manche Menschen Kreise dieser Art, um sich auszuleben. Das will ich aber nicht verallgemeinern. Die meisten Prozesse, die in einer Schwitzhütte ausgelöst werden, sind von zutiefst heilsamer Art, auch wenn zwischendurch mal die Welt auf dem Kopf steht. Per aspera ad astra – der schamanische Weg der Heilung führt über den Gang durch die Unterwelt zum Licht. Und da gibt es eine Menge seltsame Dinge, denen man begegnen kann. Ein richtig guter Begleiter aber lässt sich durch nichts aus seiner Ruhe bringen.

Erinnern möchte ich noch einmal an das, was bereits im Abschnitt 6.23 gesagt wurde: die Schwitzhüttenzeremonie kann in Teilnehmern Geburtsmuster und -erinnerungen wach rufen, und je nach erlebter Dramatik ihres Lebensbeginns können dadurch Enge, Angst, das Gefühl, fest zu stecken, oder eben auch Nahtoderlebnisse aus der unterbewussten Erinnerung aktiviert werden. Wie immer in kathartischen Zuständen brauchen die Betroffenen dann intensive und nahe Begleitung, das Gefühl, nicht alleine zu sein, und unter Umständen viel Ausdauer der Begleiter, um durch diese grundlegenden Energiemuster ihres Lebens hindurchzureisen.

6.25 Kontraindikationen

„Wer zur Sauna gehen kann, kann auch in die Sauna gehen."

(Finnisches Sprichwort)

Was in diesem alten finnischen Sprichwort für die Sauna postuliert wurde, gilt meines Erachtens ebenso für die Schwitzhütte. Generell ist ja die Schwitzhütte ein Ort der Regeneration und Heilung. Viele Menschen haben von Besserungen auch ihrer körperlichen Beschwerden und Krankheiten nach dem Ritual berichtet. Es gibt aber natürlich trotzdem verschiedene gesundheitliche Kontraindikationen, die beachtet werden müssen, um eine eventuelle Gefährdung von Schwitzhüttenbesuchern auszuschließen. Diese Regeln decken sich weitgehend mit den Regeln für Saunagänge, wobei allerdings die wesentlich höhere Luftfeuchtigkeit in der Schwitzhütte bedacht werden muss!

Grundvoraussetzung für den Besuch einer Schwitzhütte ist natürlich unsere körpereigene und für selbstverständlich erachtete Fähigkeit zu schwitzen. Nebst einer sehr sehr seltenen angeborenen Störung, bei der diese Funktion der Hitzeregulierung eingeschränkt ist oder sogar komplett ausfällt, ist vermindertes Schwitzen öfters die Folge einer nachträglich erworbenen Fehlinterpretation von Hitzereizen durch das Nervensystem. Auslöser dafür können Medikamenteneinnahmen in Vergangenheit oder Gegenwart sein, wie sie gegen Parkinson, Schmerzen, Schwindelattacken oder Depressionen verwendet werden. Man kann aber davon ausgehen, dass Betroffene nicht erst im Schwitzhüttenritual von ihren eigenen Einschränkungen bezüglich ihrer Schwitzfähigkeit erfahren. Aber auch im Alter lässt die Schwitzfähigkeit und die Kreislaufbelastungsgrenze allgemein etwas nach. Trotzdem war ich z. B. mit Emerson Spider, dem ehemaligen Oberhaupt der Native American Church in der Schwitzhütte, der mir versicherte, dass er sein hohes Alter von 83 Jahren auf den regelmäßigen Schwitzhüttenbesuch zurückführe!

Ein sehr junges Lebensalter ist ebenfalls keine Kontraindikation. Gerade Kinder und Kleinkinder, sogar schon Säuglinge lieben den feuchten und warmen Raum mehr, als man denkt, und fordern mehr Hitze, als man ihnen gemeinhin zutraut. Natürlich wird man ihnen nicht die Grenzerfahrung zumuten, die man bei Erwachsenen sucht.

Schwangere Frauen sollten von selbst ein Gefühl dafür entwickeln, inwieweit sie sich Belastungen des Kreislaufs zumuten können. Normalerweise ist eine Schwitzhütte keine Gefahr für ein ungeborenes Baby und die Mutter. Viele Schwangere genießen den warmen Raum sehr, der zur Entspannung und zur Hingabe einlädt und kommen dabei tiefer als sonst in Berührung mit den archetypischen Ebenen der „Gebärmutter der Erde" und ihren Kindern. In den letzten Wochen vor der Entbindung ist vielen Schwangeren allerdings eine starke Belastung ihres Kreislaufs zu anstrengend – außer sie wollen das Erlebnis einer echten Schwitzhüttengeburt, wie sie weiter vorne im Buch beschrieben ist!

Bei Menschen mit Herz-Kreislauf-Krankheiten, starkem Bluthochdruck oder Koronarerkrankungen muss genau, oft auch ärztlich, abgeklärt werden, inwieweit sie Hitze und Kreislaufbelastungen vertragen. Im Zweifelsfalle gilt immer, dass der Schwächste bestimmt, wie weit im Kreis alle gehen, falls es nicht sogar der war, der um Heilung in der Schwitzhütte bat.

Bei Thrombosegefahr sollte auf jeden Fall auf Schwitzhütte verzichtet werden.

Auch eine Überfunktion der Schilddrüse ist eine Kontraindikation für die Hitze der Schwitzhütte. Hier kann unter Umständen die Regulation der Körpertemperatur stark gestört sein und dadurch eine gefährliche, extreme Überhitzung im Körper auftreten.

Akute Venenentzündungen in den Beinen können sich durch trockene Hitze noch verschlimmern. Obwohl die Schwitzhütte ja eher feuchte Hitze hat, ist Vorsicht angebracht. Saunagängern empfiehlt man, feuchte Tücher um die Beine zu wickeln – schaden kann das sicherlich nicht.

Menschen mit Asthmaerkrankungen sind in der Schwitzhütte einer starken Belastung ausgesetzt. Die Atemluft ist zwei- bis dreimal so heiß wie normal und die hohe Luftfeuchtigkeit erschwert zusätzlich das Atmen. Gerade die kann einen Asthmaanfall hervorrufen, sodass im Gegensatz zum Saunabesuch, wo die Luft sehr trocken ist, was als günstig für diese Krankheit gilt, von einem Schwitzhüttenbesuch tendenziell abgeraten werden muss. Allerdings zeigt sich in der Praxis, dass trotzdem manche Asthmatiker die Schwitzhütte gerne besuchen und sie sogar als angenehm empfinden.

Menschen mit Diabetes haben meistens keine Probleme durch Hitze und Schwitzen zu erwarten. Es kann manchmal zu Schwankungen des Blutzuckerspiegels nach oben oder unten kommen, und wer unsicher ist, kann einfach seinen Spiegel zwischen zwei Durchgängen kontrollieren. Wichtig ist für Diabetiker, dass sie in den Pausen ausreichend trinken.

Menschen, die Psychopharmaka (besonders Benzodiazepine wie Valium o. ä.) zu sich nehmen, rate ich im Allgemeinen ebenfalls vom Besuch einer Schwitzhütte ab. Natürlich muss man auch hier den Einzelfall prüfen, und mancher setzt z. B. sein Ritalin oder seine Antidepressiva ein oder zwei Tage vorher ab, besucht „clean" die Schwitzhütte, um dann mit der Medikamenteneinnahme fort zu fahren. Ohne jetzt auf grundsätzliche Diskussionen über Sinn und Unsinn solcher Medikamente eingehen zu wollen, ist für mich eine Schwitzhütte immer ein Ort der Heilung. Ich respektiere die Entscheidung und die Absicht so gut wie jeden Besuchers, der diese Zeremonie kennen lernen oder besuchen möchte. Allerdings kann die intensive Schwitzhüttenerfahrung mit Dunkelheit, Hitze, Enge und körperlicher Nähe, so wie jeder andere intensive Selbsterfahrungs- oder Meditationsweg, latent vorhandene Psychosen auslösen. Ich verstehe darunter, dass stark unterdrückte oder zurückgehaltene Inhalte des Unterbewusstseins, die aber sowieso schon da sind, mit aller Macht, dabei unkontrollierbar und dadurch häufig Angst erzeugend, ins Bewusstsein drücken. In der Regel handelt es sich dabei um einen Heilungsprozess, allerdings intensivster Art und nicht vorhersehbaren Ausmaßes. Eine solche Öffnung kann eine große Verantwortung für die Wegbegleitung desjenigen bedeuten, und es bleibt der Entscheidung des Schwitzhüttenleiters überlassen, inwieweit er sich, falls im Vorfeld wirklich ernste psychische Probleme bei einem Teilnehmer vorliegen, auf eine solche einlassen möchte. Verantwortung bedeutet in diesem Zusammenhang auch, die Grenzen der eigenen Fähigkeit, zu halten und zu heilen, bewusst wahrzunehmen und zu achten. Es ist ein Zeichen von Klarheit und Authentizität, ein gefühltes „Nein" zu einem Schwitzhüttenbesucher mit gesundheitlicher Einschränkung – welcher Art auch immer – freundlich, aber bestimmt auszudrücken.

6.26 Gesundheitliche Aspekte des Schwitzens

Was passiert eigentlich auf körperlicher Ebene beim Besuch einer Schwitzhütte? Wird unser Körper einer erhöhten Temperatur ausgesetzt, erhitzt er sich um einige Grad und erzeugt so eine Art künstliches Fieber. Er beginnt außerdem zu schwitzen, um die reguläre Körpertemperatur zu erhalten. Ein Mensch kann innerhalb einer Stunde je nach Körpergröße maximal einen dreiviertel bis ganzen Liter Schweiß über seine Hautoberfläche abgeben! So kann der Flüssigkeitsverlust während einer Schwitzhüttenzeremonie, je nach Temperatur und Dauer, schon mal zwei bis drei Liter betragen. Umso wichtiger ist es, diesen Verlust am nächsten Tag durch verstärktes Trinken, am Besten von reinem Wasser, wieder auszugleichen.

Durch das Schwitzen werden Schlacken und Ablagerungen sowie diverse Abfall- und Giftstoffe aus den Zellen und den Blutbahnen ausgeschieden. Wer einmal mit stark vergifteten oder kranken Menschen zusammen in einer Schwitzhütte saß, weiß, wovon ich spreche – der Gestank des Schweißes ist bisweilen geradezu atemberaubend. Es wurde nachgewiesen, dass verschiedene Schwermetalle wie Quecksilber, Kupfer und Blei durch Schwitzen über die Haut partikulär ausgeschieden werden können.

Durch die bis zu 39 °C erreichende, fieberähnliche Temperaturerhöhung im Körper sterben vorhandene Bakterien und Viren ab, die direkt durch den intensivierten Kreislauf und das Schwitzen aus dem Körper ausgespült werden. Zudem wird ein eventuell vorhandener Salzüberschuss (bei üblicher Zivilisationskost und Bluthochdruck relativ häufig) im Wasserhaushalt des Körpers ausgeglichen.

Außerdem hat man festgestellt, dass im Schweiß Bakterien und Pilz hemmende Stoffe enthalten sind, zum Beispiel das sog. Dermcidin, die dann auf der Hautoberfläche ihre Wirkung entfalten. Möglicherweise trägt das, neben dem Abhärtungseffekt, zur Gesunderhaltung regelmäßiger Sauna- oder Schwitzhüttengänger bei.

Ein weiterer interessanter Faktor ist die Tatsache, dass unter dem temporären Hitzestress einer Schwitzhütte im Körper Glückshormone (Endorphine) ausgeschüttet werden. Diese wirken Stimmung aufhellend sowie Stress lösend und Schmerz dämpfend. Die ausgelassene Freude und Ekstase nach einer erfolgten Neugeburt, die oft durch die „Presswehen", also die mit reichlich Wasser erzeugten Aufgüsse vor dem Öffnen der letzten Tür, können bestimmt auch dadurch erklärt werden.

Ein weiterer Faktor, der zur Gesundung beiträgt, ist der Anstieg von negativ geladenen Ionen in der Hütten-Luft. Während positiv geladene Ionen, von denen hohe Konzentrationen beispielsweise in Smog belasteten Gegenden oder künstlich klimatisierten Räumen gefunden werden, unter anderem mit Kopfschmerzen, Asthma, Allergien, Schlaflosigkeit und Herzproblemen in Verbindung gebracht werden, wirken negative Ionen in der Atemluft gegen Müdigkeit und Anspannung, allgemein kräftigend und revitalisierend, und werden beispielsweise in der Atemtherapie von Krebspatienten eingesetzt.

In der Hitze und Feuchtigkeit einer Schwitzhütte kommt es außerdem zu folgenden körperlichen Reaktionen:

- Steigerung der Herzfrequenz (Herzklopfen)
- Vertiefung der Atmung und Anregung des ganzen Kreislaufs

- verbesserte Sauerstoffaufnahme des Blutes
- allgemein verbesserte Durchblutung des ganzen Körpers und der Organe
- Blutdrucksenkung durch Erweiterung der Gefäße
- Anregung der Lymphtätigkeit, die der Entgiftung und Entschlackung
- Öffnung der Hautporen und damit Reinigung der oberen Hautschichten
- die Haut wird weicher und elastischer
- tiefe Entspannung der gesamten Muskulatur,
- dadurch Lösung von Verspannungen und verschiedenen Schmerzzuständen
- Entspannung des vegetativen Nervensystems

Eine unter Umständen erwünschte, manchmal aber auch unerwünschte Wirkung kann die temporäre Unfruchtbarkeit des Mannes sein, da durch die Hitze wie bei einem Saunabesuch die Samenzellen in den Hoden absterben. Allerdings ist dieser Effekt nicht zuverlässig und nur von kurzer Dauer, da die männlichen Samen ständig nachgebildet werden. Bedenkt man, dass die Finnen nach historischen Berichten in vergangenen Zeiten oft täglich die Sauna besuchten, kann dieser Effekt jedenfalls keine zuverlässige Verhütungswirkung haben…

6.27 Decken, Tabak, Lebensmittel – oder Geld?

Große Uneinigkeit herrscht in der Szene darüber, ob für die Durchführung von den Teilnehmern Geld genommen werden darf oder nicht. Diese Frage ließe sich im Grunde ausweiten und auf alle spirituellen Seminare und Tätigkeiten beziehen, und wird ja auch tatsächlich in diesem erweiterten Zusammenhang immer mal wieder diskutiert: darf man, kann man überhaupt Spiritualität verkaufen? Diese Frage ehrlich zu untersuchen kann uns einiges über unser Verhältnis zum Geld offenbaren.

In den traditionellen schamanischen Kulturen, aus denen die Schwitzhüttenzeremonie stammt, lag die Durchführung bei den Medizinmännern. Diese hatten ihren Auftrag von den Geistern bekommen, eine Berufung, eine Initiation, die sie legitimierte, zum besten Wohle der Stammesgemeinschaft ihre speziellen Fähigkeiten und Talente in den Bereichen des Heilens und Leitens von Zeremonien auszuüben, und die von der Gemeinschaft akzeptiert und bestätigt wurde.

Traditionelle Stammesgemeinschaften der alten Zeit waren in sich geschlossene Systeme, in denen jedes Mitglied seinen Platz, seine Berechtigung, aber auch seine Aufgaben hatte. Im Grunde war es fast unmöglich, aus einem solch geschlossenen System auszusteigen. Die Geborgenheit und Sicherheit eines solchen Lebens in der Gemeinschaft wurde deshalb immer auch mit der Einschränkung der individuellen Entwicklungsmöglichkeit bezahlt. (Ob diese den Stammesmitgliedern gefehlt hat, ist eine andere Frage.) Alle Tätigkeiten innerhalb eines Stammessystems wurden selbstverständlich erfüllt – ihre Notwendigkeit ergab sich aus dem Zwang des Lebens und Überlebens. Geldsysteme waren in Nordamerika (wie den meisten anderen Stammeskulturen auf der Welt) unbekannt, bevor die Weißen das Land eroberten. So wurde es von den Auserwählten, die mit der Kraft des Heilens gesegnet waren, als selbstverständlich erachtet, dass sie ihre Fähigkeiten im Grunde unentgeltlich der Gemeinschaft zur Verfügung stellten. Meistens waren Medizinleute den größten Teil des Tages mit ganz normalen Alltagsaufgaben beschäftigt, sie waren Jäger, Sammler, Fischer, Handwerker, und die Aufgaben, die sie aufgrund ihrer schamanischen Berufung zu erfüllen hatten, waren – meist abends – eine zusätzliche Belastung für sie. Deshalb war die Berufung zum Heiler oder Schamanen in solchen Kulturen nicht immer nur Grund zur Freude oder zum Stolz, im Gegensatz zu unserer westlichen Herangehensweise, wo die persönliche Entdeckung der Existenz schamanischer Welten oft genug nicht nur dem spirituellen Ego als Wachstumsbeschleuniger dient.

Für ihre heilerischen oder sonstigen Aufgaben als Medizinmann oder Schamane war und ist es in Stammeskulturen trotzdem üblich, dass sie als Energieausgleich Geschenke bekamen. Diese richteten sich immer nach den Fähigkeiten und Möglichkeiten des Patienten, oder wer auch immer ihre Dienste in Anspruch genommen hatte. Im Kontext der amerikanischen Ureinwohner bestand eine typische „Entlohnung“ in Tabak, Decken und Nahrungsmitteln, und inzwischen auch in Geld. Trotzdem wird dieser Energieausgleich nicht als Bezahlung gesehen, sondern als Geschenk für die Anstrengungen und die Bereitschaft des Medizinmanns (oder -frau) zu helfen. Zudem ist die Höhe der Entlohnung nicht festgelegt.

Ein völlig anderes Verhältnis zur Entlohnung von Heilern gibt es in der chinesischen Kultur. Dort wurde seit ältesten Zeiten der Arzt oder Kräuterkundige in der Tradition der taoistischen 5-Elemente-Lehre regelmäßig bezahlt, solange seine Klienten gesund waren! Wurde dagegen jemand krank, hatte er ja sichtlich in seiner Gesundheitslehre versagt und bekam so lange kein Geld mehr, bis der Patient genesen war. Hier wurde also die Gesundheit belohnt, nicht die Krankheit. Was könnte sich unser heutiges westliches „Krankheitssystem“ davon nicht abschauen!

Unser westliches Kultursystem hat in einer Jahrhunderte langen Entwicklung ein ausgefeiltes Geldsystem entwickelt. Ohne jetzt die Ungerechtigkeiten, Schwächen und Nachteile eines solchen diskutieren zu wollen, die zweifelsohne vorhanden sind, ist es doch so, dass es dadurch für jede Tätigkeit innerhalb des sozialen Systems eine anerkannte Tauschebene gibt, auf der man sich gegenseitig entlohnt. Dabei spielt es keine Rolle, ob es sich um körperliche, mental-geistige oder eben auch spirituelle Dienstleistungen handelt. Schon lange herrscht in unserer Kultur Konsens darüber, dass auch der Pfarrer und Priester etwas für Essen, Trinken und Kleidung einkaufen muss, und deshalb für seine Dienste von der Gemeinde entlohnt wird, die seine (im Optimalfall wirklich) seelsorgerischen Dienste in Anspruch nimmt. Und natürlich gilt dies auch für Ärzte, Heiler, Bader, Hebammen, Geschichtenerzähler, Hochzeiter, Schauspieler, Künstler und welche spezialisierten Berufe auch immer die vielfältigen Aufgaben der Medizinleute und Schamanen in unserer modernen Kultur übernommen haben. Wie im Idealfall jeder Mensch in jedem anderen Beruf auch folgen sie ihrer Berufung, ihrem inneren Ruf und ihren äußeren Geschicklichkeiten und Fähigkeiten, entwickeln diese in jahrelangem Lernen weiter, werden so (mehr oder weniger) im Laufe der Jahre zu Meistern, setzen ihre Talente und das Erlernte zum besten Wohle der Gemeinschaft ein – und werden dafür von ihr entlohnt. Wir praktizieren dieses System seit Jahrhunderten, wenn nicht Jahrtausenden, mit mehr oder weniger Erfolg, aber haben uns darauf geeinigt: jeder bringt seine Fähigkeiten nach bestem Können ein und bekommt dafür im Austausch Geld. Warum also sollte jemand, der nach jahrelangem Lernen ein guter Zeremonienleiter, Geistheiler, Medizinmann, Schamane oder eben auch Schwitzhüttenleiter geworden ist, in unserer Kultur dafür nicht regulär entlohnt werden? Warum sollte er seinen Weg, der von seinem inneren Ruf und den Spirits bestimmt wird, unter finanziellen Entbehrungen gehen müssen? Warum sind wir bereit, für Körperhygiene zu bezahlen, aber nicht für Seelenhygiene? Warum bezahlen wir für Medizin, Massagen, Behandlungen auf unserer körperlichen Ebene, aber wollen dies nicht für Medizin, Meditation und Behandlungen auf der spirituellen Ebene tun? Warum geben wir den Ärzten Geld, wollen aber Schamanen oder Schwitzhüttenleitern keines geben, die uns vielleicht dabei helfen, gerade die Ärzte nicht mehr so viel zu brauchen? Ich selbst war bis zum Alter von 27, als ich zum ersten Mal in die Schwitzhütte ging, jedes Jahr zwei, drei, vier mal krank, was als völlig normal galt in meinem Umfeld. In den letzten dreizehn Jahren war ich vielleicht noch insgesamt zwei oder drei Mal beim Arzt!

Was oft spürbar wird in dieser Diskussion ist die Angst, in Notlagen finanziell ausgenommen zu werden. Ohne Zweifel gibt es immer wieder Menschen, die im Esoterik-Supermarkt den schnellen Euro verdienen wollen oder mit leeren Heilsversprechungen Suchende und Kranke enttäuschen. Aber auch da muss man sich immer an die eigene Nase fassen. Wer fällt auf so jemanden herein? Wer lässt sich von großspurigen Heilsversprechungen ködern? Welcher illusorischen Sehnsucht nach „Alles-ist-gut-Esoterik" folgt man da? Und was muss desillusioniert werden bei diesen Menschen – welchen Illusionen hängen sie an? Und ist es nicht unumgänglich auf dem Weg, ein Gespür für Wahrheit und Lüge zu entwickeln? Mehr und mehr auf die Intuition im eigenen Inneren zu hören? Jede schlechte Erfahrung ist auch eine gute Erfahrung, und jede Krise ist zugleich eine Chance – im chinesischen gibt es nur einen Begriff für diese beiden deutschen Wörter!

Kein Heiler in traditionellen Stammeskulturen hat unentgeltlich gearbeitet, er hat innerhalb des Wertesystems seiner Gemeinschaft eine angemessene Entlohnung für seine Tätigkeit bekommen, wenn auch in variabler Höhe. Decken, Tabak und Lebensmittel waren in diesen Kulturen Gegenstände von hohem Wert und überlebenswichtig – genauso, wie es bei uns eben Geld ist. Wenn mir jemand für meine Schwitzhüttenarbeit oder nach einem Wochenend-Seminar eine Decke und fünf Päckchen Tabak schenken würde, oder einen Fresskorb in die Hand drücken, würde mein Lächeln vermutlich etwas gequält ausfallen. Ich habe zwei schöne Decken, rauche nicht, das bisschen Tabak, das ich für Zeremonien verwende, habe ich zuhause, und bei Lebensmitteln bin ich anspruchsvoll und eigen. Geld dagegen kann ich immer gebrauchen...!

Dagegen ist die Tatsache durchaus interessant, dass jeder, der die Dienste eines Schamanen in Anspruch nahm und auch heute noch nimmt, ein Geschenk gemäß seinen eigenen Möglichkeiten gibt. Das heißt, wer zu den Wohlhabenden zählt, dessen Geschenk wird größer ausfallen, wer wenig hat, gibt auch weniger. Jeder wird jedoch auf seine Art dabei darauf geachtet haben, dass das Giveaway angemessen ist. Wer Gesundheit, körperliche, emotionale oder spirituelle Heilung, persönliches Wachstum oder etwas anders für ihn wichtiges durch eine Zeremonie oder die Heilarbeit der Medizinperson gewonnen hat, wird aus der Tiefe seiner Dankbarkeit bereit sein, etwas Angemessenes dafür zu geben. Das ist etwas, mit dem wir uns in unserer westlichen Kultur oft sehr schwer tun. Wir sind es nicht gewohnt, nichtmateriellen Leistungen einen Wert zu geben, gerade wenn dieser nicht vorgegeben ist. So werden von Vielen ohne Murren für ein Essen im Restaurant 50 € bezahlt und anderthalb Stunden Kino-Vergnügen kosten 15 €, – doch eine ganztägige Schwitzhüttenzeremonie ist dann vielleicht nur 20 € wert?

So wäre für mich der angemessene Weg der Entlohnung für eine Zeremonie wie der Schwitzhütte oder anderen schamanischen Heilarbeiten eine Spende oder ein Giveaway in angemessener Höhe. Da dies viele Menschen in Schwierigkeiten bringt, ist es sinnvoll, eine Empfehlung, einen Richtwert über die Höhe anzugeben, entweder als ungefähren Orientierungswert, oder als Spanne (von – bis) einer stimmigen Entlohnung.

Niemals sollte jedoch ein Ansinnen eines Menschen an einen spirituellen Heiler, Wegbegleiter oder an eine Medizinperson am Geld scheitern. Sollte wirklich mal jemand überhaupt kein Geld haben, dabei aber sichtlich notwendig einer Heilung oder Unterstützung bedürfen, sollte das gar keine Frage sein. Zudem im Universum alles, was man gibt, auf andere Weise wieder zurückkommt. Für Manche gibt es auch noch andere Wege des Energieausgleichs. Jeder kann irgendetwas besonders gut, und wer kein Geld hat, hat dafür oft viel Zeit, um seine Energie und Dankbarkeit zum Beispiel in Form von Arbeit oder anderer Unterstützung auszudrücken. Warum soll jemand als Ausgleich nicht bei der Hausrenovierung mithelfen, das Brennholz für den Winter sägen, ein Bild malen, ein paar Tage Urlaub in seiner Wohnung anbieten... Denkbar ist vieles, es sollte nur vorher mit dem Leiter der Zeremonie abgesprochen werden.

Ein Mann spricht mich an, dass er gerne bei einer Schwitzhütte dabei wäre, aber aufgrund seiner Arbeitslosigkeit absolut kein Geld übrig hat. Er hätte aber noch eine Trommel zuhause, die er mir schenken möchte – ob ich mir das vorstellen könnte? Ich kann, und die Trommel begleitet mich einige Jahre auf Seminaren. Ein anderer lädt mich ein, in seinem Holzhäuschen im Schwarzwald mal ein Wochenende Urlaub mit Vollverpflegung zu machen, während er das Feld räumt! Ich habe dieses Giveaway bis heute nicht eingelöst, aber es ist ein gutes Gefühl, jederzeit darauf zurückgreifen zu können. Und die Craniosacral-Behandlung als Energieausgleich einer Frau habe ich auch gerne angenommen...

Trotzdem sollte klar sein, dass das bevorzugte „Medizingeschenk“ in unserer Kultur Geld ist und bleibt. Die Höhe dieses Geschenks an seine eigenen Möglichkeiten und entsprechend dem Erhaltenen anzupassen, beinhaltet die Aufgabe, sich ehrlich mit persönlichen Wertigkeiten im Leben und dem eigenen Verhältnis zum Geld zu befassen. Dabei auf Geiz, Zurückhaltung, mangelnde Großzügigkeit und Festhalten am Materiellen zu treffen ist eine Möglichkeit. Auf der anderen Seite gibt es (seltener) auch einmal solche, die ihr letztes Hemd zu teilen bereit sind und eher im positiven Sinne Haltekraft entwickeln müssen. So oder so wird die Praxis des Energieausgleichs auf Spendenbasis unser Verhältnis zu Geld und materiellen Gütern überhaupt überprüfen und hinterfragen, und – hoffentlich im positiven Sinne – dort Veränderung bewirken.

In der Praxis finde ich es stimmig, nach Beendigung der Schwitzhüttenzeremonie oder am Ende des Treffens eine kleine extra Zeremonie durchzuführen, in der alle Teilnehmer noch einmal im Kreis sitzen, und ihren individuellen Spendenbeitrag in ein Gefäß oder einen Beutel geben, der im Kreis geht. So wird das Geben und Empfangen in einen rituellen

Kontext eingebettet. Anschließend kann der Leiter das Geld, das zu ihm fließt, segnen. Das ist eine sehr schöne Übung, um das Verhältnis zum Geld zu heilen:

> *„Ich danke all denen, die mit offenem Herzen gegeben haben – möge es vielfach zu ihnen zurück fließen.*
>
> *Ich danke für dieses Geld, das mir materiellen Wohlstand und Sicherheit schenkt. Ich danke dir, Mutter Erde, dass du mich auf diese Weise nährst und deinen Segen spendest.*
>
> *Ich segne dieses Geld mit der Fähigkeit, sich bei mir wohl zu fühlen, sich zu vermehren und in segensreiche Kanäle weiter zu fließen.*
>
> *Möge es überall, wo es hin fließt, nur Freude bringen.*
>
> *Ahoe. Mitakuye Oyasin."*

Manchmal gibt es die Praxis, um die Kosten einer Veranstaltung transparenter zu machen, die verschiedenen Posten separat abzurechnen. Ich persönlich habe das größtenteils so übernommen. So wird einerseits ein Betrag für die realen Kosten eingesammelt, die für eine Schwitzhüttenzeremonie anfallen, wie beispielsweise Brennholz, Steine, Räucherkräuter, die Werbungskosten, Fahrtkosten des Leiters etc. Dieser (relativ geringe) Betrag ist für alle gleich und ausnahmslos zu entrichten. Im Kreis dann wird die Spende für den Leiter gegeben, also das eigentliche Giveaway, das Geschenk, das ein Teilnehmer dem Leiter für die Zeremonie macht. Und dieser Betrag ist in seiner Höhe völlig frei.

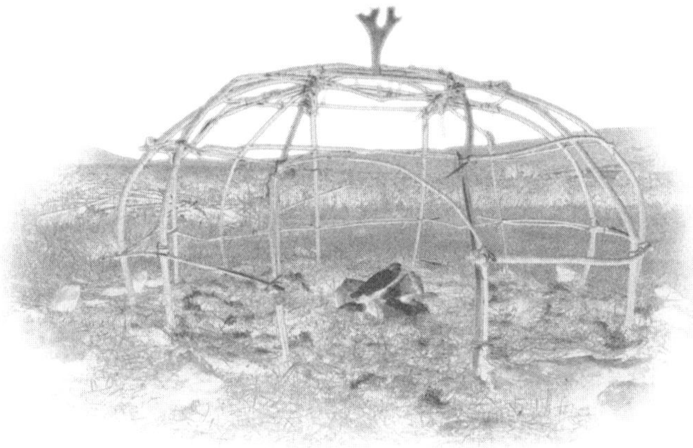

7. Lieder

In dieser Sammlung von Liedern, die sich für den Gebrauch in der Schwitzhütte eignen, beschränke ich mich aus den in Kapitel 6 aufgeführten Gründen auf solche mit deutschen Texten, zumal es für englische Lieder auch einige andere gute Quellen gibt.

Jedes Lied kann gemäß seinem Inhalt und der Stimmung, die es ausdrückt, einer bestimmten Himmelsrichtung auf dem Medizinrad zugeordnet werden. Während einer Schwitzhüttenzeremonie sind die verschiedenen Runden ebenfalls einer Himmelsrichtung zugeordnet. Ein zum Thema der Runde passendes Lied kann die Energie dabei unterstützen, sich in diese Richtung zu bewegen.

Da es verschiedene Medizinradsysteme gibt, gehe ich hier nur auf das Rad der Twisted Hair ein. Da die Zuordnung aber erklärt wird, können die Lieder ohne Probleme auf andere Systeme übertragen werden.

Viele dieser Lieder stammen aus dem Fundus des Rainbow Tribes und sind lizenzfrei. Von vielen ist der Urheber nicht bekannt. Zudem gibt es von einigen dieser Songs und Chants unzählige Varianten. Diese Lieder sind lebendig wie das Leben, und verändern sich mit der Zeit und den Kreisen. Andere Lieder, die ich hier versammelt habe, haben sicherlich einen Urheber. Leider weiß ich nur von wenigen den Namen. Ich bitte also um Entschuldigung, falls sich jemand übergangen fühlt und versichere, dass ich all die hier versammelten Lieder schätze, ehre und auch einem unbekannten Urheber dankbar bin!

Der Süden

Sommer, Mittag, Freude, Spielen, Unschuld, Vertrauen, Kindheit, Pflanzen, Gefühle, Wasser

Die Flüsse, sie fließen – Wasser, S

Die Flüsse, sie fließen,
fließen und fließen,
die Flüsse, sie fließen
zurück in das Meer.
Oh Mutter trage mich,
dein Kind bin und bleibe mich.
Oh Mutter trage mich
zurück in das Meer.

(via Sun Bear)

Heyo, spannt den Wagen an – Sommer, S

Heyo, spannt den Wagen an
Seht, der Wind treibt Regen übers Land.
Holt die goldenen Garben, holt die goldenen Garben,
Heyo, spannt den Wagen an.

(engl. Volkslied, Kanon)

Seht mich, hier bin ich – Naturwesen, S

//: Seht mich, hier bin ich, ich lebe im Wald. ://
//: Der Himmel, die Sterne, die geben mir Halt. ://
//: Die Liebe ist ewig, mein Zuhause ist die Natur. ://
//: Ich trage im Herzen die göttliche Spur. ://

(Nathalie Salem)

Mutter, du ewiges Branden des Meeres – Wasser, S

//: Mutter, du ewiges Branden des Meeres,
Im Herzen vernehm ich dein Rufen nach mir. ://
//: Kind komm nach Hause, was suchst du dort draußen,
Komm in meine Arme, find Frieden bei mir. ://
//: Seit endlosen Zeiten auf endlosen Wegen,
Bin müde vom Wandern und find nicht nach Haus. ://
//: Ich bin die Herrin von Zeit und Gezeiten,
Vertrau meiner Führung, ich bring dich nach Haus. ://

(Ingo Donut)

Ich bin ein Kind von Sonne, Mond und Sterne – Kinder, S

Ich bin ein Kind von Sonne, Mond und Sterne,
Ich bin ein Kind des Himmels und der Erde,
Ich bin ein Kind des Lichtes und der Liebe,
Ich werde, ich werde, ich werde,
Ich werde, was ich bin.

(Sigrid Beckendorf)

Froh zu sein bedarf es wenig – Freude, S

Froh zu sein bedarf es wenig,
Und wer froh ist, ist ein König.

(Volkslied, Kanon)

Ich bin so froh – Kinder, S

Ich bin so froh, dass es mich gibt,
Dass mich die Kraft in diese Welt gebracht.
In diese Welt voll Glück und Leid
Voll Blumen, Blut und Heiterkeit.
//: Die Sonne lacht, der Himmel weint,
Gott hat es gut mit mir gemeint. ://

Der Samen im Baum – Pflanzen, S

Der Samen im Baum,
Der Baum im Raum,
Der Raum in der Unendlichkeit,
Unendlichkeit im Samen.

Auf dem Weg, den ich geh – Vertrauen, Heilung, S

Auf dem Weg, den ich geh,
Scheint die Sonne, scheint der Mond,
Scheinen Liebe, Licht und Kraft.
Gott hat diesen Weg gemacht.

Ist das Ziel auch fern,
Es ist der Weg, der mich erhält,
In meinem Herzen wohnt ein Stern,
Der mich führt in dieser Welt.

Was mir auch passiert
Auf der Reise übers Meer,
Immer habe ich Vertrauen
Auf dem Weg, den ich geh.

(Ulrich Meyerratken)

Einfach gehen, gehen – Vertrauen, S

Einfach gehen, gehen, immer weiter gehen,
Manchmal umdrehen oder stehen
Bleiben und vertrauen, trauen, trauen
Auf die Liebe bauen
Mal nach hinten,
Und dann wieder vorwärts schauen
Und weiter gehen, weiter gehen.

Einfach gehen, gehen und immer mehr verstehen
Und das Leben mit neuen Augen sehen
Lernen und vertrauen, trauen, trauen
Auf die Liebe bauen
Mal nach innen,
Mal nach außen schauen
Und weiter gehen, weiter gehen.

(Amei Helm)

Der Norden

Winter, Nacht, Verantwortung, Wissen und Weisheit, Erwachsene, Tiere, Verstand, Luft

Licht und Dunkel – Sonnwenden, Winter, N

Licht und Dunkel sind zwei Schwestern,
Im Jetzt verbinden sich Morgen und Gestern.
Licht und Dunkel laden dich ein,
Eins zu werden, eins zu sein.

(Arunga Heiden)

Nachtdunkle Tage – Wintersonnwende, N

Nachtdunkle Tage, sternkalte Nächte,
Traue Frau Todins Dunkelzeit.
Licht komme wieder, Wintersonnwendzeit,
Dunkle Frau Todin, mach mich bereit.

(Simone Rosemarie Theobald)

Ich dreh mich im Kreis – Kreisbewusstsein, Tier, N

//: Ich dreh mich im Kreis, ich dreh mich im Kreis,
Ich tanz durch die ganze Welt. ://
//: Schwing deine Flügel und flieg mit mir. ://
Ich dreh mich im Kreis, ich dreh mich im Kreis,
Ich tanz durch die ganze Welt.

(Sun Bear Tribe)

Abends treten Elche aus den Dünen – Abend, Tiere, N, W

Abends treten Elche aus den Dünen,
ziehen von der Palve an den Strand,
wenn die Nacht wie eine gute Mutter
leise deckt ihr Tuch auf Haff und Land.

Ruhig trinken sie vom klaren Wasser,
darin Sterne wie am Himmel steh'n,
und sie heben ihre starken Köpfe
lauschend in des Sommerwindes Weh'n.

Langsam schreiten wieder sie von dannen,
Tiere einer längst versunk'nen Zeit.
Und sie schwinden in der Ferne Nebel
wie im hohen Tor der Ewigkeit.

(Heinrich Eichen)

Jeder Teil dieser Erde – Erde, Bewusstsein, W, N

Jeder Teil dieser Erde
Ist meinem Volk heilig.
Jeder Teil dieser Erde
Ist meinem Volk heilig.

(nach Häuptling Seattle, Kanon)

Der Westen

Herbst, Abend, Innenschau und Selbsterkenntnis, Transformation, Tod, Magie, Jugend/ Pubertät, Steine, Körper, Erde

Es war eine Mutter – Kreis, alle Richtungen, W

Es war ein Mutter, die hatte vier Kinder,
Den Frühling, den Sommer, den Herbst und den Winter.
Der Frühling bringt Blumen, der Sommer den Klee.
Der Herbst bringt die Farben, der Winter den Schnee.

(Volkslied)

Die Felsen, die Steine, die Kristalle – Erde, W

//: Die Felsen, die Steine, die Kristalle,
Heyo, heyanga heyo. ://
//: Kraft von Mutter Erde, die Kraft von Mutter Erde. ://

Mutter Erde, ich hör dich rufen – Erde, W

Mutter Erde, ich hör dich rufen,
Mutter Erde, ich hör dein Lied.
Mutter Erde, ich hör dich lachen,
Mutter Erde, und weinen auch.

(trad. nordamerikanisch)

Mutter Erde will ich segnen – Erde, W

Mutter Erde will ich segnen,
Voller Achtung ihr begegnen.
Bei Licht und Dunkel, Tag und Nacht,
Gib auf Mutter Erde acht.

(Simone Rosemarie Theobald)

Huf und Horn – Tiere, W

Huf und Horn, Huf und Horn,
Was da stirbt, wird neu gebor´n.
Gras und Korn, Gras und Korn,
Was da fällt, beginnt von vorn.

Der Osten

Frühling, Morgen, Vision, Kreativität, Geburt, Menschen, Geist/Spirit, Sexualität, Feuer

Feuergeist singe – Feuer, O

//: Feuergeist singe, Feuergeist tanze,
Feuergeist du bist mein. ://
//: Kleine Flamme, kleine Flamme,
zünd mein Feuerholz an. ://

(Sun Bear Tribe)

Ich grüße die Nacht – Feuer, O

Ich grüße die Nacht,
Ich tanz mit dem Feuer, mit dem Feuer,
Ich grüße die Nacht,
Und bitte dich, Feuer,
Entzünde auch das Feuer in mir.

Ich grüße die Nacht,
Ich tanz mit dem Feuer, mit dem Feuer,
Ich grüße die Nacht,
Und bitte dich, Glut,
Verwandle meine Ängste in Mut.

Morgensonne, Morgensonne – Sonne, O

Morgensonne, Morgensonne,
Gib mir Kraft, gib mir Kraft.

Gib mir Kraft, gib mir Kraft,
Für den Tag, für den Tag.

Für den Tag, für den Tag.
Bis zum Abend, bis zum Abend.

Flamme steig hoch – Feuer, O

Flamme steig hoch,
hinauf zu den Sternen.
Ich lasse los,
bis nichts mehr mich hält.

Flieg wie ein Adler – Adler, O

//: Flieg wie ein Adler, ://
//: Flieg so hoch. ://
//: Kreise durch die Wolken, ://
//: Such den Weg ins Licht. ://
//: Hey witchi tai tai,
Witchi tai-oh. ://

Kreisbewusstsein und die vier Himmelsrichtungen

Zusammengehörigkeit, Zeit, Verbindung, Gemeinsamkeit, alles ist eins, Kraft- und Anrufungslieder

Erde mein Körper – Kreis, alle Richtungen

Erde mein Körper,
Wasser mein Blut,
Luft mein Atem,
Und Feuer meine Seele.

(trad. nordamerikanisch)

Ich ruf, ich ruf – Kreis, alle Richtungen

Ich ruf, ich ruf,
Ich ruf, ich ruf,
Die Erde, das Wasser, das Feuer und die Luft.

Ich steh auf der Erde – Kreis, alle Richtungen

//: Ich steh auf der Erde, (3x)
Im Kreis meiner Macht. ://
//: Ich rufe das Wasser, (3x)
Zum Kreis meiner Macht. ://
//: Ich rufe den Wind, (3x)
Zum Kreis meiner Macht. ://
//: Ich rufe das Feuer, (3x)
Zum Kreis meiner Macht. ://

(Ingo Donut)

Ich tanze mit dem Feuer und der Erde – Kreis, alle Richtungen, Elemente

Ich tanze mit dem Feuer und der Erde,
Ich tanze mit der Luft um uns.
Ich tanze mit den Wassern, die fließen zum Meer,
Ich tanze mit dem Leben.

Ich singe mit dem Feuer und der Erde...
Ich lache mit dem Feuer und der Erde...
Ich lebe mit dem Feuer und der Erde...
Ich achte auf das Feuer und die Erde...
usw.

(Björn Ulbrich, inspiriert von Viyaja & Fred Hageneder)

Ich bin ein Kreis in einem Kreis – Kreisbewusstsein

Ich bin ein Kreis, in einem Kreis,
Ohne Anfang, und ohne Ende.

Ich bin ein Kreis und heile dich – Kreisbewusstsein

Ich bin ein Kreis, und heile dich.
Du bist ein Kreis, und du heilst mich.
Lasst uns eins sein, eins sein.
Lasst uns eins sein, eins sein.

(via Sun Bear)

Wir sind die Kraft – Kreis

Wir sind die Kraft, aus der alles entsteht.
Wir sind der Tanz, der die Sterne bewegt.
Wir sind die Hoffnung, die niemals vergeht.
Wir sind das Drehen, das die Zeiten bewegt.

Die Erde … – Begrüßung der vier Elemente

//: Die Erde, das Wasser, das Feuer, die Luft
Ein Tanz, ein Tanz, ein Tanz, ein Tanz. ://
//: Jaheya, heya, heya, heya,
Jaho, aho, aho, aho. ://

Wer nie an seine Freunde denkt – Kreisbewusstsein

Wenn der Abend kommt ganz sacht und leis,
finden wir uns ein im Feuerkreis.

Refrain:
Und wer nie an seine Freunde denkt
und auch nie den roten Wein ausschenkt,
der soll bleiben, wo er ist.
Draußen weht gewiss ein kalter Wind,
doch die Feuer nicht erloschen sind,
für uns Sänger wie ihr wisst.

Schatten flackern am Ruinenrand.
Hat das Singen Dich nicht längst gebannt?

Refrain

Wer da glaubt er könnt alleine gehn,
wird in dieser Welt nicht lang bestehn.

Und wer nie an seine Freunde denkt
und auch nie den reinen Wein einschenkt,
der soll bleiben, wo er ist.
Draußen weht gewiss ein kalter Wind,
doch die Feuer nicht erloschen sind,
für uns Sänger wie ihr wisst,
ja für uns Sänger wie ihr wisst.

(Erik Martin, Wandervogel)

Sonstiges

Wir ziehn mit dem Flug der Schwäne – Ahnen, SO

Wir ziehn mit dem Flug der Schwäne,
Ein Ahnenvolk von Frauen. Aho!
Wir ziehn mit dem Flug der Schwäne,
Ein Ahnenvolk von Männern. Aho!
Wir ziehn mit dem Flug der Schwäne,
Ein Ahnenvolk von Jungen. Aho!
Wir ziehn mit dem Flug der Schwäne,
Ein Ahnenvolk von Alten. Aho!
Wir ziehn mit dem Flug der Schwäne,
Ein Ahnenvolk aus Gestern. Aho!
Wir ziehn mit dem Flug der Schwäne,
Ein Ahnenvolk ins Morgen. Aho!
Wir ziehn mit dem Flug der Schwäne, (4x, leiser werdend)

(Björn Ulbrich)

Höre das Lied deines Herzens – Liebe

//: Höre das Lied deines Herzens, ://
Höre dein Lied, höre dein Lied,
Es kommt aus der Mitte des Herzens.

//: Spüre die Pein deines Herzens, ://
Spüre die Pein, spüre die Pein,
Sie führt dich zur Mitte des Herzens.

//: Schaue das Licht deines Herzens, ://
Schaue dein Licht, schaue dein Licht,
Es kommt aus der Mitte des Herzens.

//: Fühle die Freude des Herzens, ://
Fühle dein Glück, fühle dein Glück,
Es kommt aus der Mitte des Herzens.

//: Höre die Stille des Herzens, ://
Hier ist die Kraft, hier ist die Kraft,
Du kannst deinem Herzen vertrauen.

//: Folge der Stimme des Herzens, ://
Sie kennt den Weg, sie kennt den Weg,
Den Weg zu den Brüdern und Schwestern

Ich rufe das Licht der Transformation – Transformation, Heilung

//: Ich rufe das Licht der Transformation,
Die violette Flamme. ://
//: Dass sie kommt zu transformieren,
Alle Krankheit und alles Leid. ://

Willkommen – Begrüßung der heißen Steine

//: Willkommen, willkommen,
Steine, seid willkommen. ://
//: Heia, heia, heia,
Heia, heia, hei-eija. ://

Mondin – Begrüßung und Ehrung der Mondin

//: Mondinmutter, geheimnisvolle Weiße,
Himmel und Erde, wir grüßen Dich. ://
//: Du scheinst für alle, du scheinst für alle,
für alle, die wild sind und frei. ://

Morgenfrühe – Begrüßung des neuen Morgens

Ja die Morgenfrühe, das ist unsere Zeit,
wenn die Nebel um die Berge wehen.
Die Sonne macht dann die Herzen weit
//: Und das Leben, das Leben, das wird sie uns bringen. ://

(Björn Ulbrich, nach einem Volkslied)

Empfehlenswerte Liederbücher

Leider gibt es noch kein Liederbuch, das sich auf schwitzhüttengeeignete Lieder spezialisiert hat, schon gar nicht in deutsch. Trotzdem gibt es einige, die auch für die Schwitzhütte geeignete spirituelle Lieder, Mantren und Chants, versammeln:

- Hagara Feinbier: Come Together Songs, Neue Erde Verlag, 1997.
- Hagara Feinbier: Come Together Songs, Band 2, Neue Erde, 2004.
- Yan d´Albert: Das spirituelle Songbook. Die Heilkraft des Singens, Windpferd, 1996.
- Karin Jana Beck: Siyabonga. Liederbuch mit 2 CDs. 62 Kraftlieder und einfache Volkslieder aus aller Welt, Traumzeit Verlag, 2007.
- Ali Schmidt: Sacred Songs. 108 der schönsten Mantras und spirituellen Lieder der Welt, Aquarius International, 2008.

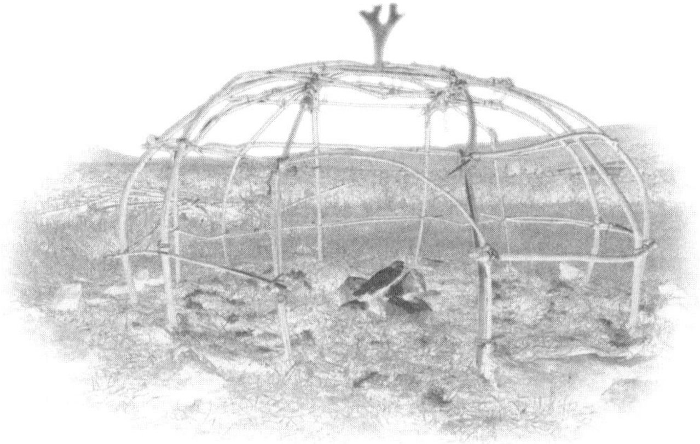

8. Anhang

8.1 Checkliste für Schwitzhüttenzeremonien

für den Schwitzhüttenbau:

□ Schnur zum Binden
□ (Taschen-)Messer
□ Säge
□ Gartenschere
□ Astschere
□ Spaten und/oder Schaufel
□ evtl. Pickel
□ Eisenstange zum Löcher machen
□ evtl. Tabak und Räucherkräuter
□ evtl. kleine Kristalle
□ Kompass zum Bestimmen der Richtungen
□ Axt/Beil zum Anspitzen
□ Sense/Rasenmäher zur Platzvorbereitung

für die Schwitzhüttenzeremonie:

□ ausreichend Decken
□ evtl. Sicherheitsnadeln zum Befestigen
□ evtl. Planen
□ Spaltaxt und Handbeil
□ Wassereimer
□ Schöpfkelle oder Zweigbündel zum Aufgießen
□ Räucherkräuter
□ Räucherschale oder Muschel
□ Räucherfeder oder Fächer
□ Feuerzeug
□ Trinkwasser für die Pausen
□ Tabak
□ evtl. Baumwollstoff in den Farben rot, schwarz, weiß und gelb für *tobacco ties*
□ Altarschmuck und Kraftgegenstände
□ evtl. Heilige Pfeife mit Zubehör
□ evtl. Trommel, Rassel und andere Musikinstrumente
□ brauchbare Steine in der Umgebung verfügbar?
□ ausreichend Feuerholz vorhanden? (inkl. Anmachholz und Papier?)

für den Feuerhüter:

□ Tabak
□ Feuerzeug
□ Trinkwasser
□ wetterfeste Kleidung
□ feste Schuhe
□ feste Arbeitshandschuhe (Leder)

für die Teilnehmer:

- □ Sitzunterlage
- □ Handtücher
- □ evtl. Schwitzkleidung (Shorts, T-Shirts oder dünne Baumwollkleider)
- □ evtl. eine Plastiktüte zum trockenen Verstauen der Kleidung während der Zeremonie
- □ Feuerhütergeschenk
- □ wetterfeste Kleidung
- □ evtl. Essen für hinterher
- □ evtl. Tabak für *tobacco ties*

8.2 Schwitzhüttenanbieter und Kontaktadressen

Diese Liste bietet eine Auswahl von Anbietern von Schwitzhüttenzeremonien in Deutschland, Österreich und der Schweiz. Die Reihenfolge ist zufällig und soll nichts über die Qualität der Leiter aussagen. Die Auswahl ist natürlich subjektiv und es gibt viele andere Anbieter, die man ausprobieren kann. Unabhängig von der Authentizität kommt es immer auf die persönliche Resonanz an.

- **Gerhard Popfinger**, mit Angeboten zu Schwitzhüttenzeremonien, Visionssuche, Männerseminaren, einer Ausbildung zum Schwitzhüttenleiter und anderem.

  www.gaiabewusstsein.de

- **Helmut Christof Sunwalker** entwickelte aus indianischen, afrikanischen und europäischen archaischen Lehren den Gaia-Schamanismus, dessen Herzstück die so genannte Gaia-Einweihung ist. Sie dient der Wiederverbindung mit dem Erdbewusstsein. Andere Angebote sind Trancetanz, Heilkreisarbeit, Traumzeiteinweihung und eine schamanische Zeremonialausbildung. Außerdem gibt es auf der Seite ein großes Schwitzhüttennetzwerk über ganz Deutschland.

  www.gaia-net.de

- Der **Bärenstamm** Deutschland, der auf die Gründung durch Sun Bear zurückgeht, bietet auf seinen Seiten ausführliche Informationen über seine Aktivitäten: Schwitzhüttenzeremonien, Medizinradarbeit, Visionssuche, Pfeifenzeremonien usw. Zudem findet sich eine Netzwerkseite mit allen Anbietern in Deutschland.

  www.baerenstamm.de

- Die **Deer Tribe Metis Medicine Society** hat verschiedene Ausbildungsprogramme, ein weites Seminarangebot mit Medizinradarbeit, einem Lehrlingsweg, Männer- und Frauengruppen, spiritueller Sexualität, und natürlich Schwitzhütten.

  www.dtmms-europe.brigittekimmerle.de

- **Hermann Strohmeyer** erlebte 1985 seine erste Schwitzhütte in der Tradition des Bärenstamms (Bear Tribe). Seit 1990 geben er und andere die Lehre des „Wassergießens“ über den Verein **Lebenskreise e.V.** weiter. Außerdem gibt es Kurse zum Erlernen der Schamanischen Reise. Er lebt in Extertal.

  www.lebenskreise.de

- **Adelheid Boll** bietet ein umfangreiches Seminarprogramm zum Thema Schwitzhüttenritual, Schamanische Aufstellung, Naturtherapie, eigenverantwortliche Lebensführung und Frauenarbeit (besonders Tanz) in Österreich/Graz an. Nach einer Tarot- und Yogaausbildung stieß sie 1994 auf den Schamanismus.

  www.adelheid.boll.at

- **Walter B. Probst** ist anerkannter Maler, Kunstschmied und Didgeridoospieler. Außerdem geht er seit 1992 einen schamanischen Weg, mit dem er seine angeblich unheilbare Krankheit besiegt hat. Er bietet Schwitzhüttenzeremonien an einem einmaligen Platz in der Schweiz, auf dem vier Schwitzhütten im Kreis stehen, und Seminare über schamanisches Wissen in der Tradition der Twisted Hair nach Harley Swift Deer Reagan an.

  www.probstart.com

- Die Buchautoren **Vicky Gabriel** und **William Anderson** haben eine schöne Webseite mit einem großen Angebot an Seminaren zum Thema Naturspiritualität und Schamanismus. Besonders liegt der ausgebildeten Tanztherapeutin und Heilpraktikerin und ihrem Mann das schamanische Tanzen sowie die schamanische Heilarbeit am Herz. Aber auch Männer- und Frauenseminare und einzelne Schwitzhüttenzeremonien sowie eine Ausbildungsgruppe werden angeboten.

  www.deraltepfad.de

- **Andreas Jackisch** hat den Verein **Artmesa e.V.** ins Leben gerufen, um authentische indianische Kunst und Kultur einem großen Kreis von Menschen nahe zu bringen, wie zum Beispiel Trommelbau, Lebensweise, Kunsthandwerk oder indianische Küche. Es gibt auf dem vereinseigenen Gelände bei Kleinwaltersdorf (Nähe Dresden) einen indianischen Kulturpflanzenpfad, Tipis und es werden monatlich Schwitzhüttenzeremonien in der Tradition der Lakota und Blackfoot abgehalten.

  www.freenet-homepage.de/jackisch

- **Maria Dott-Carmon** betreibt ein Seminarhaus im Hohenlohischen und bietet seit 1996 Schwitzhüttenzeremonien in der Tradition von Archie Fire Lame Deer an.

  www.indianische-schwitzhuette.de

- **Martina Mali Rudolph** aus Fürth ist Masseurin und Heilpraktikerin in eigener Praxis, ausgebildet in Familienstellen, Craniosacral- und Dorntherapie, medizinischer und Tantramassage, Rebirthing, u. v. a. Sie lebte 20 Jahre im Ausland mit Schamanen und Heilern, ist Spiritual Leader der **Native American Church**, leitet Schwitzhütten- und Medizinzeremonien, und lädt daneben regelmäßig Medizinleute aus verschiedenen Stämmen Amerikas zu Zeremonien in Deutschland ein.

  www.sanfte-heilende-haende.de

- **Christian Vogel** aus Oberbayern leitet Schwitzhütten in der Tradition der Lame Deer-Familie (Lakota) und hat auch beim peruanischen Meisterschamanen Don Augustin Rivas gelernt. Er leitet Jahreskreisfeste, Schwitzhüttenzeremonien, Visionssuchen und Pflanzenkreise und hat eine Einzel-Praxis sowie eine sehr informative und ansprechende Webseite.

  www.indianerpfad.de

- **Claudia Raja Siebler** ist seit 1996 auf dem Weg des Schamanismus und bietet Schwitzhüttenzeremonien, Frauenarbeit, Tanzseminare, Medizinradzeremonien und Einzelarbeit. Daneben ist sie Yogalehrerin.

  www.raja-schamanismus.de

- **Od*Chi** aus dem Voralpenland ist Obertonsänger, Musiker, Künstler, Alpenschamane und Schwitzhüttenleiter, und veranstaltet Konzerte, Runenworkshops und spirituelle Wanderungen.

  www.urwurz.de

- **Robert Weiss** und **Barbara Schweizer-Weiss** sind seit Mitte der 80er-Jahre intensiv auf dem schamanischen Weg und haben eine lange Lehrzeit bei Harley Swift Deer Reagan und anderen Schamanen hinter sich. Sie bieten in der Schweiz neben Einzelarbeit einen intensiven Ausbildungsweg an mit Schwitzhütten- und Heilzeremonien, Medizinradwissen, Traumlehren und einem jährlichen „Lebenstanz" in Frankreich.

  www.quetzalcoatl.ch

- **Inti Cesar Malasquez** ist ein peruanischer Inka-Schamane, Lehrer, Heiler und Musiker mit breit gefächerter Erfahrung. Neben verschiedenen schamanischen Lehrern aus Nord- und Südamerika hat er auch 10 Jahre bei einem indischen Brahmanen studiert. Inti baut an einem spirituellen Heilungszentrum und gründete ein Waisenhaus für peruanische Kinder. Er bietet Konzerte, Pilgerreisen zu spirituellen Kraftorten in aller Welt, Workshops und Schwitzhüttenzeremonien sowie Einzelsitzungen an und kommt jedes Jahr mehrmals nach Deutschland und Österreich.

  www.inti-shaman.com

Hinweis: Wenn Sie in der nächsten Auflage in dieser Liste als Schwitzhüttenanbieter mit einer kurzen Beschreibung und der Homepageadresse erscheinen wollen, so melden Sie sich bitte beim Verlag: info@arun-verlag.de

8.3 Literaturverzeichnis

• Arens, Werner und Braun, Hans-Werner: Die Indianer Nordamerikas: Geschichte, Kultur, Religion, Beck, 2008

• Black Elk, Schamane der Lakota, O. W. Barth, 1998

• Bruchac, Joseph: The Native American Sweatlodge, The Crossing Press, 1993

• Bucko, Raymond A.: The Lakota Ritual of the Sweatlodge. History and Contemporary Practise, Bison Books, 1999

• Burkan, Tolly: Spiritualität Extrem – Das Unmögliche möglich machen, Arun, 2003

• Buschenreiter, Alexander: Unser Ende ist euer Untergang. Die Botschaft der Hopi an die Welt, Lamuv, 2003

• Catlin, George: Die Indianer Nord-Amerikas, Reprint-Verlag, Leipzig, 1851

• Cowan, Tom: Fire in the Head. Shamanism and the Celtic Spirit, HarperCollins, 1993

• Dancing Feather, Fran und Robinson, Rita: Exploring Native American Wisdom, New Page Books, 2003

• Eliade, Mircea: Schamanismus und archaische Ekstasetechnik, Suhrkamp, 2001

• Fischer-Rizzi, Susanne: Botschaft an den Himmel, AT Verlag, 1996

• Flaming Crystal Mirror, Mary: Süße Medizin – Die Lehren der Twisted Hairs, Band 1 und 2, Vier Welten Verlag, 1999

• Garret, J.T. and Tlanusta, Michael: The Cherokee Full Circle – A Practical Guide To Ceremonies And Traditions, Bear & Company, 2002

• Gold, Peter: Wind des Lebens – Licht des Geistes, Das heilige Wissen der Navajo und der Tibeter, Droemer Knaur, 1994

• Gollner-Marin, Martin: Nizhoni, Ikze Wicasa. Der Überlebenskampf der Lakota und die Liebe zur Weisheit. Doktorarbeit, Remscheid, 1992

• Gredig, Florian: Shamans in Contemporary Europe, Lizentiatsarbeit in Philosophie, Zürich, 2007

• Harney, Corbin: The Way It Is, Blue Dolphin Publishing, 1995

• Jackisch, Andreas: Die verborgenen Kräfte der Schwitzhütte, Artmesa-Verlag, 2000

• Krüger, Reinhold: Schwitzbäder Nordamerikas, Tigges Verlag, 2003

• Kuusanmäki, Dr. phil. Lauri: Tampere. Die Sauna im Leben des Finnischen Volkes, Vortrag auf der Internationalen Sauna-Tagung 1958, Helsinki

• Lafiteau, Joseph Francoise und Reim, Helmut (Hg.): Die Sitten der amerikanischen Wilden im Vergleich zu den Sitten der Frühzeit, Faksimile, VCH Acta Humaniora, 1987

• Läng, Hans, Kulturgeschichte der Indianer Nordamerikas, Gondrom, 1994

• Lörler, Marielu: Hüter der alten Wissens, Schirner, 2000

• Lovelock, James: GAIA – Die Erde ist ein Lebewesen, Scherz Verlag, 1992

• Mails, Thomas E.: Secret American Pathways, Council Oak Books, 2003

• Manitonquat: Rückkehr zur Schöpfung, Biber Verlag, 1999

• Matthews, John: Keltischer Schamanismus, Diederichs, 1998

• McGaa, Ed: Rainbow Tribe – Ordinary People Journeying On The Red Road, Harper, 1992

• Mitakuye Oyasin – alle meine Verwandten, Broschüre zum Indianischen Tag, Lahnstein, 1996

• Müller, Werner: Die Religionen der Waldlandindianer Nordamerikas, Verlag Dietrich Reimer, 1956

• Müller, Werner: Glauben und Denken der Sioux, Verlag Dietrich Reimer, 1970

• Pazzogna, Annie: Inipi. Das Lied der Erde, Arun, 1996

• Ploss, Hermann Heinrich, Das Weib in der Natur- und Völkerkunde, Neufeld und Henius, 1927

• Pogacnik, Marco: Das geheime Leben der Erde: Neue Schule der Geomantie, AT Verlag, 2008

• Rätsch, Christian: Räucherstoffe – Der Atem des Drachen, AT Verlag, 2006

• Russell, Peter: Die erwachende Erde, Heyne, 1989

• Savinelli, Alfred: Plants of Power, ohne Verlag, 1993

• Schwarzer Hirsch: Die heilige Pfeife, Lamuv, 1966

• Sena, Srikanta: Ayurveda-Lehrbuch, Vasati Verlag, 2005

• Song, Tamarack, The Sweat Lodge – A Return to the Womb, ebook, www.teachingdrum.org, o. J.

• Storm, Hyemeyohsts: Sieben Pfeile – Indianische Initiation in unserer Zeit, Heyne, 1997

• Sun Bear: Das Medizinrad, Goldmann, 1997

• Sun Bear: Der Pfad der Kraft, Bauer Verlag, 2001

• Toor, Djohariah: Lieder vom heiligen Berg, Falken, 1998

• Weustenfeld, Dr. Wilfried: Heilkraft, Kult und Mythos von Bäumen und Sträuchern, Erd Verlag, 1996

• Wimmer, Katrin: Im Bauch von Mutter Erde. Über das therapeutische Potenzial traditionell-indianischer und moderner Schwitzhütten-Rituale, Diplomarbeit, 2004

• Versluis, Arthur: Sacred Earth – The Spiritual Landscape Of Native America, Inner Traditions International, 1992

• http://de.wikipedia.org

• www.heilpflanzenwelt.de

Danksagung

So viele Menschen haben mich bei der Arbeit an diesem Buch unterstützt.

Danke an Stefan, der die Idee dazu hatte und mich für kompetent genug hielt.

Danke an Ulfhild, deren Küchentisch ich für viele Wochen zum Schreiben belegte. Danke für deine Übersetzungen, deine emotionale Unterstützung, deine Liebe und deinen Glauben an mich.

Danke an alle, die mich jemals in Schwitzhüttenzeremonien begleitet haben, und die vielen unterschiedlichen Erfahrungen, allen voran an Helmut Christof Sunwalker und die Gruppe seiner Schüler, aber auch an Emerson Spider, Karl Scherer, Arcelia, Hugo-Bert Eichmüller, Santoshi, Claudia Raja und viele andere.

Danke an die Unzähligen, die ich in vielen Jahren durch Schwitzhüttenzeremonien begleiten durfte.

Danke an alle, die durch Beiträge dieses Buch bereichert haben: Adelheid, Andreas, Albert, Arcelia, Birgit, Christian, Claudia, Dimitrios, Dinah, Gela, Helmut, Herrmann, Imke, Karin, Kurt, Lukas, Mali, Maria, Od*Chi, Peter, Peter, Ralph, Regina, Sabine, Santoshi, Sina, Stefan, Steffen, Udo, Ulfhild, Vicky, Walter, William.

Danke an meine Eltern, die mich oft nicht verstanden auf meinem Weg, aber trotzdem immer für mich da waren.

Danke an meine zwei Söhne, die mich im Sommer, als dieses Buch entstand, sehr wenig zu Gesicht bekamen.

Über den Autor

Gerhard Popfinger, Jahrgang 1968, suchte in Philosophie, Psychologie, Ethnologie und Fotografie, bevor er Stadt und Universität verließ und mit einer demeter-Biobauern-Ausbildung den Weg der Erde begann. 1996 fand ihn der Geist des Schamanismus. 7-jährige Ausbildung in Gaia-Schamanismus, die Schwitzhüttenleiten, Medizinradwissen, schamanische Heilzeremonien, Kristallbehandlungen, afro-brasilianischen Trancetanz und anderes umfasste. Es folgten Ausbildungen als Coach und zum Heilpraktiker (Psychotherapie) sowie eine 3-jährige psychotherapeutische Weiterbildung in Gruppenleitung, Dekonditionierungstherapie und Energiearbeit. Daneben immer wieder Erfahrungen und Einweihungen in schamanische Pflanzenmedizin.

Er traf mit Lehrern aus Deutschland und der ganzen Welt zusammen, viele aus dem nord- und südamerikanischen Schamanismus, aber auch aus der indischen Advaita-Lehre und der asiatischen Zen-Tradition.

Der größte Lehrer aber ist für ihn immer wieder das Leben selbst in all seiner Unausweichlichkeit, Unbegreiflichkeit und Schönheit. Und immer ist es Liebe.

Er ist Vater von zwei wunderbaren Söhnen und lebt in einer glücklichen Beziehung.

Seit 1997 Leiter von Schwitzhüttenzeremonien, schamanischen Sommercamps und verschiedenen Seminaren, seit 2003 Visionssucheleiter und initiatische Männerarbeit.

Außerdem bietet er eine zweijährige Ausbildung zum Schwitzhüttenleiter an.

email: info@gaiabewusstsein.de, website: www.gaiabewusstsein.de